纪念张大千先生诞辰一百二十周年

张大千文献图录

田洪 王叔重 编

浙江大学出版社
ZHEJIANG UNIVERSITY PRESS
天津人民美術出版社
天津出版传媒集团

图书在版编目（CIP）数据

张大千文献图录 / 田洪，王叔重编. -- 天津 : 天津人民美术出版社，2018.5
ISBN 978-7-5305-8739-3

Ⅰ. ①张… Ⅱ. ①田… ②王… Ⅲ. ①张大千（1899-1983）－生平事迹 Ⅳ. ①K825.72

中国版本图书馆CIP数据核字（2018）第091506号

张大千文献图录

出 版 人：李毅峰
学术顾问：刘振宇
责任编辑：田殿卿
特约编辑：徐凯凯
封面设计：项梦怡
技术编辑：李宝生
出版发行：天津人民美術出版社
（天津市和平区马场道150号　邮编：300050
电话：022-58352900　网址：http://www.tjrm.cn）
浙江大学出版社
（杭州市天目山路148号　邮编：310007
网址：http://www.zjupress.com）
经　　销：全国新華書店
制版印刷：天津中铁物资印业有限公司
开　　本：889×1194mm　1/12
印　　张：30
印　　数：1—3000
版　　次：2018年5月第1版　第1次印刷
定　　价：280.00元

前　言

有关张大千的展览，不胜枚举，但是以张大千文献为主题，在国内外并不多见。浙江大学出版社即将成立的“艺术与出版研究中心”所开展工作的重点便是围绕近现代杰出艺术家的文献来开发与出版相关的主题，而首开先河便以研究张大千的重点出版物（画册、论著）为主线，辅以信札、照片、文玩等具有文献价值的材料，并冠以“五百年来一大千——张大千出版文献展”，呈现给广大艺术爱好者。

这次展品中的出版物、照片、笔墨纸砚、文玩把件、信札等，涉及大千先生的家世、治学、交游、画艺、收藏、创作、传承等各个方面，使大家增加对大千先生认知的广度与深度，进而加深对影响世界画坛的大千先生作品的再认识。因此，此次张大千文献展可以视作大千先生个人的专门学术文献展览，除了可以清晰地看出张大千个人一生的艺术轨迹之外，更可视作是近现代艺术史的重要缩影。

举办张大千文献展，其实也是通过对张大千个案的研究，为当下艺术界提供一个可资借鉴的模板。张大千先生的成功，绝非偶然，亦不可复制。在近现代艺术史上，张大千先生是绕不开的一座高峰。那么，只有对大千先生进行足够而全方位的认知，才能使当下的艺术创作者有机会在大千先生的基础上进一步向前跨进，进而创作出属于我们自己时代的艺术。

2019 年，是张大千先生诞辰一百二十周年，举办“五百年来一大千——张大千出版文献展”之文献特展是对大千先生作为世界级艺术大师的一个最好纪念！由此，也为海内外即将举办的各项纪念大千先生的活动拉开序幕！

编者

目 录

出版文献 / 1
台北吴文隆藏张大千画册 / 175
信札 / 199
照片 / 245
其他文献 / 309
附：张大千出版文献编年　田洪 / 335
后记 / 356

出版文献

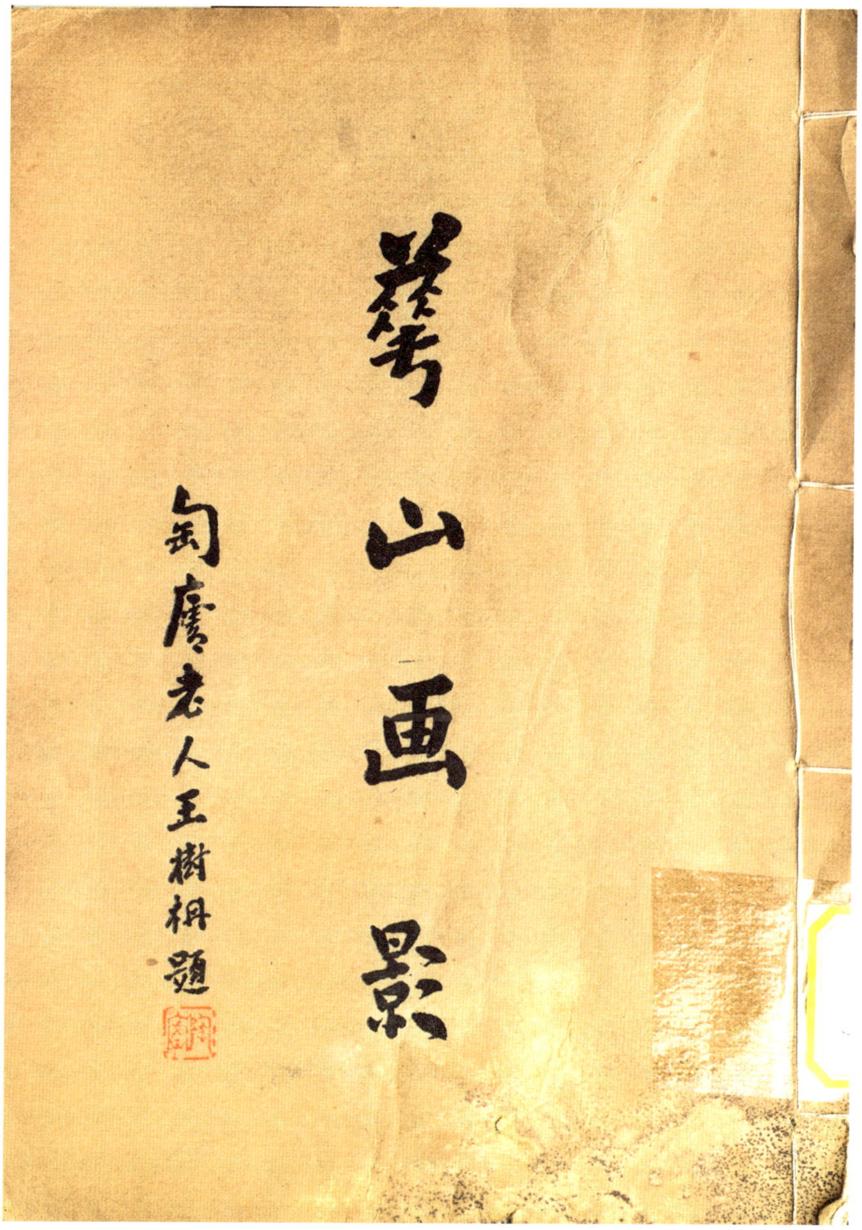

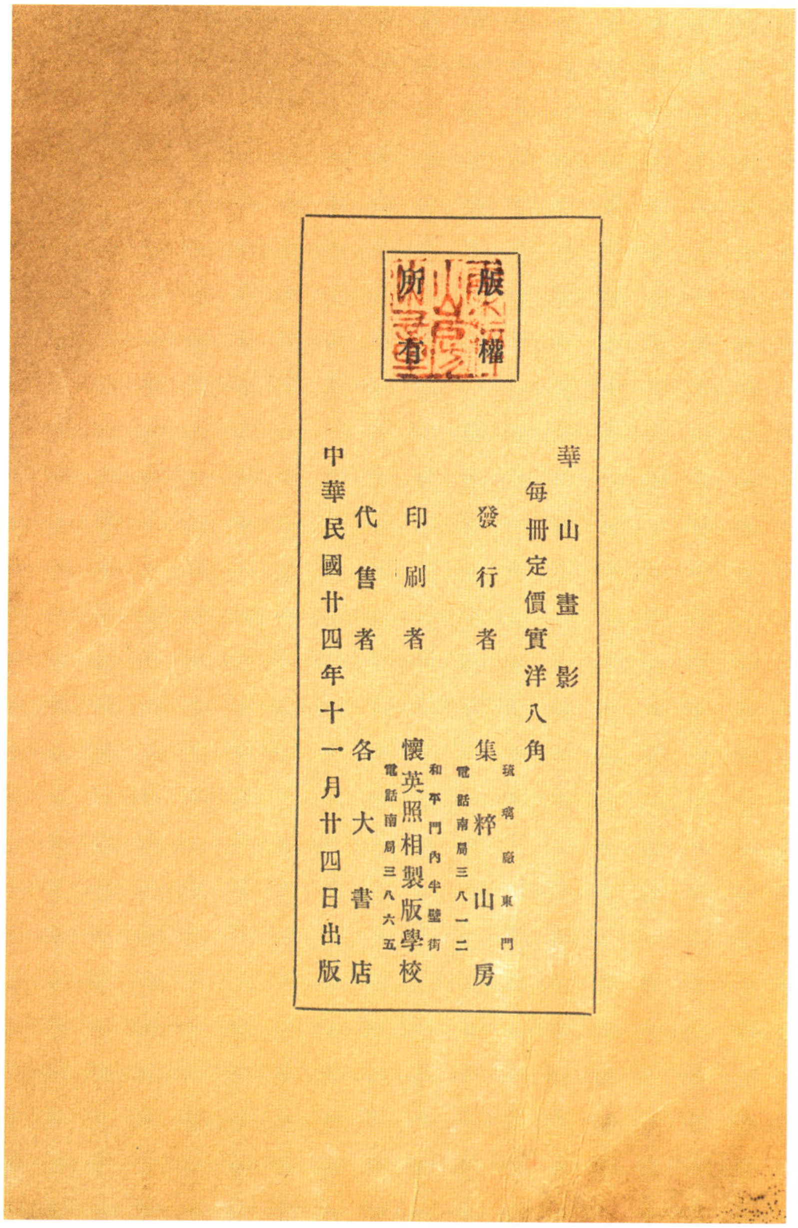
版權所有

華山畫影

每冊定價實洋八角

發行者 集粹山房 琉璃廠東門 電話南局三八一二

印刷者 懷英照相製版學校 和平門內半壁街 電話南局三八六五

代售者 各大書店

中華民國廿四年十一月廿四日出版

作者：张大千

书名：《华山画影》

出版：集粹山房

时间：1935 年

四川张大千研究中心提供

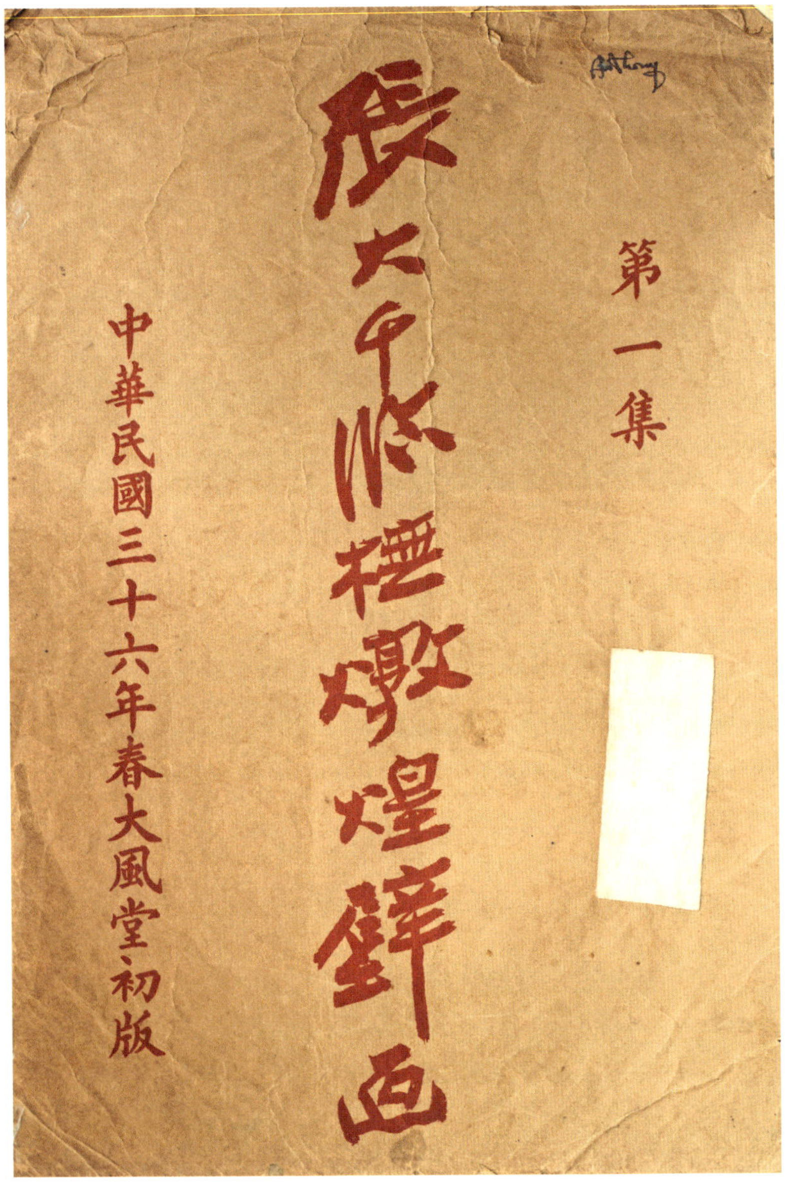

張大千臨撫敦煌漢高窟壁畫

第二百四十八窟南壁　北魏

薩埵王子捨身飼虎圖

高四尺一寸寬五尺二寸

番僧昂吉同畫

節金光明經

第一王子，見是虎已作如是言，怪哉此虎產來七日，七子圍繞不得求食，若為飢逼必還噉子。第三王子言，此虎經常所食何物，第一王子言，此虎唯食新熱肉血。第三王子言，君等誰能與此虎食。第二王子言，此虎飢餓身體羸瘦，窮困頓乏餘命無幾，不容餘處為其求食，設餘求者命必不濟，誰能為此不惜身命。

是時王子勇猛堪任，作是大願，以上大悲熏修其心，慮其二兄心懷怖懼，或恐固遮為作留難，即便語言，兄等今者可與眷屬還其所止。

爾時王子摩訶薩埵，還至虎所，脫身衣裳置竹枝上作是誓言，我今為利諸眾生故，證於最勝無上道故，大悲不動捨難捨故，為求菩提智所讚故，欲度三有諸眾生故，欲滅生死怖畏熱惱故。是時王子作是誓已，即自放身臥餓虎前。是時王子以大悲力故，虎無能為。

王子復作如是念言，虎今羸瘦身無勢力，不能得我身血肉食。即起求刀周遍求之了不能得，即以乾竹刺頸出血，於高山上投身虎前。是時大地六種震動，是虎爾時見血流出汙王子身，即便舐血噉食其肉唯留餘骨。

時二王子心大愁怖，涕泣悲歎，容貌憔悴，復共相將還至虎所，見弟所著帔服衣裳，皆悉在一竹枝之上，骸骨髮爪布散狼藉，流血處處遍汙其地，見已悶絕不自勝持，爾時大王，摩訶羅陀，及其妃后，悲號涕泣，悉皆脫身御服瓔珞，與諸大眾往竹林中，收其舍利，即於此處起七寶塔。

（一）

張大千臨撫燉煌漢高窟壁畫 第二百七十四窟 隋 藻井 門人蕭建初同畫

張大千臨撫安西榆林窟壁畫 第十七窟東壁 盛唐
盧舍那佛 (高六尺六寸五分 寬三尺三寸) 門人蕭建初同畫

張大千臨撫安西榆林窟壁畫 第一窟西壁 西夏
水月觀音一鋪 高四尺六寸 寬五尺一寸 門人劉力上同畫

作者：大风堂
书名：《张大千临摹敦煌壁画》（第一集）
出版：大风堂
时间：1947 年
四川张大千研究中心提供

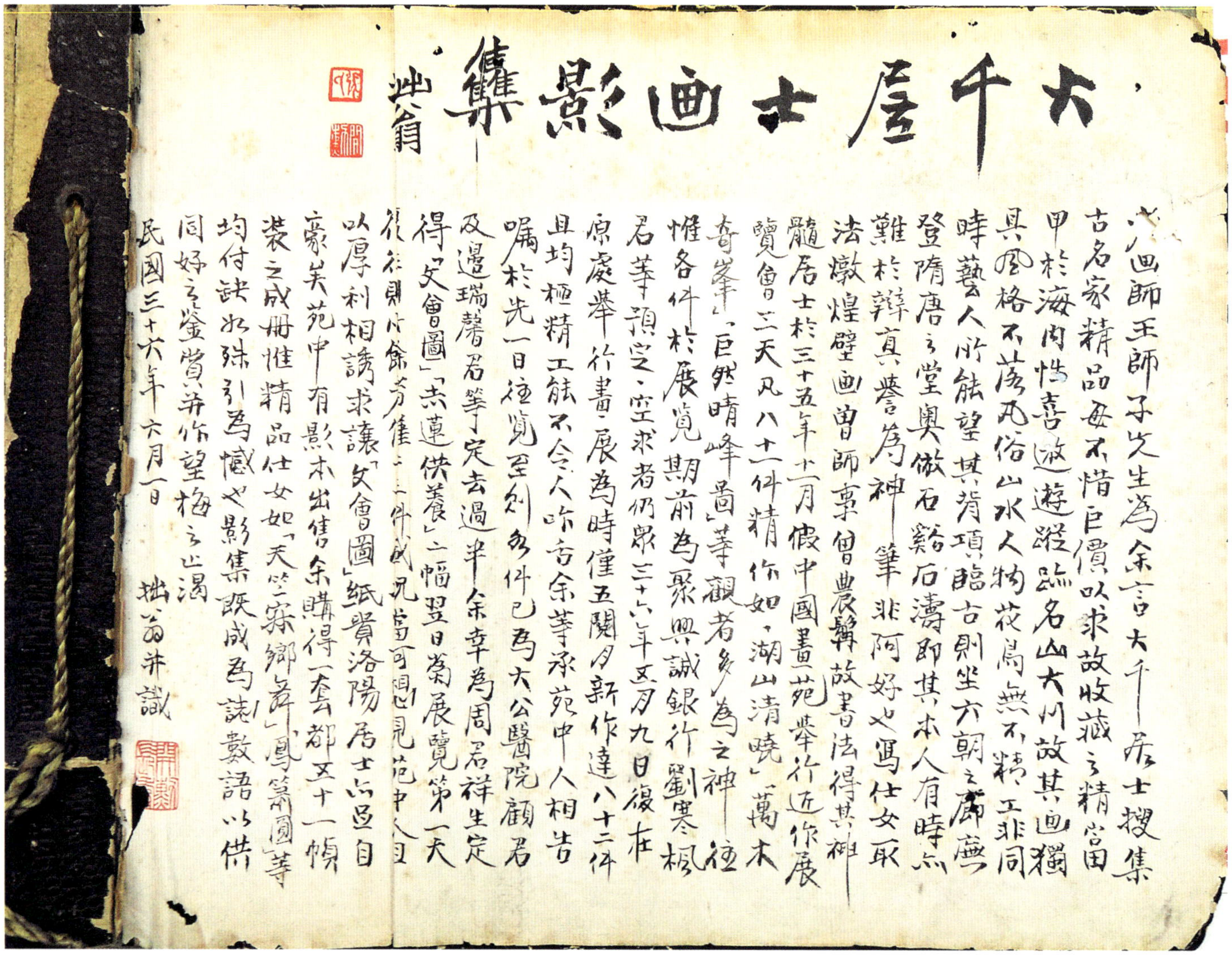

大千居士画影集　拙翁

蜀画師王師子先生為余言大千居士搜集
古名家精品每不惜巨價以求故收藏之精富
甲於海內性喜遨遊蹤跡名山大川故其画獨
具風格不落凡俗山水人物花鳥無不精工非同
時藝人所能望其背項臨古則坐六朝之廊廡
登隋唐之堂奧倣石谿石濤即其本人有時亦
難於辨真贋為神筆非阿好也寫仕女取
法敦煌壁画曾師事曾農髯故書法得其神
髓居士於三十五年十一月假中國畫苑舉行近作展
覽會三天凡八十一件精作如「湖山清曉」「萬木
奇峯」「巨然晴峰圖」等觀者多為之神往
惟各件於展覽期前為聚興誠銀行劉寒楓
君等預定一空求者仍眾三十六年五月九日復在
原處舉行畫展為時僅五閱月新作達八十二件
且均極精工能不令人咋舌余等承苑中人相告
囑於先一日往覽至則多件已為大公醫院顧君
及邊瑞馨君等訂定去過半余幸為周君祥生定
得「文會圖」「赤蓮供養」二幅翌日為展覽第一天
往往則所餘者僅一二件[illegible]見苑中人且
以厚利相誘求讓「文會圖」紙貴洛陽居士亦豈自
豪矣苑中有影本出售余購得一套都五十一幀
裝之成冊惟精品仕女如「天竺寂鄉舞」「鳳簫圖」等
均付缺如殊引為憾也影集既成為誌數語以供
同好之鑑賞并作望梅之止渴
民國三十六年六月一日　拙翁并識

作者：张开勋
书名：《大千居士画影集》
时间：1947 年
成都程恩崃提供

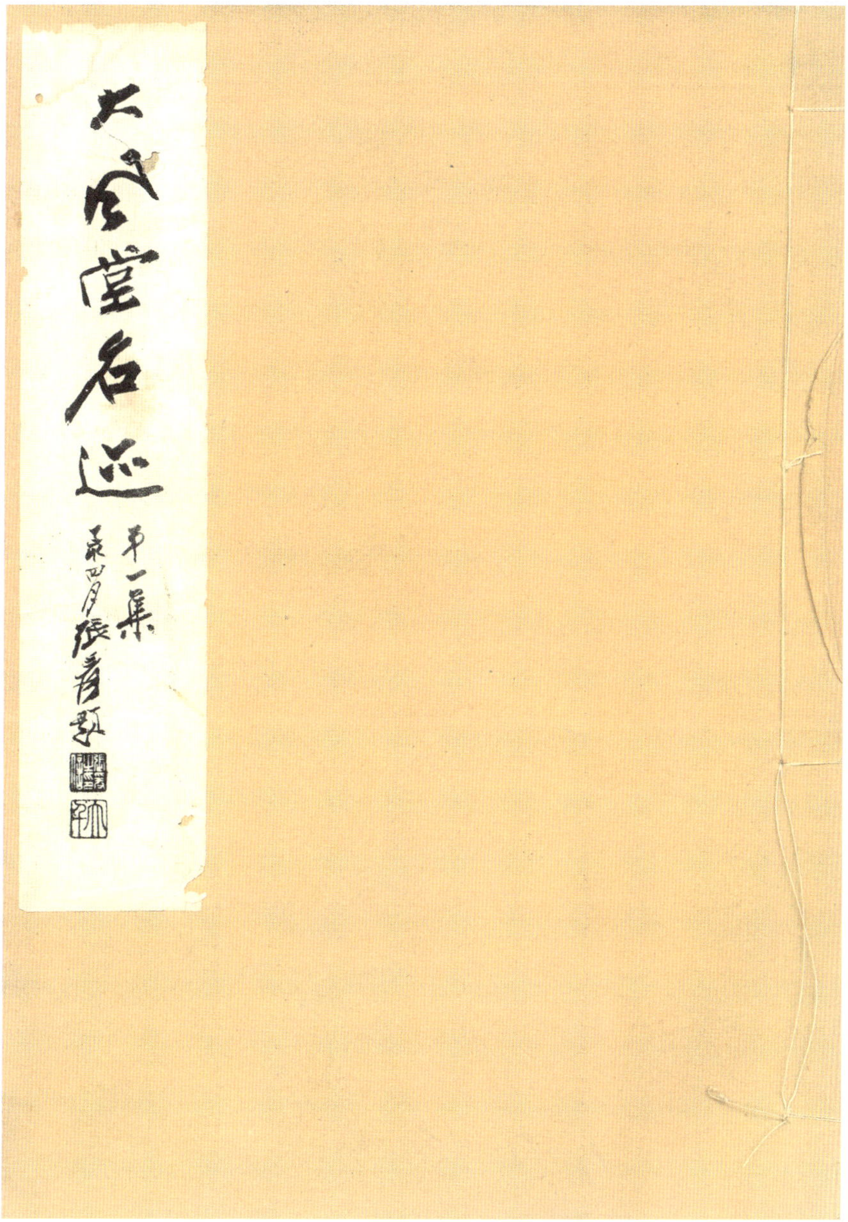

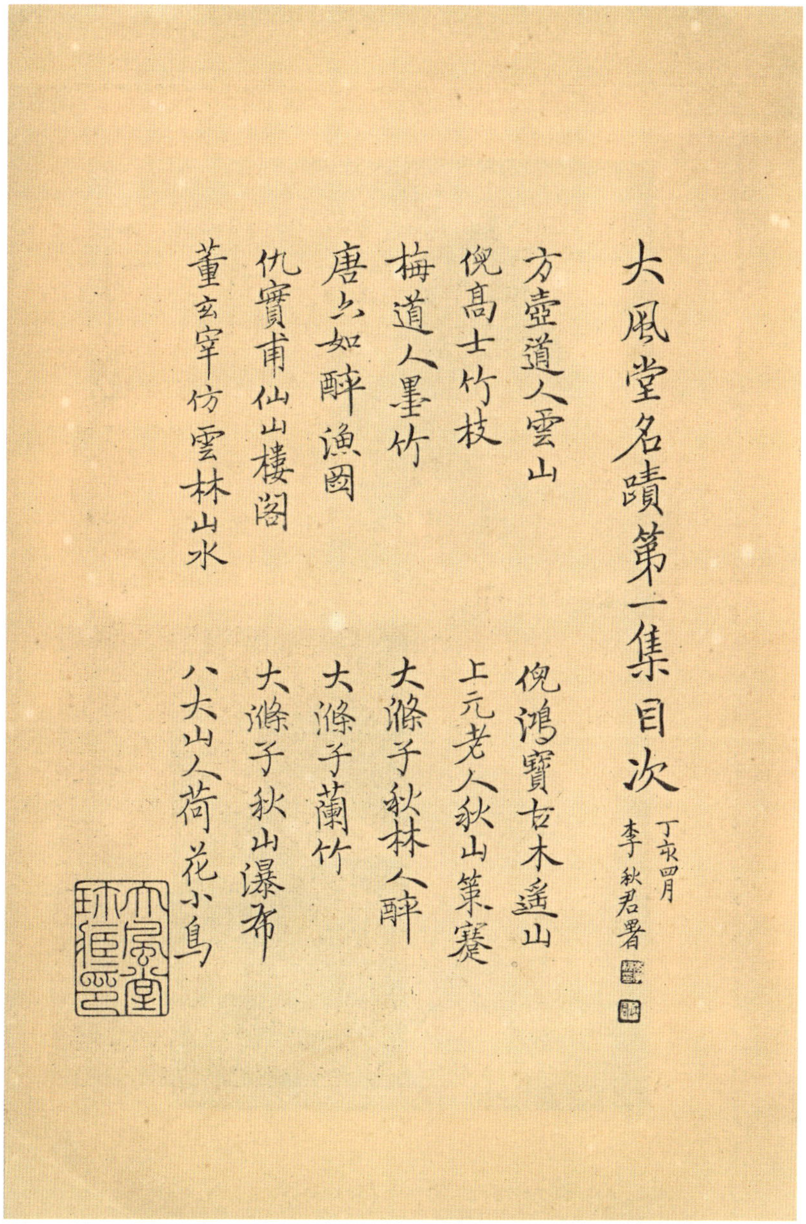

方壺道人雲山
倪高士竹枝
梅道人墨竹
唐六如醉漁圖
仇實甫仙山樓閣
董玄宰仿雲林山水
倪鴻寶古木遙山
上元老人秋山策蹇
大滌子秋林人醉
大滌子蘭竹
大滌子秋山瀑布
八大山人荷花小鳥

作者：大风堂
书名：《大风堂名迹》（第一集）
出版：大风堂
时间：1947 年
成都诗婢家提供

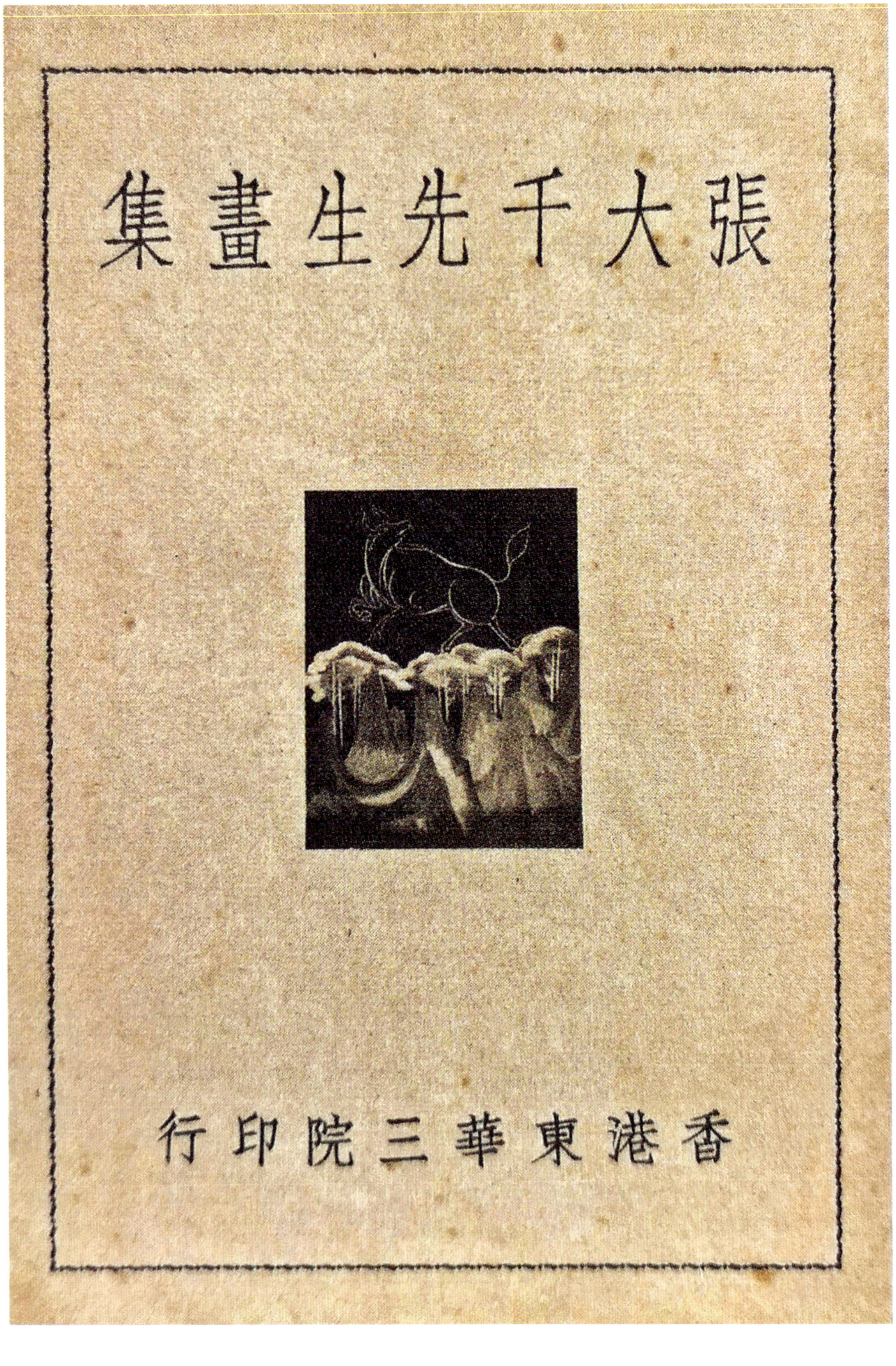

作者：张大千
书名：《张大千先生画集》
出版：香港东华三院
时间：1951 年

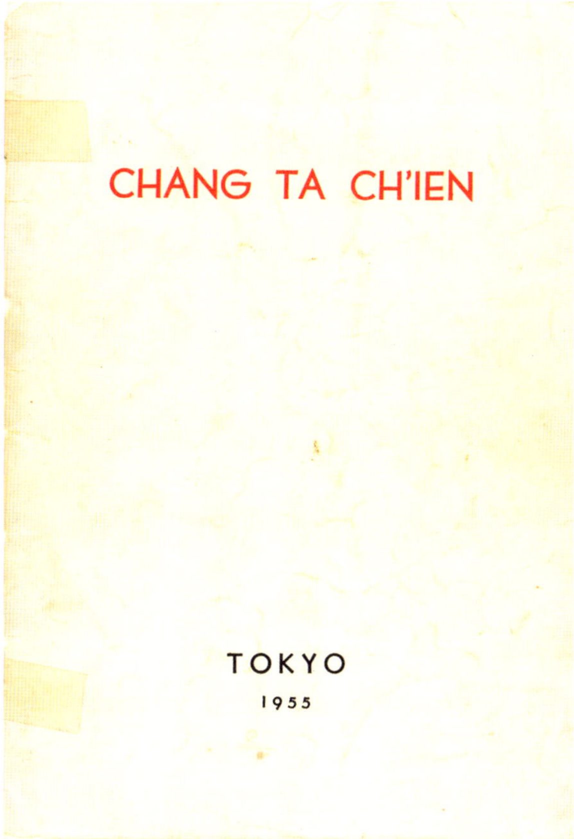

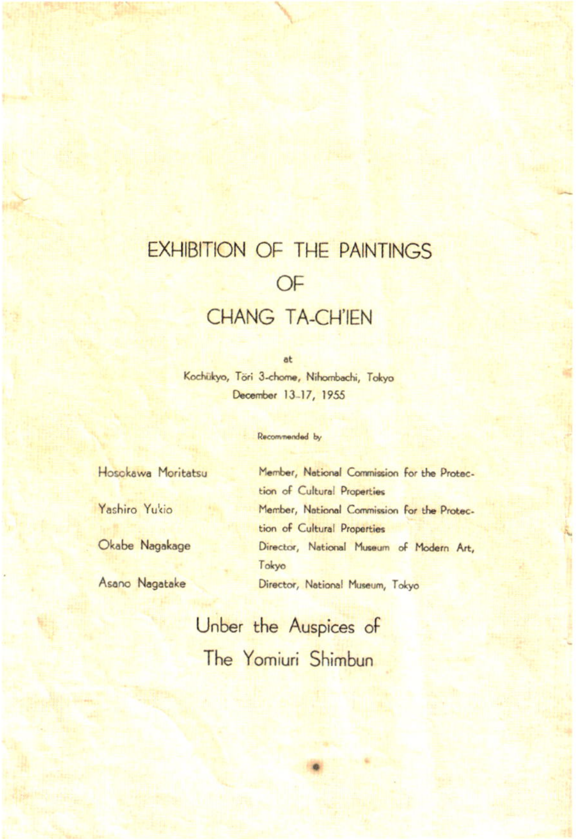
EXHIBITION OF THE PAINTINGS
OF
CHANG TA-CH'IEN

at
Kochūkyo, Tōri 3-chome, Nihombachi, Tokyo
December 13-17, 1955

Recommended by

Hosokawa Moritatsu	Member, National Commission for the Protection of Cultural Properties
Yashiro Yukio	Member, National Commission for the Protection of Cultural Properties
Okabe Nagakage	Director, National Museum of Modern Art, Tokyo
Asano Nagatake	Director, National Museum, Tokyo

Unber the Auspices of
The Yomiuri Shimbun

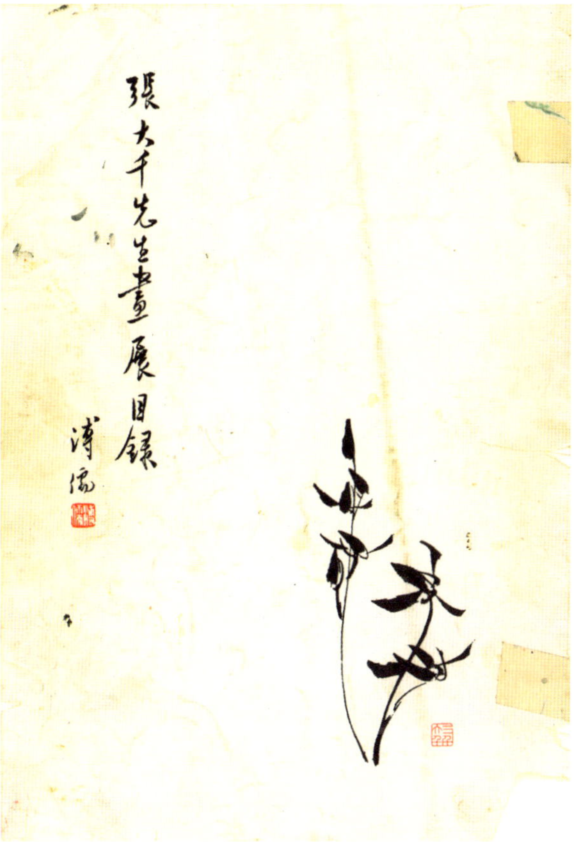

目録

一 風荷
二 綠天閒立
三 墨竹
四 鳳栖梧
五 江山帆影
六 子猷歎竹
七 朱柿
八 水仙
九 蘇幕遮
一〇 墨竹
一一 題畫五言絕句
一二 青柯坪枕上作
一三 紅藥
一四 山櫻桃
一五 劍門
一六 仕女
一七 峨眉
一八 夜坐口號
一九 鐵骨冰心
二〇 玄猿
二一 渴筆山水
二二 三十歲自畫像

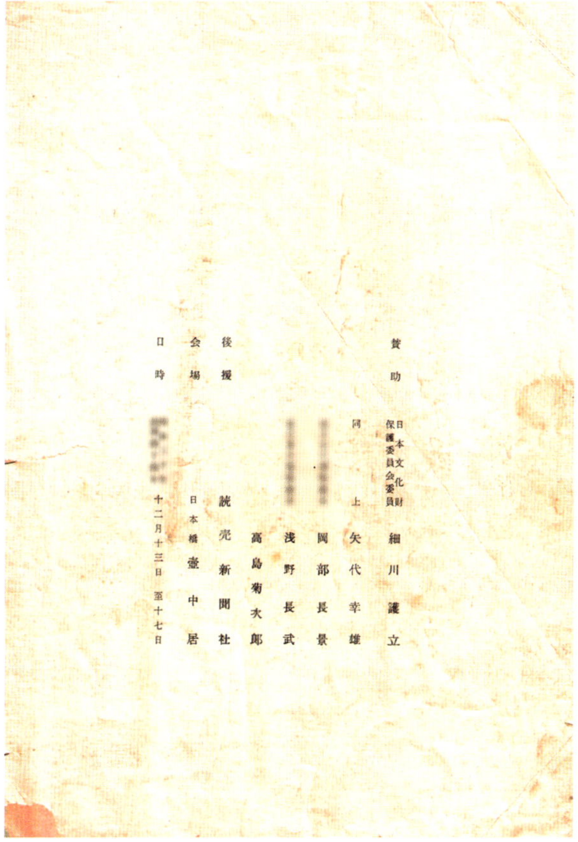
賛助 日本文化財保護委員会委員 細川護立
同上 矢代幸雄
岡部長景
浅野長武
高島菊次郎
後援 読売新聞社
会場 日本橋壺中居
口時 十二月十三日至十七日

作者：张大千
书名：《张大千先生画展目录》
时间：1955 年
美国加州硅谷艺术中心提供

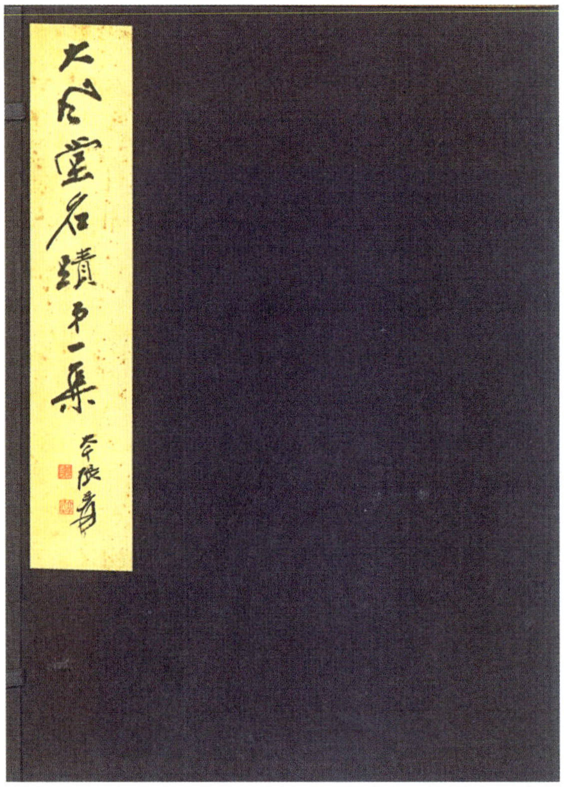

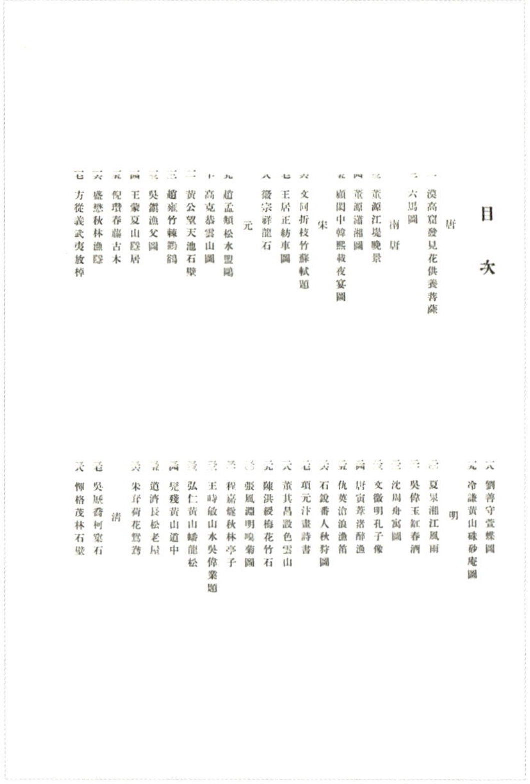
目次

唐
一 漢高窟發見花供養菩薩
六馬圖
南唐
董源江堤晚景
董源瀟湘圖
顧閎中韓熙載夜宴圖
宋
文同折枝竹蘇軾題
王居正紡車圖
徽宗祥龍石
元
趙孟頫松水盟鷗
高克恭雲山圖
黃公望天池石壁
趙雍竹禽鸂鶒
吳鎮漁父圖
王蒙夏山隱居
倪瓚春藤古木
盛懋秋林漁隱
方從義武夷放棹
劉善守萱蝶圖
冷謙黃山硃砂庵圖
明
夏杲湘江風雨
吳偉玉缸春酒
沈周舟寓圖
文徵明孔子像
唐寅葬諸醉漁
仇英滄浪漁笛
石銳番人秋狩圖
項元汴畫詩書
董其昌設色雲山
陳洪綬梅花竹石
張風淵明嗅菊圖
程嘉燧秋林亭子
王時敏山水吳偉業題
弘仁黃山蟠龍松
髡殘黃山道中
道濟長松老屋
朱耷荷花鸂鶒
清
吳歷喬柯窠石
惲格茂林石壁

大風堂名蹟第一集

發行所 株式會社 便利堂

Published and Printed by BENRIDO CO., Kyoto, Japan.

作者：张大千
书名：《大风堂名迹》第一集至第四集
出版：日本便利堂
时间：1955 年、1956 年
成都诗婢家提供

作者：张大千
书名：《张大千笔》
出版：日本便利堂
时间：1956 年

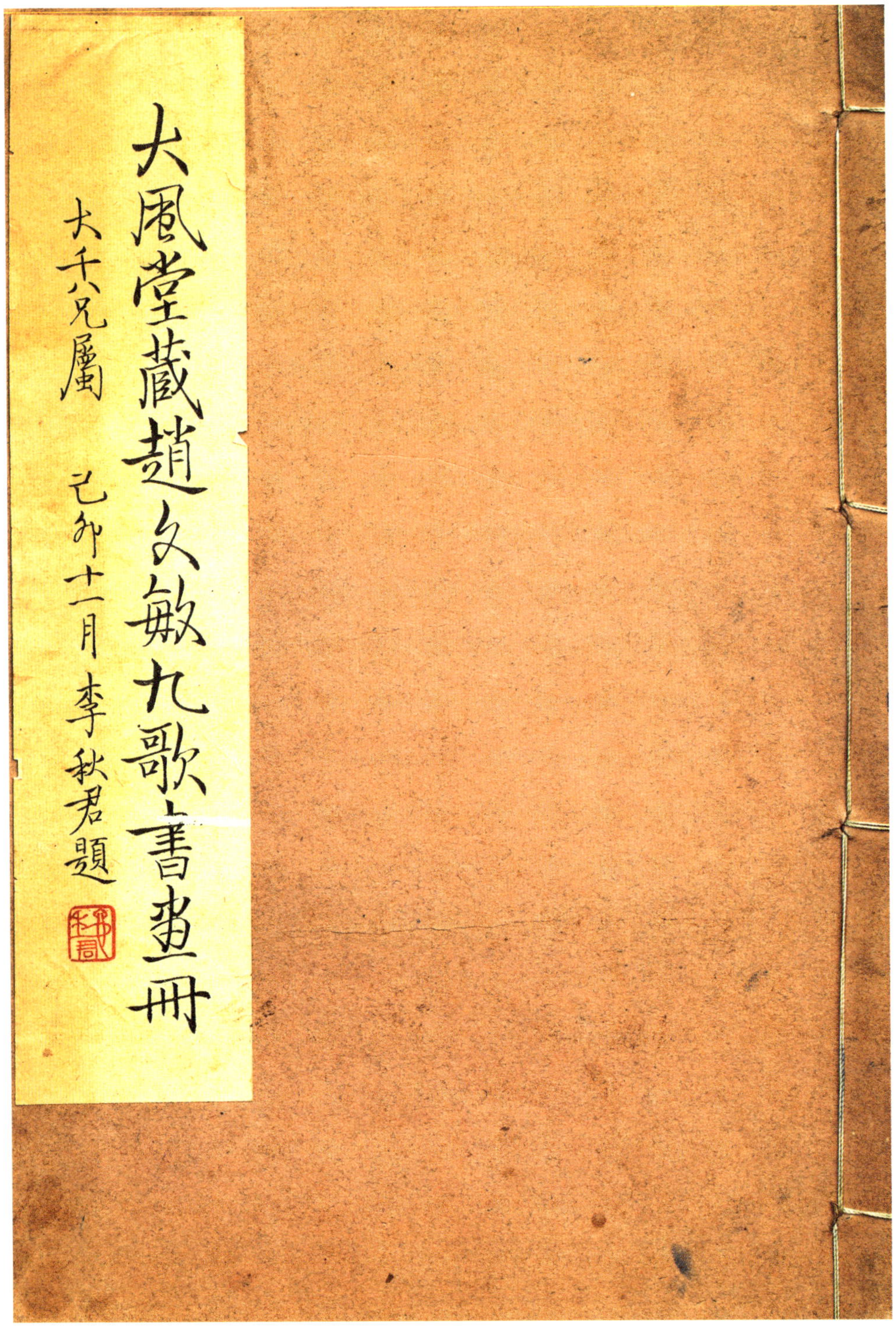
大風堂藏趙文敏九歌書畫冊
大千八兄屬
己卯十一月 李秋君題

作者：大风堂
书名：《大风堂藏赵文敏〈九歌书画册〉》
时间：1958 年
四川张大千研究中心提供

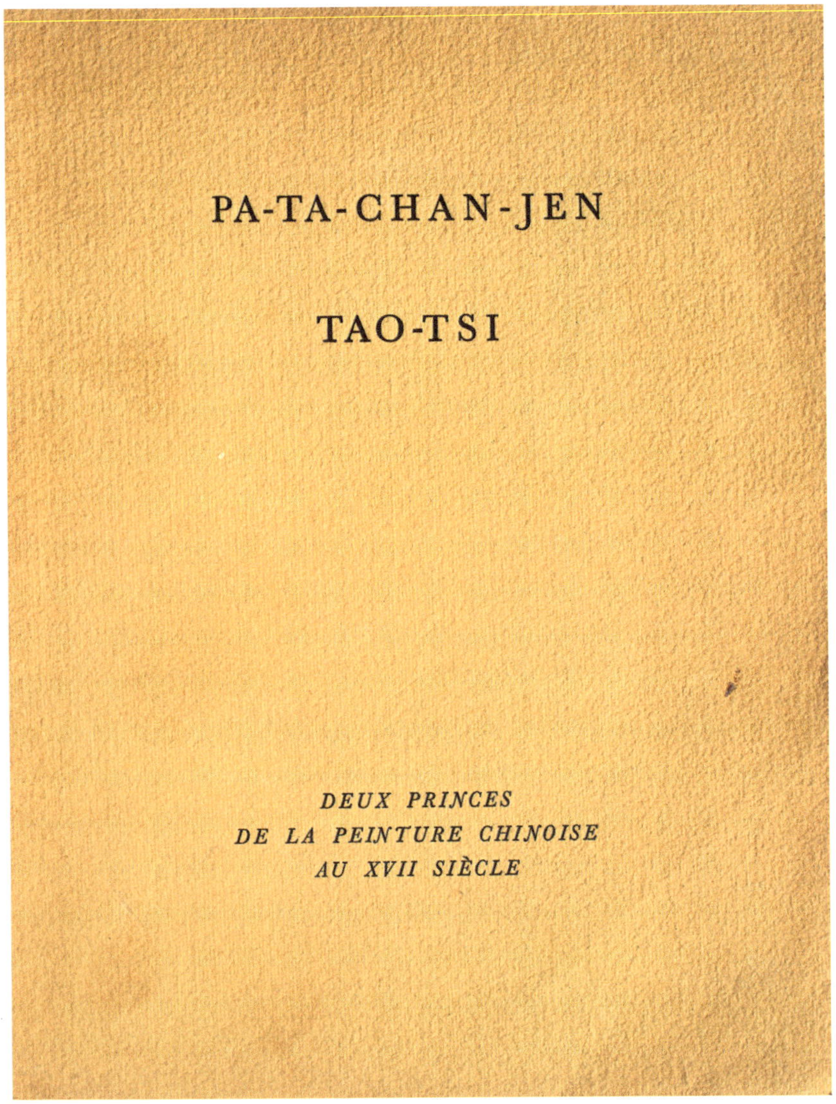
PA-TA-CHAN-JEN

TAO-TSI

DEUX PRINCES
DE LA PEINTURE CHINOISE
AU XVII SIÈCLE

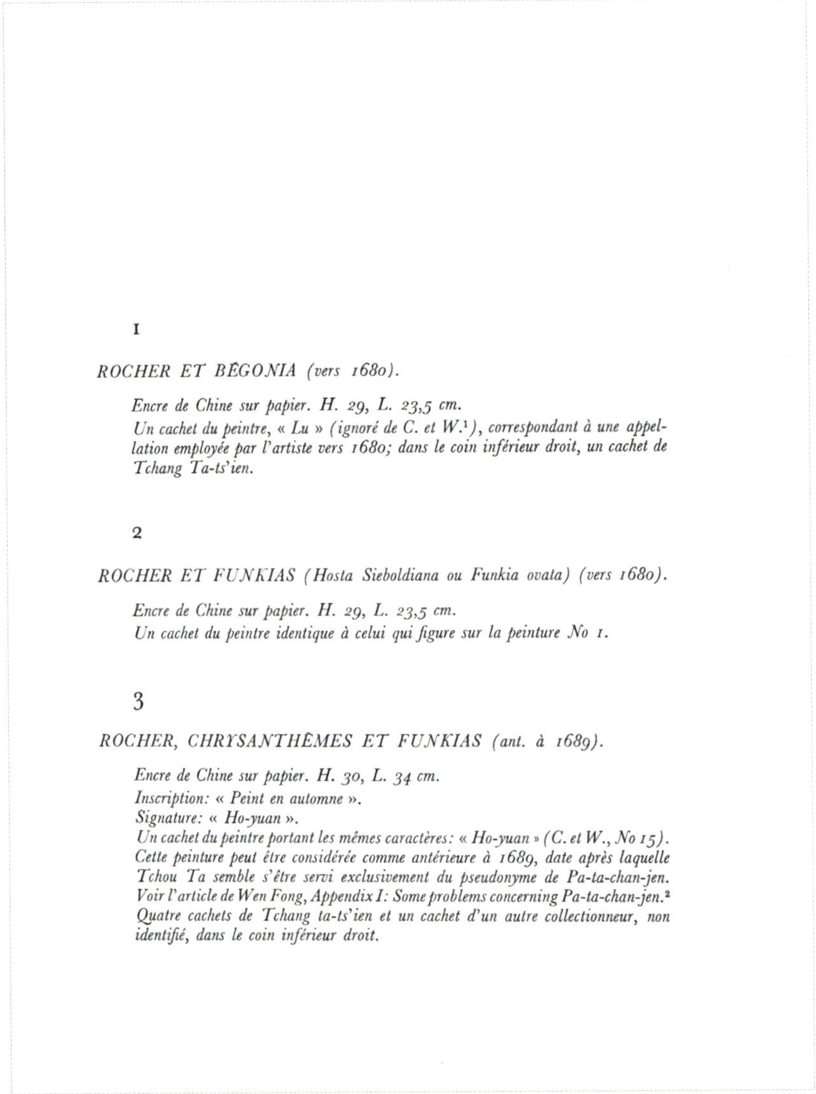
1

ROCHER ET BÉGONIA (vers 1680).

Encre de Chine sur papier. H. 29, L. 23,5 cm.
Un cachet du peintre, « Lu » (ignoré de C. et W.[1]), correspondant à une appellation employée par l'artiste vers 1680; dans le coin inférieur droit, un cachet de Tchang Ta-ts'ien.

2

ROCHER ET FUNKIAS (Hosta Sieboldiana ou Funkia ovata) (vers 1680).

Encre de Chine sur papier. H. 29, L. 23,5 cm.
Un cachet du peintre identique à celui qui figure sur la peinture No 1.

3

ROCHER, CHRYSANTHÈMES ET FUNKIAS (ant. à 1689).

Encre de Chine sur papier. H. 30, L. 34 cm.
Inscription: « Peint en automne ».
Signature: « Ho-yuan ».
Un cachet du peintre portant les mêmes caractères: « Ho-yuan » (C. et W., No 15).
Cette peinture peut être considérée comme antérieure à 1689, date après laquelle Tchou Ta semble s'être servi exclusivement du pseudonyme de Pa-ta-chan-jen.
Voir l'article de Wen Fong, Appendix I: Some problems concerning Pa-ta-chan-jen.[2]
Quatre cachets de Tchang ta-ts'ien et un cachet d'un autre collectionneur, non identifié, dans le coin inférieur droit.

作者：张大千
书名：《张大千收藏展：八大山人、石涛》
出版：法国巴黎赛努奇博物馆
时间：1961 年
四川张大千研究中心提供

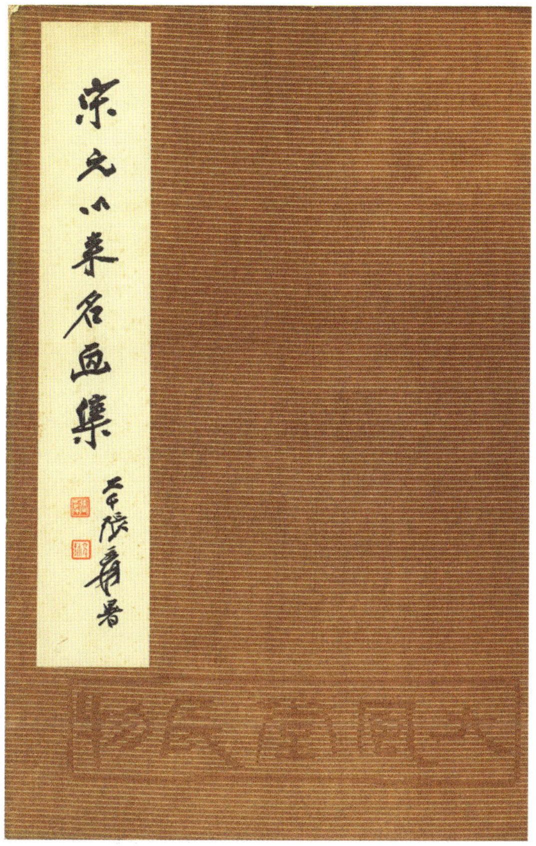

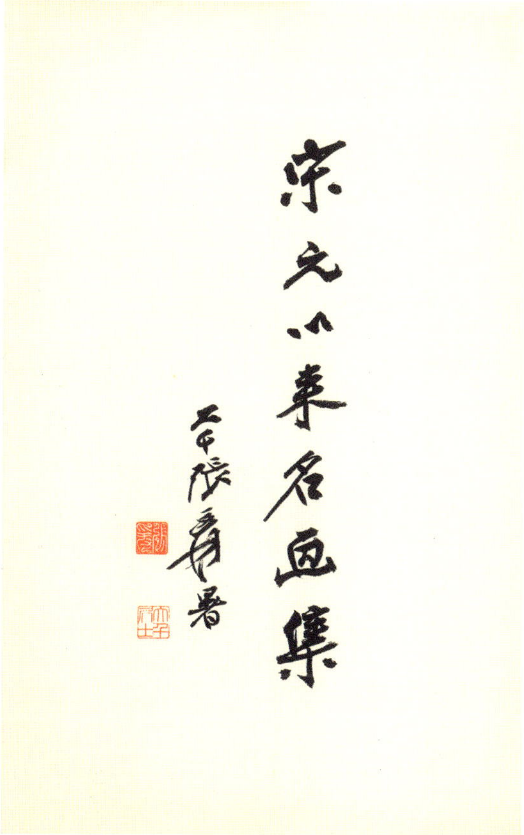

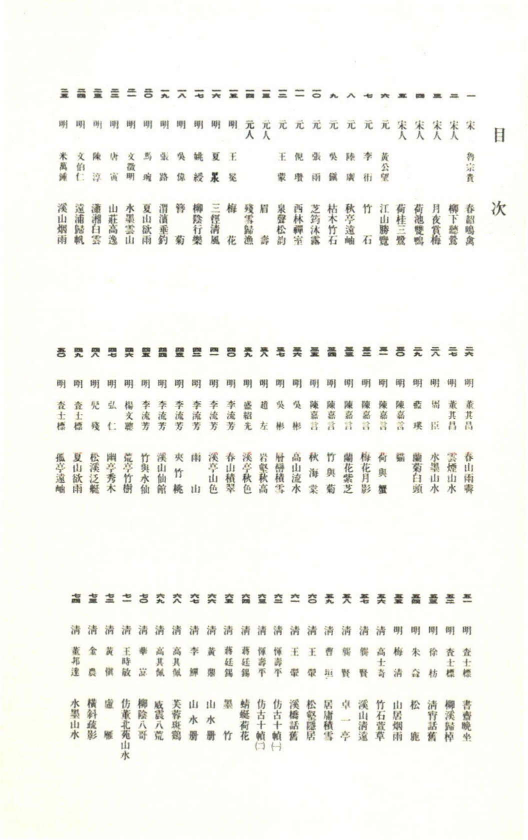

目次

一	宋	魯宗貴	春韶鳴禽
二	宋人		柳下聽鶯
三	宋人		月夜賞梅
四	宋人		荷池雙鴨
五	宋人		荷桂三鷺
六	元	黃公望	江山勝覽
七	元	李衎	竹石
八	元	陸廣	秋亭遠岫
九	元	吳鎮	枯木竹石
一〇	元	張雨	芝筠沐露
一一	元	倪瓚	西林禪室
一二	元	王蒙	泉聲松韵
一三	元人		眉壽
一四	元人		殘雪歸漁
一五	明	王紱	梅花
一六	明	夏昶	三徑清風
一七	明	姚綬	柳陰行樂
一八	明	吳偉	簪菊
一九	明	張路	渭濱垂釣
二〇	明	馬琬	夏山欲雨
二一	明	文徵明	水墨雲山
二二	明	唐寅	山莊高逸
二三	明	陳淳	瀟湘白雲
二四	明	文伯仁	遠浦歸帆
二五	明	米萬鍾	溪山烟雨
二六	明	董其昌	春山雨霽
二七	明	董其昌	雲煙山水
二八	明	周臣	水墨山水
二九	明	藍瑛	蘭菊白頭
三〇	明	陳嘉言	貓
三一	明	陳嘉言	荷與蟹
三二	明	陳嘉言	梅花月影
三三	明	陳嘉言	蘭花紫芝
三四	明	陳嘉言	竹與菊
三五	明	陳嘉言	秋海棠
三六	明	吳彬	高山流水
三七	明	吳彬	層巒積雪
三八	明	趙左	岩壑秋高
三九	明	盛紹先	溪亭秋色
四〇	明	李流芳	春山積翠
四一	明	李流芳	溪亭山色
四二	明	李流芳	雨山
四三	明	李流芳	夾竹桃
四四	明	李流芳	溪山仙館
四五	明	李流芳	竹與水仙
四六	明	楊文驄	荒亭竹樹
四七	明	弘仁	幽亭秀木
四八	明	髡殘	松溪泛艇
四九	明	查士標	夏山欲雨
五〇	明	查士標	孤亭遠岫
五一	明	查士標	書齋晚坐
五二	明	查士標	柳溪歸棹
五三	明	徐枋	清宵話舊
五四	明	朱耷	松鹿
五五	明	梅清	山居烟雨
五六	清	高士奇	竹石萱草
五七	清	龔賢	溪山清遠
五八	清	龔賢	卓一亭
五九	清	曹垣	居庸積雪
六〇	清	王翬	松壑隱居
六一	清	王翬	溪橋話舊
六二	清	惲壽平	仿古十幀(一)
六三	清	惲壽平	仿古十幀(二)
六四	清	蔣廷錫	蜻蜓荷花
六五	清	蔣廷錫	墨竹
六六	清	黃鼎	山水册
六七	清	李鱓	山水册
六八	清	高其佩	芙蓉斑鳩
六九	清	高其佩	威震八荒
七〇	清	華嵒	柳陰八哥
七一	清	王時敏	仿董北苑山水
七二	清	黃慎	蘆雁
七三	清	金農	橫斜疏影
七四	清	董邦達	水墨山水

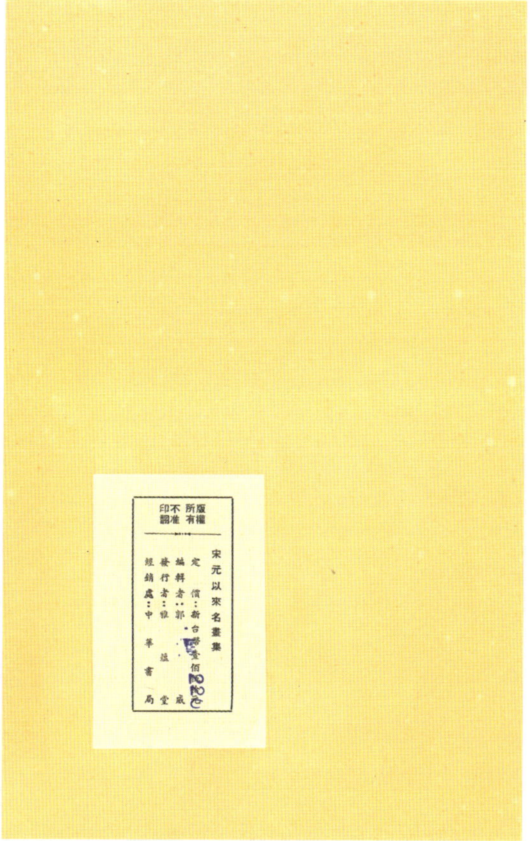

宋元以來名畫集
定價：新台幣壹佰
編輯者：郭威
發行者：雅蘊堂
經銷處：中華書局

作者：郭威
书名：《宋元以来名画集》
出版：台湾中华书局
时间：1965 年
成都诗婢家提供

作者：郎静山

书名：《张大千先生影展》

时间：1966 年

好古敏求书屋提供

CHANG DAI-CHIEN'S PAINTINGS

With 130 reproductions of the Master's paintings since 1944.

Edited and published by
Kao Ling-mei

English text by
Yao Hsin-nung

Published by
The East Society
12, Carnarvon Road,
Kowloon, Hong Kong
Tel. 666814
76, Section1, Chungking Road S.,
Taipei, Taiwan
Tel. 27403

Printed by
Sing Cheong Printing Co., Ltd.
655, King's Road 4th floor
Hong Kong.
Tel. 715801 719104

Hong Kong

First Edition: January, 1967.

中華民國玖拾年 [illegible] 渙

序言

張大千先生，名爰，大千是他的號，生平愛猿，而爰字又是猿字古寫，讀音亦同，這是一個巧合。他現在巴西所建的八德園畫室外面，就豢養着好幾隻能通人意的靈猿，這些頑皮可愛的動物，是他筆下的題材，也是激發他創作靈感的朋友。至於大千二字是他少年時曾一度逃禪出家，老方丈爲他取的法名，後來他題畫，有時候就署「大千居士」。他的故鄉是四川省內江縣，所以畫上常署「蜀人張大千爰」。

論藝術上的造詣，以他今日的名滿天下，可以說尊之不足以加榮。但有一點却必須提出，就是說，他的成就，乃是從數十年不斷的努力中得來，絲毫沒有倖致。

他自幼隨母親習畫，奠定了根基，成年之後，遠赴上海投拜曾農髯、李梅庵二先生門下，對古人的名迹，無不得其神髓，又能將前賢法度，融會貫通，所以在二十多歲時，已經全國知名了。抗戰期間，又到敦煌石窟，潛心揣摩了將近三年之久，把湮沒千年的寶藏發揚光大；這是對中國藝術的重大貢獻！對敦煌壁畫的研究使他躋進一個新的領域超越宋元，而上探晉唐。近十餘年來，他更徧歷了全世界的名山大川，他的視野愈廣，胸中的丘壑更勝，他的畫藝，於是也建立了自我的獨特面目，創造了邁古開新的風格。

他一方面爲研究前人的作品，另一方面爲了要鑑定中國的國粹，所以他的大風堂所收藏的珍貴書畫之豐富，當代很少人能與之頡頏，他一生的收入，差不多完全化費在收藏方面。他的鑑別力之精，可以當得起「藝林推詘，菏標却步，儀周斂手，虛齋降心，」的評語一點也不誇張。

這些，還不夠顯出他的特色，最令人欽佩的是，他的氣度與修養。他對於文藝界，無論是國內的，國外的，只要是認識他的人，他總是推誠相與，如果請他評論某人的作品，必然是盡量在其長處加以表揚；對於前輩，是衷心的尊重；對于後起，更是誘掖備至。他的藝術有大氣磅礴之概，正是他的氣度與修養的表現。

這本畫集，選集了他中年以後到最近的作品，他的佳作流傳，於國內外；吾人當然不能全部欣賞到，可是看了此冊，也就可以接觸到他每一時期的代表性作品，嘗臠一臠，窺豹一斑，可以觸類旁通了。

這裏所選的山水、人物、花卉、翎毛，無所不包；而工筆、寫意，亦無不兼備。同時是按其作畫的年份以爲次序，這樣，比較容易了解每一時期藝術的進度與變化，尋出他建立今日之風格的脈絡。也就是說，要從這些作品裏看出一個藝術家的成功，是經歷了如何艱難的里程。

希望從這本集子，能讓對國畫有興趣的人們，認識大千畫藝之真貌；讓對國畫有研究的人們，有所啓發與助益。

作者：高岭梅

书名：《张大千画集》

出版：香港东方画会

时间：1967 年

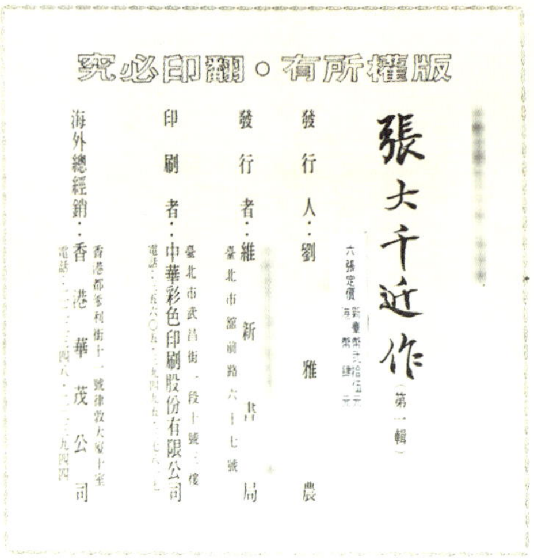
版權所有・翻印必究

張大千近作（第一輯）

發行人：劉 雅 農
發行者：維 新 書 局
臺北市館前路六十七號
印刷者：中華彩色印刷股份有限公司
臺北市武昌街一段十號三樓
海外總經銷：香 港 華 茂 公 司
香港都爹利街十一號律敦大廈十室

作者：张大千
书名：《张大千近作》（第一辑）
出版：台北维新书局
时间：1967 年

Exhibition of Paintings by

CHANG DAI-CHIEN

August 19 – September 4, 1967

Front Cover: No. 1 Autumn Visitors

The Laky Galleries, Ltd.

San Carlos Street, between 5th and 6th
Carmel, California, 93921

作者：张大千
书名：《张大千克密尔画展目录》
出版：美国加州克密尔 Laky 画廊
时间：1967 年
美国加州硅谷艺术中心提供

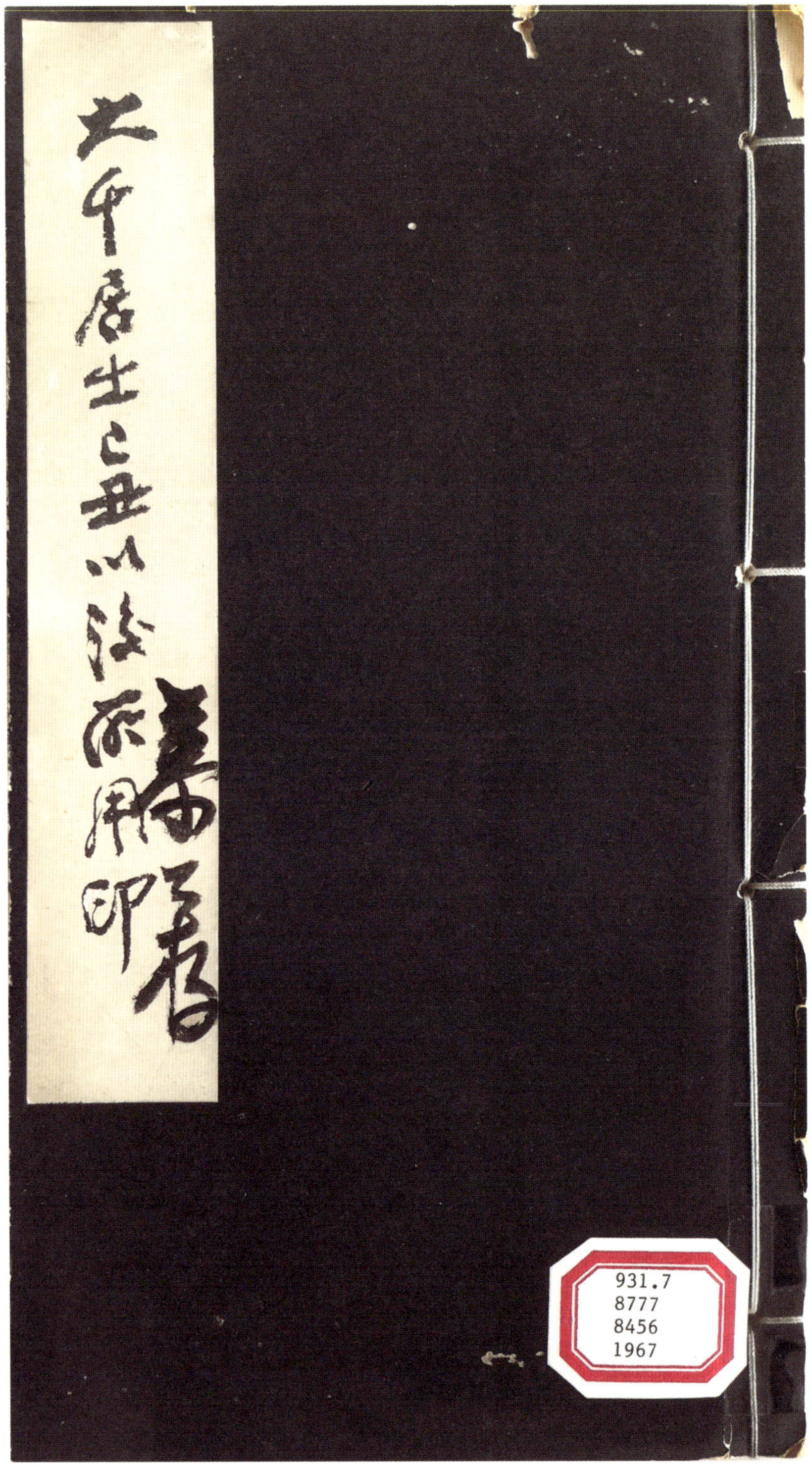

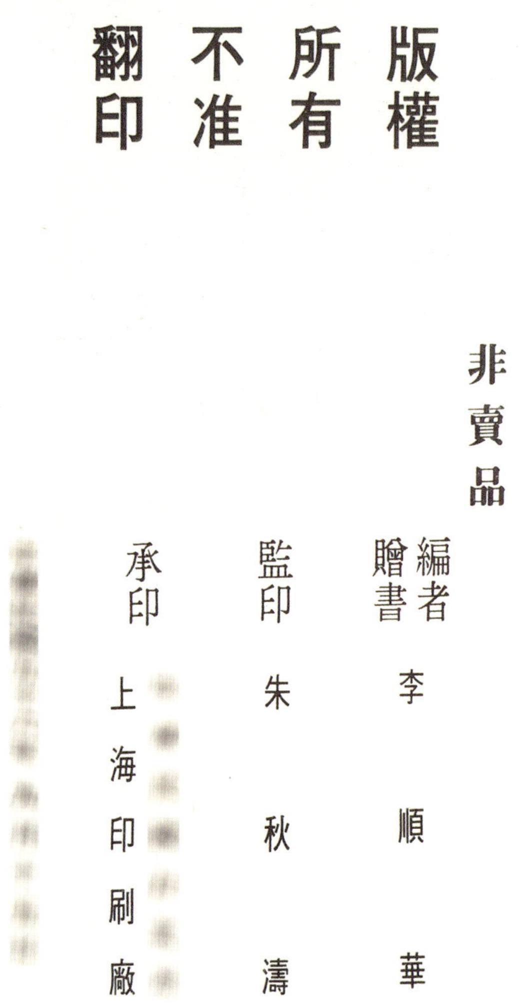

版權所有
不准翻印

非賣品

編者
贈書
李順華

監印
朱秋濤

承印
上海印刷廠

作者：李顺华
书名：《大千居士己丑以后所用印》
时间：1967 年

序

張群

大千先生天才卓犖，弱冠飛聲，始因石濤八大而上溯宋元，繼復由鳴沙石室以追三唐六朝之遺，融會前古，自成風格。喪亂以還，漫遊寰宇，搜奇探幽，心領神會，於是磅礴揮寫，超然象外，物我兩忘，繼往開來，信爲不世之才。

余嘗謂我國藝苑，自宋而後，大抵囿於前人法度，篤於摹擬，怯於創新，能入而難出；近人昌言創新，則又輕詆前賢，無視傳統，是猶赤子未嘗學步而欲奔馳，其不顚躓者幾希。若大千者，以其收藏之富，鑑賞之精，卽可知其修養之深，植根之厚，成功允非偶然。

大千於[illegible]曾在台舉行畫展，於今忽忽已十五載。此十餘年中，實爲其畫風丕變之重要時期，聲光所至，震耀國際藝壇，而國內人士企慕彌殷，欣賞無由，洵爲憾事。[illegible]有見及此，因商諸大千，出其近作四十八幅，公開展覽，以飽國人眼福。愛好藝術人士，必將樂於惠臨觀賞；而見其豪邁之氣躍然紙上，精力充沛未減當年爲尤可喜也。茲値目錄付梓，爰爲之序。

目錄 CATALOGUE

1.	松石相賞	Pines and Rock	195×103 cm
2.	溪亭	Pavilion	104× 72 cm
3.	芍藥	Peony	98× 62 cm
4.	蔬菜	Vegetable	98× 62 cm
5.	白荷	Lotus	97× 63 cm
6.	峨嵋臥雲庵	Mountain Scene	157× 86 cm
7.	秋山	Mountains	94× 43 cm
8.	破墨夏山	Mountains	172× 89 cm
9.	秋山瀑布	Water-fall in Mountains	94× 43 cm
10.	曉春	The Early Spring	94× 43 cm
11	芭蕉	Banana Tree	94× 43 cm
12.	鳴禽	Bird	94× 43 cm
13.	春雨	Rain in Spring	180× 93 cm
14.	松鳩	Pines and Bird	94× 43 cm
15.	小舟	A Little Boat	104× 38 cm
16.	愛痕湖	Aafchen See	97× 30 cm
17.	瑞士風景	Landscape	97× [illegible]
18.	瑞士記遊	Landscape	81× [illegible]
19.	瑞士湖山	Landscape	81× [illegible]
20.	孤松自賞	Alone with the Pine Tree	97× [illegible]
21.	[illegible]巴幽栖	The Quiet Life Near the River	97× 60 cm
22.	冷香	Cold and Sweet	137× 69 cm
23.	崇嶺懸瀑	Water-Fall	98× 45 cm
24.	松濤雲影	Landscape	99× 49 cm
25.	南國水鄉	Country Scene	97× 60 cm
26.	山溪村舍	A Little House	98× 53 cm
27.	五亭湖曲	The Lake of Five Pavilions	97× 60 cm
28.	花朝二女	Two Ladies	120× 59 cm
29.	五亭湖一角	The Lake of Five Pavilions	97× 60 cm
30.	人松長春	Alone with the Pine Tree	135× 68 cm
31.	翠蓋玉荷	Lotus	137× 69 cm
32.	鮮茹	Mushrooms	87× 50 cm
33.	冬菇	Mushrooms	87× 51 cm
34.	瓜菌	Melon and Mushrooms	97× 60 cm
35.	益都記游	A Spring Excursion	194×102 cm
36.	石瀨記游	A Sanctuary in the Heights	183×102 cm
37.	右丞逸詩	Wang Wei's Poem in Pictures	180× 88 cm
38.	山寺晚村	A Monastery in April	193×112 cm
[illegible]	[illegible]話山居	My Mountain Retreat	134× 67 cm
[illegible]	[illegible]上草堂	Landscape	142× 75 cm
[illegible]	[illegible]仙峡	The Sheng Hsien Gap	135× 67 cm
[illegible]	[illegible]松	Ancient Pine Tree	185× 63 cm
[illegible]	[illegible]松	Ancient Pine Tree	185× 63 cm
[illegible]	[illegible]亭湖	The Lake of Five Pavilions	143× 75 cm
45.	畫荷	Lotus	87× 58 cm
46.	寫漁洋句	Lotus	89× 59 cm
47.	冷香飛上詩句	Lotus	97× 61 cm
48.	寫荷	Lotus	184× 63 cm
49.	自畫像	Self-Portrait	

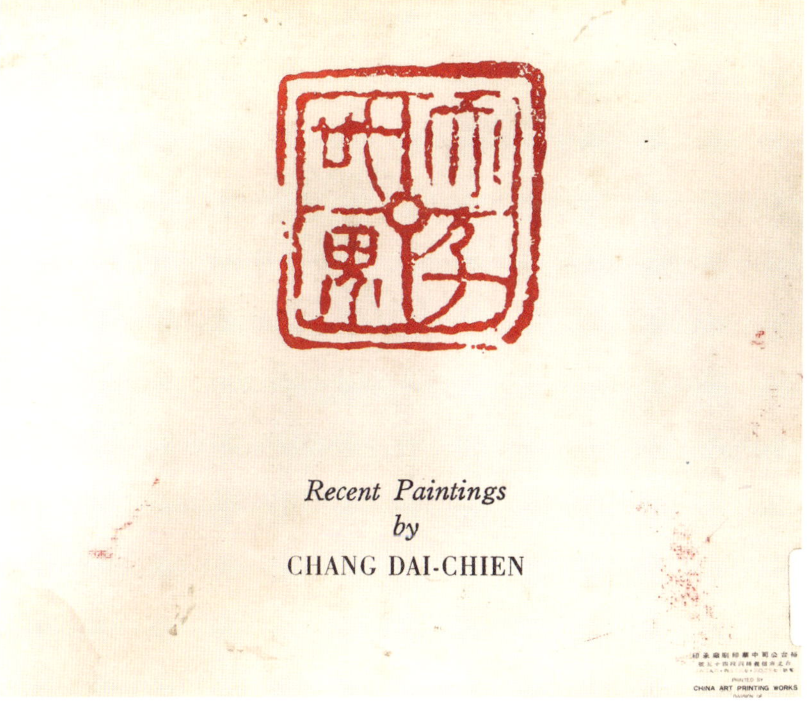

作者：台湾历史博物馆
书名：《张大千近作展览》
出版：台湾历史博物馆
时间：1967 年

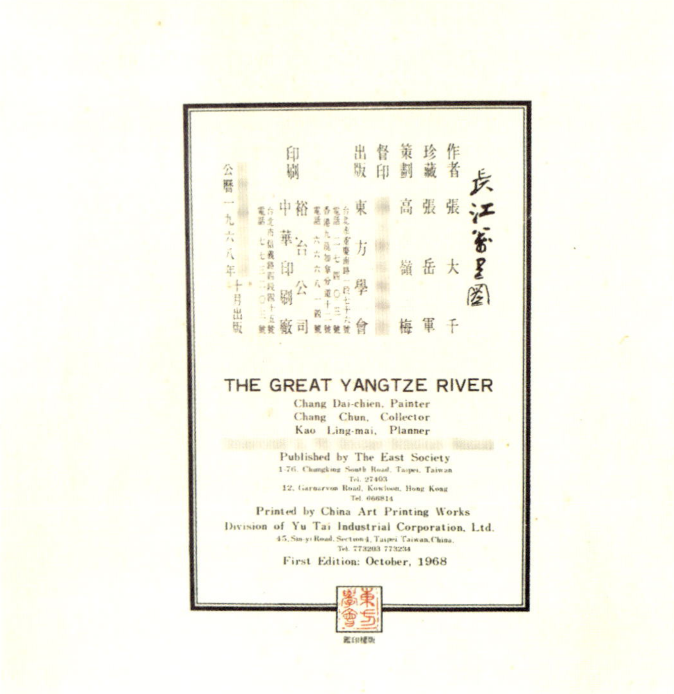
長江萬里圖

作者 張大千

珍藏 張岳軍

策劃 高嶺梅

督印

出版 東方學會

台北市重慶南路一段七十六號 電話二七四〇三號

香港九龍加拿分道十二號 電話六六六八一四號

印刷 裕台公司 中華印刷廠

台北市信義路四段四十五號 電話七七三二〇三號

公曆一九六八年十月出版

THE GREAT YANGTZE RIVER

Chang Dai-chien, Painter

Chang Chun, Collector

Kao Ling-mai, Planner

Published by The East Society

1-76, Changking South Road, Taipei, Taiwan

Tel. 27403

12, Carnarvon Road, Kowloon, Hong Kong

Tel. 666814

Printed by China Art Printing Works

Division of Yu Tai Industrial Corporation, Ltd.

45, Sin-yi Road, Section 4, Taipei Taiwan, China.

Tel. 773203 773234

First Edition: October, 1968

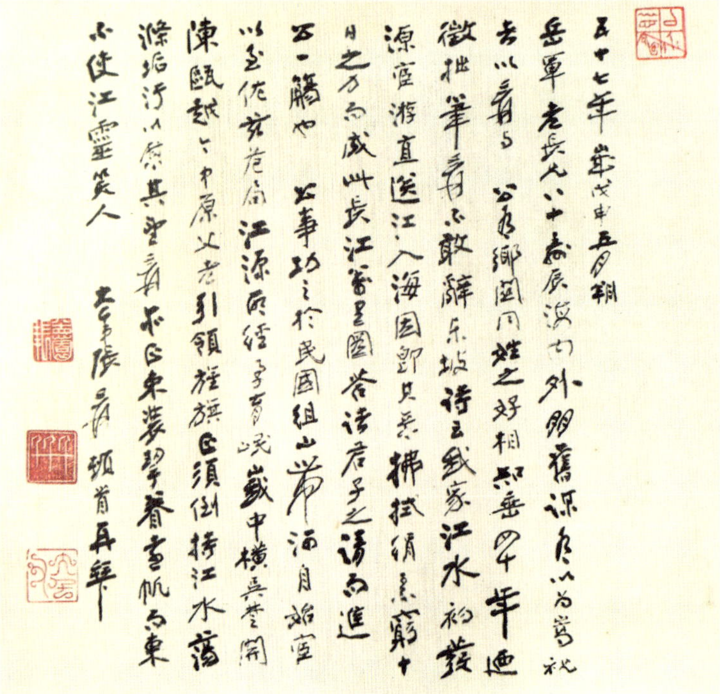

作者：张大千

书名：《长江万里图》

出版：东方学会

时间：1968 年

好古敏求书屋提供

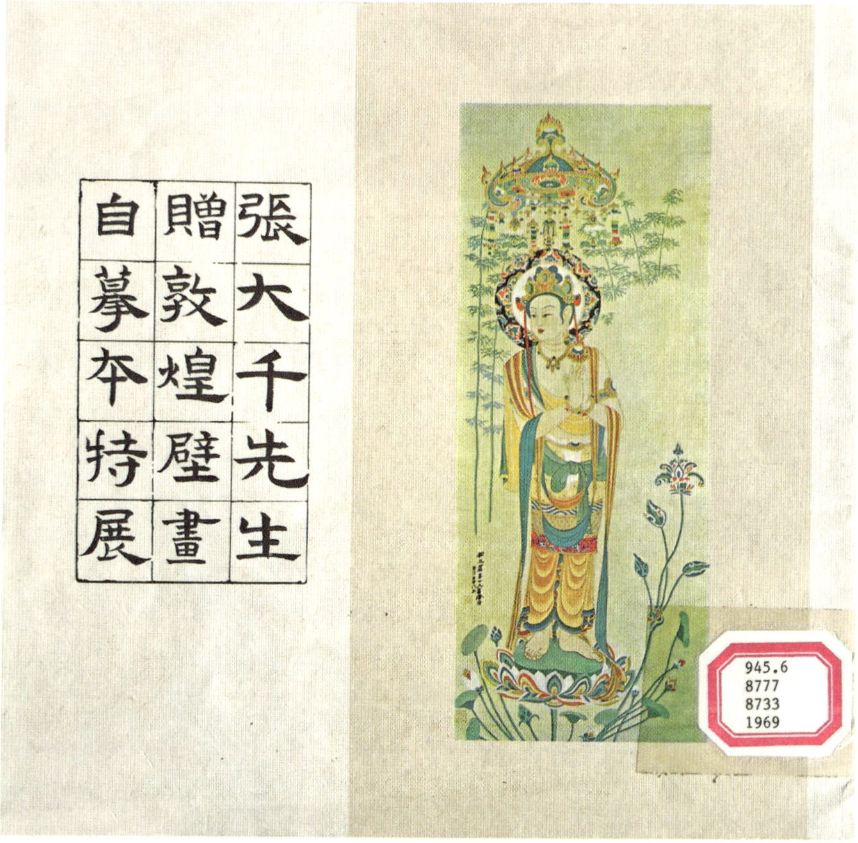

四六、榆林窟第十九窟盛唐畫竹林大士象六十一號　軸
本幅絹本　縱二三六公分　橫九六・二公分
設色畫。竹林大士一尊。款。榆林窟第十九窟。盛唐。番僧昂吉同畫。鈐印三。大千父。
大風堂供養。老棄敦煌。

四七、第五窟比丘尼五十五窟　軸
本幅絹本　縱一二二・二公分　橫六一・二公分
設色畫。比丘尼一人。款。第五窟。中唐。鈐印二。大千父。老棄敦煌。

四八、第五窟優婆夷近事女五十六號　軸
本幅絹本　縱一二二公分　橫六一・二公分
設色畫。優婆夷一人。款。第五窟。中唐。鈐印二。大千父。老棄敦煌。

四九、漢高窟一百五十五窟晚唐畫天童象五十七號　軸（圖七）
本幅絹本　縱六五・七公分　橫四六・八公分
設色畫。天童一軀。款。漢高窟第一百五十五張承奉窟。北壁維摩變之天童。鈐印二。大千父。老棄敦煌。

圖七

作者：台北故宫博物院
书名：《张大千先生赠敦煌壁画自摹本特展》
出版：台北故宫博物院
时间：1969 年

張大千先生於[illegible]六月一日在巴黎現代美術館舉行個人作品展覽會時所展出的墨荷大屏四幅長達一丈六尺此為開幕前大千先生所攝

This Picture of "INK LILY" was taken on June 1st, 1955 at GALLERY OF ART DE PARIS during MR. T. C. CHANG's private Exhibition in FRANCE. This big master piece is made by 4 strips of paper in width, and the length is 19 feet.

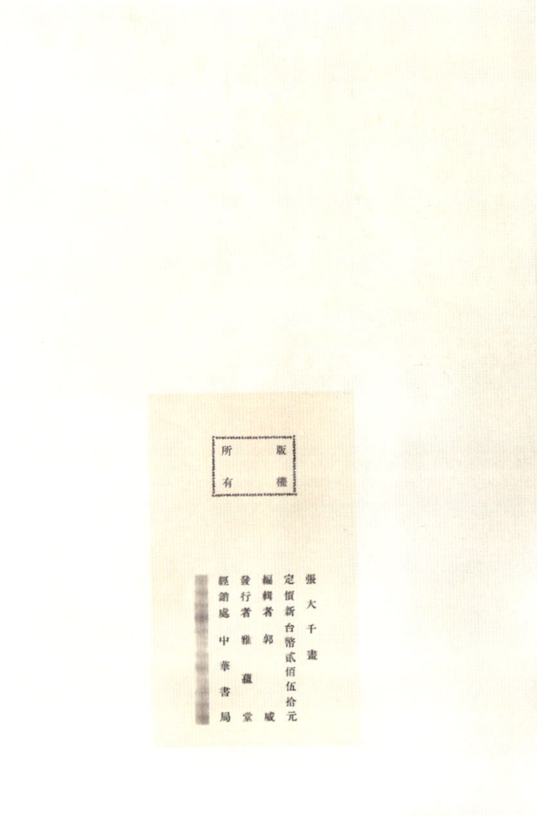
版權所有

張大千畫
定價新台幣貳佰伍拾元
編輯者 郭 威
發行者 雅 蘊 堂
經銷處 中華書局

作者：张大千
书名：《张大千画》
出版：台湾中华书局
时间：1970 年

作者：美国旧金山亚洲艺术中心
书名：《张大千四十年回顾展》
出版：日本讲谈社
时间：1972 年
四川张大千研究中心提供

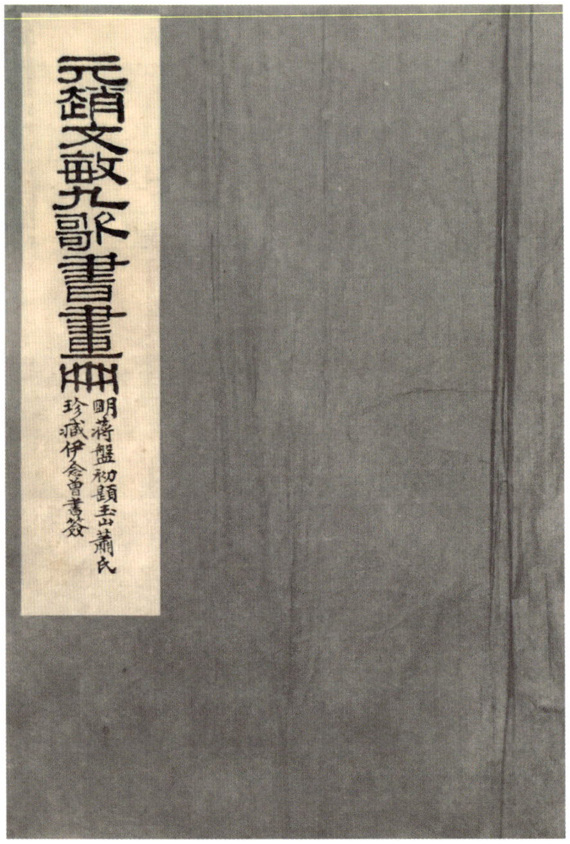

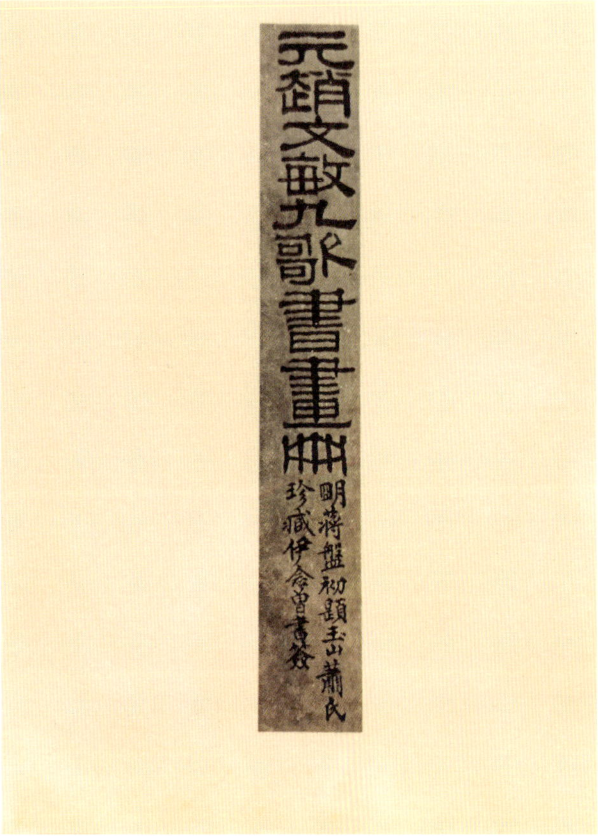

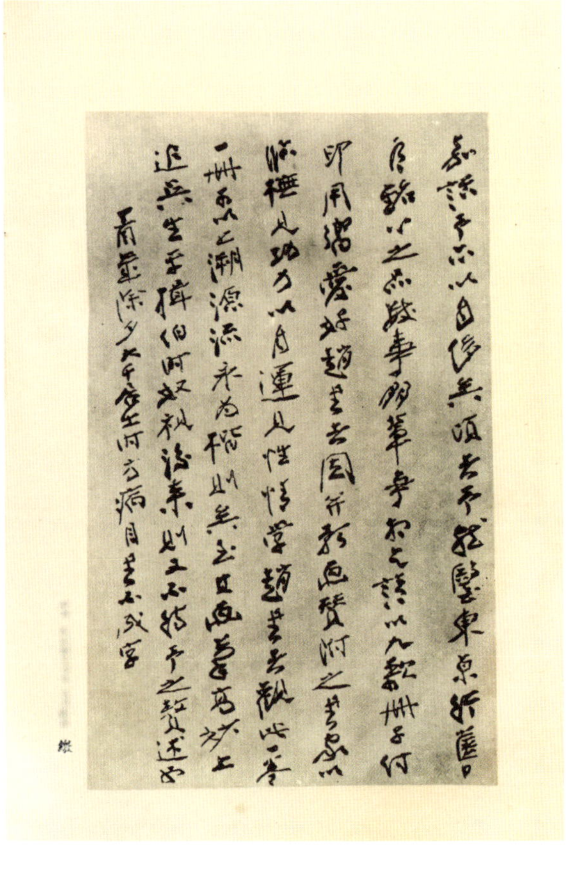

作者：赵孟頫

书名：《元赵文敏九歌书画册》

出版：台湾学海出版社

时间：1973 年

張善孖畫虎

容天圻

國畫史中專以虎為題材作畫的畫家並不多見，晚近後起的畫家中頗多畫虎的，但佳作極少，近五十年來畫家中善畫虎而能獨創一格者僅得一人，即畫家張大千的二兄張善子是也。

善子名澤，四川內江人，先世為廣東番禺望族，曾祖官蜀，遂定居四川。母曾太夫人，工繪事，是故善子大千兄弟都能繼承家學，大千早年專臨習石濤，所作可以亂真，善子則專攻畫虎，居蘇州網師園時曾飼養幼虎於園中，朝夕寫生，因之所畫虎能盡虎之百態。他不但善畫虎，而且愛養虎，有虎癡之目。民國廿四年，郝夢齡在貴州剿匪，入深山，無意中殺死一猛虎，並在附近虎穴中找到一對幼虎，後來攜歸漢口，分贈一頭給高參朱柏森，柏森因為與善子相識，知他喜歡畫虎，於是又轉贈給善子。善子得虎，珍同拱璧，每日親自飼養調教，愛護備至，小虎不但能與家中貓犬同處，互不侵犯，且能迎送賓客，跪拜如儀，畫家過張氏網師園無不嘖嘖稱奇的。

善子畫虎因為以家中之虎為寫畫對象，故所作畫均無凶相，有人引以為病，但畫家趙少昂則不以為然，趙氏論畫虎，認為畫虎寫兇惡不難，難在純善中而含有凶性，因為美術主要在發揮人生的美感，化其鄙劣暴戾而為溫柔和祥，即使其本來具凶惡相，但在藝術品中也必須加以美化，因此趙少昂先生主張畫虎不宜表現其兇惡而要表現其馴良，是故趙氏的畫也了無凶相。

筆者嘗見善子，與大千在吳門合作的畫虎十二幅，由善子畫虎，大千補景，善子自題云：「無慘南郭，索讀西廂，慨世局之滄桑，學曼倩之善謔，公牛哀七日而變封，使君一但成形，人獸何分，莊諧雜引，本如來卅二變相，圖僧孺二十金釵，藉實甫之豔詞，為山君註脚，抑有識者謂我非乎？乙亥（民國廿四年）秋蜀中張善子寫並題。」所作畫虎分別依畫面而題以西廂記中詞句，如側面上山之虎，題以「怎當他臨去秋波那一轉」，低伏山坡上之虎則題以「羞答答不肯把頭抬」。初出谷之虎題「蹁着脚步兒行」以及「驀然見五百年風流孽冤」等均能將虎動作表情表現無餘，比一些只能摹寫古人稿本的庸手，高明多了。

善子不但是一位畫家，而且是一位愛國志士，早年曾加入同盟會，參加革命工作，七七抗戰軍興，他曾繪畫四維八德圖以及文天祥正氣歌等以揭示民族正氣，激發民心，自言：「恨我非猛士，不能執干戈於疆場，我將以我之畫筆寫我忠憤，鼓盪士氣，為海內藝苑同人導其先聲。」後來他又畫了一幅巨畫，寫一雄獅怒目狂吼於日本富士山，題曰：「中國怒吼了」。此畫展於後方，對民心士氣影響極大，一般人均說百無一用是書生，但是善子此作所產生的後果又何遜於揮戈殺敵於疆場之上的將士呢？

作者：张善孖　张大千

书名：《张善孖、张大千昆仲合作山君群相画集》

出版：中国美术出版社

时间：1973 年

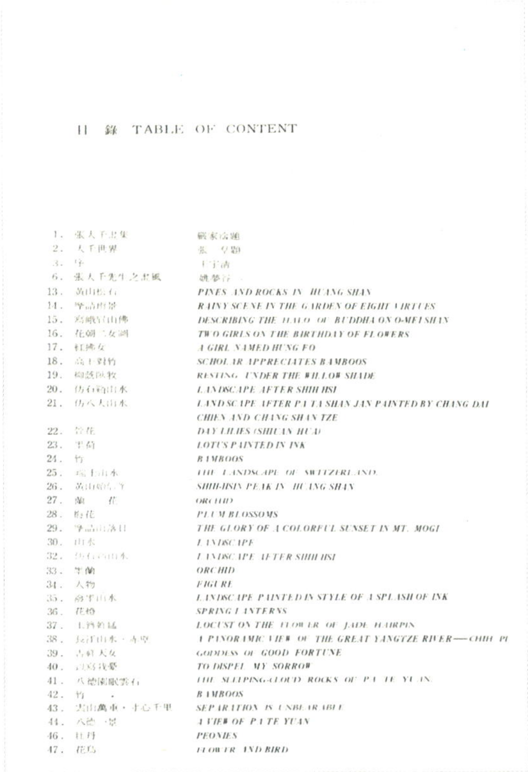
目錄 TABLE OF CONTENT

1.	張大千畫集	嚴家淦題
2.	大千世界	張 群
3.	序	王宇清
6.	張大千先生之畫風	姚夢谷
13.	黃山松石	PINES AND ROCKS IN HUANG SHAN
14.	[illegible]	RAINY SCENE IN THE GARDEN OF EIGHT VIRTUES
15.	寫峨嵋山佛	DESCRIBING THE HALO OF BUDDHA ON O-MEI SHAN
16.	花朝二女圖	TWO GIRLS ON THE BIRTHDAY OF FLOWERS
17.	紅拂女	A GIRL NAMED HUNG FO
18.	高士對竹	SCHOLAR APPRECIATES BAMBOOS
19.	[illegible]	RESTING UNDER THE WILLOW SHADE
20.	仿石谿山水	LANDSCAPE AFTER SHIH HSI
21.	仿八大山水	LANDSCAPE AFTER PA TA SHAN JAN PAINTED BY CHANG DAI CHIEN AND CHANG SHAN TZE
22.	萱花	DAY LILIES (SHUAN HUA)
23.	墨荷	LOTUS PAINTED IN INK
24.	竹	BAMBOOS
25.	瑞士山水	THE LANDSCAPE OF SWITZERLAND
26.	黃山始信峰	SHIH-HSIN PEAK IN HUANG SHAN
27.	蘭 花	ORCHID
28.	梅花	PLUM BLOSSOMS
29.	[illegible]	THE GLORY OF A COLORFUL SUNSET IN MT. MOGI
30.	山水	LANDSCAPE
32.	仿石谿山水	LANDSCAPE AFTER SHIH HSI
33.	墨蘭	ORCHID
34.	人物	FIGURE
35.	潑墨山水	LANDSCAPE PAINTED IN STYLE OF A SPLASH OF INK
36.	花燈	SPRING LANTERNS
37.	[illegible]	LOCUST ON THE FLOWER OF JADE HAIRPIN
38.	長江山水·赤壁	A PANORAMIC VIEW OF THE GREAT YANGTZE RIVER—CHIH PI
39.	吉祥天女	GODDESS OF GOOD FORTUNE
40.	以寫我憂	TO DISPEL MY SORROW
41.	八德園眠雲石	THE SLEEPING-CLOUD ROCKS OF PA TE YUAN
42.	竹	BAMBOOS
43.	[illegible]	SEPARATION IS UNBEARABLE
44.	八德一景	A VIEW OF PA TE YUAN
46.	牡丹	PEONIES
47.	花鳥	FLOWER AND BIRD

作者：台湾历史博物馆
书名：《张大千画集》
出版：台湾历史博物馆
时间：1974 年

張大千談畫目錄

熊念祖 編著

篇目	附圖	面頁
熊式一博士序	大千先生自畫像	一
大千先生自序	敦煌壁畫、仿石濤山水、仿八大墨荷、仿八大山水	四
情、理、態	牡丹、山水、太乙觀泉圖	一九
紙墨之選擇	荷、山水、松泉圖、黃山松扇、停舟聽雨	二三
用筆及水法	廬山高、山水、峨雲水堂圖	二九
論點筆	人物、紅拂女、尊勝金剛	三三
談寫生	春郊攬轡圖、伏虎圖、天竺覆斗牛、馬、丹林寂坐、山水	三七
言花卉	天中五瑞、芙蓉、玉簪蚱蜢	四四
話牡丹	照殿紅牡丹、牡丹圖二幅	四八
沒骨花卉探源	墨荷三幅	五二
畫梅	古梅、梅、眉壽萬年	五六
寫蘭	蘭圖三幅	六〇
竹竹	竹、竹蘭、竹禽圖、明月湘女	六四
繪菊	菊	七〇
翎毛	紅葉小鳥、猿戲、蕉陰小鳥、花鳥、紅葉白鳩、松枝幽禽、三異圖、猿	七二
工筆翎毛	花鳥、虎	八一
畫魚妙法	魚樂圖、游魚	八四
山水境界	碉上草堂、江峽歸帆、山水	八七
寫意山水	巫峽雲帆、長江萬里圖—南京、山閣聽雨、太魯閣	九一
工筆山水	滄浪漁笛圖	九八
淺絳山水	黃山前後澥圖二幅	一〇〇
雪景圖	溪堂春雪	一〇二
人物與相術	張氏畫像、秋山獨往	一〇三
鬚髮	大師畫像、孫位高逸圖	一〇六
仕女	少女汲水圖、南無觀世音	一〇八
點睛法	天竺吉祥紅、凝思	一一〇
題畫用印及裝裱	荷、松石、江千覓句圖、鳳阿山房圖、秋壑鳴泉圖、韋湖泛舟、水月觀音、趣山幽棲、扇上白雲、番女挈嵐、松菊圖、仕女、吉祥天女、秋江晚泊、華陽仙館、天泉圖、西奉弟一闕、石林意境、長松高士、神木、青毒無極、湖上清遊、秋水春雲、蔬果	一一三
大千居士自刻印		一三七
大千居士國內外回顧展記盛		一三八
金山回顧展目錄、台北創作展目錄		一四一
張大千先生年譜		一四四
編後記		一四八
英文目錄		一五〇

編後記

張大千先生為我國當代畫宗、近五百年來藝苑第一人、其作品之渾脫超逸、冠絕古今、世之嚮往其學、臨習其藝者、皆有如孔門子貢所謂：「夫子之牆數仞、不得其門而入、不見宗廟之美、百官之富」之感。

編者生平於大師之畫亦有篤好、特經十數年之努力、廣搜其作畫理論、近今都為一帙、凡數萬言。際茲 領袖崩殂、天人同悲、編者以亦附藝林、決遵 領袖遺訓、致力於「復興民族文化」、職志所在、當不敢私自珍藏、用特加以整理、附以精彩插圖八十餘幅、編輯成冊、定名為：「張大千談畫」、付梓問世、期使世之同好、得一門徑、知所取法、至於由此升堂入室、則在各人致力之淺深焉耳。

抑者、此書之編纂多費周章、其間復承嶽家長熊式一先生、親賜鴻文、為本書作敘、並題署封面；又深荷名法學家張夫子鏡影、名書畫家黃光學、張定成先生之督勵；中央社名記者劉偉勳兄之鼎助；與名畫家本業松兄之代為校訂、始克成書、謹此一併誌謝。

編者自愧力薄識淺、顧慮難週、遇有掛漏之處、尚祈海內外博物君子不吝提示、俾資改進、無任至感。

南昌熊念祖 謹識

Bamboos 竹

天才不足恃，有謂：「三分人事七分天」者，此語最是誤人；當見世之所謂神童，小時了了，大未必佳，此則為天才所害之證明，必也「七分人事三分天」耳。

張大千談畫 全一冊

定價 新台幣：伍佰元（免郵費） 美金：壹拾陸元（酌收郵寄費美金貳元） 港幣：捌拾伍元（酌收郵寄費港幣壹拾壹元）

本書有著作權，請勿翻印。

版權所有 翻印必究

審定者 黃光學
編輯者 尹德壽 吳友驤
校訂者 牟崇松 胡志堅
翻譯者 彭佩芬 MR. FRANK TARSITANO
編著者 熊念祖
發行者 熊輝
出版者 中國藝廊出版社

社址：台北市民生西路一六九號三樓
國內郵撥：一九八四六號熊輝賬戶
信箱：台北郵局五八〇二四號

本社登記證：：六二—〇九四〇 字第〇八六二號

ESSAYS ON PAINTING FROM
THE MASTER CHANG DAI-CH'IEN
Editored by Edward H. Hsung

PUBLISHED BY CHINESE ART GALLERY PUBLICATION SERVICE
ADRESS:
2nd Floor, 169 Min Sheng, W. Road
P.O. Box 58024, Taipei, Taiwan, Republic of China
National Library's Catalogue No. 62-0940.
First and Second Edition: June 1975

N.T.$ 500 H.K.$ 85 U.S.$ 16

作者：罗德寿 吴友骧
书名：《张大千谈画》
出版：台北中国艺廊出版社
时间：1975 年

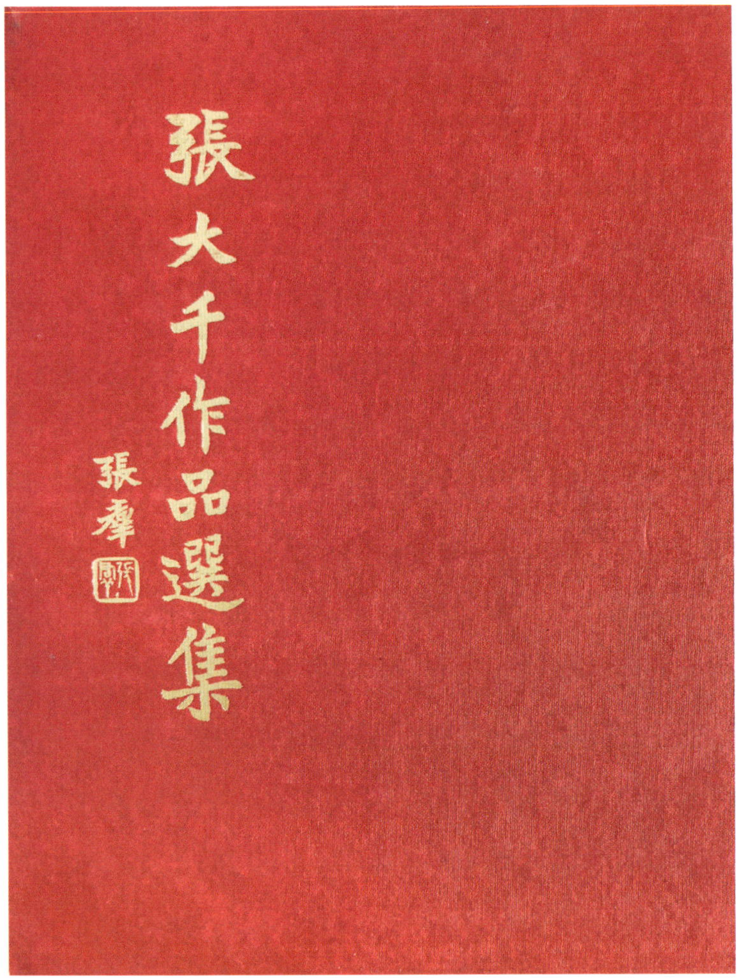

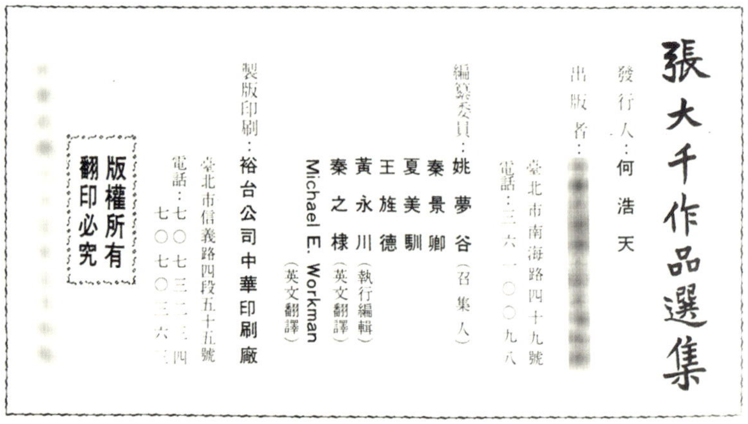

張大千作品選集

發行人：何浩天
出版者：[illegible]
臺北市南海路四十九號
電話：三六一〇〇九八

編纂委員：姚夢谷（召集人）
秦景卿
夏美馴
王旌德
黃永川（執行編輯）
秦之榛（英文翻譯）
Michael E. Workman（英文翻譯）

製版印刷：裕台公司中華印刷廠
臺北市信義路四段五十五號
電話：七〇七三[illegible]四
七〇七〇三六[illegible]

版權所有
翻印必究

作者：姚梦谷
书名：《张大千作品选集》
出版：台湾历史博物馆
时间：1976 年

目錄

1 張大千畫語錄——薛慧山輯
6 談敦煌壁畫——張大千口述 曾克耑整理
15 我與敦煌壁畫——亞太地區博物館研討會專題講演詞——張大千
18 張大千首屆紐約卷軸畫展簡介——高居翰
19 從張大千看張僧繇——王方宇
30 記大風堂藏趙孟頫九歌書畫册——王方宇
32 談大千居士所用印章——王壯爲
38 大千居士細說敦煌——劉震慰
44 大千居士再談敦煌——劉震慰
50 大千居士的九歌圖卷——姚夢谷
54 大千居士的最早作品——黄天才
59 張大千和他的時代——楚 戈
66 張大千「廬山圖」的製作經緯——黄天才
72 「廬山圖」及其題畫詩——樂恕人
78 傷心未見耄耋圖——記大千居士令堂之畫——沈葦窗
80 記大千居士——巢章甫
84 采芝圖和敦煌手印——紀念大千先生——李霖燦
89 從敦煌到龍門——大千先生功德無量——李霖燦
95 敦煌壁畫和張大千摹本特展——沈以正
99 大千與石濤——傅 申
116 張大千在現代中國畫的地位——李鑄晉
124 一生最識江湖大——我對大千居士的印象之瞭解——王壯爲
130 摩耶精舍的喜喪——高 陽
132 大風堂舊藏隋代佛畫初探——蘇瑩輝
141 一洗依傍的新風格——張大千的潑墨潑彩畫——王克文
147 張大千的藝術——謝稚柳
149 巴山池上雨，相見已無期——謝稚柳
151 我的表哥張大千——喻鍾烈
154 張大千的藝術道路——葉淺予
159 張大千的藝術修養——黄苗子
165 大千先生千古——俞振飛
166 懷念張大千畫師——劉凌滄
170 植根傳統，不斷創新——蕭建初
174 張大千老師的花鳥畫藝術——俞致貞
179 博採衆長，勇於創新——劉力上
183 憶張大千先生——王季遷
184 張大千的文化承傳與治藝態度——巴 東

〔附錄〕
203 張大千先生年譜

《張大千的藝術》

作者：台湾历史博物馆

书名：《张大千纪念文集》

出版：台湾历史博物馆

时间：1977 年

傅申提供

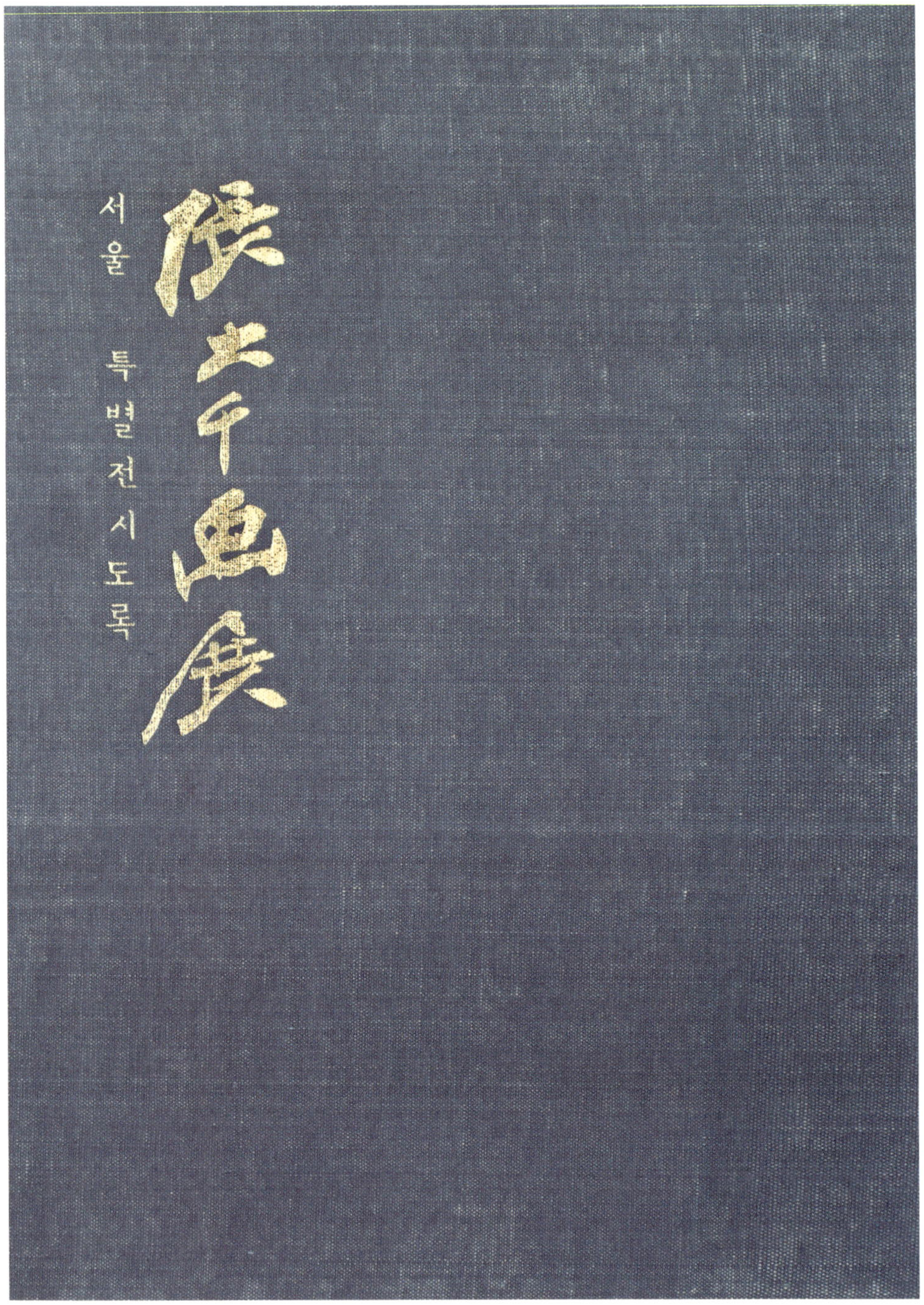

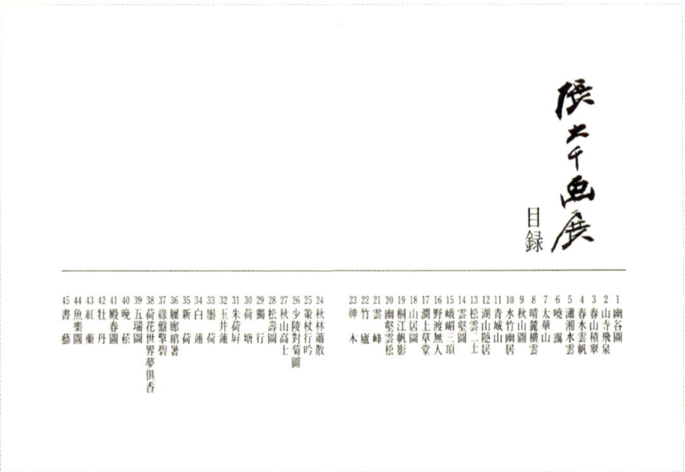

張大千畫展

目録

1 幽谷圖
2 山寺飛泉
3 春山積翠
4 春水雲帆
5 瀟湘水雲
6 曉靄
7 太華山
8 晴麓橫雲
9 秋山圖
10 水竹幽居
11 青城山
12 湖山隱居
13 松雲二士
14 雲壑圖
15 峨嵋三頂
16 野渡無人
17 澗上草堂
18 山居圖
19 桐江帆影
20 幽壑雲松
21 雲峰
22 竹廬
23 神木
24 秋林蕭散
25 策杖行吟
26 少陵對菊圖
27 秋山高士
28 松壽圖
29 獨行
30 荷塘
31 朱荷屏
32 玉井蓮
33 墨荷
34 白蓮
35 新荷
36 曬廊綃暑
37 綠盤擎碧
38 荷花世界夢俱香
39 五瑞圖
40 晚菘
41 殿春圖
42 牡丹
43 紅藥
44 魚樂圖
45 書藝

作者：许世旭

书名：《张大千画展》

出版：韩国东亚日报社

时间：1978 年

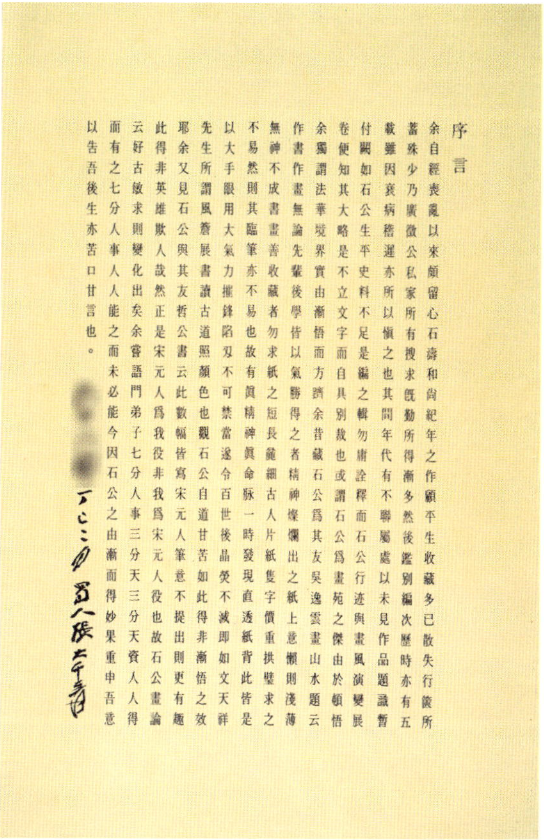
序言

余自經喪亂以來頗留心石壽和尚紀年之作顧平生收藏多已散失行篋所蓄殊少乃廣徵公私家所有搜求旣勤所得漸多然後鑑別編次歷時亦有五載雖因衰病稽遲亦所以愼之也其間年代有不聯屬處以未見作品題識暫付闕如石公生平史料不足是編之輯勿庸詮釋而石公行迹與畫風演變展卷便知其大略是不立文字而自具別裁也或謂石公爲畫苑之傑由於頓悟余獨謂法華境界實由漸悟而方躋余昔藏石公爲其友吳逸雲畫山水題云作書作畫無論先輩後學皆以氣勝得之者精神燦爛出之紙上意懶則淺薄無神不成書畫善收藏者勿求紙之短長麤細古人片紙隻字價重拱璧求之不易然則其臨筆亦不易也故有眞精神眞命脉一時發現直透紙背此皆是以大手眼用大氣力摧鋒陷刄不可禁當遂令百世後晶熒不滅即如文天祥先生所謂風簷展書讀古道照顏色也觀石公自道甘苦如此得非漸悟之效耶余又見石公與其友哲公書云此數幅皆寫宋元人筆意不提出則更有趣此得非英雄欺人哉然正是宋元人爲我役非我爲宋元人役也故石公畫論云好古敏求則變化出矣余嘗語門弟子七分人事三分天三分天資人人得而有之七分人事人人能之而未必能今因石公之由漸而得妙果重申吾意以告吾後生亦苦口甘言也。

丁巳三月蜀人張大千書

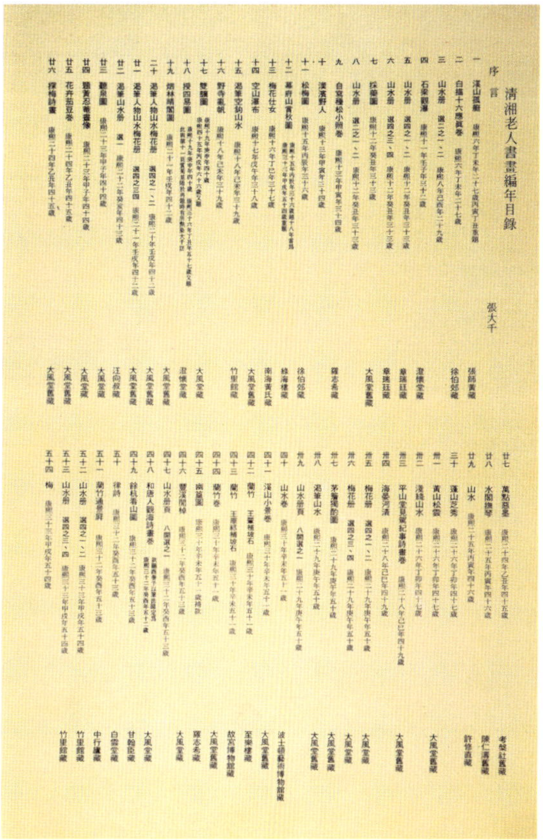

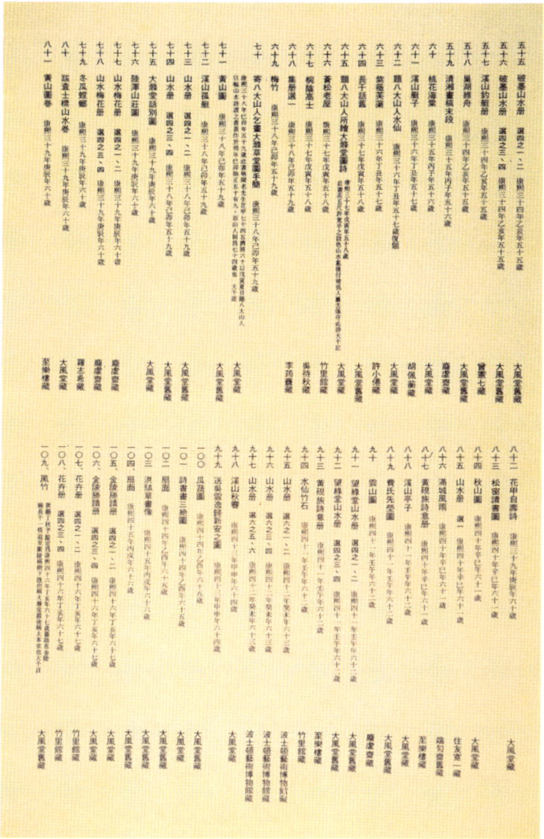

作者：张大千
书名：《清湘老人书画编年》
出版：香港高氏东方艺术公司
时间：1978 年
成都瀞园提供

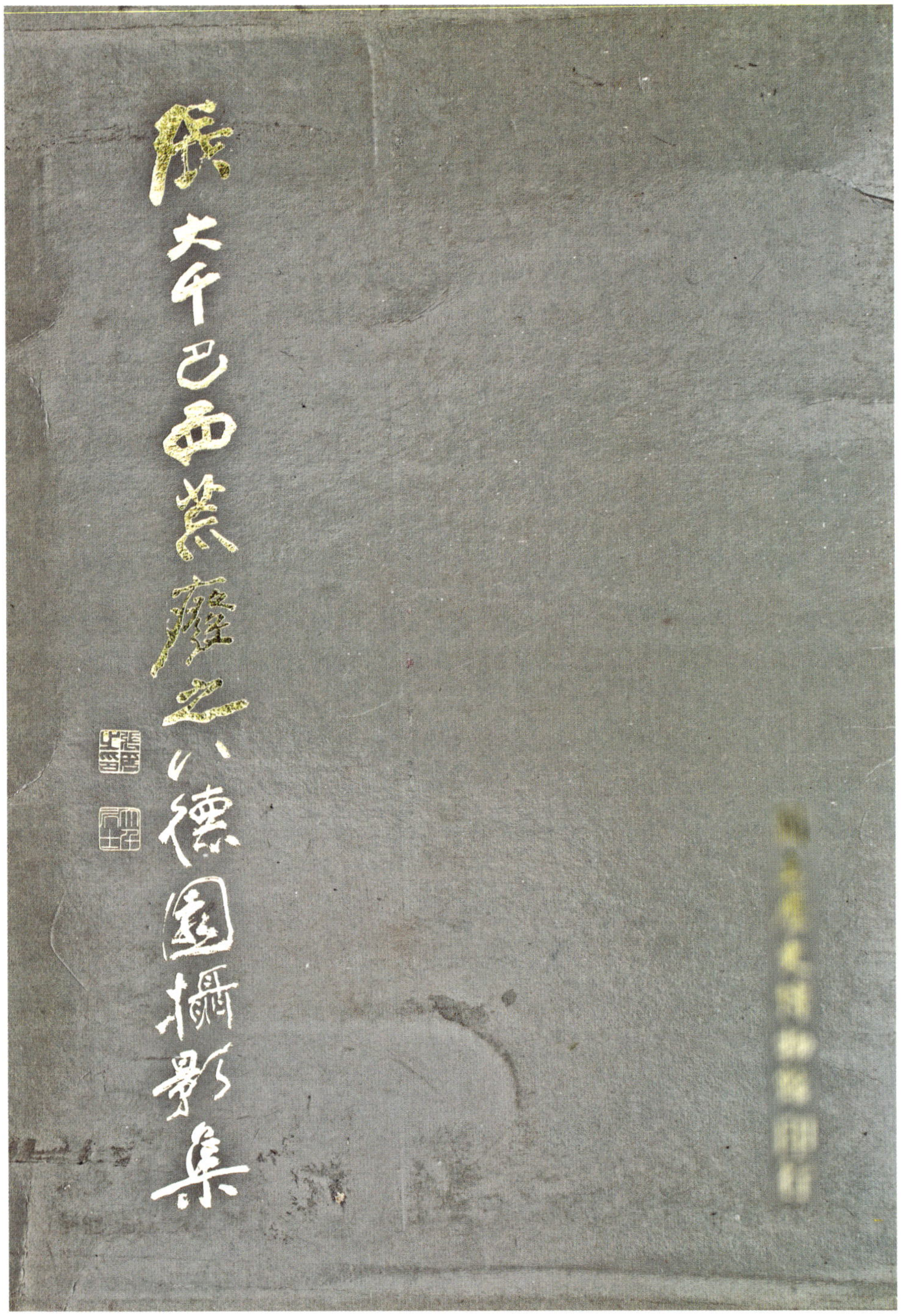

作者：王之一
书名：《张大千巴西荒废之八德园摄影集》
出版：台湾历史博物馆
时间：1979 年

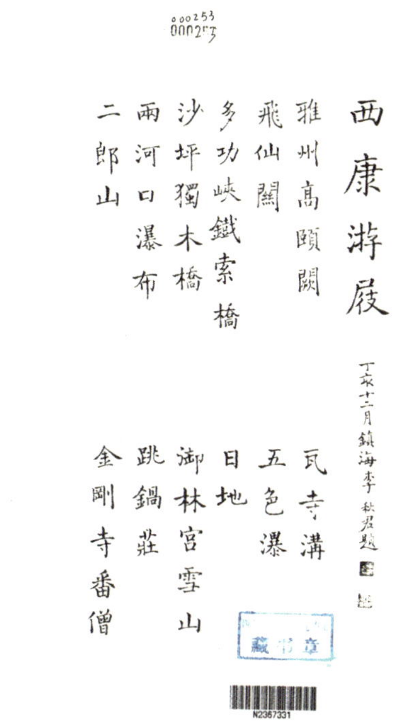
西康游屐

雅州高頤闕

飛仙關

多功峡鐵索橋

沙坪獨木橋

兩河口瀑布

二郎山

瓦寺溝

五色瀑

日地

御林宮雪山

跳鍋莊

金剛寺番僧

作者：张大千

书名：《西康游屐》

出版：台湾历史博物馆

时间：1980 年

目錄 CONTENTS

張大千先生近影		
何序	Preface	
1.松泉圖	Pine Trees and Streams	
2.春雲曉靄	Spring Cloud and Morning Mist	
3.紅梅	Red Plum Blossoms	
4.風雨片帆	Sails Arriving at Soochow City	
5.墨竹	Bamboo	
6.觀瀑圖	Enjoy the View of Waterfalls	
7.松巖煙波	Pine Cliffs and Misty Waves	
8.雁蕩大龍湫	Watching Waterfall in Yen Mountain	
9.行書橫軸	The Running Style of Chinese Calligraphy	
10.櫻桃——花卉冊頁之一	Cherry Blossoms	(Album Leaf No. 1)
11.紫薇——花卉冊頁之二	Crepe-myrtle	(Album Leaf No. 2)
12.紅蘿蔔——花卉冊頁之三	Radish	(Album Leaf No. 3)
13.芙蓉——花卉冊頁之四	Hibiscus	(Album Leaf No. 4)
14.萱花——花卉冊頁之五	Day-lily	(Album Leaf No. 5)
15.荷花——花卉冊頁之六	Lotus	(Album Leaf No. 6)
16.桃花游魚——花卉冊頁之七	Peach Blossoms and Fish	(Album Leaf No. 7)
17.牡丹——花卉冊頁之八	Peony	(Album Leaf No. 8)
18.海棠——花卉冊頁之九	Bignonia	(Album Leaf No. 9)
19.香蕈——花卉冊頁之十	Mushrooms	(Album Leaf No. 10)
20.白菜——花卉冊頁之十一	Chinese Cabbage	(Album Leaf No. 11)
21.白梅——花卉冊頁之十二	White Plum Flowers	(Album Leaf No. 12)
22.紅梅（鐵簫道人詩）	Aged Plum Tree	
23.芍藥	Peony	

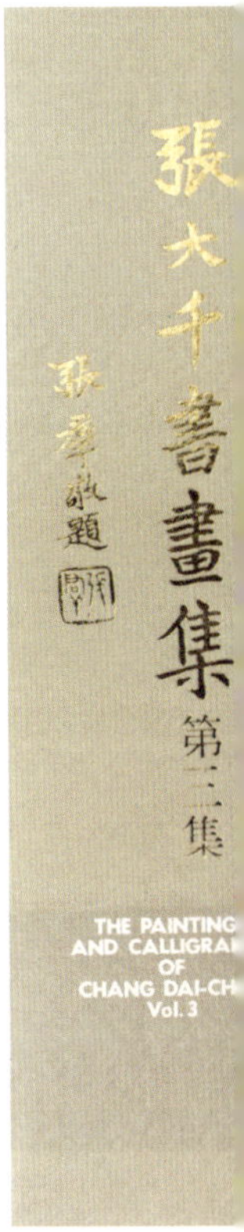

目錄 CONTENTS

張大千先生生活照	
何館長序	
1.扇面	Painting on Fan
2.扇面	Painting on Fan
3.書法扇面	Painting on Fan
4.南嶽圖	Southern Mountain
5.觀瀑圖	Contemplating the Waterfall
6.山水	Landscape
7.仿石濤山水	Landscape in the Manner of Shih T'ao
8.仿清湘山水	Landscape in the Manner of Shih T'ao
9.衡山第一處	The First Ascent of Heng Mountain
10.撲蝶圖	Ladies and Butterflies
11.仿元人秋原高士	Scholar in an Autumn Field in the Manner of the Yuan Dynasty
12.觀瀑圖	Contemplating the Waterfall
13.秋聲圖	Autumn Scenery
14.洗桐圖	Washing the Paulownai Tree (From a Story about Artist Ni Ts'an in the Yuan Dynasty)
15.觀音大士	Kuan-yin, the Goddess of Mercy
16.仿石谿山水	Landscape in the Manner of Shih-hsi
17.仿石谿垂釣圖	Landscape in the Manner of Shih-hsi
18.時裝仕女	Lady in Contemporary Clothes
19.十一面觀音	Kuan-yin with Eleven Faces
20.天王像	Portrait of T'ien Wang
21.巢松圖	Scholar Resting on a Pine

目錄　CONTENTS

張大千先生近影	
何序	Preface
張大千畫說	On the Art of Painting
1. 自畫像	Self-portrait
2. 高巖古寺	Eminent Cliff and Ancient Temple
3. 喬木芳鄰	Pine Trees and Scholars
4. 聽松圖	Listening to the Whispering Pines
5. 秋海棠	Cherry-apple Tree in Autumn
6. 晚山	Mountains in the Evening
7. 山村話別	Farewell to the Mountain Village
8. 三巴摩詰山圖	Landscape
9. 山廚清供	Vegetables
10. 子猷看竹	A Scholar Stood Contemplating Bamboo
11. 對聯	Couplet
12. 赤壁夜遊	A Nocturnal Visit to Ch'ih Pi Cliff
13. 松石幽居	Hermitage amid Pines and Rocks
14. 荷塘	Lotus Pond
15. 停琴聽阮	Music-playing under the Trees
16. 芍藥	Peony
17. 粉蕉	Plantain Tree
18. 太魯閣	Taroko Gorge
19. 潑墨荷花	Lotus Blossoms in Ink Splash
20. 幽谷圖	Deep Valley
21. 江梅	Plum Blossoms
22. 摩耶精舍紅梅	Red Plum Blossoms

目錄　CONTENTS

張羣先生筆墨	
張大千先生近影	
何浩天先生序言	
1. 阿里山神木	Gaint Cypress in the Ali Mountain
2. 紅衣大士	Kuan-yin, the Goddess of Mercy
3. 眉壽圖	The Flowering Plum – A Symbol of Longevity
4. 海棠	Bignonia
5. 山高水長	Mountains and Flowing Waters
6. 對聯	Couplet
7. 佛頭青（藍牡丹）	Blue Peony
8. 白梅	White Plum Flowers
9. 湘夫人	Madame Hsiang
10. 孽海花	Sai Chin-hua, a famous courtesan and patriot in the period of the Boxer Rebellion of the late Ch'ing
11. 櫻桃	Cherries
12. 荷花通屏	Screen Decorated with Lotus Pattern
13. 眉壽萬年	The Flowering Plum
14. 石榴	Pomegranate
15. 蔬菓	Shrimps and cucumbers
16. 嘉耦圖	Lotus
17. 花卉	Flowers
18. 墨荷	Lotus
19. 峨眉奇峰	Peaks of the Omei Mountain
20. 蒼松圖	Pine

張大千書畫集（第七集）
發行人：陳　康　順
出版者：
台北市南海路四十九號
電話：三六一〇二七八－九
編輯委員：劉平衡・黃永川・巴東
執行編輯：巴　東
製版印刷：沈氏藝術印刷股份有限公司
台北縣中和市中山路二段三九五巷六號
電話：二二二三六一六一

作者：台湾历史博物馆
书名：《张大千书画集》第一至第七集
出版：台湾历史博物馆
时间：1980 年

四川张大千研究中心提供

大千居士事略

張爰，字季爰，大千居士者，其別號也。四川內江人，生於民國前十三年，夏曆四月一日。父諱懷忠，母諱友貞，昆弟十人，居士行八；以畫虎名世者，居士之二兄，名澤，字善子。母氏擅丹青，居士九歲從母學畫，十二歲即能畫山水人物花卉，有神童之目。十六歲就讀中學，十九歲二兄攜赴日本京都習染織藝術。二十一歲返國至滬上，師事曾農髯熙先生，旋為僧於松江禪定寺，法號大千。以英邁不羈之才，棲心空寂，非所能堪，然舉世所稱大千居士者，初不知其為僧時之法號也。旋奉母命回里與曾夫人結褵。婚後返滬，復師清道人李瑞清先生。曾李兩先生書畫鑑賞負當世重名，交游皆海內勝流，藝林鉅子。大千居士日侍兩先生左右，又時接席於諸老之前，於是學問日進，藝事亦駸駸與古人爭衡。曾李兩先生與諸老並期以遠大，而居士亦以藝苑起衰振弊為己任。民國十七年任第一屆全國美展幹事會員。二十年赴日為唐宋元明中國畫展代表。二

大千居士近作第一集目次

丁亥十二月 李秋君署

散花圖　秋海棠
韓幹夜照白圖　詠松圖
朱荷　方壺雨山
北苑春城疊嶂圖　唐子華長松高士
北苑山寺浮雲　玉雅
宋人溪山無盡圖　夏山高逸

作者：台湾历史博物馆
书名：《大千居士近作第一集》
出版：台湾历史博物馆
时间：1980 年

作者：张大千　胡崇贤
书名：《摩耶精舍梅花》（第一辑）
出版：台湾历史博物馆
时间：1980 年
成都诗婢家提供

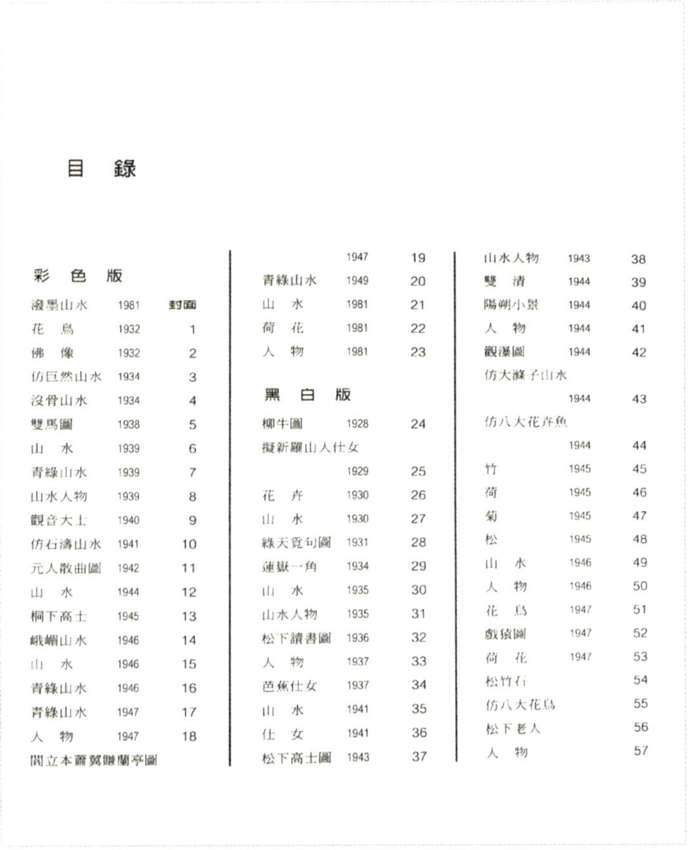

目 錄

彩 色 版

潑墨山水	1981	封面
花 鳥	1932	1
佛 像	1932	2
仿巨然山水	1934	3
沒骨山水	1934	4
雙馬圖	1938	5
山 水	1939	6
青綠山水	1939	7
山水人物	1939	8
觀音大士	1940	9
仿石濤山水	1941	10
元人散曲圖	1942	11
山 水	1944	12
桐下高士	1945	13
峨嵋山水	1946	14
山 水	1946	15
青綠山水	1946	16
青綠山水	1947	17
人 物	1947	18
閻立本蕭翼賺蘭亭圖	1947	19
青綠山水	1949	20
山 水	1981	21
荷 花	1981	22
人 物	1981	23

黑 白 版

柳牛圖	1928	24
擬新羅山人仕女	1929	25
花 卉	1930	26
山 水	1930	27
綠天覓句圖	1931	28
蓮嶽一角	1934	29
山 水	1935	30
山水人物	1935	31
松下讀書圖	1936	32
人 物	1937	33
芭蕉仕女	1937	34
山 水	1941	35
仕 女	1941	36
松下高士圖	1943	37
山水人物	1943	38
雙 清	1944	39
陽朔小景	1944	40
人 物	1944	41
觀瀑圖	1944	42
仿大滌子山水	1944	43
仿八大花卉魚	1944	44
竹	1945	45
荷	1945	46
菊	1945	47
松	1945	48
山 水	1946	49
人 物	1946	50
花 鳥	1947	51
戲猿圖	1947	52
荷 花	1947	53
松竹石		54
仿八大花鳥		55
松下老人		56
人 物		57

作者：集古斋

书名：《张大千画集》

出版：香港美术家出版社

时间：1982 年

好古敏求书屋提供

局版臺業第壹叁伍伍號

張大千畫（畫譜）

定價　新臺幣捌佰元整

著作者：張　大　千
發行人：郭　昌　偉
發行處：華正書局有限公司
臺北市羅斯福路二段七十五號
電話：三九一一六八七二
郵政劃撥帳戶：第一〇三〇二七號
（本局出版圖書如有缺頁污損可隨時更換）

116

作者：郭昌伟
书名：《张大千画（画谱）》
出版：台湾华正书局
时间：1982 年

MASTER OF TRADITION
THE ART OF CHANG TA-CH'IEN

Master of Tradition
The Art of Chang Ta-ch'ien

RICHARD E. STRASSBERG
Adjunct Curator of Chinese Art, Pacific Asia Museum
Associate Professor of Chinese,
University of California, Los Angeles

1983
PACIFIC ASIA MUSEUM • PASADENA • CALIFORNIA

40. SCENES OF MT. HUANG: "SEEING IS BELIEVING" PEAK

Framed, ink on paper
H:13⅓ in. W: 9⅓ in.
Lent by the National Museum of History, Taipei

"Seeing is Believing" Peak

Seals: Chang Yuan
Ta-ch'ien

[Painted in 1962]

69

作者：鹤山居士
书名：《传统宗师　张大千之艺术》
出版：美国加州亚太艺术博物馆
时间：1983 年
四川张大千研究中心提供

ABODE OF ILLUSIONS
THE GARDEN OF CHANG TA-CH'IEN

PHOTOGRAPHS BY HU CH'UNG-HSIEN

This book was produced in conjunction with the exhibition
ABODE OF ILLUSIONS – THE GARDEN OF CHANG TA-CH'IEN
Photographs by Hu Ch'ung-hsien
at Pacific Asia Museum, Pasadena, California
in 1983, in association with The Kelton Foundation,
9250 Wilshire Blvd., Suite 404, Beverly Hills, California 90212

First Edition
September 1983

Library of Congress Catalog Card Number: 83-062152

Translations and introduction by Richard E. Strassberg, Adjunct Curator of Chinese Art, Pacific Asia Museum and Associate Professor of Chinese, University of California, Los Angeles

Chinese calligraphy, title page, by Professor Chou Hung-hsiang, Department of Oriental Languages, University of California, Los Angeles

Photographs for catalog reproduction by Dean Larson

Photograph, page ix, by Richard Kelton

Printed by The Castle Press, Pasadena, California

The Wade-Giles romanization of Chinese has been used in this catalog.

Table of Contents

Acknowledgments and Preface, ix

The Photographer—Hu Ch'ung-hsien, xi

Translator's Introduction, xiii

Abode of Illusions—The Garden of Chang Ta-ch'ien, 1

List of Plates, 45

作者：R.E.Strassberg

书名：《摩耶精舍影谱》

出版：美国加州亚太艺术博物馆

时间：1983 年

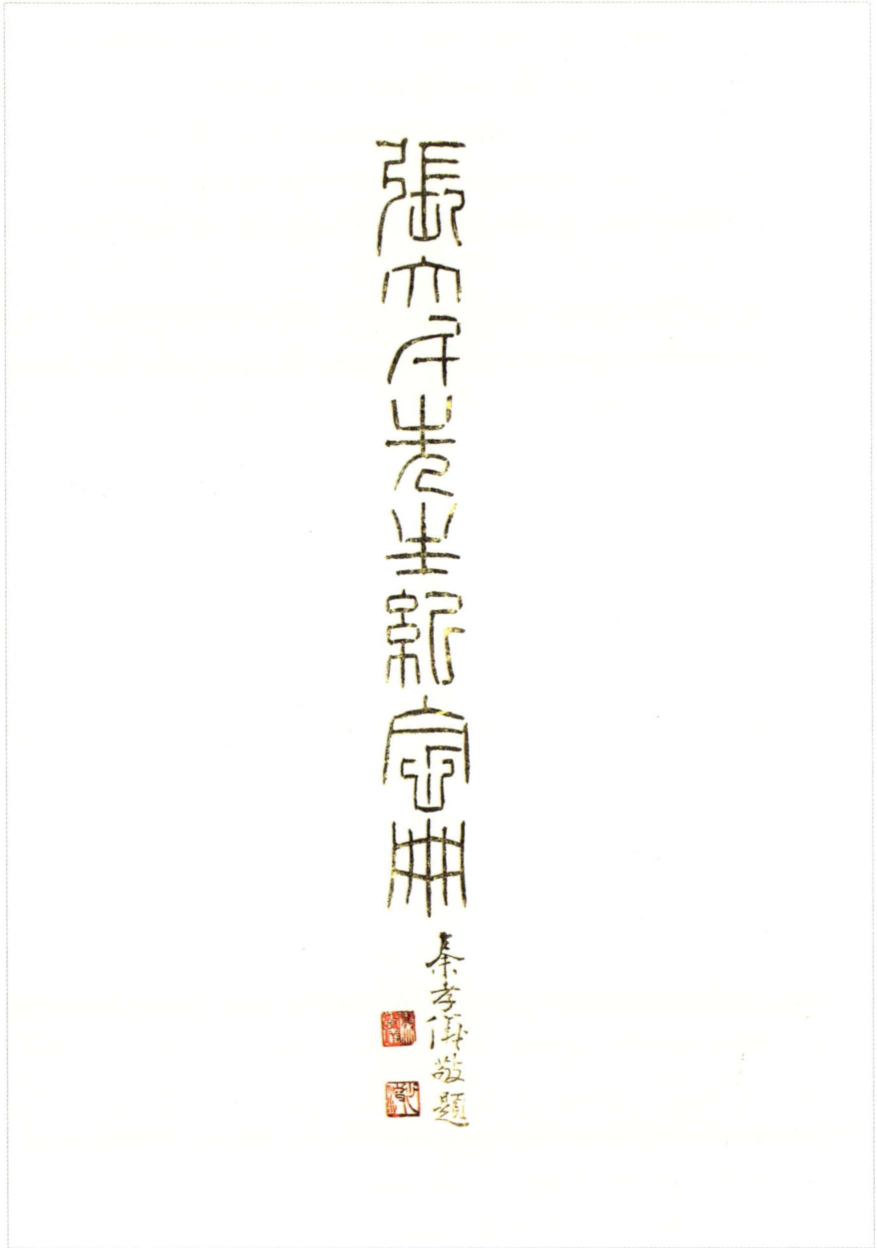

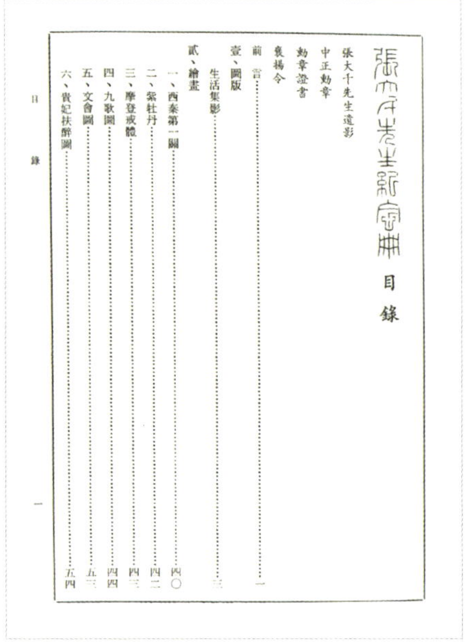

張大千先生紀念冊 目錄

張大千先生遺影
中正勳章
勳章證書
褒揚令

前言……一
壹、圖版
生活集影……三
貳、繪畫
一、西秦第一關……四〇
二、紫牡丹……四二
三、摩登戒體……四三
四、九歌圖……四四
五、文會圖……五三
六、貴妃扶醉圖……五四

目錄 一

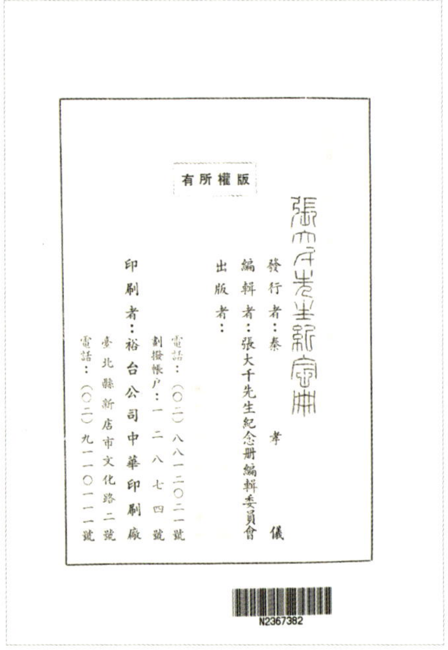

有所權版

張大千先生紀念冊

發行者：秦孝儀
編輯者：張大千先生紀念冊編輯委員會
出版者：
電話：（〇二）八八一二〇二一號
劃撥帳户：一二八七四號
印刷者：裕台公司中華印刷廠
臺北縣新店市文化路二號
電話：（〇二）九一一〇一一一號

N2367382

作者：台北故宫博物院
书名：《张大千先生纪念册》
出版：台北故宫博物院
时间：1983 年
四川张大千研究中心提供

目次

大千自刻……一
方介堪……四
王壯爲……二十
台靜農……三十三
石仙……四十九
吳平……五十
徐克銑……五十一
張師鄭……五十三
張祥凝……五十四
張直厂……五十六
陳半丁……五十九
陳巨來……六十
曾紹杰……七十八
頓立夫……九十三
鄧爾雅……九十六
簡琴齋……九十七
魏樂唐……九十八
其他……九十九

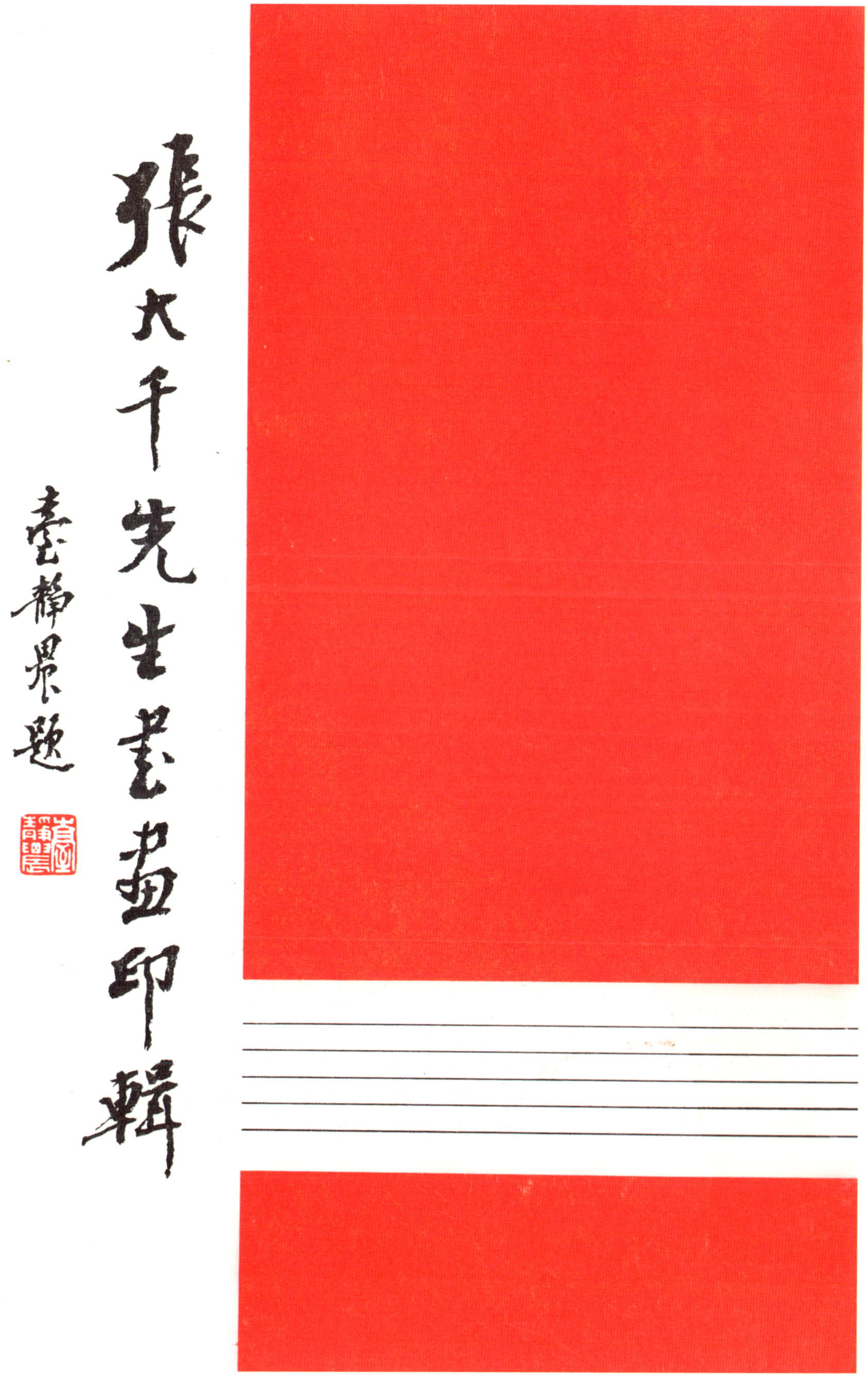

作者：张大千
书名：《张大千先生书画印辑》
出版：香港大业公司
时间：1983 年

藝術家 五月號目錄 No.96

●專輯 張大千的世界	閒雲野鶴任徜徉—論張大千畫…何懷碩	92
	畫說…張大千遺作	98
	張大千一生作品選輯	102
	張大千和他的二哥張善子…北辰	132
	張大千繪畫的國際市場行情…本刊特稿	136
	張大千談畫··人物 138·畫梅 140·畫蘭 142·	
	畫菊 144·沒骨花卉畫法… 張大千	146
	張大千的畫歷與畫風…劉國光	148
	大千諸相…曾克耑156 張大千印譜	91
	摩耶精舍—張大千紀念館…本刊資料室	158
	張大千年譜…藝術家雜誌社編	162
●藝術新聞	香港舉行克利畫展…劉欽棟寄自香港	34
	記日本銅版畫史展…黃莎利	38
	1983夏威夷大展入選作品精選…本社	64
	東京舉行畢卡索畫展…郭東榮寄自東京	84
●新潮	六個紐約的中國畫家—異想天開的壁上創作展…汪澄	42
●藝術收藏	中國藝術品六月在紐約拍賣…紐約航訊	58
	香港拍賣我國近代繪畫…香港航訊	60
	香港拍賣中國陶瓷…香港航訊	62
	吞燮吞枕…郭良蕙	53
●歷史與人物	古代絲路的巡禮…林馨琴寄自美國	72
	陳瑞康其人畫藝…蔣健飛	182
●藝術書簡	給青年藝術工作者的信③…蕭勤	69
	塞尚論畫手扎…王偉光摘譯	66
●理論	林風眠論藝術③—原始人類的藝術(中)…林風眠	191
●攝影	攝影作家④詭異的對視—葉清芳…張照堂	218
	「意象金門」攝影展…伊山	232
●陶藝	沖繩出土的中國陶瓷…田村晃一演講·蔡和璧整理	196

封面：張大千像 楊熾宏攝

●陶藝	綠釉與三彩的化學成分…山崎一雄	203
	陶瓷齋…康希斌	207
	宜興紫砂茶壺…蔡和璧譯	210
	香江有水亦有陶…方叔	214
●美感世界	山水畫之尊…張清治	168
●美術入門	二十世紀素描…本刊資料室	174
●彫塑	羅丹的後繼者—波德勒的彫塑…何明績	185
●宗教美術	佛教美術講座·佛教尊像的分類…林保堯	228
●展覽會	展覽月報…本刊採訪	253
	復興商工美工科畢業美展…郭明福	252
	矢柳剛—從日常生活中衝擊出來的藝術…林紀一郎	246
	陳勤舉行書法個展	247
	多樣性生活層面繪畫的形式與內涵	248
	淺述黃海鳴其人其畫…李焜培	249
	劉碧霞的民俗藝術皮雕…吉果	251
	古都古民藝館的山地文物特展…星極	234
	簡嘉助水彩畫展…劉文煒	243
	不亦快齋畫廊開幕推出黃篤生學書三十年回顧展…玄香	254
	懷古之旅—寫在春之藝廊個展之前…陳景容	244
	藤田修陶藝展…桂慧硃	245
	春天的陶醉…李佳	184
	陶藝的再出發…無渡	233
	金爾莉雕詩剪畫創作展…晞儀	231

廣告索引
紐約蘇富比公司…封面裡
不亦快齋畫廊…3
一品畫廊…4
春之藝廊劉良佑作品展…5
春之藝廊陳景容畫展…15
聯大莊…6
淺口股份有限公司…7
爵士攝影藝廊…7
新生畫廊…8
翰雅軒…9
陳永生肖像畫展…9
復興商工美術工藝展…12
嵐藝廊…13
黃海鳴首次畫展…13
陶樂舍…18
百家畫廊…22
成大美術社…23
群祥企業有限公司…23
千山藝廊…24
[illegible]…24
富僑企業公司…25
龍門畫廊…25
十二家雜誌…26
月光貿易股份有限公司…27
七巧美術器材有限公司…27
前現代藝術群…27
台灣民俗版畫集…28
點石齋畫廊…28
薛氏兄弟篆刻…29
金石堂…14
陶塑入門…17
明代陶瓷大全…10
水龍吟藝廊…15
靜山畫廊…30
陳勤畫展…19
高陽畫廊…33
長流畫廊…31
長流畫廊…32
金爾莉雕詩剪畫展…33
高雄美術器材有限公司…16
天龍畫廊…251
藝陶圖書公司…239/242
漢唐藝品館…封底裏
古都古民藝館…封底
藝術家叢刊…256

作者：《艺术家》编辑部

书名：《艺术家　张大千专辑》

出版：艺术家

时间：1986 年

四川张大千研究中心提供

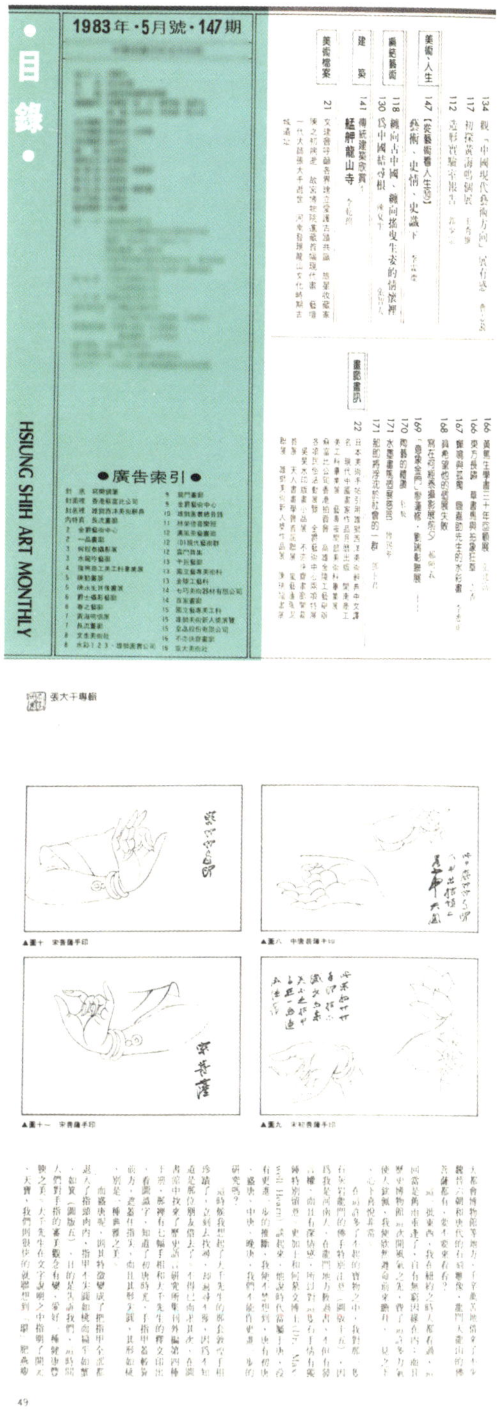

作者：《雄狮美术》编辑部

书名：《雄狮美术·张大千专辑》

出版：雄狮美术

时间：1983 年

四川张大千研究中心提供

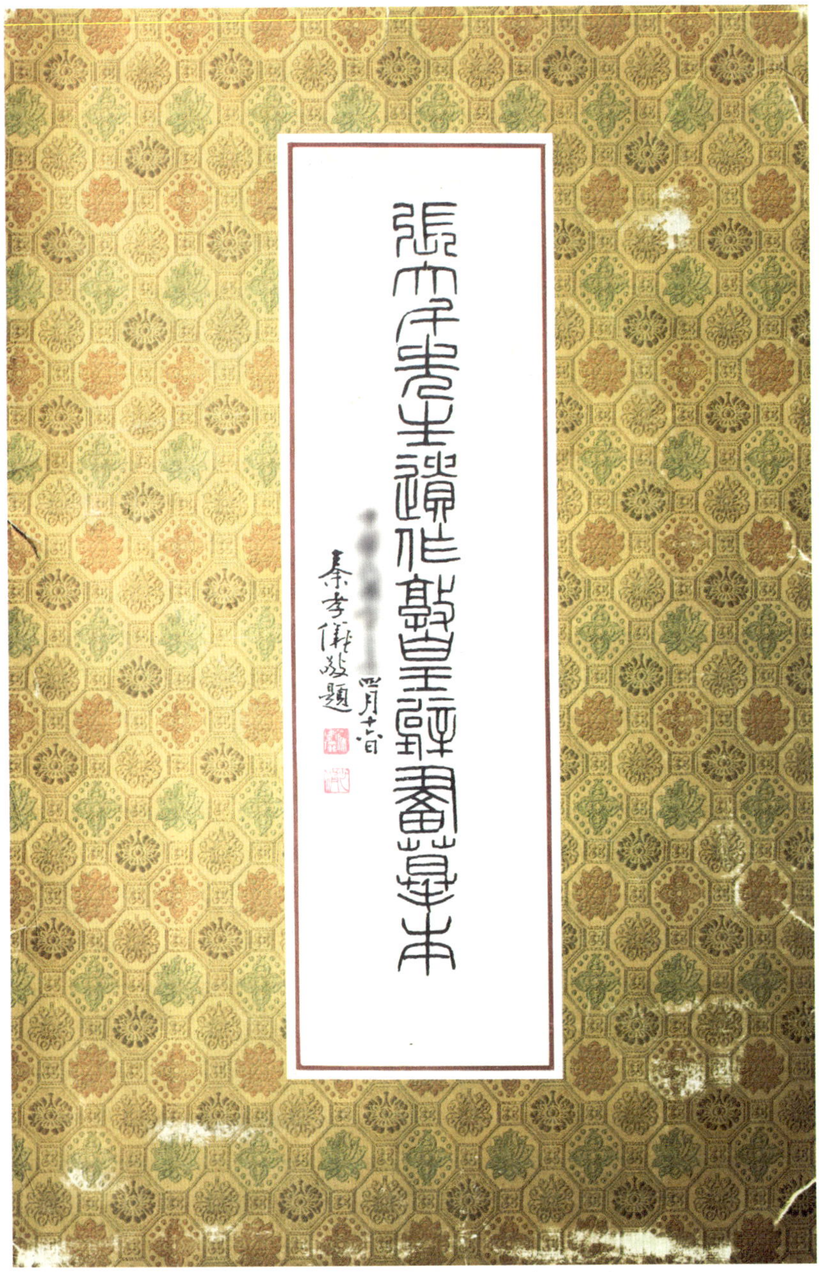

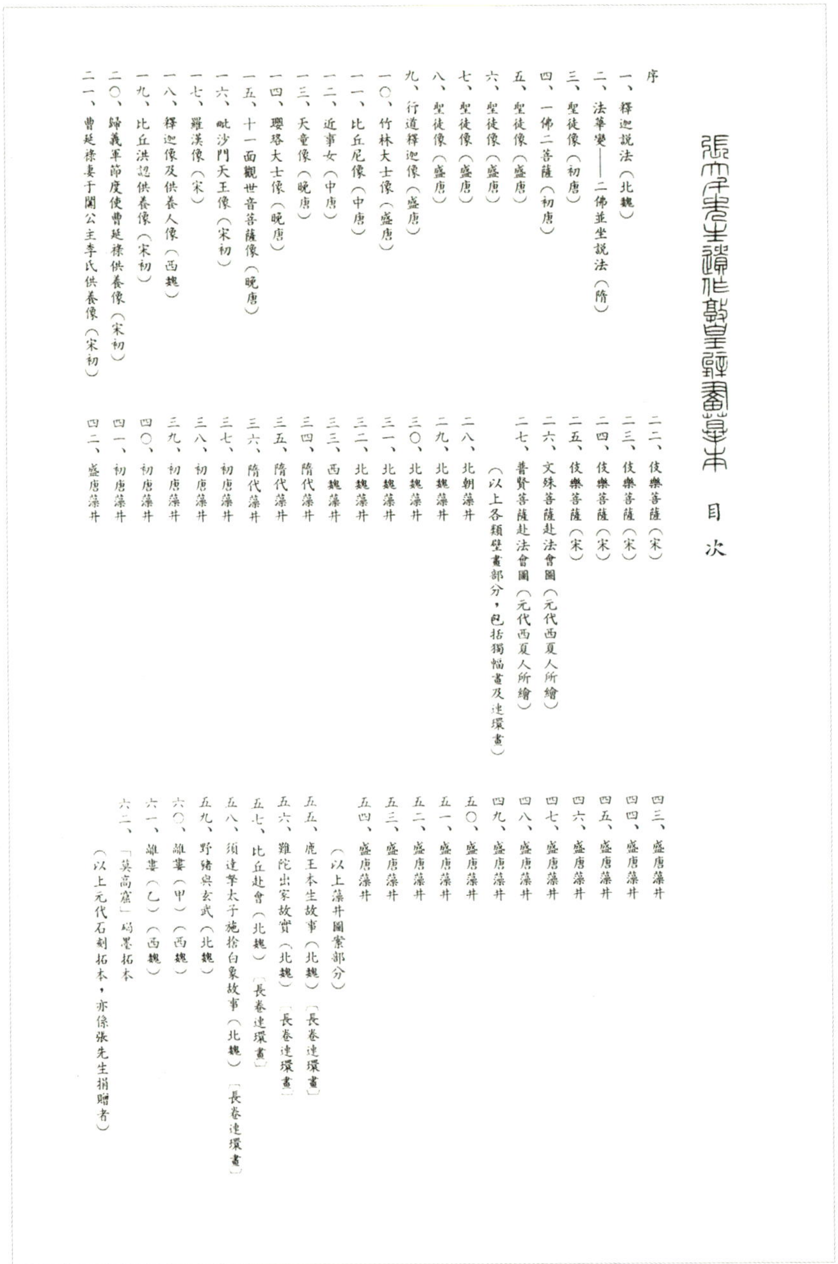

張大千先生遺作敦煌壁畫摹本　目次

序
一、釋迦説法（北魏）
二、法華變——二佛並坐説法（隋）
三、聖徒像（初唐）
四、一佛二菩薩（初唐）
五、聖徒像（盛唐）
六、聖徒像（盛唐）
七、聖徒像（盛唐）
八、聖徒像（盛唐）
九、行道釋迦像（盛唐）
一〇、竹林大士像（盛唐）
一一、比丘尼像（中唐）
一二、近事女（中唐）
一三、天童像（晚唐）
一四、瓔珞大士像（晚唐）
一五、十一面觀世音菩薩像（晚唐）
一六、毗沙門天王像（宋初）
一七、羅漢像（宋）
一八、釋迦像及供養人像（西魏）
一九、比丘洪認供養像（宋初）
二〇、歸義軍節度使曹延祿供養像（宋初）
二一、曹延祿妻于闐公主李氏供養像（宋初）
二二、伎樂菩薩（宋）
二三、伎樂菩薩（宋）
二四、伎樂菩薩（宋）
二五、伎樂菩薩（宋）
二六、文殊菩薩赴法會圖（元代西夏人所繪）
二七、普賢菩薩赴法會圖（元代西夏人所繪）
（以上各類壁畫部分，包括獨幅畫及連環畫）
二八、北朝藻井
二九、北魏藻井
三〇、北魏藻井
三一、北魏藻井
三二、北魏藻井
三三、西魏藻井
三四、隋代藻井
三五、隋代藻井
三六、隋代藻井
三七、初唐藻井
三八、初唐藻井
三九、初唐藻井
四〇、初唐藻井
四一、初唐藻井
四二、盛唐藻井
四三、盛唐藻井
四四、盛唐藻井
四五、盛唐藻井
四六、盛唐藻井
四七、盛唐藻井
四八、盛唐藻井
四九、盛唐藻井
五〇、盛唐藻井
五一、盛唐藻井
五二、盛唐藻井
五三、盛唐藻井
五四、盛唐藻井
（以上藻井圖案部分）
五五、鹿王本生故事（北魏）〔長卷連環畫〕
五六、難陀出家故實（北魏）〔長卷連環畫〕
五七、比丘赴會（北魏）〔長卷連環畫〕
五八、須達拏太子施捨白象故事（北魏）〔長卷連環畫〕
五九、野猪與玄武（北魏）
六〇、雛書（甲）（西魏）
六一、雛書（乙）（西魏）
六二、「莫高窟」碣墨拓本
（以上元代石刻拓本，亦係張先生捐贈者）

作者：台北故宫博物院
书名：《张大千先生遗作敦煌壁画摹本》
出版：台北故宫博物院
时间：1983 年
四川张大千研究中心提供

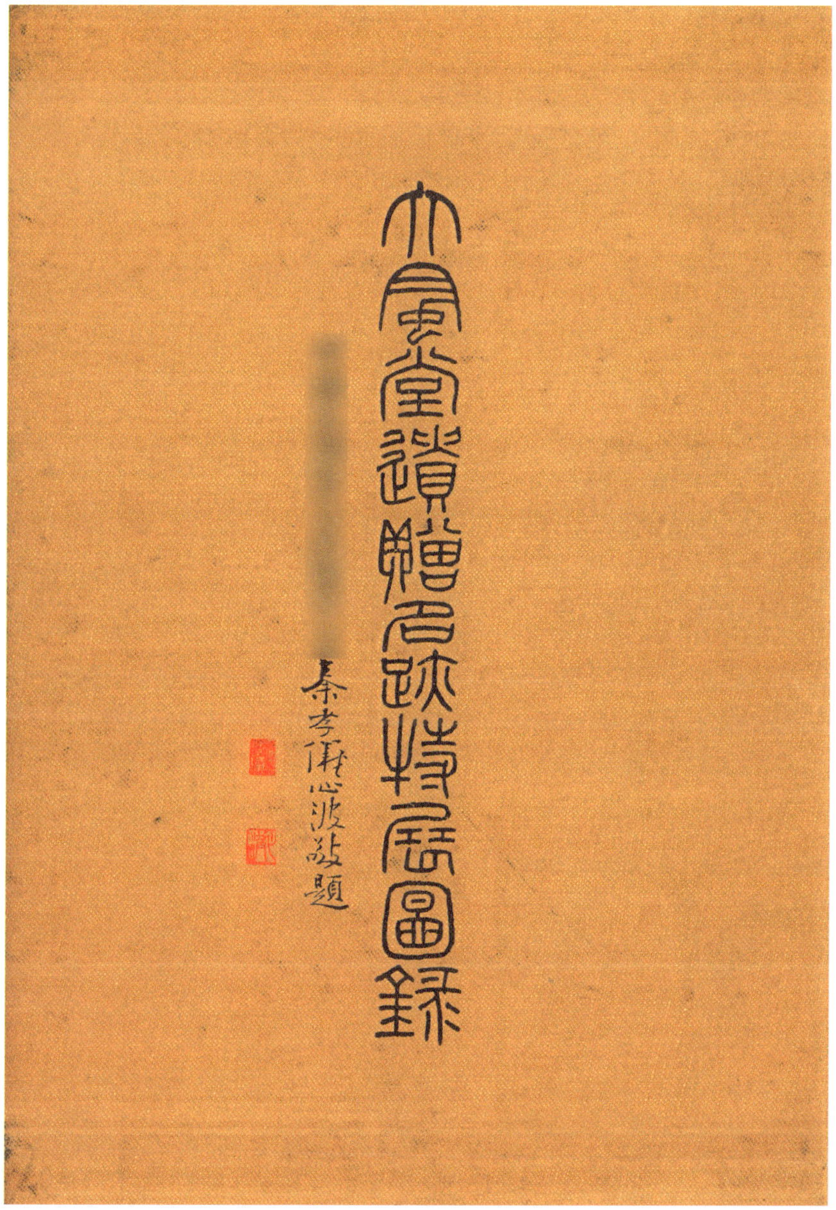

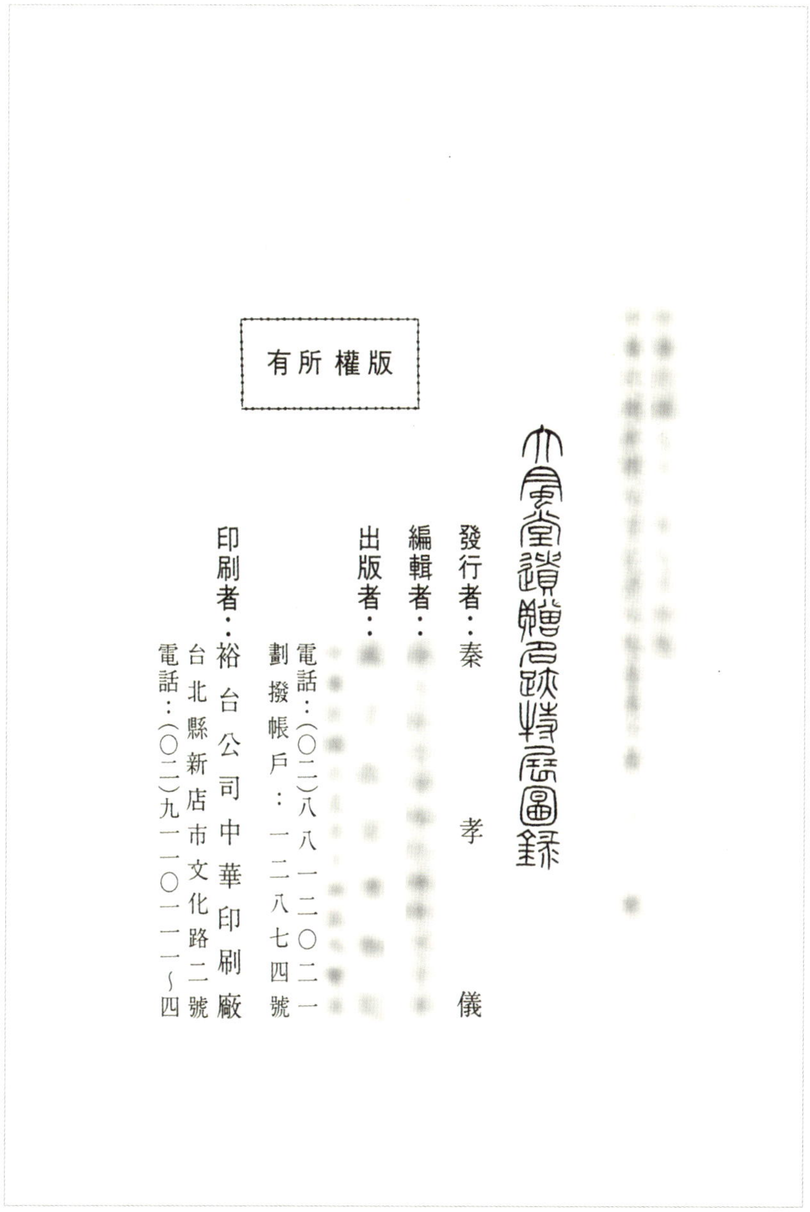

版權所有

大風堂遺贈名跡特展圖錄

發行者：秦孝儀
編輯者：
出版者：
電話：(〇二)八八一二〇二一
劃撥帳戶：一二八七四號
印刷者：裕台公司中華印刷廠
台北縣新店市文化路二號
電話：(〇二)九一一〇一一一~四

作者：台北故宫博物院
书名：《大风堂遗赠名迹特展图录》
出版：台北故宫博物院
时间：1983 年
好古敏求书屋提供

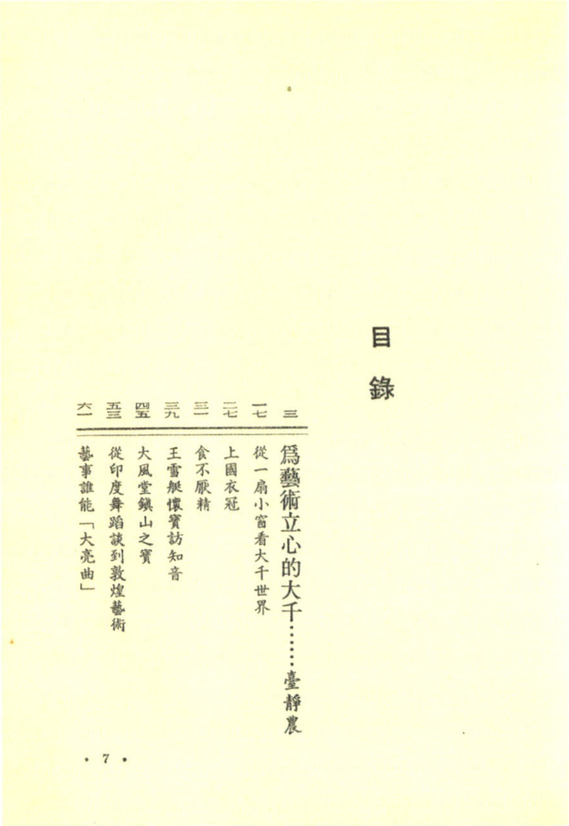
目錄

為藝術立心的大千……臺靜農 三
從一扇小窗看大千世界 一七
上國衣冠 二七
食不厭精 三一
王雷艇懷寶訪知音 三九
大風堂鎮山之寶 四五
從印度舞蹈談到敦煌藝術 五三
藝事誰能「大亮曲」 六一

• 7 •

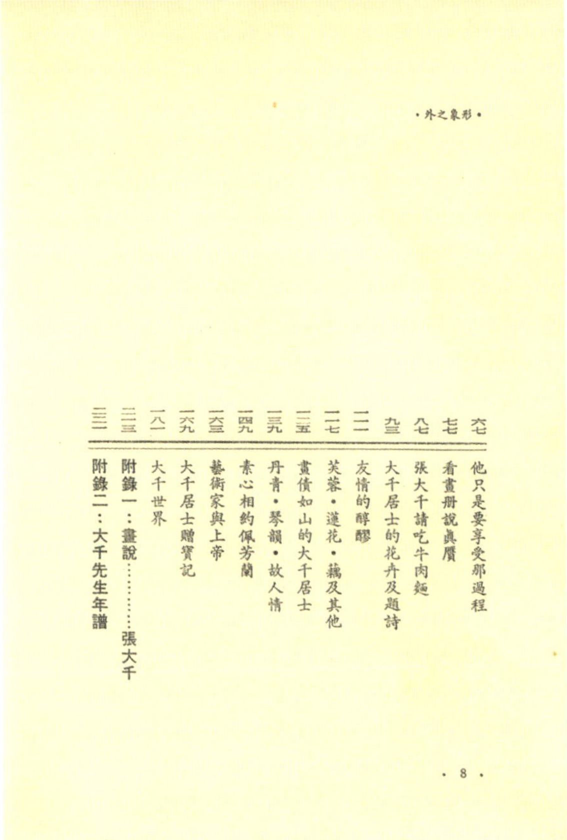
• 形象之外 •

他只是要享受那過程 六七
看畫册說眞贋 七七
張大千請吃牛肉麵 八七
大千居士的花卉及題詩 九三
友情的醇醪 一一一
芙蓉・蓮花・藕及其他 一一七
畫債如山的大千居士 一二五
丹青・琴韻・故人情 一三九
素心相約佩芳蘭 一四九
藝術家與上帝 一六三
大千居士贈寶記 一六九
大千世界 一八一
附錄一：畫說…………張大千 二二三
附錄二：大千先生年譜 二三一

• 8 •

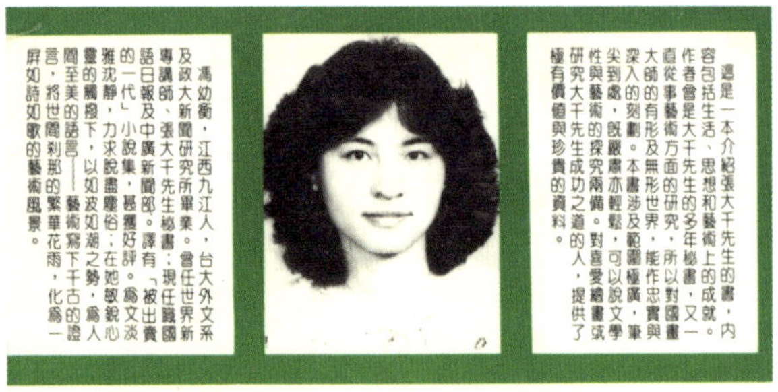
這是一本介紹張大千先生的書，內容包括生活、思想和藝術上的成就。作者曾是大千先生的多年秘書，又一直從事藝術方面的研究，所以對國畫大師的有形及無形世界，能作忠實與深入的刻劃。本書涉及範圍極廣，筆尖到處，既嚴肅亦輕鬆，可以說文學性與藝術的探究兩備。對喜愛繪畫或研究大千先生成功之道的人，提供了極有價值與珍貴的資料。

馮幼衡，江西九江人，台大外文系及政大新聞研究所畢業。曾任世界新專講師、張大千先生秘書；現任職國語日報及中廣新聞部。譯有「被出賣的一代」小說集，甚獲好評。為文淡雅沈靜，力求說盡塵俗；在她敏銳心靈的觸撥下，以如波如潮之勢，為人間至美的語言——藝術寫下千古的證言，將世間剎那的繁華花雨，化為一屏如詩如歌的藝術風景。

封面攝影・設計　及甫商業攝影設計公司

作者：冯幼衡
书名：《形象之外　张大千的生活与艺术》
出版：台湾九歌出版社
时间：1983 年
好古敏求书屋提供

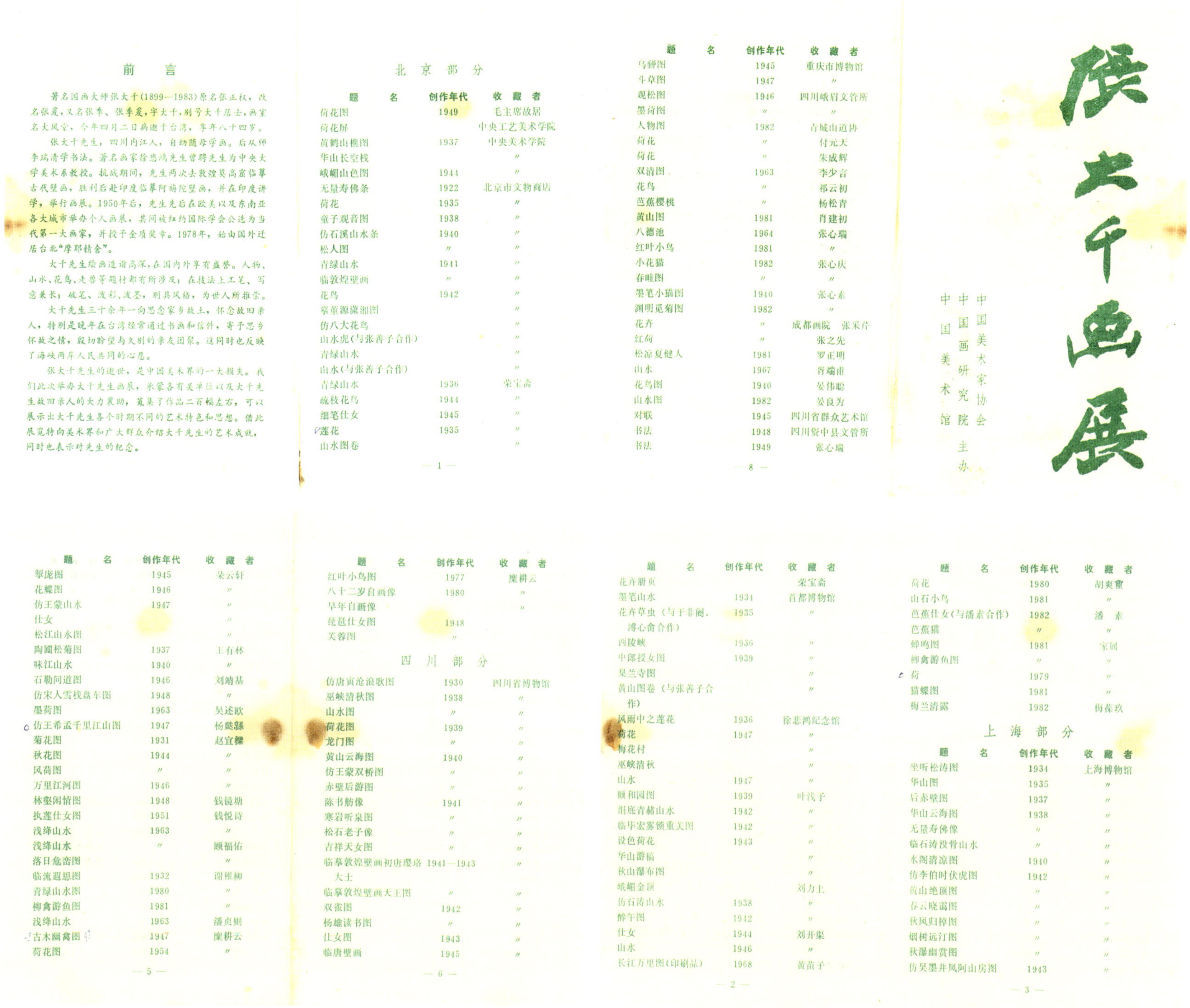

前　言

著名国画大师张大千(1899—1983)原名张正权，改名张爰，又名张季、张季爰，字大千，别号大千居士，画室名大风堂，今年四月二日病逝于台湾，享年八十四岁。

张大千先生，四川内江人，自幼随母学画。后从师李瑞清学书法。著名画家徐悲鸿先生曾聘先生为中央大学美术系教授。抗战期间，先生两次去敦煌莫高窟临摹古代壁画，胜利后赴印度临摹阿旃陀壁画，并在印度讲学，举行画展。1950年后，先生先后在欧美以及东南亚各大城市举办个人画展，其间被纽约国际学会公选为当代第一大画家，并授予金质奖章。1978年，始由国外迁居台北"摩耶精舍"。

大千先生绘画造诣高深，在国内外享有盛誉。人物、山水、花鸟、走兽等题材都有所涉及；在技法上工笔、写意兼长；破笔、泼彩、泼墨，别具风格，为世人所推崇。

大千先生三十余年一向思念家乡故土，怀念故旧亲人，特别是晚年在台湾经常通过书画和信件，寄予思乡怀故之情，殷切盼望与久别的亲友团聚。这同时也反映了海峡两岸人民共同的心愿。

张大千先生的逝世，是中国美术界的一大损失。我们此次举办大千先生画展，承蒙各有关单位以及大千先生故旧亲人的大力襄助，蒐集了作品二百幅左右，可以展示出大千先生各个时期不同的艺术特色和思想。借此展览特向美术界和广大群众介绍大千先生的艺术成就，同时也表示对先生的纪念。

北 京 部 分

题　　名	创作年代	收　藏　者
荷花图	1949	毛主席故居
荷花屏		中央工艺美术学院
黄鹤山樵图	1937	中央美术学院
华山长空栈		〃
峨嵋山色图	1944	〃
无量寿佛条	1922	北京市文物商店
荷花	1935	〃
童子观音图	1938	〃
仿石溪山水条	1940	〃
松人图	〃	〃
青绿山水	1941	〃
临敦煌壁画	〃	〃
花鸟	1942	〃
摹董源潇湘图		〃
仿八大花鸟		〃
山水虎(与张善子合作)		〃
青绿山水		〃
山水(与张善子合作)		〃
青绿山水	1936	荣宝斋
疏枝花鸟	1944	〃
细笔仕女	1945	〃
莲花	1935	〃
山水图卷		〃

— 1 —

题　　名	创作年代	收　藏　者
乌狮图	1945	重庆市博物馆
斗草图	1947	〃
观松图	1946	四川峨眉文管所
墨荷图	〃	〃
人物图	1982	青城山道协
荷花	〃	付元天
荷花	〃	朱成辉
双清图	1963	李少言
花鸟	〃	祁云初
芭蕉樱桃	〃	杨松青
黄山图	1981	肖建初
八德池	1964	张心瑞
红叶小鸟	1981	〃
小花猫	1982	张心庆
春畦图	〃	〃
墨笔小猫图	1940	张心素
渊明觅菊图	1982	〃
花卉	〃	成都画院　张采芹
红荷	〃	张之先
松凉夏健人	1981	罗正明
山水	1967	胥端甫
花鸟图	1940	晏伟聪
山水图	1982	晏良为
对联	1945	四川省群众艺术馆
书法	1948	四川资中县文管所
书法	1949	张心瑞

— 8 —

张大千画展

中国美术家协会
中国画研究院
中国美术馆
主办

题　　名	创作年代	收　藏　者
犟庞图	1945	朵云轩
花蝶图	1946	〃
仿王蒙山水	1947	〃
仕女		〃
松江山水图		〃
陶圃松菊图	1937	王有林
味江山水	1940	〃
石勒问道图	1946	刘靖基
仿宋人雪栈盘车图	1948	〃
墨荷图	1963	吴述欧
仿王希孟千里江山图	1947	杨麟繇
菊花图	1931	赵宜樑
秋花图	1944	〃
风荷图	〃	〃
万里江河图	1946	〃
林壑闲情图	1948	钱镜塘
执莲仕女图	1951	钱悦诗
浅绛山水	1963	〃
浅绛山水	〃	顾福佑
落日危峦图		〃
临流遐思图	1932	谢稚柳
青绿山水图	1980	〃
柳禽游鱼图	1981	〃
浅绛山水	1963	潘贞则
古木幽禽图	1947	糜耕云
荷花图	1954	〃

— 5 —

题　　名	创作年代	收　藏　者
红叶小鸟图	1977	糜耕云
八十二岁自画像	1980	〃
早年自画像		〃
琵琶仕女图	1948	
芙蓉图	〃	

四 川 部 分

题　　名	创作年代	收　藏　者
仿唐寅沧浪歌图	1930	四川省博物馆
巫峡清秋图	1938	〃
山水图	〃	〃
荷花图	1939	〃
龙门图	〃	〃
黄山云海图	1940	〃
仿王蒙双桥图	〃	〃
赤壁后游图	〃	〃
陈书舫像	1941	〃
寒岩听泉图	〃	〃
松石老子像	〃	〃
吉祥天女图	〃	〃
临摹敦煌壁画初唐璎珞大士	1941—1943	〃
临摹敦煌壁画天王图	〃	〃
双雀图	1942	〃
杨雄读书图	〃	〃
仕女图	1943	〃
临唐壁画	1945	〃

— 6 —

题　　名	创作年代	收　藏　者
花卉册页		荣宝斋
墨笔山水	1934	首都博物馆
花卉草虫（与于非闇、溥心畬合作）	1935	〃
西陵峡	1936	〃
中郎授女图	1939	〃
皋兰寺图		〃
黄山图卷（与张善子合作）		〃
风雨中之莲花	1936	徐悲鸿纪念馆
荷花	1947	〃
梅花村		〃
巫峡清秋		〃
山水	1947	〃
颐和园图	1939	叶浅予
绢底青赭山水	1942	〃
临毕宏雾锁重关图	1942	〃
设色荷花	1943	〃
华山游稿		〃
秋山瀑布图		〃
峨嵋金顶		刘力上
仿石涛山水	1938	〃
醉午图	1942	〃
仕女	1944	刘开渠
山水	1946	〃
长江万里图(印刷品)	1968	黄苗子

— 2 —

题　　名	创作年代	收　藏　者
荷花	1980	胡爽盦
山石小鸟	1981	〃
芭蕉仕女(与潘素合作)	1982	潘　素
芭蕉猫	〃	〃
蝉鸣图	1981	家属
柳禽游鱼图	〃	〃
荷	1979	〃
猫蝶图	1981	〃
梅兰清露	1982	梅葆玖

上 海 部 分

题　　名	创作年代	收　藏　者
坐听松涛图	1934	上海博物馆
华山图	1935	〃
后赤壁图	1937	〃
华山云海图	1938	〃
无量寿佛像	〃	〃
临石涛没骨山水	〃	〃
水阁清凉图	1940	〃
仿李伯时伏虎图	1942	〃
黄山绝顶图	〃	〃
春云晓霭图	〃	〃
秋风归棹图	〃	〃
烟树远汀图	〃	〃
秋瀑幽赏图	〃	〃
仿吴墨井凤阿山房图	1943	〃

— 3 —

作者：中国美术家协会等
书名：《张大千画展》
时间：1983 年
好古敏求书屋提供

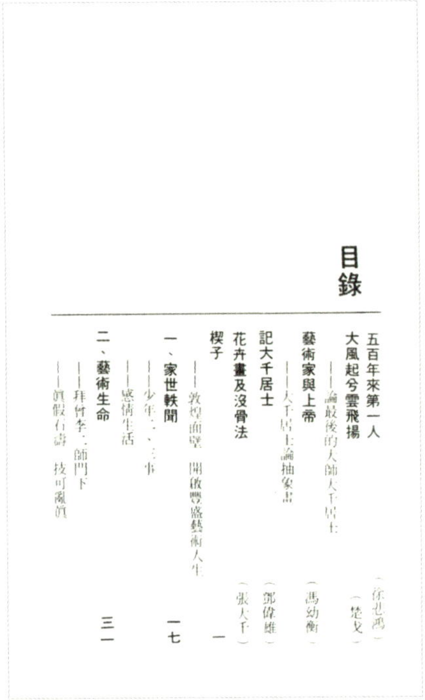

目錄

五百年來第一人 （徐悲鴻）
大風起兮雲飛揚 （楚戈）
——論最後的大師大千居士
藝術家與上帝 （馮幼衡）
——大千居士論抽象畫
記大千居士 （鄧偉雄）
花卉畫及沒骨法 （張大千）
楔子 一
——敦煌面壁 開啟豐盛藝術人生
一、家世軼聞 一七
——少年一、二事
——感情生活
二、藝術生命 三一
——拜曾李二師門下
——真假石濤 技可亂真

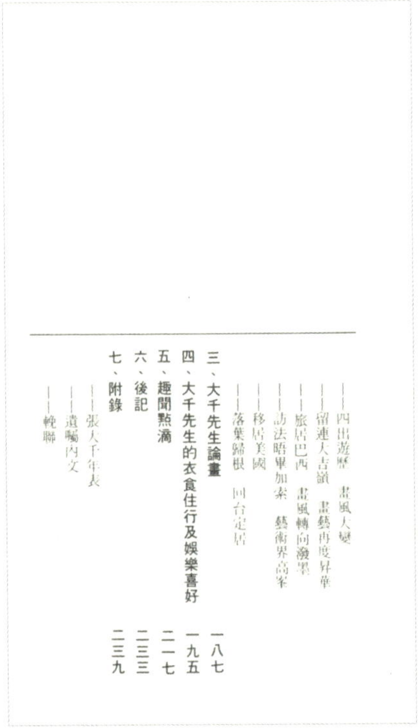

——四出遊歷 畫風大變
——留連大吉嶺 畫藝再度昇華
——旅居巴西 畫風轉向潑墨
——訪法晤畢加索 藝術界高峯
——移居美國
——落葉歸根 回台定居
三、大千先生論畫 一八七
四、大千先生的衣食住行及娛樂喜好 一九五
五、趣聞點滴 二一七
六、後記 二三三
七、附錄 二三九
——張大千年表
——遺囑內文
——輓聯

作者：章博　映竹

书名：《大千世界　张大千轶事秘闻及彩照书画》（第二版）

出版：香港博益出版集团有限公司

时间：1983 年

好古敏求书屋提供

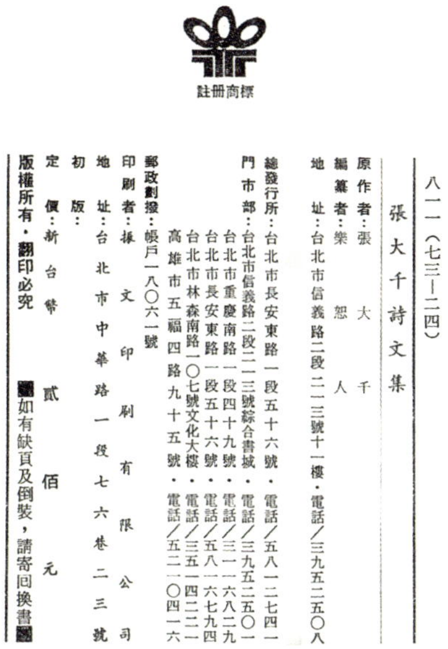

八一一（七三一二四）

張大千詩文集

原作者：張　大　千
編纂者：樂　恕　人
地　址：台北市信義路二段二一三號十一樓・電話／三九五二五〇八
總發行所：台北市長安東路一段五十六號・電話／五八一二七四一
門市部：台北市信義路二段二一三號綜合書城・電話／三九五二五〇一
台北市重慶南路一段四十九號・電話／三一一六八二九
台北市長安東路一段五十六號・電話／五八一六七九四
台北市林森南路一〇七號文化大樓・電話／三五一四二二一
高雄市五福四路九十五號・電話／五二一〇四一六
郵政劃撥：帳戶一八〇六一號
印刷者：振文印刷有限公司
地　址：台北市中華路一段七六巷二三號
初　版：
定　價：新台幣　貳　佰　元
版權所有・翻印必究
如有缺頁及倒裝，請寄回換書

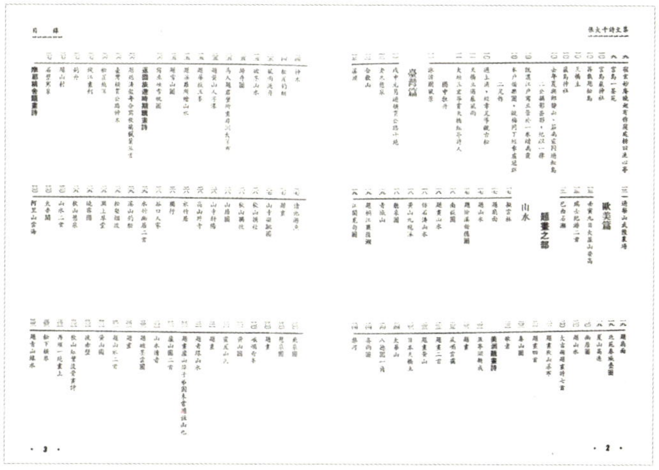

作者：乐恕人
书名：《张大千诗文集》
出版：台湾黎明文化事业公司
时间：1984 年
四川张大千研究中心提供

an Exhibition of Chinese Paintings
by

CHANG DAI-CHIEN
1899-1983

MAY 19 - JUNE 30, 1984

N2367443

FRANK CARO GALLERY

41 EAST 57TH STREET, NEW YORK, N.Y. 10022
(212) PL 3-2166

作者：美国纽约开乐画廊
书名：《张大千回顾展》
出版：美国纽约开乐画廊
时间：1984 年
四川张大千研究中心提供

张大千墨笔花卉卷

甘 木 供稿

天津人民美術出版社

作者：甘木

书名：《张大千墨笔花卉卷》

出版：天津人民美术出版社

时间：1984 年

四川张大千研究中心提供

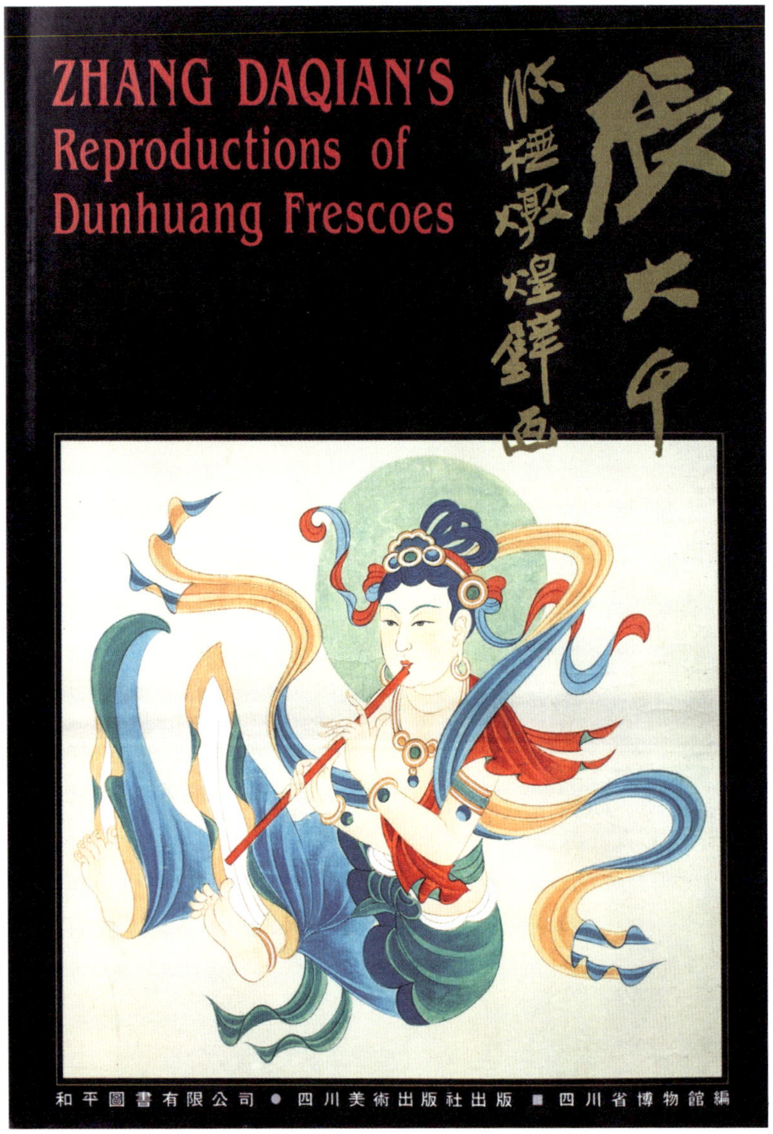

目 錄
CONENT

北魏	三世佛(未完)
Northern Wei	Trikala Buddhas (unfinished)
西魏	夜叉
Western Wei	Yaksha
北周	夜叉(未完)
Northern Zhou	Yakshas (unfinished)
北周	薩埵王子舍身飼虎圖卷(未完之一)
Northern Zhou	Prince Sattva Feeds Himself to the Tiger (unfinished) (1)
北周	薩埵王子舍身飼虎圖卷(之二)
Northern Zhou	Prince Sattva Feeds Himself to the Tiger (2)
北周	薩埵王子舍身飼虎圖卷(之三)
Northern Zhou	Prince Sattva Feeds Himself to the Tiger (3)
北周	薩埵王子舍身飼虎圖卷(之四)
Northern Zhou	Prince Sattva Feeds Himself to the Tiger (4)
北周	薩埵王子舍身飼虎圖卷(之五)
Northern Zhou	Prince Sattva Feeds Himself to the Tiger (5)
北周	薩埵王子舍身飼虎圖卷(之六)
Northern Zhou	Prince Sattva Feeds Himself to the Tiger (6)
西魏	比丘故事(之一)(未完)
Western Wei	The Story of Bhiksha (unfinished) (1)
西魏	比丘故事(之二)
Western Wei	The Story of Bhiksha (2)
西魏	比丘故事(之三)
Western Wei	The Story of Bhiksha (3)
隋	文殊問疾(未完)
Sui Dynasty	Bodhisattva Manjusri Inquiring After Illness (unfinished)
隋	維摩示疾(未完)
Sui Dynasty	Vimalakirti Revealing Disease (unfinished)
隋	佛像(未完)
Sui Dynasty	Buddha (unfinished)
隋	佛像(未完)
Sui Dynasty	Buddha (unfinished)
隋	東王公、西王母
Sui Dynasty	The Eastern King and the Western Queen
初唐	供養菩薩(未完)
Early Tang	A Donor Bodhisattva (unfinished)
初唐	供養菩薩
Early Tang	A Donor Bodhisattva
初唐	供養菩薩
Early Tang	A Donor Bodhisattva
初唐	觀音菩薩
Early Tang	Guanyin Bodhisattva

Published by

ARTS PUBLISHING HOUSE OF S
PEACE BOOK COMPANY, LTD.,
RM.901-903, Wing On House, 9/Fl.,
71 Des Voeux Road, Central Hong Kong

Edited by

SICHUAN MUSEUM

Printed by

L.REX OFFSET PRINTING CO.,
Man Hing Industrial Center,
10th, No. 4, Yip Fat Street,
Wong Chuk Hang Hong Kong

Designed by

L.REX PRODUCTIONS LIMITED
Capital Commercial Bldg.,
7/Fl., No.26, Leighton Road, Hongkon

ISBN 962-7176-03-6

術出版社
書有限公司
德輔道中71號
大廈九樓901–903室
博物館
式印刷有限公司
仔黃竹坑業發街4號
中心十二樓
作有限公司
道26號
大廈7字樓
號 962-7176-03-6

作者：四川省博物馆
书名：《张大千临摹敦煌壁画》
出版：四川美术出版社
时间：1984 年
四川张大千研究中心提供

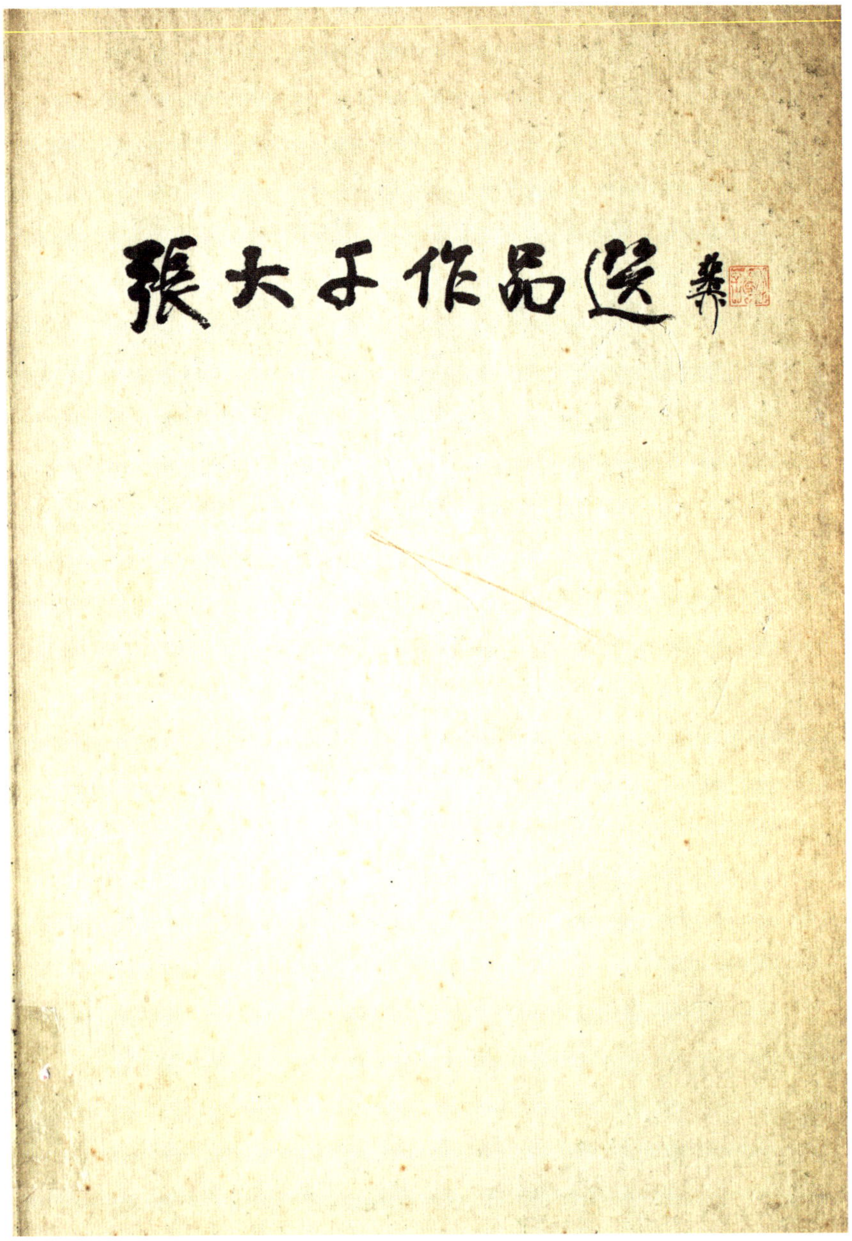

目录

人物部分

一、天女
二、执扇仕女
三、观音大士
四、醉归图
五、摹毕宏雾锁重关图
六、独坐松云图
七、松下抱琴
八、仿赵孟頫换鹅图
九、幽闺图
十、良友知音

花鸟部分

十一、梦蝶
十二、红叶玉鸦
十三、醉霜红叶
十四、拟华嵒春禽出谷图
十五、游鱼唼食
十六、乐菇初收
十七、岁寒三友
十八、芝仙祝寿图
十九、秋荷
二十、喜浪摇荷
二十一、翠珮红妆
二十二、月下荷影
二十三、暗香一萼
二十四、池荷离披
二十五、水殿风来暗香满
二十六、朱荷通景屏
二十七、芭蕉图
二十八、墨荷

山水部分

二十九、千重云岭
三十、莫干新夏
三十一、山馆午静
三十二、秋林幽人
三十三、巫峡清秋
三十四、松壑策杖
三十五、雁宕奇观
三十六、临巨然夏山图
三十七、秋山林屋图
三十八、临黄鹤山樵淞峰书舍图
三十九、江静泛舟图
四十、宝积寺忆旧
四十一、华山老子挂犁松
四十二、华山苍龙岭
四十三、临阎右相西岭春云图
四十四、临小李将军海岸图
四十五、仿赵承旨山水
四十六、临杨升峒关蒲雪图
四十七、仿王右丞江山雪霁图
四十八、仿宋人沈子蕃缂丝山水
四十九、仿范中立临流独坐图
五十、依松观云图
五十一、苏长公行吟图
五十二、仿黄鹤山樵清涼垂钓图
五十三、羽化登仙
五十四、深壑寻幽
五十五、溪山古寺
五十六、华山金锁关
五十七、秋山暮色
五十八、高江急峡
五十九、云山图
六十、焦溪观瀑
六十一、山水
六十二、江山觅句图
六十三、山村图
六十四、滟滪云帆
六十五、黄山文笔峰
六十六、泼色山水
六十七、过云开锦绣
六十八、平羌峡
六十九、听泉图
七十、古木悬泉
七十一、云山千重
七十二、泼色山水
七十三、振衣千仞岗
七十四、选胜图
七十五、泼墨山水
七十六、泼墨山水
七十七、长江万里图（之一）
七十八、长江万里图（之二）

作者：张大千
书名：《张大千作品选》
出版：天津人民美术出版社
时间：1984 年
四川张大千研究中心提供

目　録　CONTENTS

序
黄山記遊　Tour to Mt. Huangshan
文殊院　Temple of the Bodhisattra of Wisdom
硃砂泉　Zhusha Spring
雲　門　Yunmen
慈光寺　Mercy Light chamber
文筆生花　A Flower growing from the Pen tip in a Dream
清涼台破石松　Break-Stone Pine on the Fresh Breeze Terrace
天都峰　Heavenly Capital peak
光明頂　Bright Summit
嚴陵瀨　Yan Lin Lai
新安江　Xinan River
鷺鷥門　Lusimen
始信峰　Now-I-Belive It Peak

封面設計：馬世嘉
撰　　文：李冬生
攝　　影：康詩緯
責任編輯：陳樂生

作者：张大千
书名：《黄山记游　张大千黄山写生册页》
出版：安徽美术出版社
时间：1985 年
四川张大千研究中心提供

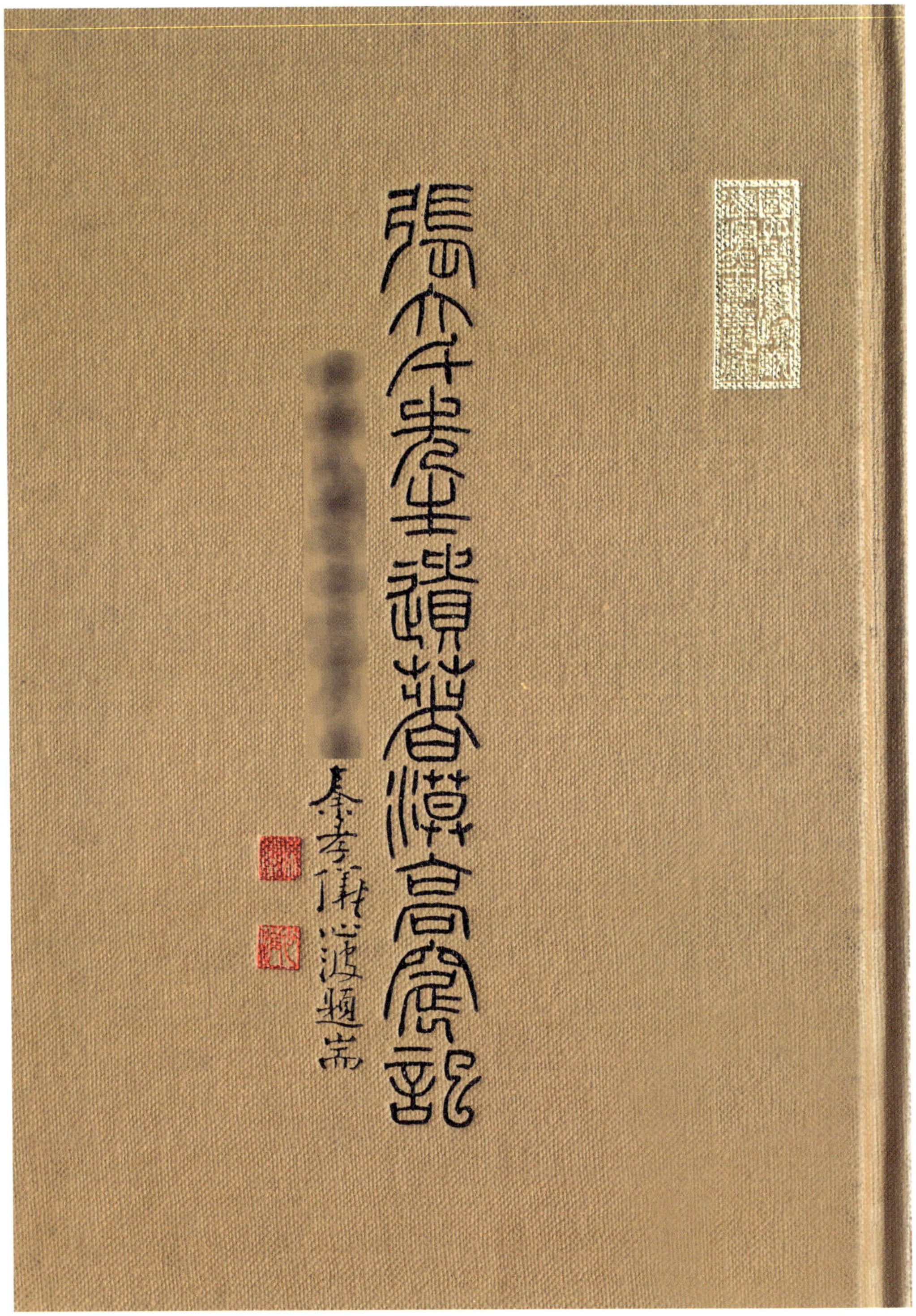

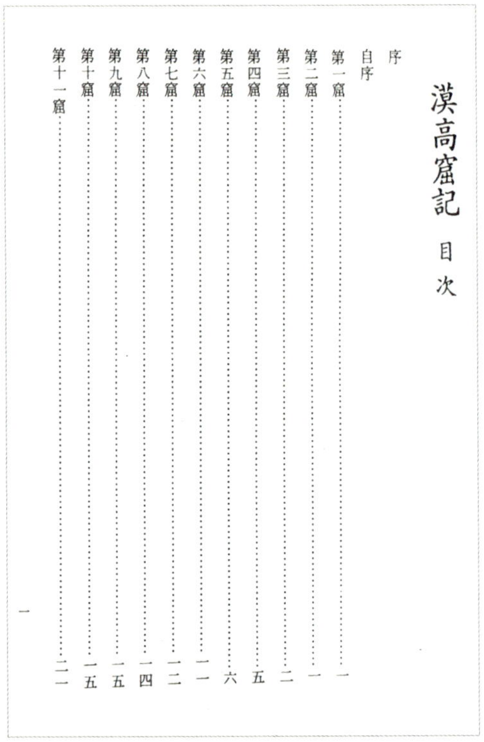

漠高窟記 目次

序
自序
第一窟……一
第二窟……一
第三窟……二
第四窟……五
第五窟……六
第六窟……一一
第七窟……一二
第八窟……一四
第九窟……一五
第十窟……一五
第十一窟……二一

一

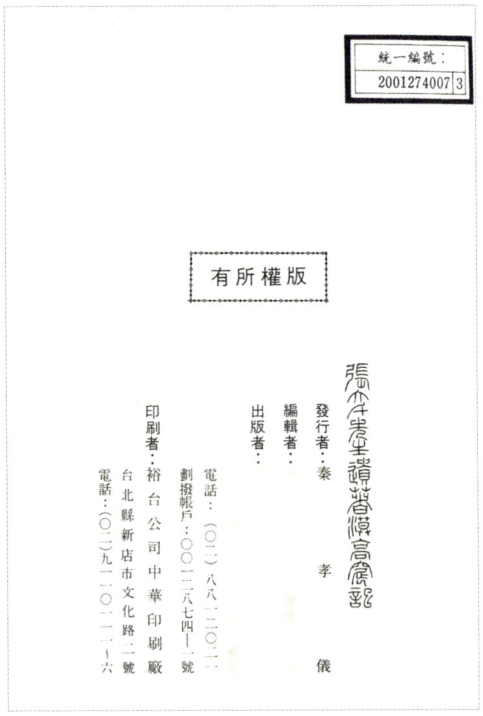

統一編號：
2001274007 3

張大千先生遺著漠高窟記
發行者：秦孝儀
編輯者：
出版者：
電話：(〇二)八八一二〇二一
劃撥帳戶：〇〇一二八七四—一號
印刷者：裕台公司中華印刷廠
台北縣新店市文化路二號
電話：(〇二)九一一〇一一一～六

作者：台北故宫博物院
书名：《张大千先生遗著莫高窟记》
出版：台北故宫博物院
时间：1985 年

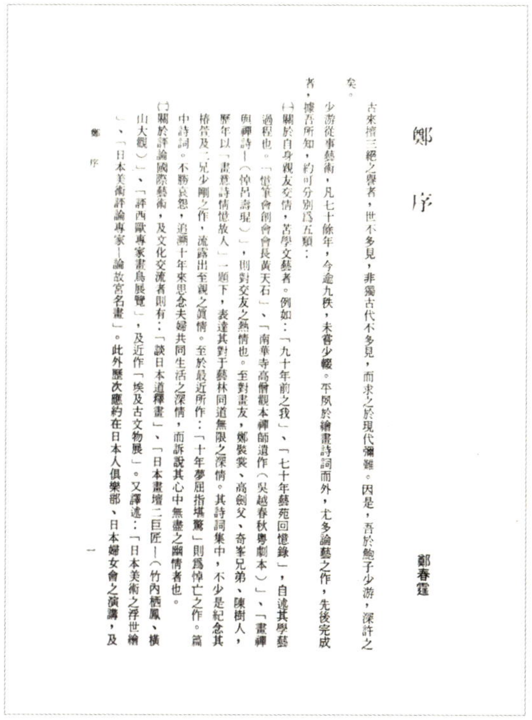

鄭序

古來擅三絕之譽者，世不多見，非獨古代不多見，而求之於現代彌難。因是，吾於鮑子少游，深許之矣。

少游從事藝術，凡七十餘年，今逾九秩，未嘗少輟。平夙於繪畫詩詞而外，尤多論藝之作，先後完成者，據吾所知，約可分別爲五類：

(一)關於自身親友交情，苦學文藝者。例如：「九十年前之我」、「七十年藝苑回憶錄」，自述其學藝過程也。「憶筆會創會會長黃天石」、「南華寺高僧觀本禪師遺作（吳越春秋粵劇本）」、「畫禪與禪詩—（悼呂壽琨）」，則對交友之熱情也。至對畫友，鄭褧裳、高劍父、奇峯兄弟、陳樹人，歷年以「畫意詩情憶故人」一題下，表達其對于藝林同道無限之深情。其詩詞集中，不少是紀念其椿萱及二兄少剛之作，流露出至親之眞情。至於最近所作：「十年夢屈指堪驚」則爲悼亡之作。篇中詩詞。不勝哀怨，追溯十年來思念夫婦共同生活之深情，而訴說其心中無盡之幽情者也。

(二)關於評論國際藝術，及文化交流者則有：「談日本道釋畫」、「日本畫壇二巨匠—（竹內栖鳳、橫山大觀）」、「評西歐專家畫鳥展覽」，及近作「埃及古文物展」。又譯述：「日本美術之浮世繪」、「日本美術評論專家—論故宮名畫」。此外歷次應約在日本人俱樂部、日本婦女會之演講，及

鄭春霆

鄭序 一

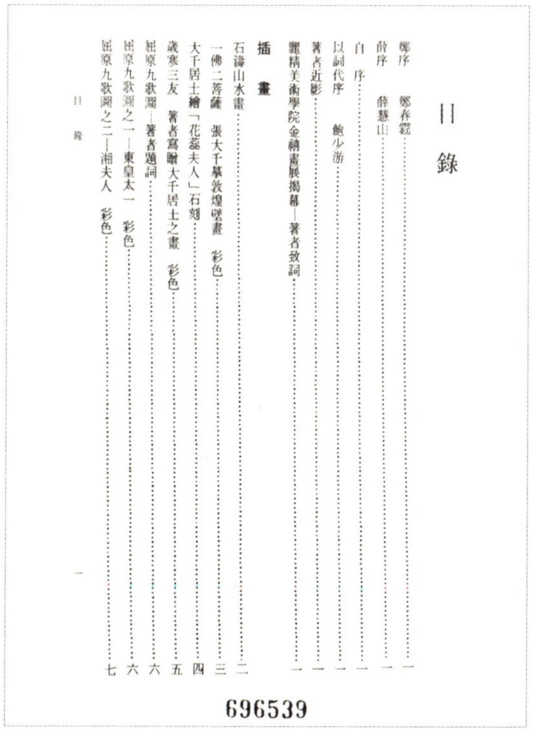

目錄

鄭序　鄭春霆……一
薛序　薛慧山……一
自序……一
以詞代序　鮑少游……一
著者近影……一
麗精美術學院金禧畫展揭幕—著者致詞……一

插畫

石濤山水畫……二
一佛二菩薩　張大千摹敦煌壁畫　彩色……三
大千居士繪「花蕊夫人」石刻……四
歲寒三友　著者寫贈大千居士之畫　彩色……五
屈原九歌圖—著者題詞……六
屈原九歌圖之一—東皇太一　彩色……六
屈原九歌圖之二—湘夫人　彩色……七

目錄 一

696539

石濤自畫像

作者：鲍少游
书名：《石涛与大千》
出版：新加坡商务印书馆
时间：1985 年

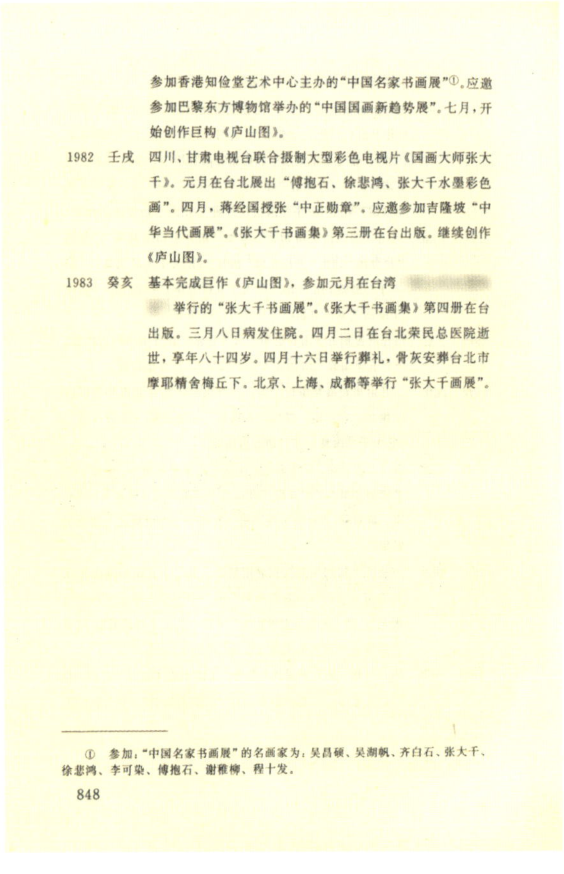

参加香港知俭堂艺术中心主办的"中国名家书画展"①。应邀参加巴黎东方博物馆举办的"中国国画新趋势展"。七月，开始创作巨构《庐山图》。

1982 壬戌 四川、甘肃电视台联合摄制大型彩色电视片《国画大师张大千》。元月在台北展出"傅抱石、徐悲鸿、张大千水墨彩色画"。四月，蒋经国授张"中正勋章"。应邀参加吉隆坡"中华当代画展"。《张大千书画集》第三册在台出版。继续创作《庐山图》。

1983 癸亥 基本完成巨作《庐山图》，参加元月在台湾[illegible]举行的"张大千书画展"。《张大千书画集》第四册在台出版。三月八日病发住院。四月二日在台北荣民总医院逝世，享年八十四岁。四月十六日举行葬礼，骨灰安葬台北市摩耶精舍梅丘下。北京、上海、成都等举行"张大千画展"。

① 参加："中国名家书画展"的名画家为：吴昌硕、吴湖帆、齐白石、张大千、徐悲鸿、李可染、傅抱石、谢稚柳、程十发。

848

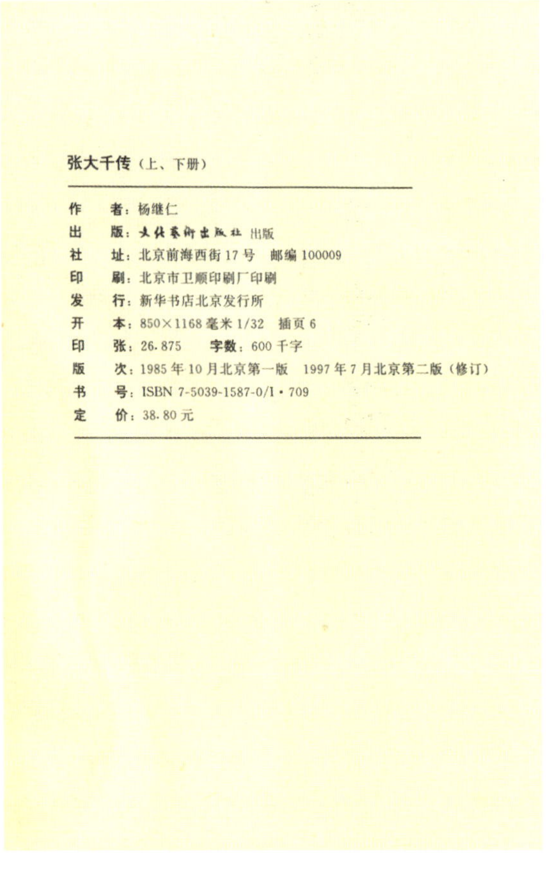

张大千传（上、下册）

作　　者：杨继仁
出　　版：文化艺术出版社 出版
社　　址：北京前海西街 17 号　邮编 100009
印　　刷：北京市卫顺印刷厂印刷
发　　行：新华书店北京发行所
开　　本：850×1168 毫米 1/32　插页 6
印　　张：26.875　　字数：600 千字
版　　次：1985 年 10 月北京第一版　1997 年 7 月北京第二版（修订）
书　　号：ISBN 7-5039-1587-0/I · 709
定　　价：38.80 元

作者：杨继仁
书名：《张大千传》（上下册）
出版：文化艺术出版社
时间：1985 年
好古敏求书屋提供

張大千回顧展

香港藝術中心
[illegible]歷史博物館聯合舉辦
[illegible]有限公司贊助
[illegible]航空公司協助
[illegible]十七日至六月二十四日
[illegible]兆龍畫廊

ART OF CHANG DAI-CHIEN (ZHANG DAQIAN)

Presented by Hong Kong Arts Centre &
National Museum of History, Taipei, Taiwan
Sponsored by Dow Chemical Pacific Ltd.
Carriage of Paintings Assisted by China Airlines
17 May — 24 June 1985
Pao Sui Loong Galleries, Hong Kong Arts Centre

DOW

作者：香港艺术中心
书名：《张大千回顾展》
时间：1985 年

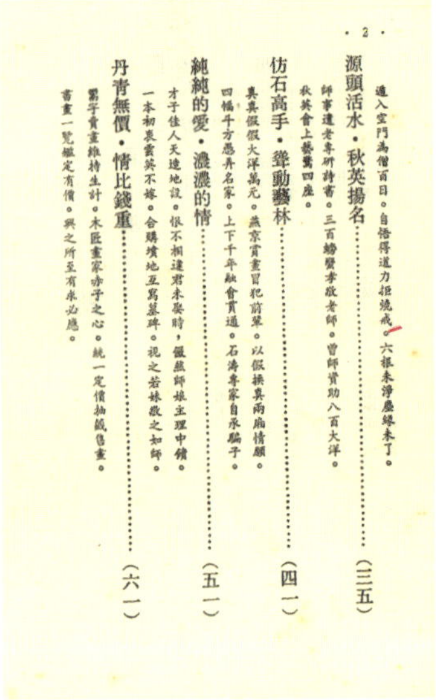

・2・

遁入空門為僧百日。自悟得道力拒燒戒。六根未淨塵緣未了。
源頭活水・秋英揚名……（三五）
師事遺老專研詩書。三百銀圓孝敬老師。曾師資助八百大洋。
秋英會上藝驚四座。
仿石高手・聳動藝林……（四一）
真真假假大洋萬元。燕京賞畫冒犯前輩。以假換真兩廂情願。
四幅千方愚弄名家。上下千年融會貫通。石濤專家自承騙子。
純純的愛・濃濃的情……（五一）
才子佳人天造地設。恨不相逢君未娶時，儼然師娘主理中饋。
一本初衷實英不嫁。合購墳地互寫墓碑。視之若妹敬之如師。
丹青無價・情比錢重……（六一）
鬻字賣畫維持生計。木匠畫家赤子之心。統一定價拍賣售畫。
書畫一覽概定有價。興之所至有求必應。

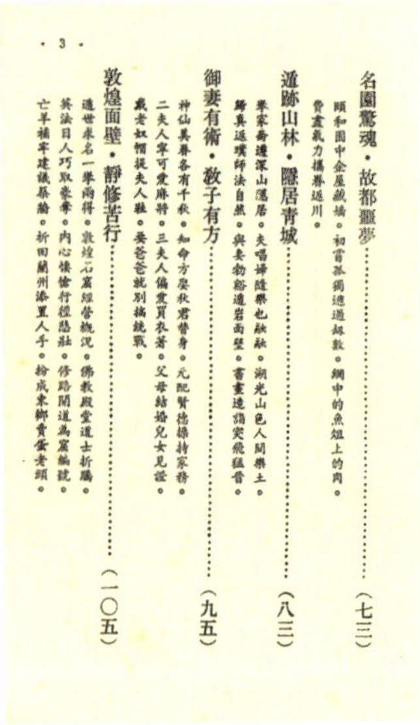

・3・

名園驚魂・故都噩夢……（七三）
頤和園中金屋藏嬌。初嘗孤獨遭遇綁匪。綁中的魚俎上的肉。
費盡氣力攜眷返川。
遁跡山林・隱居青城……（八三）
舉家爲避深山隱居。夫唱婦隨樂也融融。湖光山色人間樂土。
歸真返璞師法自然。與妻勃谿遁岩面壁。書畫造詣突飛猛晉。
御妻有術・教子有方……（九五）
神仙美眷各有千秋。知命方娶秋君替身。元配賢德操持家務。
二夫人寧可愛麻將。三夫人偏愛買衣著。父母結婚兒女見證。
歲老奴帽捉夫人鞋。要爸爸就別搞統戰。
敦煌面壁・靜修苦行……（一〇五）
遁世求名一舉兩得。敦煌石窟經營概況。佛教殿堂道士折騰。
英法日人巧取豪奪。內心懷愧付(?)徑恁壯。修路開道爲窟編號。
亡羊補牢建議恭給。祈田蘭州添置人手。扮成東鄉貴蛋老頭。

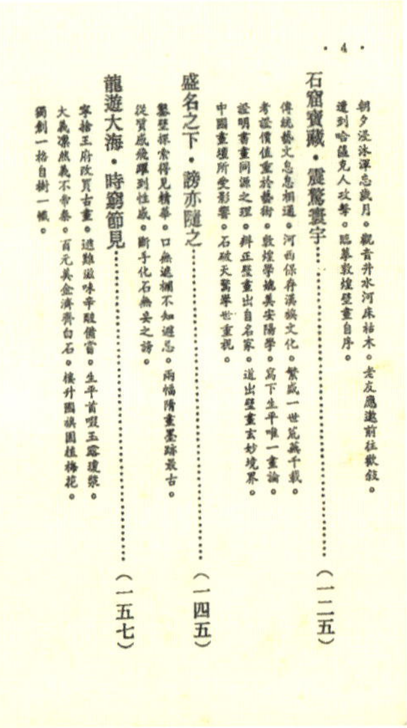

・4・

朝夕浸泳渾忘歲月。觀音井水河床枯木。老友應邀前往歡敘。
遭到哈薩克人攻擊。臨摹敦煌壁畫自序。
石窟寶藏・震驚寰宇……（一二五）
傳統藝文息息相通。河西保存漢族文化。繁盛一世荒蕪千載。
考證價值重於藝術。敦煌學媲美安陽學。寫下生平唯一畫論。
證明書畫同源之理。糾正壁畫出自名家。道出壁畫玄妙境界。
中國畫壇所受影響。石破天驚舉世重視。
盛名之下・謗亦隨之……（一四五）
鑿壁探索得見精華。口無遮攔不知避忌。兩幅隋畫墨跡最古。
從質感飛躍到性感。斷手化石無妄之謗。
龍遊大海・時窮節見……（一五七）
寧捨王府改買古畫。遍嚐滋味辛酸備嘗。生平首嘗玉露瓊漿。
大義凜然義不帝秦。百元美金濟齊白石。横升(?)國旗國種梅花。
獨創一格自樹一幟。

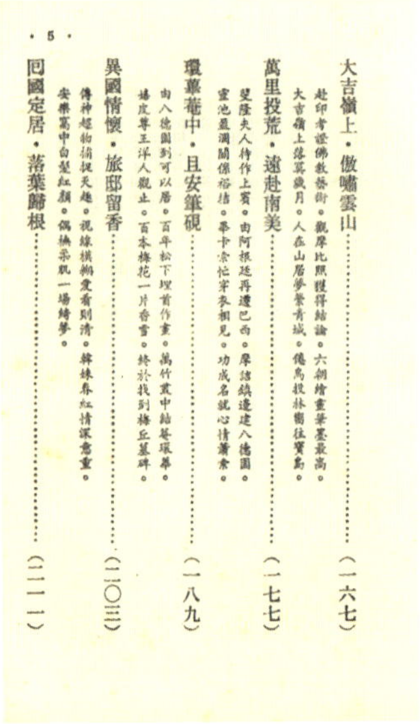

・5・

大吉嶺上・傲嘯雲山……（一六七）
赴印考證佛教藝術。觀摩比照獲得結論。六朝繪畫筆墨最高。
大吉嶺上落寞歲月。人在山居夢縈青城。倦鳥投林嚮往寶島。
萬里投荒・遠赴南美……（一七七）
斐隆夫人待作上賓。由阿根廷再遷巴西。摩詰鎮邊建八德園。
靈池蟲澗關係裕結(?)。畢卡索忙寧秀相見。功成名就心情蕭索。
環蓽菴中・且安筆硯……（一八九）
由八德園到可以居。百年松下埋首作畫。萬竹叢中結茅環蓽。
婦皮尊王洋人觀止。百本梅花一片香雪。終於找到梅丘墓碑。
異國情懷・旅邸留香……（二〇三）
傳神超物捕捉天趣。視線横躺愛看則清。錦妹春紅情深意重。
安樂窩中白髮紅顏。偶摘(?)柔肌一場綺夢。
回國定居・落葉歸根……（二一一）

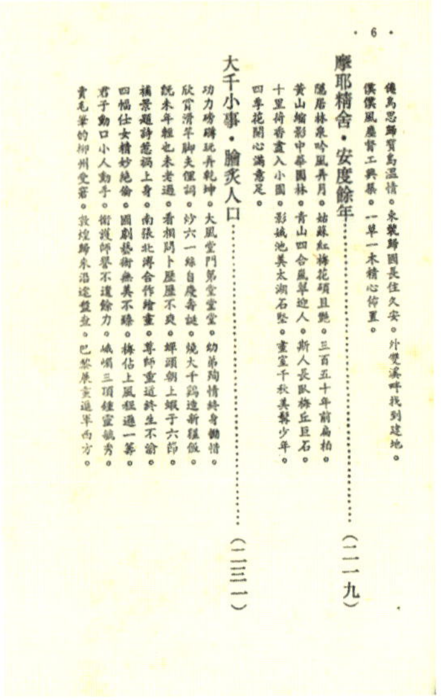

・6・

倦鳥思歸寶島溫情。來台歸國長住久安。外雙溪畔找到建地。
僕僕風塵督工興築。一草一木精心佈置。
摩耶精舍・安度餘年……（二一九）
隱居林泉吟風弄月。姑蘇紅梅花碩且艷。三百五十年前扁柏。
黃山縮影中華園林。青山四合鳳草迎人。斯人長臥梅丘巨石。
十里荷香畫入小園。影娥池美太湖石堅。畫室千秋美髯少年。
四季花開心滿意足。
大千小事・膾炙人口……（二三一）
功力磅礴玩弄乾坤。大風堂門弟堂堂。幼弟殉情終身懷惜。
欣賞滑竿腳夫俚詞。妙六一缽自慶壽誕。燒大千鷄造新羅飯。
既未年輕也未老過。看相問卜屢屢不爽。蟬頭朝上蝦于六節。
補景題詩惹禍上身。南張北溥合作繪畫。尊師重道終生不渝。
四幅仕女精妙絕倫。國劇藝術無美不臻。梅估上風怪過一籌。
君子動口小人動手。衛護師譽不遺餘力。峨嵋三頂鍾靈毓秀。
貴毛筆的柳州受窘。敦煌歸來沿途盤查。巴黎展覽遍軍西方。

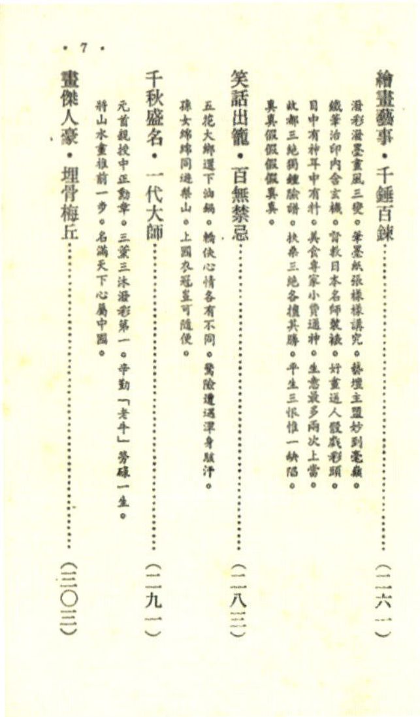

・7・

繪畫藝事・千錘百鍊……（二六一）
潑彩潑墨畫風三變。筆墨紙張樣樣講究。藝壇主盟妙到毫巔。
鐵筆治印內含玄機。曾教日本名師裝裱。好畫逼人嚴戲彩頭。
目中有神耳中有竹。美食專家小貫通神。生意最多兩次上當。
故鄉三絕獨鍾臉譜。扶桑三絕各擅其勝。平生三恨惟一缺陷。
真真假假假假真真。
笑話出籠・百無禁忌……（二八三）
五花大綁還下油鍋。輪使心情各有不同。驚險遭遇渾身駭汗。
孫女綿綿同遊梨山。上國衣冠豈可隨便。
千秋盛名・一代大師……（二九一）
元首親授中正勳章。三蒙三沐潑彩第一。辛勤「老牛」勞碌一生。
將山水畫往前一步。名滿天下心屬中國。
畫傑人豪・埋骨梅丘……（三〇三）

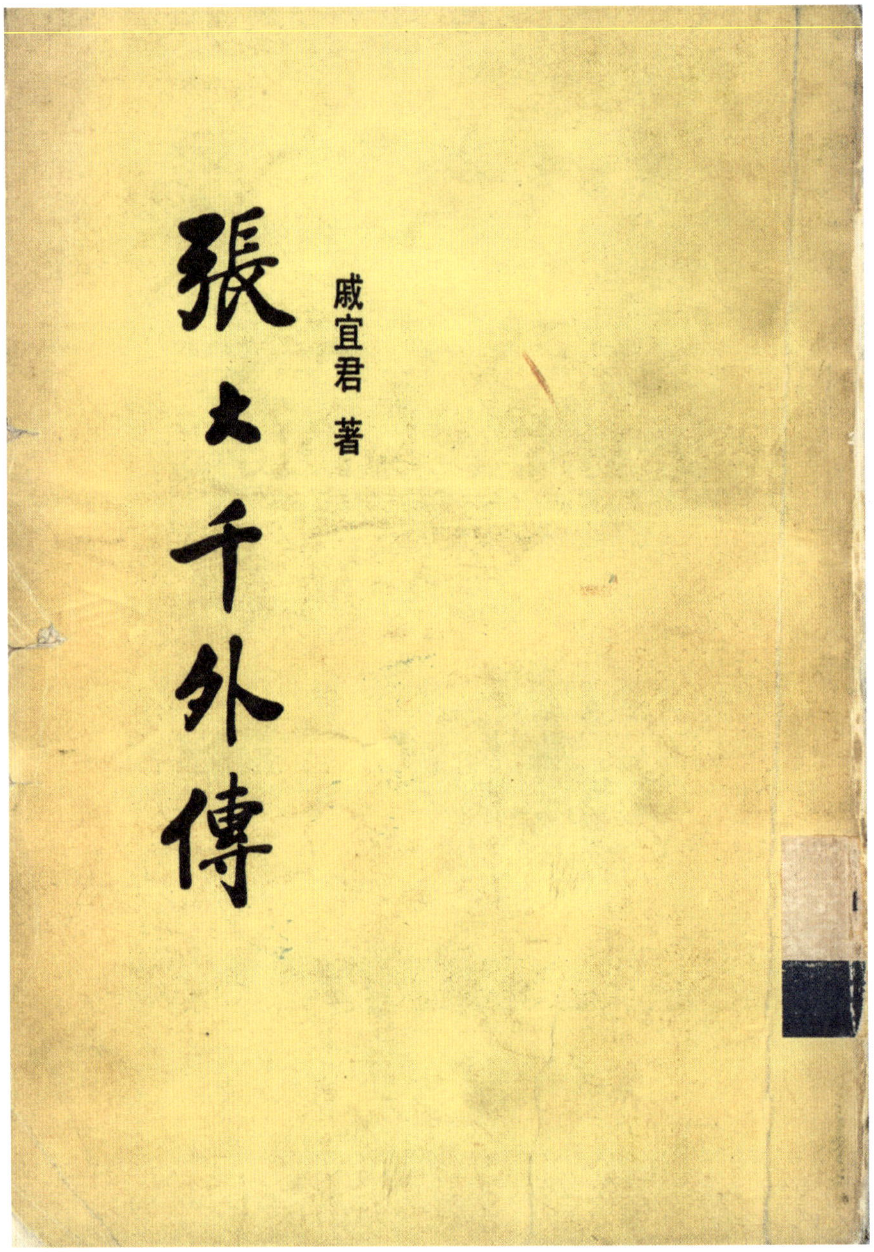

作者：戚宜君
书名：《张大千外传》
出版：台北圣文书局
时间：1986 年
好古敏求书屋提供

作者：张大千
书名：《张大千课徒稿》
出版：四川美术出版社
时间：1987 年
四川张大千研究中心提供

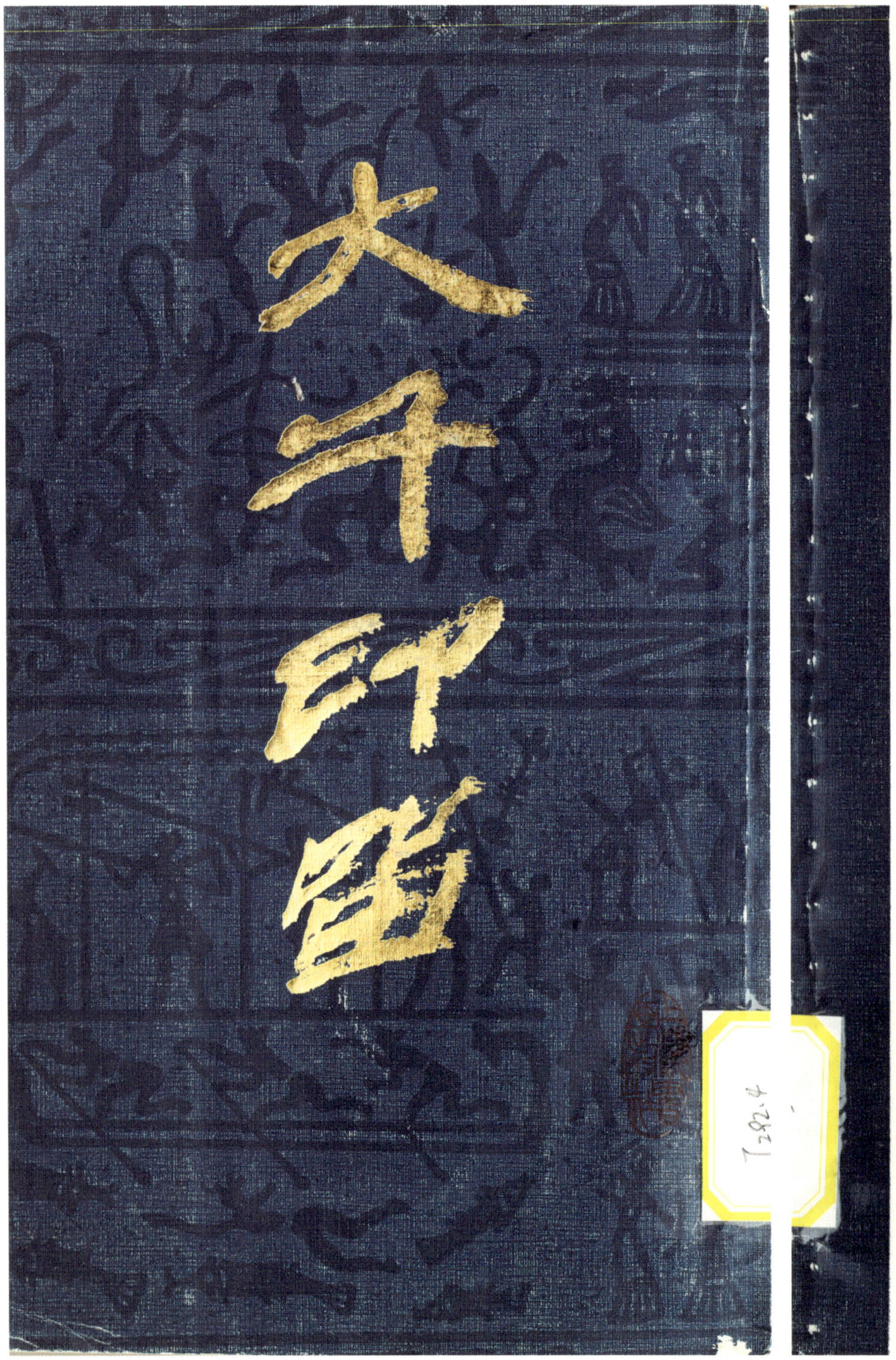

编　　者　　　方去疾
封面题签
封面设计　　　左　萍
责任编辑　　　吴　颐

大千印留

方去疾　编

★

上海书画出版社出版　上海衡山路237号
上海曹王印刷厂印刷　新华书店上海发行所发行
开本：787×1092　1/20　印张：2.5
1987年9月第1版　1987年9月第1次印刷
印数：0,001—9,800
书号：8172·1891　定价：1.50元

作者：方去疾
书名：《大千印留》
出版：上海书画出版社
时间：1987 年
四川张大千研究中心提供

责任编辑 吕 丁
封面设计 周 萍

大风堂临摹敦煌壁画
（第一集）
本 社 编
★
上海书画出版社出版 上海衡山路237号
上海市开封印刷厂印刷 新华书店上海发行所发行
开本：787×1092 1/20 印张：2
1987年4月第1版 1987年4月第1次印刷
印数：0.001— 9.000
书号：8172·1695 定价：0.70元

作者：上海书画出版社
书名：《大风堂临摹敦煌壁画》（第一集）
出版：上海书画出版社
时间：1987 年

目 錄

Part I.

第一章 張大千的生平背景……1
第一節 家世與家庭……1
第二節 生平與交遊……3
一大陸期間（1916～1949）……3
二移居海外以迄返台（1950～1983）……9
第三節 張大千其人其個性……11
第二章 張大千作品編年之分期研究……19
第一節 1920～1939年間第一期之畫風……20
一大千習藝之背景……20
二大千畫風取向之來源……22
三綜論大千此期畫風之表現特質……31
第二節 1940～1959年間第二期之畫風……32
一張大千的生活經歷與藝術心路（1940～1959）……32
二敦煌與歷代各家的畫蹟對張大千畫風之實際影響……39
三總論張大千第二期畫風特質……50
第三節 1960～1982年間第三期之畫風……54
一西方文化的新啓發……54
二固有畫風的承啓與生活治藝經歷之推展……60
三綜論張大千第三期之畫風表現……66
第三章 張大千的文化承傳與治藝態度……79
第一節 讀書……79
第二節 詩文……81
第三節 園林……84
第四節 書法……85
第五節 治印……88
第六節 鑑賞……96
第七節 臨摹的意義……99
第八節 格物致知追求氣韻……101
第四章 結論……112
第一節 歷年來對張大千的批評與詮釋……112
第二節 論張大千之藝術成就……114
圖目索引……119

Part II.

張大千歷年重要作品編年圖錄（1924～1982）……124
後記……192
附錄一 張大千生平與作品年表……195
附錄二 張大千畫展與相關書目年表……205
參考書目……210

作者：巴东
书名：《张大千绘画艺术之研究》
台湾师范大学美术研究所 1987 年硕士论文

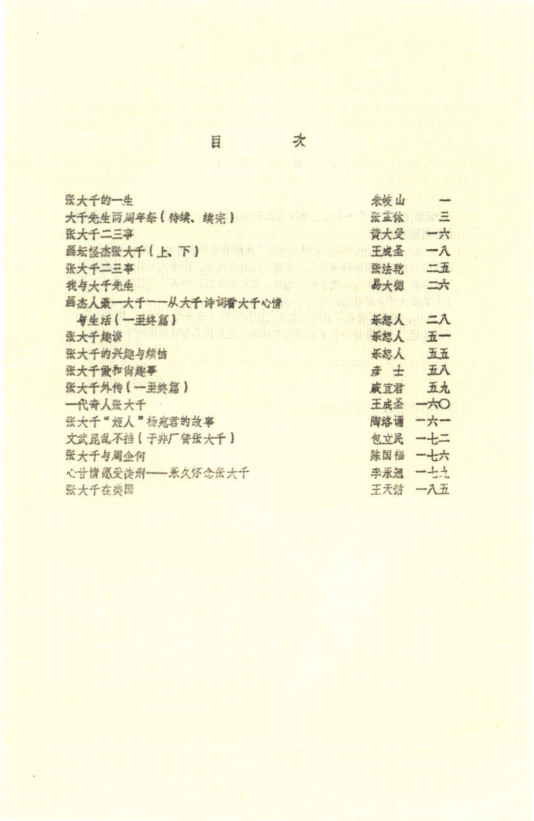

目 次

张大千的一生　朱岐山　一
大千先生两周年祭（待续、续完）　张孟休　三
张大千二三事　黄大受　一六
画坛怪杰张大千（上、下）　王成圣　一八
张大千二三事　张法乾　二五
我与大千先生　易大德　二六
画杰人豪—大千——从大千诗词看大千心情
　与生活（一至终篇）　乐恕人　二八
张大千趣谈　乐恕人　五一
张大千的兴趣与烦恼　乐恕人　五五
张大千做和尚趣事　彦士　五八
张大千外传（一至终篇）　戚宜君　五九
一代奇人张大千　王成圣　一六〇
张大千"矮人"杨宛君的故事　陶洛诵　一六一
文武昆乱不挡（于非厂赞张大千）　包立民　一七二
张大千与周企何　陈国福　一七六
心甘情愿受徒刑——永久怀念张大千　李永翘　一七九
张大千在英国　王天锆　一八五

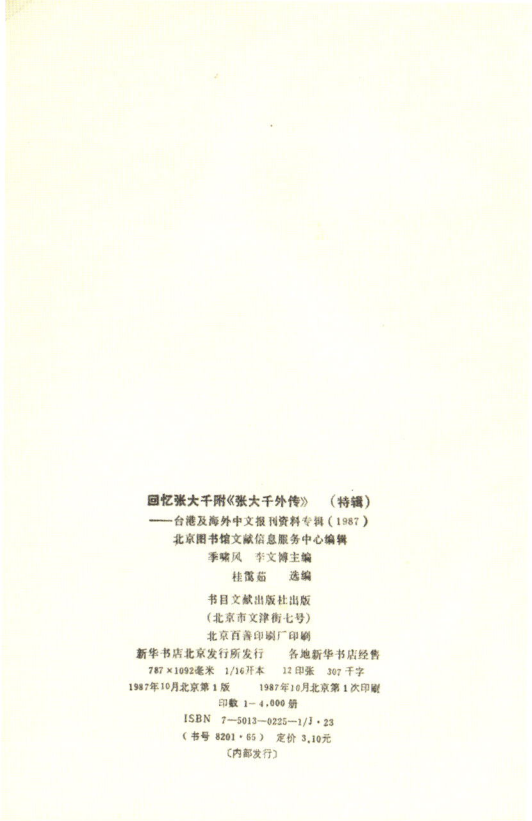

回忆张大千附《张大千外传》　（特辑）
——台港及海外中文报刊资料专辑（1987）
北京图书馆文献信息服务中心编辑
季啸风　李文博主编
桂驚茹　选编
书目文献出版社出版
（北京市文津街七号）
北京百善印刷厂印刷
新华书店北京发行所发行　各地新华书店经售
787×1092毫米　1/16开本　12印张　307千字
1987年10月北京第1版　1987年10月北京第1次印刷
印数 1－4,000 册
ISBN 7—5013—0225—1/J·23
（书号 8201·65）　定价 3.10元
〔内部发行〕

作者：季啸风　李文博
书名：《回忆张大千》（中国台港及海外中文报刊资料专辑）
出版：书目文献出版社
时间：1987 年
好古敏求书屋提供

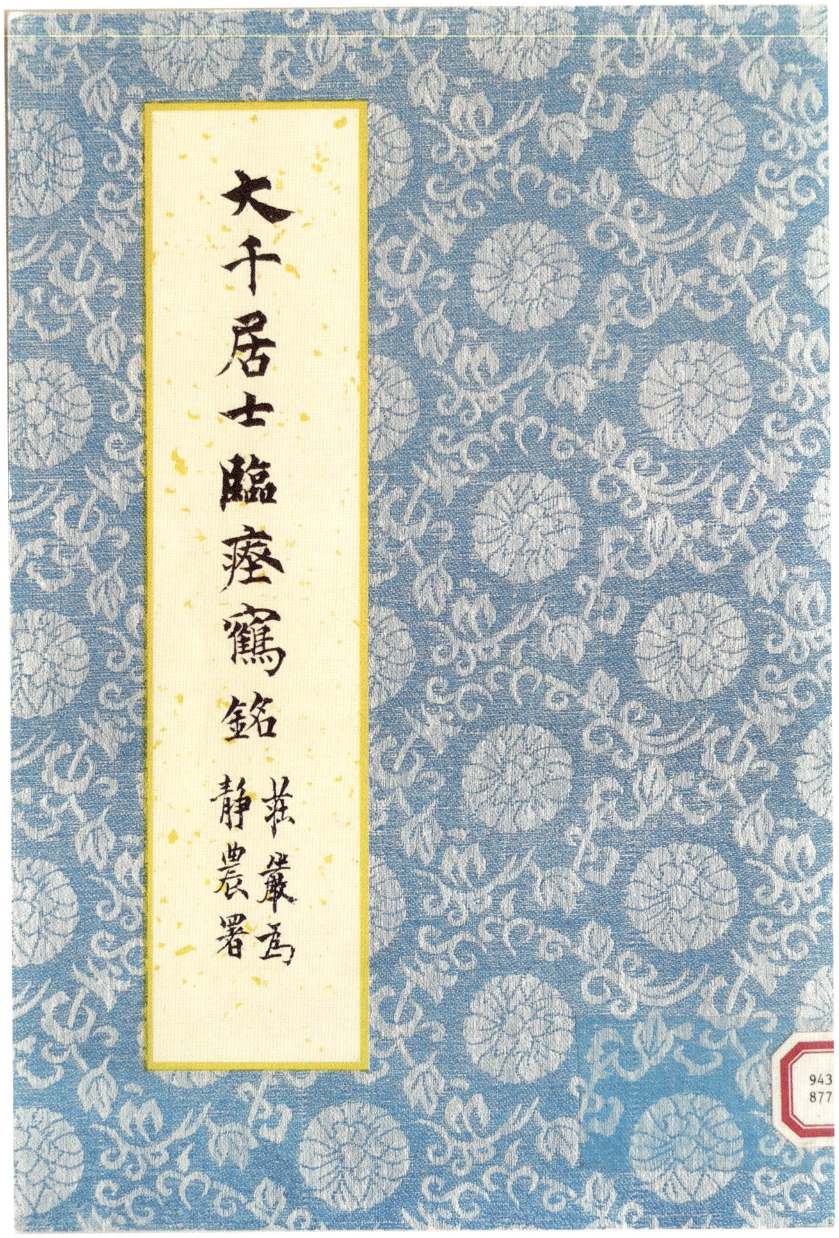

大千居士臨瘞鶴銘　平裝一册

定價：新台幣貳佰元整

書　者：張　大　千
收藏者：臺　靜　農
發行人：郭　昌　偉
發行者：華正書局有限公司
臺北市羅斯福路二段七十五號
電話：三九一六八七二
郵政劃撥帳戶：第○一○三○二七一一號
（本局出版圖書如有缺頁汚損可隨時更換）

作者：台静农

书名：《大千居士临瘗鹤铭》

出版：台北华正书局

时间：1987 年

张大千，我国著名绘画大师，四川省内江市人，原名爰，又名季、季爰，别号大千居士，画室名“大风堂”。

早在三十年代，张大千先生就已蜚声画坛。1941年至1943年，他两次率领门生“裹粮具扉，西迈嘉峪，税驾瓜沙，阅三年寒暑”，“然脂握管，目营手追”临摹敦煌壁画，所获至巨。此后，他的画风为之一新，仕女画尤为突出。

1943年，张大千先生将临摹的白描画稿四十幅编印出版，名曰《大风堂临摹敦煌壁画第一集》，由于印数不多，故流传未广。现在，我馆从藏品中选出张大千先生的白描画稿八十幅，分四辑活页印行，以满足对敦煌壁画和张大千先生绘画艺术爱好者的需要。从这些画稿中，可以窥见敦煌壁画的一斑，亦可见张大千先生绘画风格的一斑。至于选编内容未当之处，希阅者不吝赐教，予以指正。

四川省博物馆

作者：张大千

书名：《张大千临摹敦煌壁画　白描稿》（全四辑）

出版：四川省博物馆

时间：1988 年

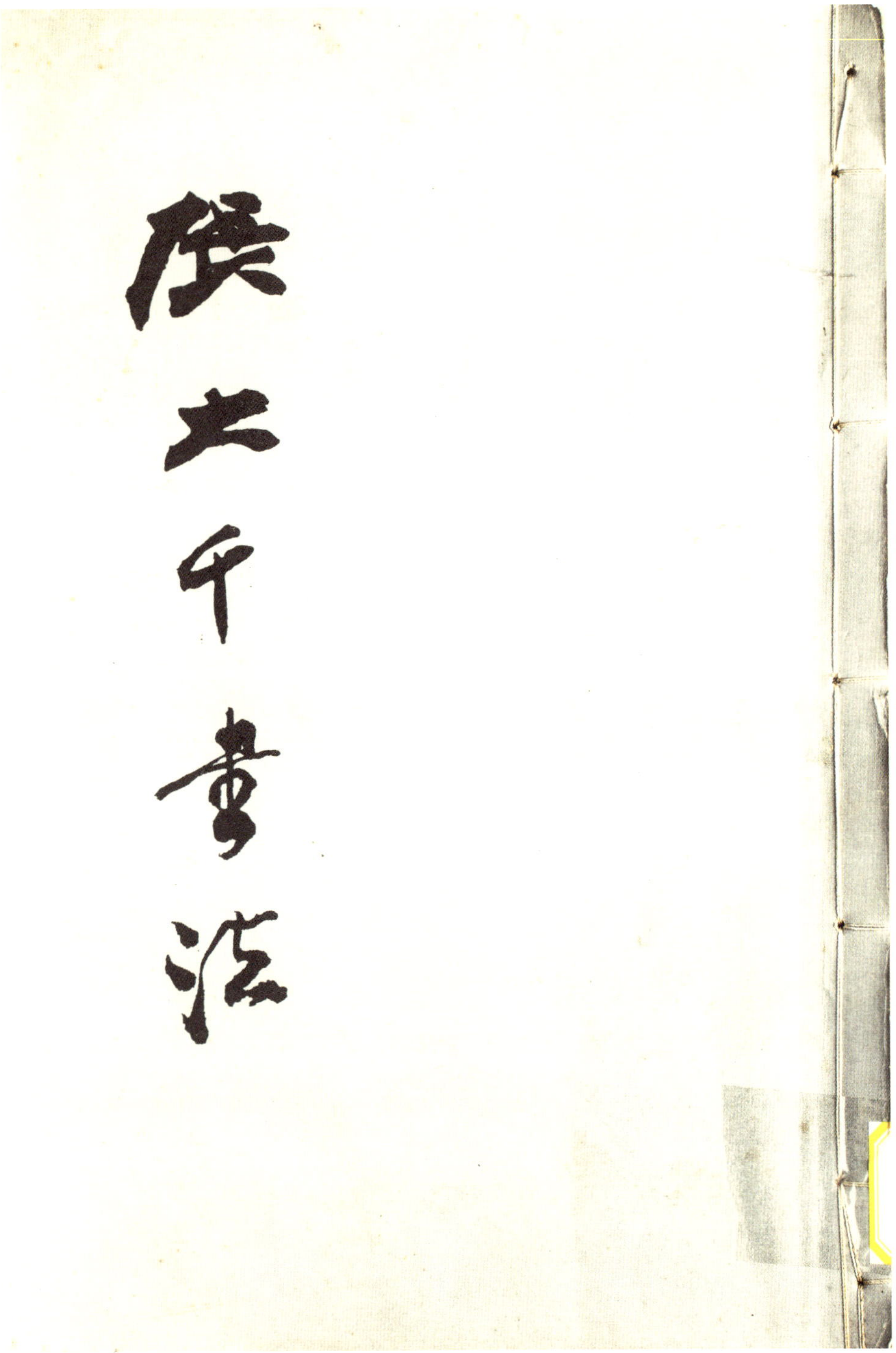

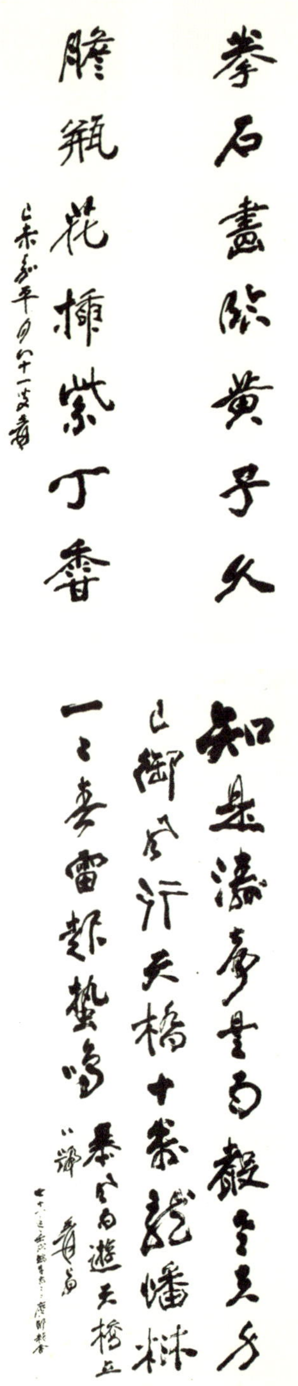

作者：张心庆　萧建初
书名：《张大千书法》
出版：四川美术出版社
时间：1988 年
四川张大千研究中心提供

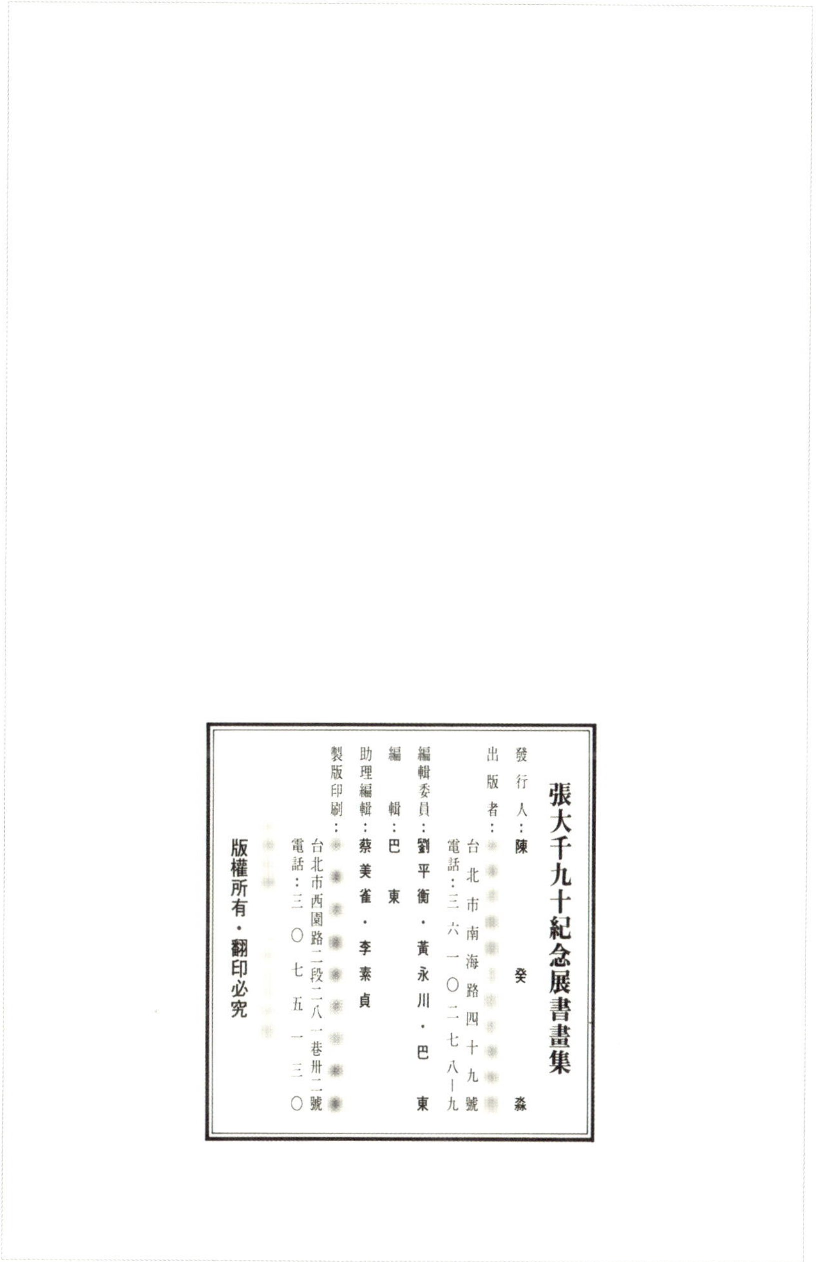

張大千九十紀念展書畫集

發行人：陳　癸　淼

出版者：[illegible]

台北市南海路四十九號

電話：三六一〇二七八一九

編輯委員：劉平衡・黃永川・巴　東

編　　輯：巴　東

助理編輯：蔡美雀・李素貞

製版印刷：[illegible]

台北市西園路二段二八一巷卅二號

電話：三〇七五一三〇

[illegible]

作者：巴东

书名：《张大千九十纪念展书画集》

出版：台湾历史博物馆

时间：1988 年

好古敏求书屋提供

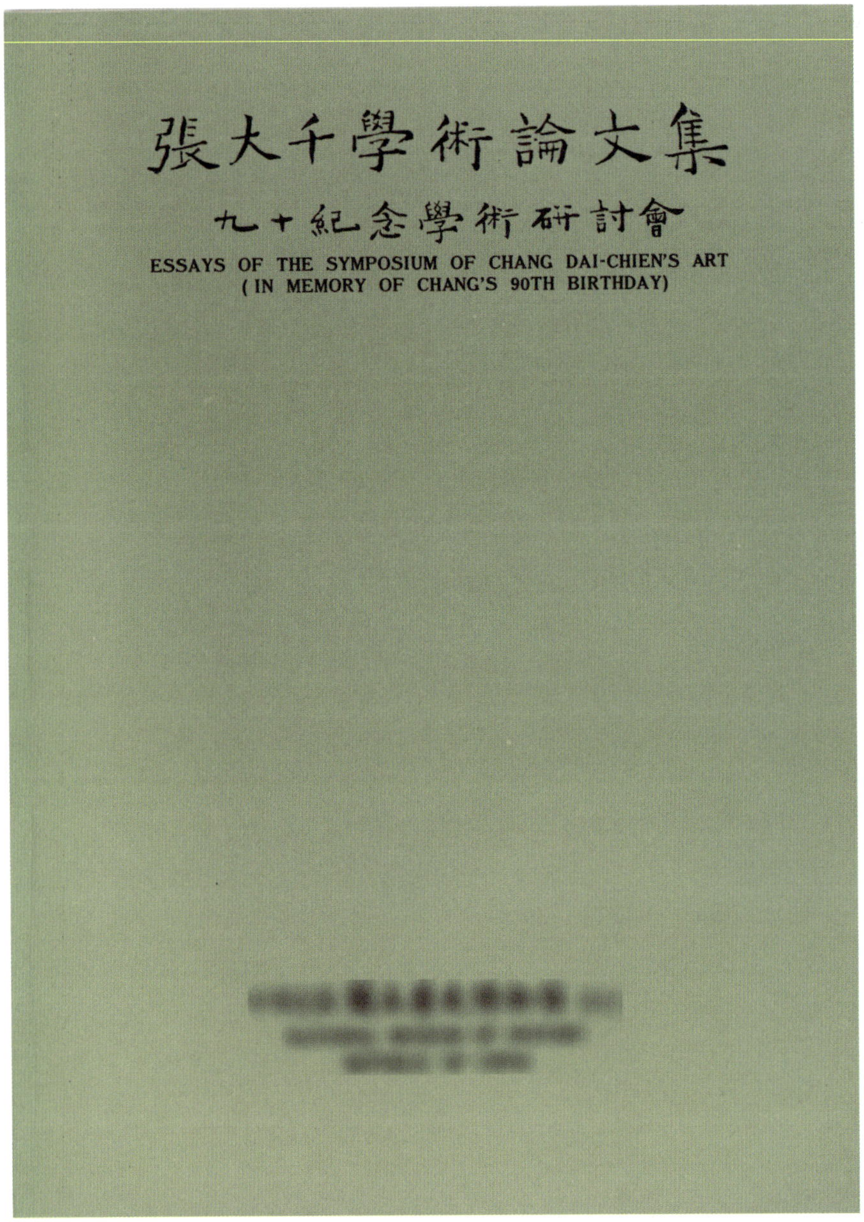

目錄

1 張大千先生和八大山人 王方宇

52 張大千與西方藝術 李鑄晉

68 懷念張大千先生 李霖燦

74 從「易象」的觀點論「南張北溥」 姜一涵

98 張大千與無欵畫 莊 申

129 王蒙筆力能扛鼎六百年來有大千 傅 申

177 雙峯插雲 劉文潭

190 張大千先生與敦煌畫藝 蘇瑩輝

197 張大千的京都留學生涯 鶴田武良

204 BRIEF REMARKS ON A 35-YEARS ASSOCIATION WITH CHANG DAI-CHIEN AND HIS WORK René -Yvon Lefebvre d'Argencé

211 概述與張大千認識卅五年及談其作品（譯文） 達祥西

作者：罗桂英

书名：《张大千学术论文集　九十纪念学术研讨会》

出版：台湾历史博物馆

时间：1988 年

好古敏求书屋提供

目　录

序　言……………………………………叶浅予（1）
前　言…………宁夏回族自治区政协文史资料研究委员会（1）

画坛巨子

五百年来第一人……………………………徐悲鸿（1）
悼念张大千先生……………………………吴作人（3）
关于张大千…………………………………叶浅予（5）
忆旧游………………………………………刘海粟（11）
《张大千书画集》第四集序………………何浩天（12）
悼大千居士…………………………………江兆申（14）
怀念张大千…………………………………谢稚柳（18）
张大千先生的生平和艺术…………………黄苗子（22）
为艺术立心的大千居士
——序冯幼衡作《印象之外》……………台静农（25）
伤心未见耄耋图——大千居士今堂之画……沈苇窗（28）
一件珍贵的艺术纪念品
——张大千先生赠毛主席的荷花图………刘玉山（30）
父亲的画业……………………肖建初　张心瑞（31）
从银川举办我父亲张大千的画展谈起……张心智（38）

1

大千居士最后作品…………………………司徒浩（41）

敦煌纪实

张大千临摹敦煌壁画画册序………………叶浅予（43）
大千话敦煌…………………………………江兆申（48）
张大千敦煌行………………………………张心智（52）
敦煌老人忆大千……………………………李永翘（90）

桃李芬芳

回忆先师张大千的国画艺术生活…………王学敏（96）
焚膏继晷　光照后人
——回忆恩师张大千夫子治学精神点滴……刘力上（99）
艺道之交不论钱……………………………何海霞（102）
大千先师留给我的珍贵纪念品……………李万春（104）
追忆随大千先师学画往事…………………俞致贞（106）
胡爽盦谈张大千……………………………晓　云（108）
缅怀吾师……………………………………王智圆（110）
回忆老师张大千……………………………叶名珮（113）
大风堂弟子回忆张大千先生……………厉国香　章月莲（116）
回忆张大千先生……………………………刘侃生（118）
缅怀先师张大千……………………………伏文彦（120）
回忆爱师姑苏行……………………………郁文华（122）
缅怀先师　回首当年……郁慕贞　郁慕洁　郁慕娟　郁慕莲（125）
怀念吾师大千居士…………………………顾复予（129）

2

张大千言行录………………………………陆元鼎（132）
雪门琐忆……………………………………钱悦诗（135）
丹青引………………………………………曹大铁（138）
从师散记……………………………………潘贞则（147）
声画昭精　墨采腾飞——缅怀先师张大千先生……糜耕云（153）
永沐恩庥——怀大千师……………………慕凌飞（158）
缅怀大千先师………………………………丁翰源（164）
大师携我入画门……………………………王永年（168）
追忆先师张大千先生………………………罗新之（171）
大风堂前缅爰翁……………………………郎笑秋（175）

绘事与生活

我一生难忘的两个一百天…………………张大千口述（177）
大师隔海寄深情——张大千赠梅葆玖《梅兰图》……许姬传（194）
忆八叔二三事………………………………张心俭（196）
回忆父亲在抗战中的旧事…………………张心智（198）
先父和他的庭园……………………………张心玉（204）
大千世界……………………………………冯幼衡（206）
张大千病愈春游观画………………………林淑兰（224）
张大千在嘉善往事拾零……………………闵　三（227）
张大千与赵望云……………………………赵振川（231）
大千居士下厨记……………………………蓁　莪（233）
张大千和《雪鸦图》………………………刘秉顺（237）
张大千和夹江画纸…………………………李　子（238）

3

责任编辑：吕长赋

张大千生平和艺术
宁夏回族自治区政协
文史资料研究委员会 编
中国文史出版社出版
（北京太平桥大街23号）
新华书店经销
二〇一工厂排版印装
1988年2月第一版·1988年3月第一次印刷
开本：850×1168毫米1/32　印张：12.375　插页：16　字数：317千字
印数：1—9500
ISBN 7 5034 0032 3 K·0030
统一书号：11224·277　定价：[illegible] 元

作者：宁夏回族自治区政协　文史资料研究委员会
书名：《张大千生平和艺术》
出版：中国文史出版社
时间：1988 年
好古敏求书屋提供

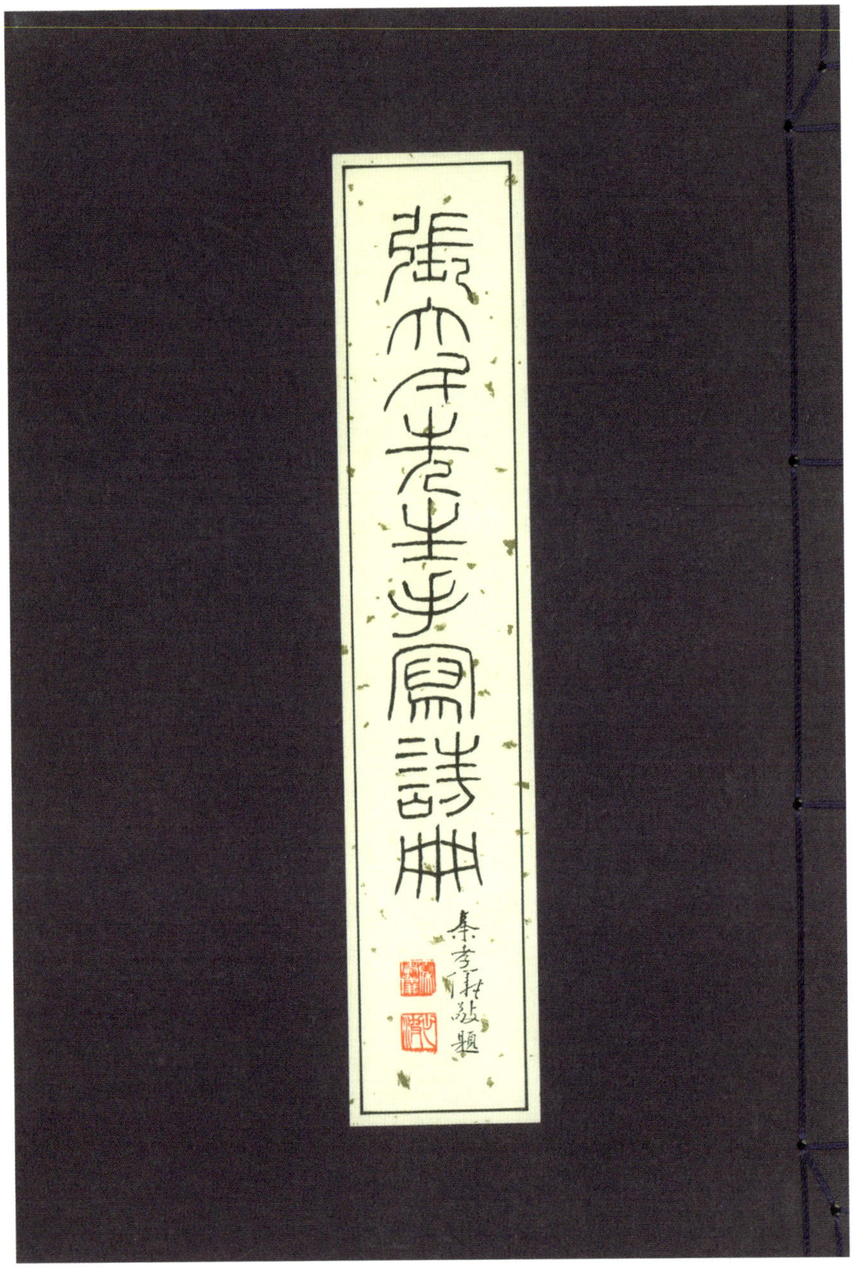

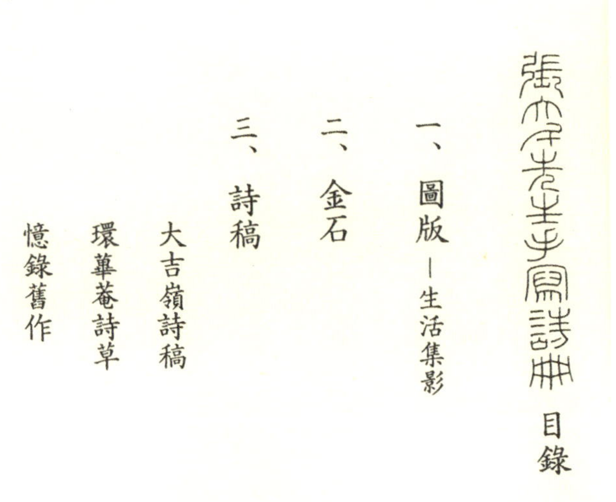
張大千先生寫詩冊 目錄

一、圖版 — 生活集影

二、金石

三、詩稿

大吉嶺詩稿

環蓽菴詩草

憶錄舊作

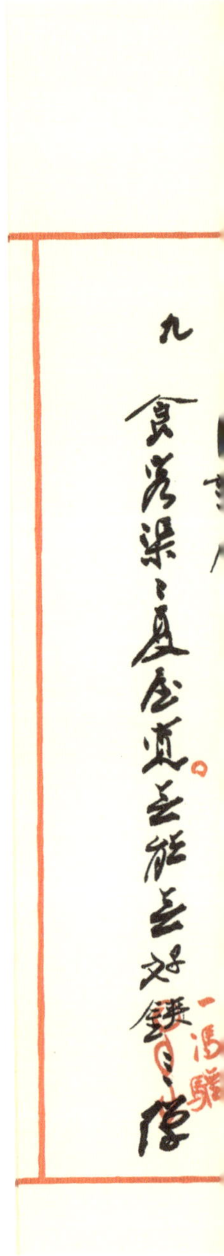

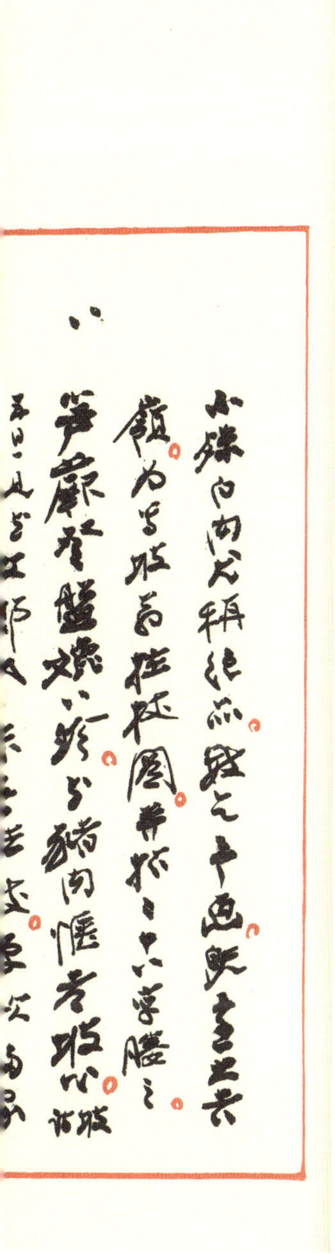

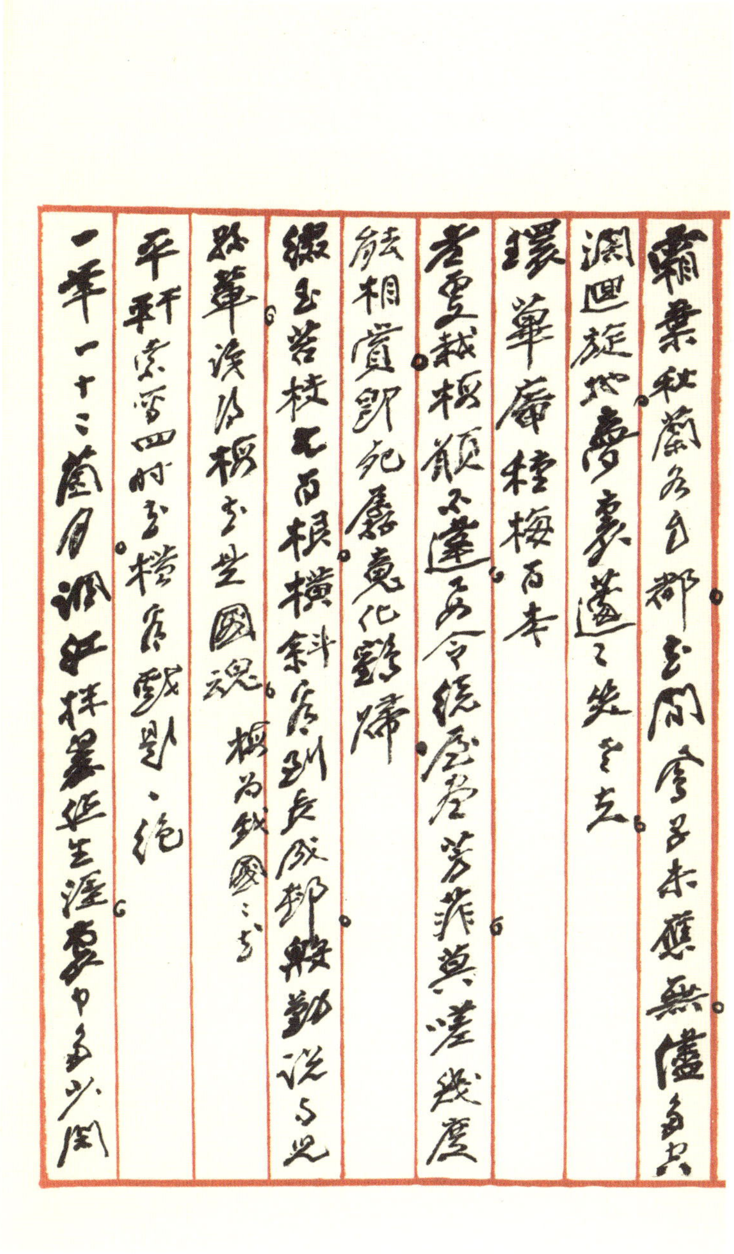

秦院長心波先生觀賞「韓熙載夜宴圖」於雲河大廈。

賞早期作品「紅衣女」。

作者：张大千

书名：《张大千先生手写诗册》

出版：台北故宫博物院

时间：1988 年

好古敏求书屋提供

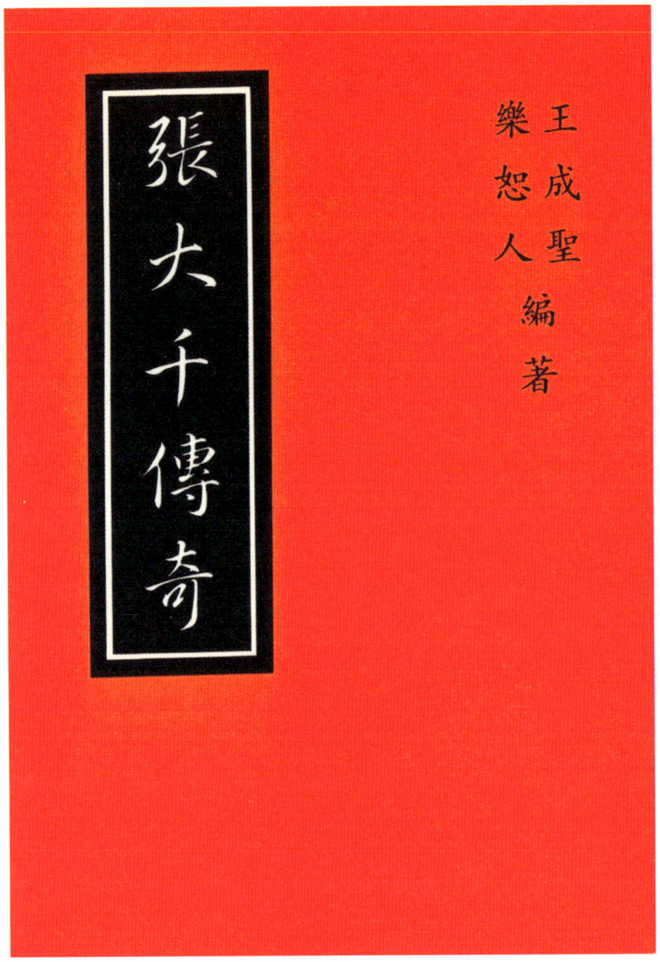

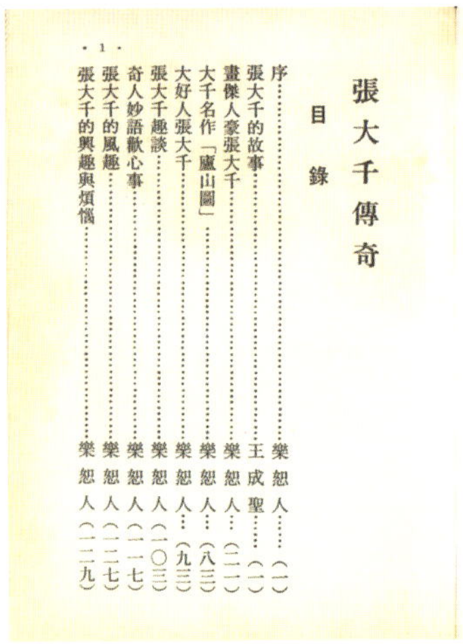

張大千與影星林青霞合影。

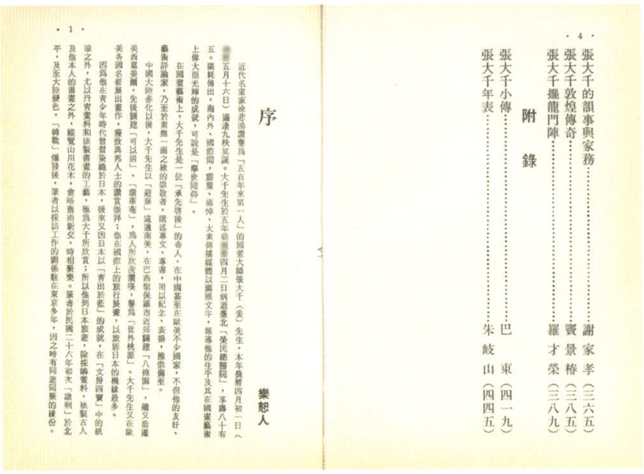

作者：王成圣　乐恕人
书名：《张大千传奇》
出版：台湾圣文书局
时间：1989 年
好古敏求书屋提供

目　录

别有风味在人间
——序《大千风味菜肴》…………马识途 1
画师大千的第二艺术
——烹饪艺术……………………杨继仁 1
大千风味菜肴……………………………… 1
大千鸡块…………………………………… 3
大千樱桃鸡………………………………… 6
魔芋鸡翅…………………………………… 9
姜汁鸡块…………………………………11
茶薰鸡……………………………………13
大千干烧鱼………………………………15
干烧鲟鳇翅………………………………17
泡菜烧鱼…………………………………20
家常鲫鱼…………………………………23
红烧大肉…………………………………25

1

责任编辑：牛小红　郭俊铨
封面设计：朱德祥
技术设计：吴向鸣
责任校对：苏晓宁
摄　　影：李阳国　申　勇

大千风味菜肴
杨国钦　编著

四川科学技术出版社出版、发行　（成都盐道街三号）
四川省新华书店经销　成都七二三四工厂印刷
开本787×1092 1/32　印张3.25　插页12　字数52千
1989年12月第一版　1989年12月第一次印刷　印数1—10.000册
ISBN 7-5364-1450-1/TS·78　定　价：2.60元

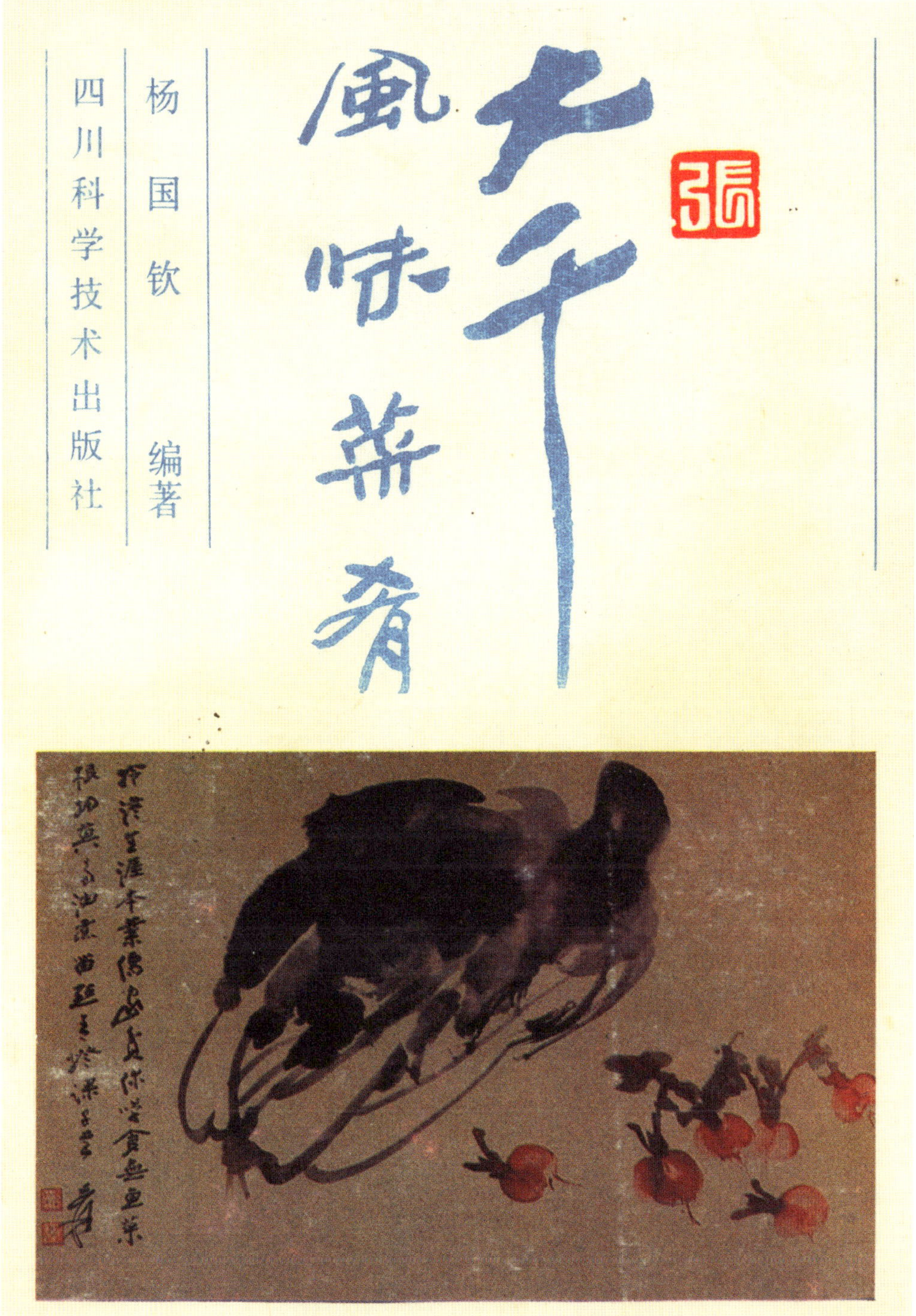

作者：杨国钦
书名：《大千风味菜肴》
出版：四川科学技术出版社
时间：1989 年
好古敏求书屋提供

目　　录

谢稚柳序
钱仲联序
徐邦达序
卷一　一九一八（戊午）至一九三七（丁丑）
栖溪舟中作………………………………1
题山水图………………………………2
美人名马图………………………………2
拟云林（三首）………………………………2
钱江画舸………………………………3
题岳军扇面（二首）………………………………3
赠春红（二首）………………………………4
再赠春红………………………………5
与春红合影寄内子凝素（二首）………………………………5
题绿牡丹图轴………………………………6
书桐荫高士图………………………………6
春娘曲………………………………6
咏韩国风景………………………………8
黄山始信峰………………………………8
光明顶山水………………………………9
重游西湖（二首）………………………………9
荷花………………………………9
罗浮仙蝶………………………………10
罗浮白水门………………………………10
题白荷扇面………………………………11

张大千诗文集编年
荣宝斋出版（北京和外琉璃厂西街19号）
新华书店北京发行所发行
北京市印刷一厂制版印刷
1990年10月第1版　印数0,001—5,000
ISBN 7—5003—0058—1/J·59　定价6.80元

作者：曹大铁　包立民
书名：《张大千诗文集编年》
出版：荣宝斋出版社
时间：1990年
好古敏求书屋提供

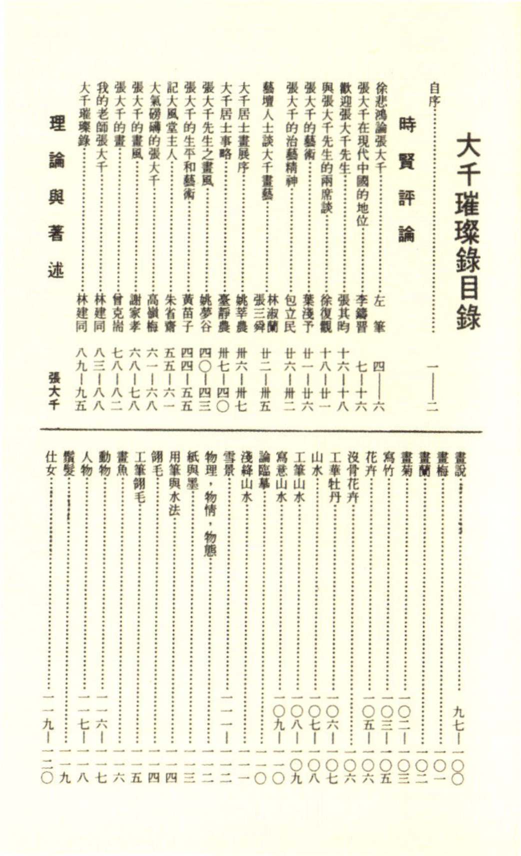

大千璀璨錄目錄

自序……一—二

時賢評論

徐悲鴻論張大千……左筆 四—六
張大千在現代中國的地位……李鑄晋 七—十六
歡迎張大千先生……張其昀 十六—十八
與張大千先生的兩席談……徐復觀 十八—廿一
張大千的藝術……葉淺予 廿一—廿六
張大千的治藝精神……包立民 廿六—卅二
藝壇人士談大千畫藝……林淑蘭 張三舜 廿二—卅五
大千居士畫展序……姚莘農 卅六—卅七
大千居士事略……臺靜農 卅七—四〇
張大千先生之畫風……姚夢谷 四〇—四三
張大千的生平和藝術……黃苗子 四四—五五
記大風堂主人……朱省齋 五五—六一
大氣磅礴的張大千……高嶺梅 六一—六八
張大千的畫風……謝家孝 六八—七八
張大千的畫……曾克耑 七八—八二
我的老師張大千……林建同 八三—八八
大千璀璨錄……林建同 八九—九五

理論與著述　張大千

畫說……九七—一〇〇
畫梅……一〇一
畫蘭……一〇二
畫菊……一〇二—一〇三
寫竹……一〇三—一〇五
花卉……一〇五—一〇六
沒骨花卉……一〇六
工華牡丹……一〇六—一〇七
山水……一〇七—一〇八
工筆山水……一〇八—一〇九
寫意山水……一〇九—一一〇
論臨摹……一一〇
淺絳山水……一一一
雪景……一一一—一一二
物理，物情，物態……一一二
紙與墨……一一三
用筆與水法……一一四
鉤毛……一一四
工筆鉤毛……一一五
畫魚……一一六
動物……一一六—一一七
人物……一一七—一一八
鬢髮……一一九
仕女……一一九—一二〇

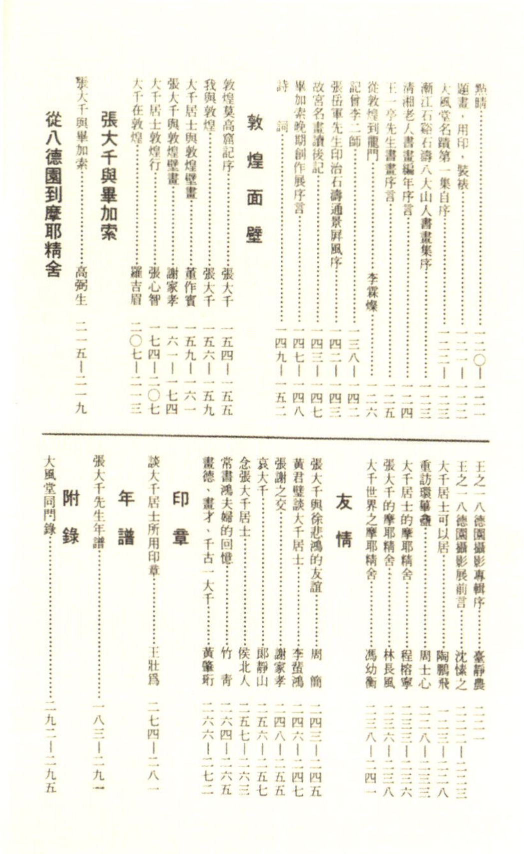

點睛……一二〇—一二一
題畫，用印，裝裱……一二一—一二二
大風堂名蹟第一集自序……一二二—一二三
漸江石谿石濤八大山人書畫集序……一二三
清湘老人書畫編年序言……一二四
王一亭先生書畫序言……一二五
從敦煌到龍門……李霖燦 一二六
記曾李二師……一三八—一四二
張岳軍先生印治石濤通景屏風序……一四二—一四三
故宮名畫讀後記……一四三—一四七
畢加索晚期創作展序言……一四七—一四八
詩　詞……一四九—一五二

敦煌面壁

敦煌莫高窟記序……張大千 一五四—一五五
我與敦煌……張大千 一五六—一五九
大千居士與敦煌壁畫……董作賓 一五九—一六一
張大千與敦煌壁畫……謝家孝 一六一—一七四
大千居士敦煌行……張心智 一七四—二〇七
大千在敦煌……羅吉眉 二〇七—二一三

張大千與畢加索

張大千與畢加索……高朔生 二一五—二一九

從八德園到摩耶精舍

王之一八德園攝影專輯序……臺靜農 二二一
王之一八德園攝影展前言……沈慷之 二二一—二二三
大千居士可以居……陶鵬飛 二二三—二二八
重訪環蓽盦……周士心 二二八—二三三
大千居士的摩耶精舍……程榕寧 二三三—二三六
張大千的摩耶精舍……林長風 二三六—二三八
大千世界之摩耶精舍……馮幼衡 二三八—二四一

友情

張大千與徐悲鴻的友誼……周簡 二四三—二四五
黃君璧談大千居士……李蜚鴻 二四六—二四七
張謝之交……謝家孝 二四八—二五五
哀大千……郎靜山 二五六—二五七
念張大千居士……侯北人 二五七—二六三
常書鴻夫婦的回憶……竹青 二六四—二六五
畫德、畫才、千古一大千……黃肇珩 二六六—二七二

印章

談大千居士所用印章……王壯爲 二七四—二八一

年譜

張大千先生年譜……一八三—二九一

附錄

大風堂同門錄……二九二—二九五

作者：林建同
书名：《大千璀璨录》（大道美术丛书）
出版：香港大同印务公司
时间：1990 年
好古敏求书屋提供

Challenging the Past: The Paintings of Chang Dai-chien

Edited by Mary Kay Zuravleff
Designed by Carol Beehler
Calligraphy by Shen C. Y. Fu
Typeset in Sabon and Frutiger
by BG Composition, Baltimore, Maryland
Production coordinated by Perpetua Press, Los Angeles, California
Printed on Gardamatte Brilliante, 135 gsm
by Grafiche Alma, S.p.A., Milan, Italy

Arthur M. Sackler Gallery
Smithsonian Institution
Washington, D.C.
November 24, 1991–April 5, 1992

The Asia Society
New York
April 29–July 19, 1992

Saint Louis Art Museum
August 28–October 25, 1992

作者：傅申
书名：《血战古人　张大千回顾展》
出版：美国华盛顿佛利尔·沙可乐艺术博物馆
时间：1991 年
傅申提供

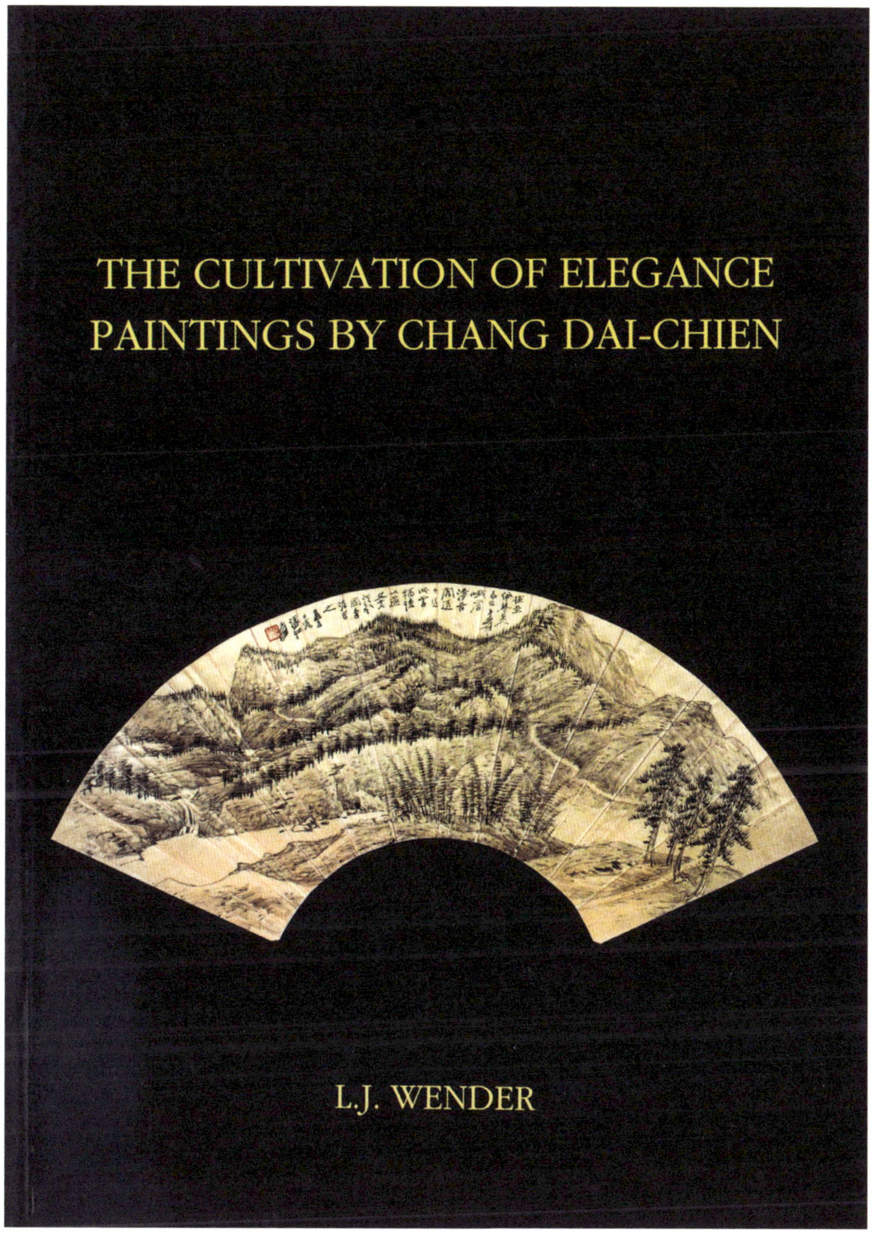

LIST OF PLATES

1. *Lotus*
2. *Scholar Beneath Pines*
3. *Beautiful Woman*
4. *Mt. Omei and Calligraphy*
5. *Barren Trees*
6. *Watching Geese from a Bridge*
7. *A Woman Upon the Departure of Her Lover*
8. *Zhu Geliang*
9. *The Joy of Fish (I)*
10. *Cicada on a Branch*
11. *Flowers in Han Style Jar*
12. *Hermit*
13. *Scholar Under Banyan Tree (I)*
14. *The Joy of Fish (II)*
15. *Splashed Ink Landscape*
16. *Scholar Under Banyan Tree (II)*
17. *Calligraphy in Zeng Xi Style*
18. *Calligraphy in Bronze Script Style*
19. *Calligraphy in Running Script*

作者：王方宇
书名：《张大千画展》
出版：美国纽约文良中国画廊
时间：1992 年
四川张大千研究中心提供

目 次

1　序
5　前言
9　看山须看故乡青

1　晏济元与张大千兄弟
11　我一生难忘的两个一百天
31　张大千避难嘉善轶闻
37　张善孖、张大千游黄山
40　张大千在安徽二三事

1

作者：内江市档案馆
书名：《回忆张大千》（张大千资料丛书）
出版：内江市档案馆
时间：1992 年
好古敏求书屋提供

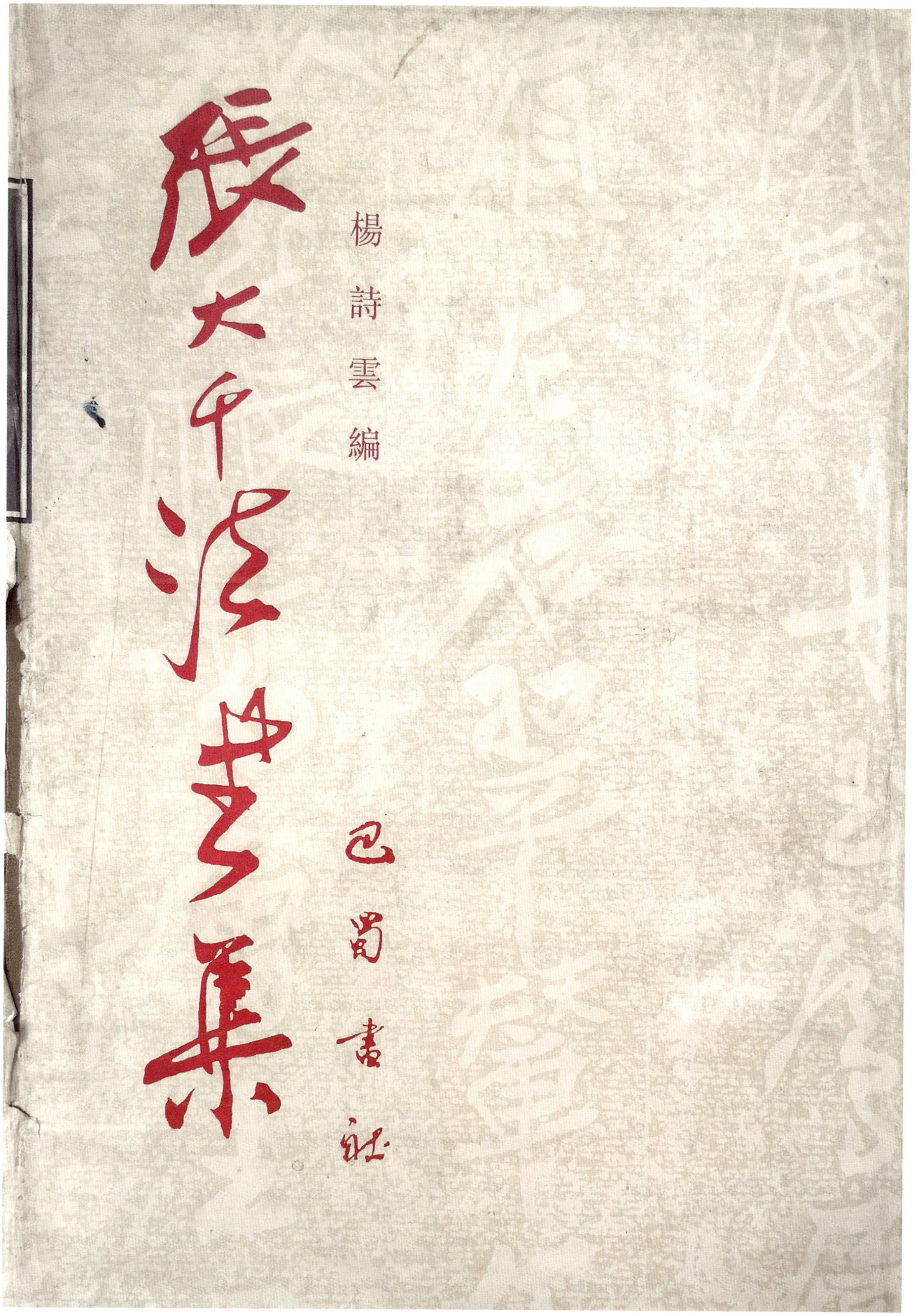

作者：杨诗云
书名：《张大千法书集》
出版：巴蜀书社
时间：1992 年

雄獅叢書 6-030

作者 湯皇珍
發行人暨策劃 李賢文
特約顧問 傅申
企劃編輯 黃秀慧·王祥芸
執行編輯 劉佩修
美術設計 林雪兒
校對 黃惠婷·鄭富穗·朱苾舲
攝影 林茂榮
助理攝影 蕭文杰
製版印刷 沈氏藝術印刷股份有限公司
照相打字 第一電動打字
總經銷 雄獅圖書股份有限公司
台北市忠孝東路四段216巷33弄16號
TEL:(02)772-6311
FAX:(02)777-1575
郵撥帳號 0101037-3
法律顧問 聯合法律事務所
初版
定價 NT600元

作者：汤皇珍
书名：《云山·泼墨　张大千》
出版：台北雄狮图书股份有限公司
时间：1993 年
好古敏求书屋提供

作者：谢家孝

书名：《张大千传》

出版：希代书版有限公司

时间：1993 年

好古敏求书屋提供

目次

前言　高美慶　7
梅雲堂藏張大千畫概説　高美慶　11
張大千年譜　30
畫目　37
圖版　人物　1－37
　　花鳥走獸　38－73
　　山水　74－122
目錄　194
附錄一　張大千名款選輯　232
　二　張大千用印選輯　236
　三　張大千畫　張大千著　高嶺梅编　246
參考書目　277

Contents

Foreword　Mayching Kao　8
The Mei Yun Tang Collection of Paintings by Chang Dai-chien　Mayching Kao　21
Chronology of Chang Dai-chien　33
List of Paintings　39
Plates 1-37 Figures
38-73 Flowers, Birds and Animals
74-122 Landscapes
Catalogue　212
Appendices
1 Signatures of Chang Dai-chien　232
2 Seals of Chang Dai-chien　236
3 Chinese Painting: With the Original Paintings and Discourses on Chinese Art by Professor Chang Dai-chien, edited by Kao Ling-mei　257
Selected Bibliography　277

作者：高美庆
书名：《梅云堂藏张大千画》
出版：香港中文大学文物馆
时间：1993 年
傅申提供

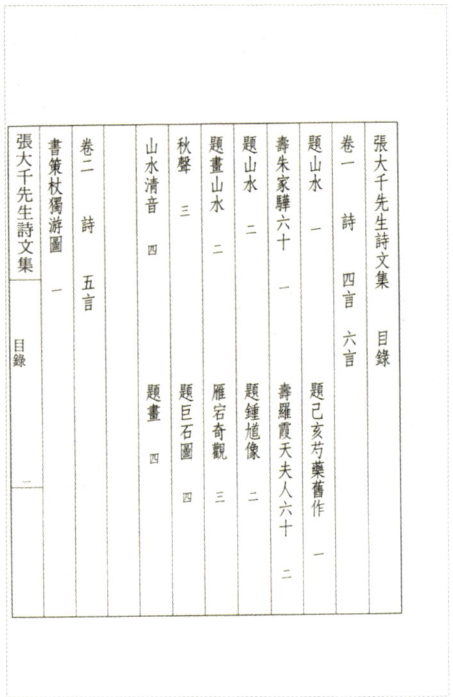

張大千先生詩文集　目錄

卷一　詩　四言　六言
題山水　一　題己亥芍藥舊作　一
壽朱家驊六十　一　壽羅霞天夫人六十　二
題山水　二　題鍾馗像　二
題畫山水　二　雁宕奇觀　三
秋聲　三　題巨石圖　四
山水清音　四　題畫　四
卷二　詩　五言
書策杖獨游圖　一

張大千先生詩文集　目錄　一

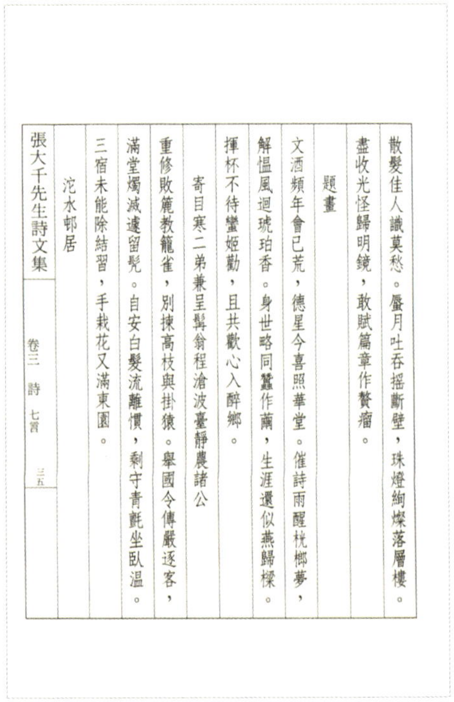

散髮佳人識莫愁。蟨月吐吞搖斷壁，珠燈絢爍落層樓。
盡收光怪歸明鏡，敢賦篇章作贅瘤。

題畫

文酒頻年會已荒，德星今喜照華堂。催詩雨醒桄榔夢，
解愠風迴琥珀香。身世略同蠶作繭，生涯還似燕歸樑。
揮杯不待蠻姬勸，且共歡心入醉鄉。

寄目寒二弟兼呈髯翁程滄波臺靜農諸公

重修敗篦教籠雀，別揀高枝與掛猿。舉國今傳嚴逐客，
滿堂燭滅遽留髡。自安白髮流離慣，剩守青氈坐臥温。
三宿未能除結習，手栽花又滿東園。

沱水郫居

張大千先生詩文集　卷三　詩　七言　三五

作者：台北故宫博物院
书名：《张大千先生诗文集》（上下册）
出版：台北故宫博物院
时间：1993 年
好古敏求书屋提供

作者：邢捷

书名：《张大千书画用印谱》

出版：天津古籍出版社

时间：1994 年

作者：许礼平　张彦华

书名：《名家翰墨　张大千仕女》《名家翰墨　张大千高士》《名家翰墨　张大千荷花》

出版：香港翰墨轩出版社

时间：1994 年

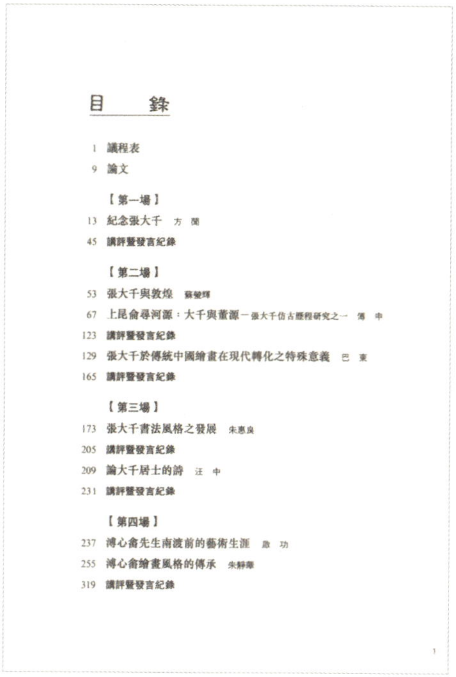

目　錄

1 議程表
9 論文

【第一場】
13 紀念張大千　方　聞
45 講評暨發言紀錄

【第二場】
53 張大千與敦煌　蘇瑩輝
67 上昆侖尋河源：大千與董源—張大千仿古歷程研究之一　傅　申
123 講評暨發言紀錄
129 張大千於傳統中國繪畫在現代轉化之特殊意義　巴　東
165 講評暨發言紀錄

【第三場】
173 張大千書法風格之發展　朱惠良
205 講評暨發言紀錄
209 論大千居士的詩　汪　中
231 講評暨發言紀錄

【第四場】
237 溥心畬先生南渡前的藝術生涯　啟　功
255 溥心畬繪畫風格的傳承　朱靜華
319 講評暨發言紀錄

1

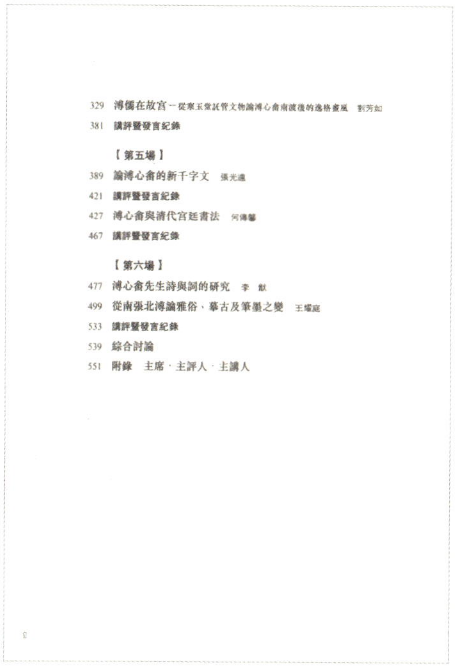

329 溥儒在故宮—從寒玉堂託管文物論溥心畬南渡後的逸格畫風　劉芳如
381 講評暨發言紀錄

【第五場】
389 論溥心畬的新千字文　張光遠
421 講評暨發言紀錄
427 溥心畬與清代宮廷書法　何傳馨
467 講評暨發言紀錄

【第六場】
477 溥心畬先生詩與詞的研究　李　猷
499 從南張北溥論雅俗、摹古及筆墨之變　王耀庭
533 講評暨發言紀錄
539 綜合討論
551 附錄　主席．主評人．主講人

作者：刘芳如
书名：《张大千溥心畬诗书画学术讨论会论文集》
出版：台北故宫博物院
时间：1994 年
好古敏求书屋提供

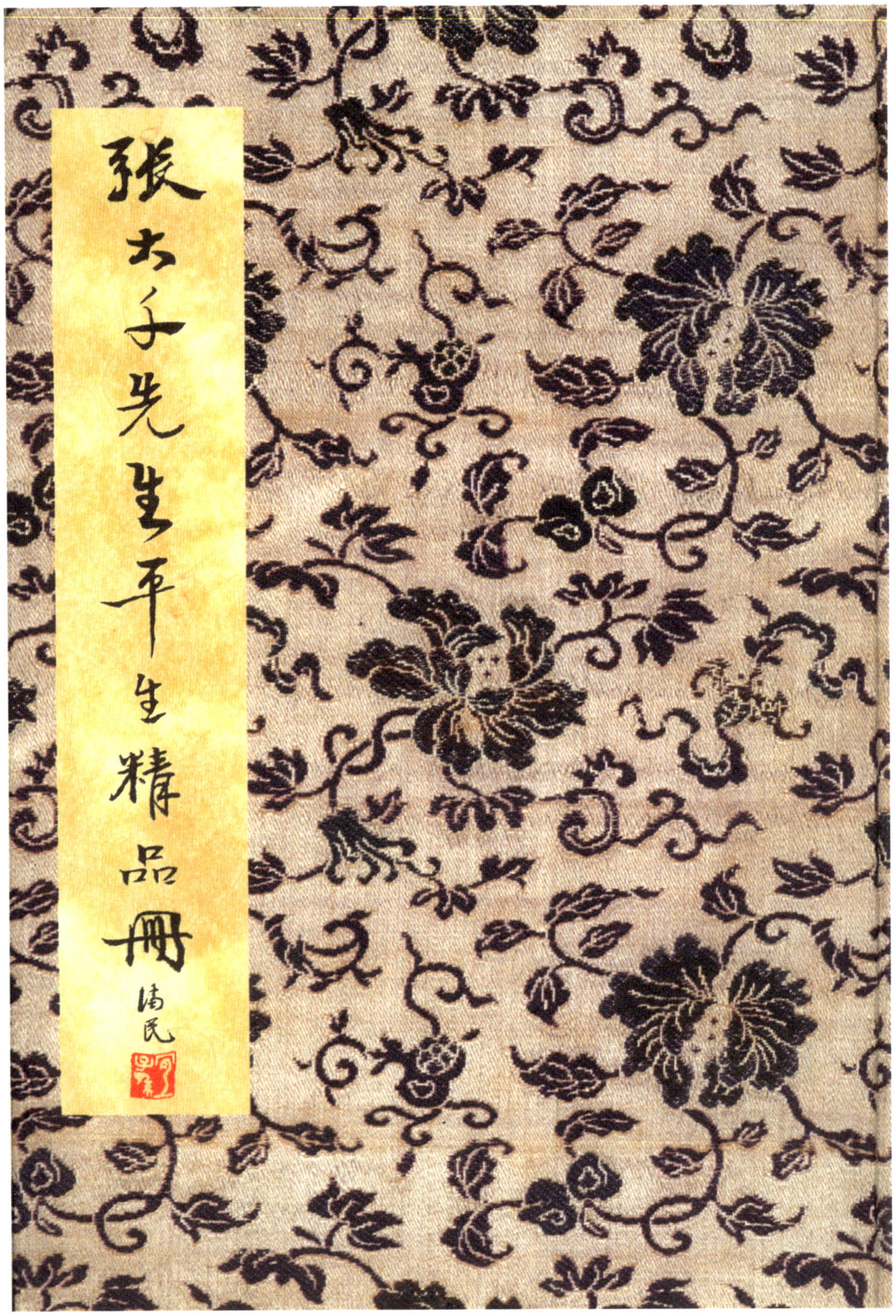

作者：郭继生
书名：《张大千先生平生精品册》
出版：台湾台南榴园
时间：1994 年
成都程恩崃提供

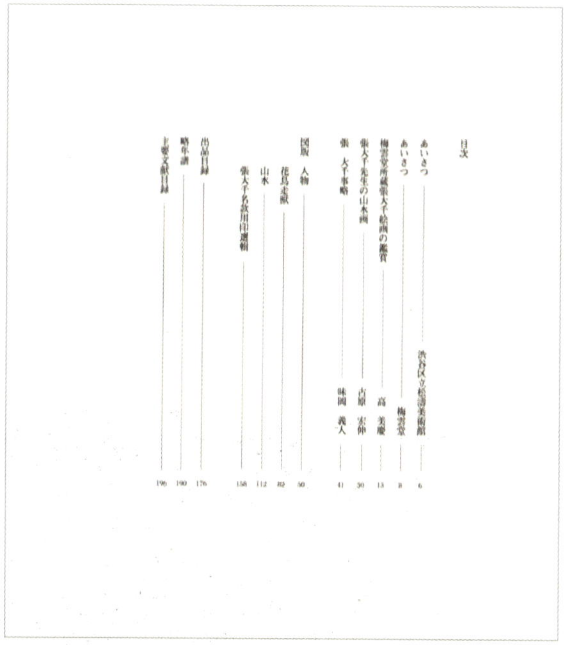
目次

あいさつ ―― 渋谷区立松濤美術館 6
あいさつ ―― 梅雲堂 8
梅雲堂所蔵張大千絵画の鑑賞 ―― 高 美慶 13
張大千先生の山水画 ―― 古原 宏伸 30
張 大千事略 ―― 味岡 義人 41
図版 人物 ―― 50
花鳥走獣 ―― 82
山水 ―― 112
張大千名款用印選輯 ―― 158
出品目録 ―― 176
略年譜 ―― 190
主要文献目録 ―― 196

六九 白蓮 一九六一年

106

特別展 香港・梅雲堂所蔵
張大千の絵画
編集・発行 渋谷区立松濤美術館
渋谷区松濤二―一四―一四
版権所有 渋谷区立松濤美術館
香港・梅雲堂
制作・印刷 光村印刷株式会社

作者：张大千
书名：《香港·梅云堂所藏张大千的绘画》
出版：日本涉谷区立松涛美术馆
时间：1995 年
好古敏求书屋提供

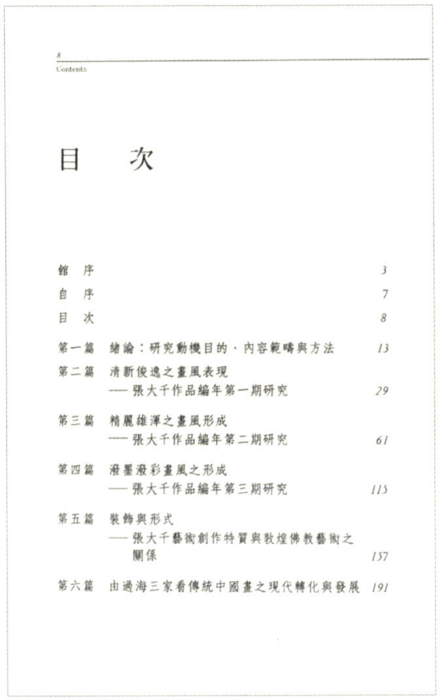

目 次

館 序 3
自 序 7
目 次 8
第一篇 緒論：研究動機目的、內容範疇與方法 13
第二篇 清新俊逸之畫風表現
—— 張大千作品編年第一期研究 29
第三篇 精麗雄渾之畫風形成
—— 張大千作品編年第二期研究 61
第四篇 潑墨潑彩畫風之形成
—— 張大千作品編年第三期研究 115
第五篇 裝飾與形式
—— 張大千藝術創作特質與敦煌佛教藝術之關係 157
第六篇 由過海三家看傳統中國畫之現代轉化與發展 191

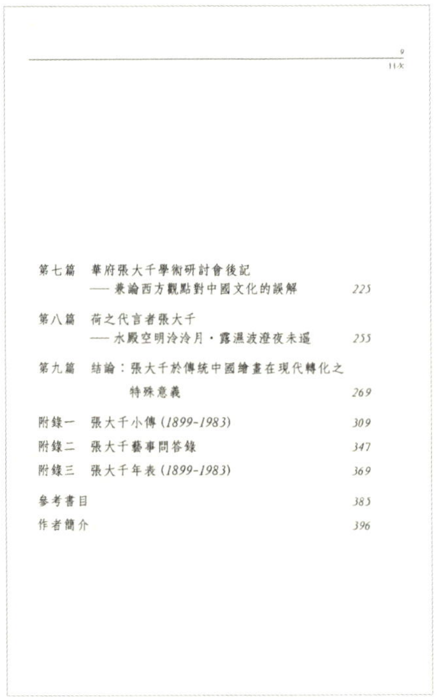

第七篇 華府張大千學術研討會後記
—— 兼論西方觀點對中國文化的誤解 225
第八篇 荷之代言者張大千
—— 水殿空明冷冷月・露濕波澄夜未遙 255
第九篇 結論：張大千於傳統中國繪畫在現代轉化之特殊意義 269
附錄一 張大千小傳（1899-1983） 309
附錄二 張大千藝事問答錄 347
附錄三 張大千年表（1899-1983） 369
參考書目 385
作者簡介 396

作者：巴东
书名：《张大千研究》
出版：台湾历史博物馆
时间：1996 年
好古敏求书屋提供

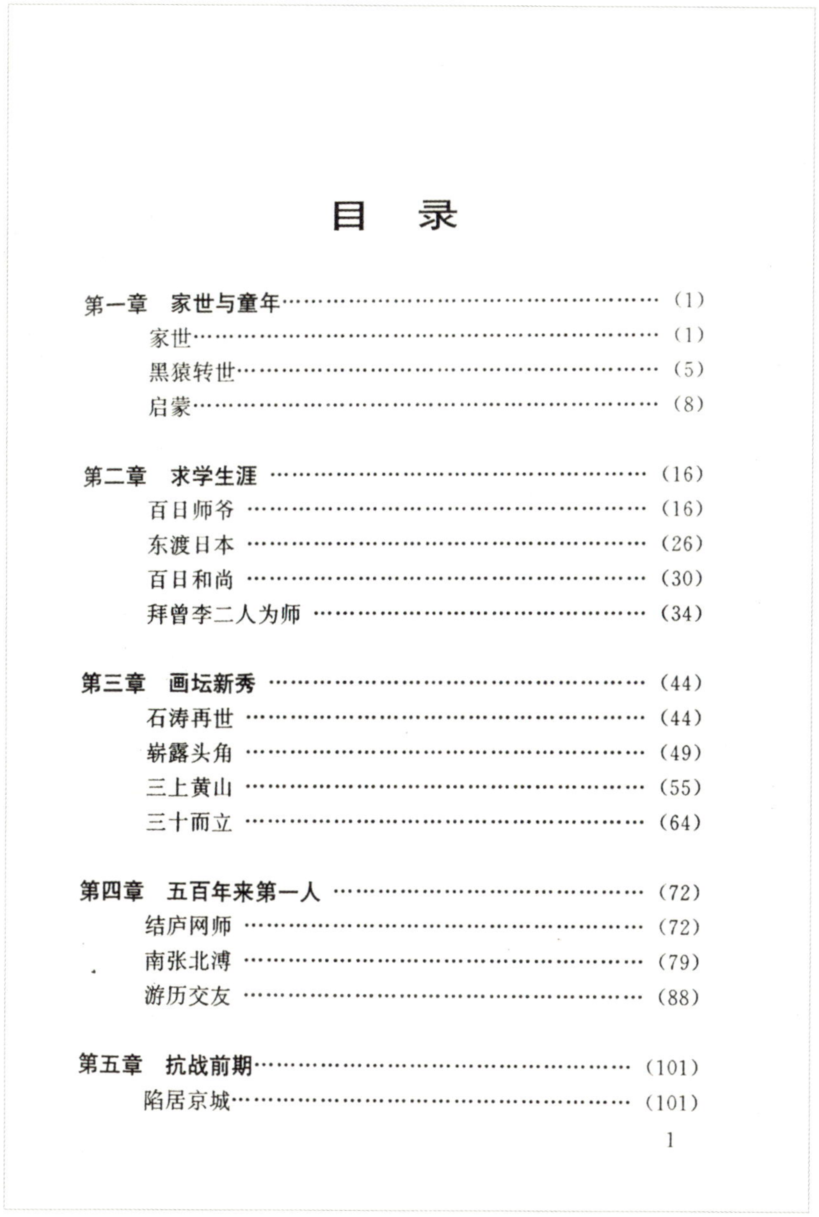

目　录

第一章　家世与童年……………………………………（1）
　家世……………………………………………………（1）
　黑猿转世………………………………………………（5）
　启蒙……………………………………………………（8）

第二章　求学生涯 ………………………………………（16）
　百日师爷 ………………………………………………（16）
　东渡日本 ………………………………………………（26）
　百日和尚 ………………………………………………（30）
　拜曾李二人为师 ………………………………………（34）

第三章　画坛新秀 ………………………………………（44）
　石涛再世 ………………………………………………（44）
　崭露头角 ………………………………………………（49）
　三上黄山 ………………………………………………（55）
　三十而立 ………………………………………………（64）

第四章　五百年来第一人 ………………………………（72）
　结庐网师 ………………………………………………（72）
　南张北溥 ………………………………………………（79）
　游历交友 ………………………………………………（88）

第五章　抗战前期…………………………………………（101）
　陷居京城…………………………………………………（101）

1

作者：白巍
书名：《画坛巨匠　张大千》
出版：兰州大学出版社
时间：1997 年
好古敏求书屋提供

圖版目錄

一	「張爰私印」石印	吳平刻	國贈 26936	12
二	「大千居士」石印	吳平刻	國贈 26937	12
三	「大千長壽」石印	方巖刻	國贈 26934	14
四	「耄年戲墨」石印	方巖刻	國贈 26935	14
五	「大千長年」石印	臺靜農刻	國贈 26927	16
六	「髯公長樂」石印	臺靜農刻	國贈 26928	16
七	「西川張爰」石印	曾紹杰刻	國贈 26938	18
八	「金石同壽」石印	曾紹杰刻	國贈 26939	18
九	「大千杜多」石印	王壯為刻	國贈 26932	20
一〇	「爰皤」石印	王壯為刻	國贈 26933	20
一一	「張爰福壽」石印	陳巨來刻	國贈 26930	22
一二	「大千父」石印	陳巨來刻	國贈 26931	22
一三	「張爰之印」石印	曾紹杰刻	國贈 26926	24
一四	「張大千」石印	陳半丁刻	國贈 26957	24
一五	「張爰長壽」石印	江兆申刻	國贈 26929	26
一六	「張爰」石印	陳巨來刻	國贈 26940	26
一七	「大千父」石印	陳巨來刻	國贈 26941	28
一八	「大千唯印大年」石印	張大千刻	國贈 26958	28
一九	「張爰印」石印	曾紹杰刻	國贈 26945	30
二〇	「蜀郡」石印	曾紹杰刻	國贈 26944	30
二一	「張爰」石印	陳巨來刻	國贈 26943	32
二二	「大千」石印	陳巨來刻	國贈 26942	32
二三	「大千豪髮」石印		國贈 26956	34
二四	「張爰私印」牙印	方巖刻	國贈 26881	36
二五	「大千」牙印	方巖刻	國贈 26882	36
二六	「張爰」牙印	方巖刻	國贈 26883	38
二七	「大千居士」牙印	方巖刻	國贈 26884	38
二八	「張爰之印信」牙印	陳巨來刻	國贈 26887	40
二九	「大千居士」牙印	陳巨來刻	國贈 26888	40
三〇	「張爰之印」牙印	方巖刻	國贈 26879	42

九七

印文：環華盦

頂款：大千八兄置別墅於加州，曰：「環華盦」，
製此以獻，並乞教之。癸丑，靜農。

作者：臺靜農

質材：韓國石（？）

尺寸：6.1 x 5.8 x 5.1cm

按　：癸丑為[illegible]（一九七三）。

[illegible]

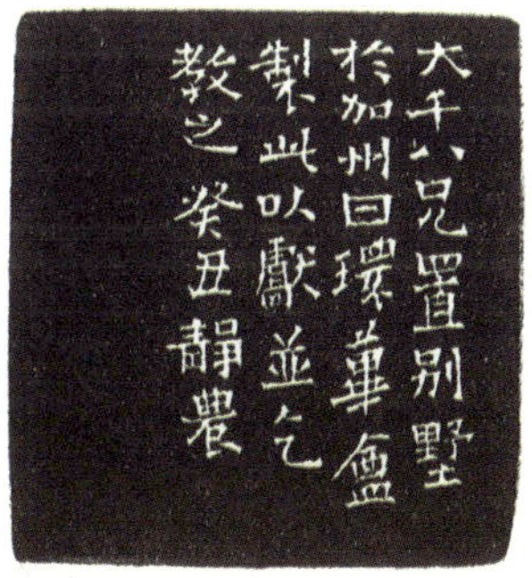

作者：台北故宫博物院
书名：《大风堂遗赠印辑》
出版：台北故宫博物院
时间：1998 年
好古敏求书屋提供

作者：李永翘

书名：《张大千诗词集》《张大千论画精粹》《张大千人生传奇》《张大千全传》《画坛皇帝》《飞扬世界》

出版：花城出版社

时间：1998 年

四川张大千研究中心提供

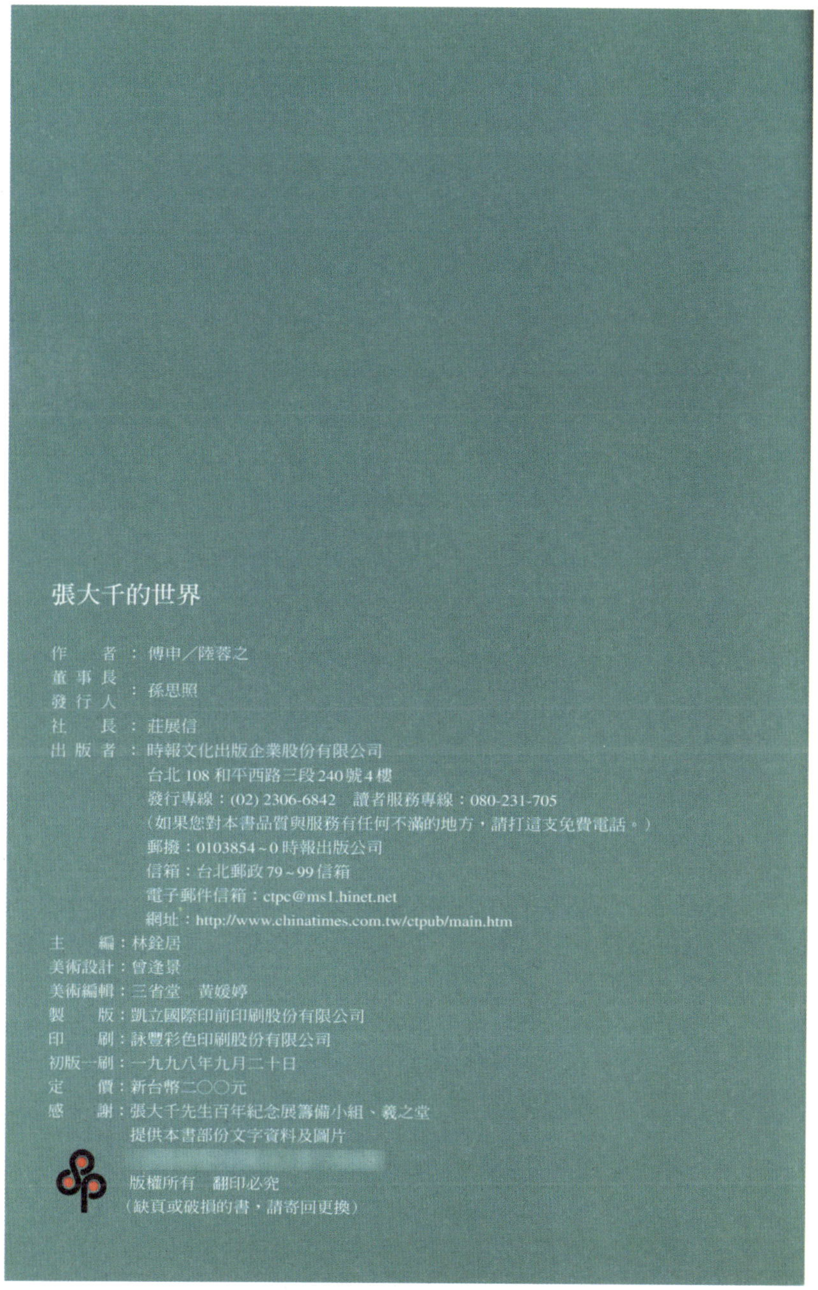
張大千的世界

作　　者：傅申／陸蓉之
董 事 長
發 行 人：孫思照
社　　長：莊展信
出 版 者：時報文化出版企業股份有限公司
台北 108 和平西路三段 240 號 4 樓
發行專線：(02) 2306-6842　讀者服務專線：080-231-705
（如果您對本書品質與服務有任何不滿的地方，請打這支免費電話。）
郵撥：0103854～0 時報出版公司
信箱：台北郵政 79～99 信箱
電子郵件信箱：ctpc@ms1.hinet.net
網址：http://www.chinatimes.com.tw/ctpub/main.htm
主　　編：林銓居
美術設計：曾逢景
美術編輯：三省堂　黃媛婷
製　　版：凱立國際印前印刷股份有限公司
印　　刷：詠豐彩色印刷股份有限公司
初版一刷：一九九八年九月二十日
定　　價：新台幣二〇〇元
感　　謝：張大千先生百年紀念展籌備小組、義之堂
提供本書部份文字資料及圖片
版權所有　翻印必究
（缺頁或破損的書，請寄回更換）

作者：傅申　陆蓉之
书名：《张大千的世界　张大千先生百年纪念展导览手册》
出版：台北时报文化出版企业股份有限公司
时间：1998 年
好古敏求书屋提供

作　　者／傅申
發行人／陳筱君
企劃製作／張大千先生百年紀念展籌備委員會
出版顧問／李海天　黃天才
法律顧問／聯大法律事務所　劉昌崙律師
總編輯／陳筱君
執行編輯／廖建欽　蔡宜芳
藝術總監／曾逢景
美術編輯／三省堂　秦嘉屏
校　　對／施淳惠　潘莉涵　曾涵妮
製版印刷／耘橋彩色印刷股份有限公司
出版發行／羲之堂文化出版事業有限公司
地　　址／台北市大安區延吉街241巷2弄17號
電　　話／886 - 2 - 2706 8758
傳　　真／886 - 2 - 2704 7746
初　　版／1998 年 9 月

ISBN 957-98987-9-0
9 789579 898799

行政院新聞局登記證局版台業字第6470號
版權所有，翻印必究

作者：傅申
书名：《张大千的世界》
出版：台北羲之堂文化出版事业有限公司
时间：1998 年

目　录

自 序
第一章　传统写生论 …… 1
第二章　敦煌艺术论 …… 35
第三章　笔墨论 …… 45
第四章　工笔论 …… 54
第五章　荷花论 …… 66
第六章　布局论 …… 73
第七章　泼墨泼彩论 …… 76
第八章　抽象论 …… 87
第九章　诗书画印论 …… 97
第十章　创作论 …… 102

附　录

张大千年表 …… 111
张大千先生传略 …… 116
参考书目 …… 119

作者：陈洙龙
书名：《张大千画语录图释》
出版：西泠印社
时间：1999 年
四川张大千研究中心提供

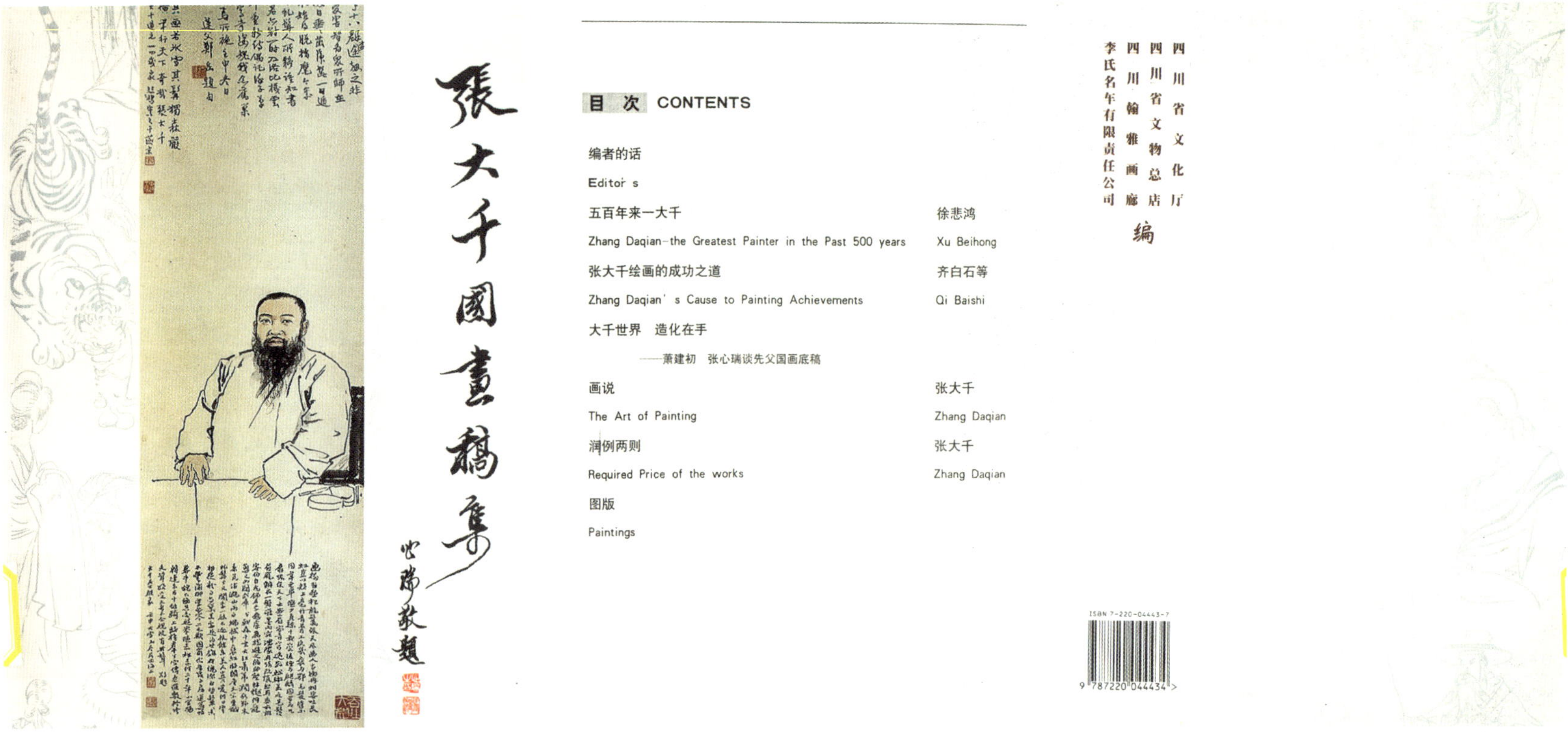

作者：四川翰雅画廊
书名：《张大千国画稿集》
出版：四川人民出版社
时间：1999 年
四川张大千研究中心提供

90

策　　划
汪　毅
张之先

特约编辑
杨诗云

责任编辑
张问渔

封面设计
曾廷仲

版面设计
何　华

张大千名迹

出　版　四川人民出版社

发　行　四川人民出版社

中国成都市盐道街3号

制　版　深圳华新彩印制版有限公司

印　刷　天时印刷（深圳）有限公司

开　本　787x1092mm　1/8　印张14

版　次　1999年1月第1版第1次印刷

书　号　ISBN7-220-04227-2/J·330

ISBN 7-220-04227-2

（川）新登字001号

作者：张大千
书名：《张大千名迹》
出版：四川人民出版社
时间：1999年
好古敏求书屋提供

作者：包立民
书名：《张大千艺术圈》
出版：中国文联出版社
时间：1999 年
好古敏求书屋提供

癸丑 二月初九日
先大父文卿公百歲誕辰
戊寅 四月初一日
大千居士 百歲誕辰

編輯 李若雯 李白華
李蔚華 李順華
校訂 陳雪梅
劉澤筠
林秀霜
督印 李大痴
李大年
汪禮鵬
徐栢年

清波萬里看揚鰭我臨
流有所思縱使畫圖稱絕
妙何如髯叟裁行詩
冥海逍遙有巨鯤天池一
徙浴朝暾扶搖九萬圖南
意安得尊前仔細論
順華宗兄屬題此卷時猷適與香君
矞雨竟錄大千居士之詩故前半言之
即請兩政 壬子端午 弟猷和稿
虞山詩人季猷、字嘉有、名梁、孟小冬入室弟子、金石家、大千居士老友

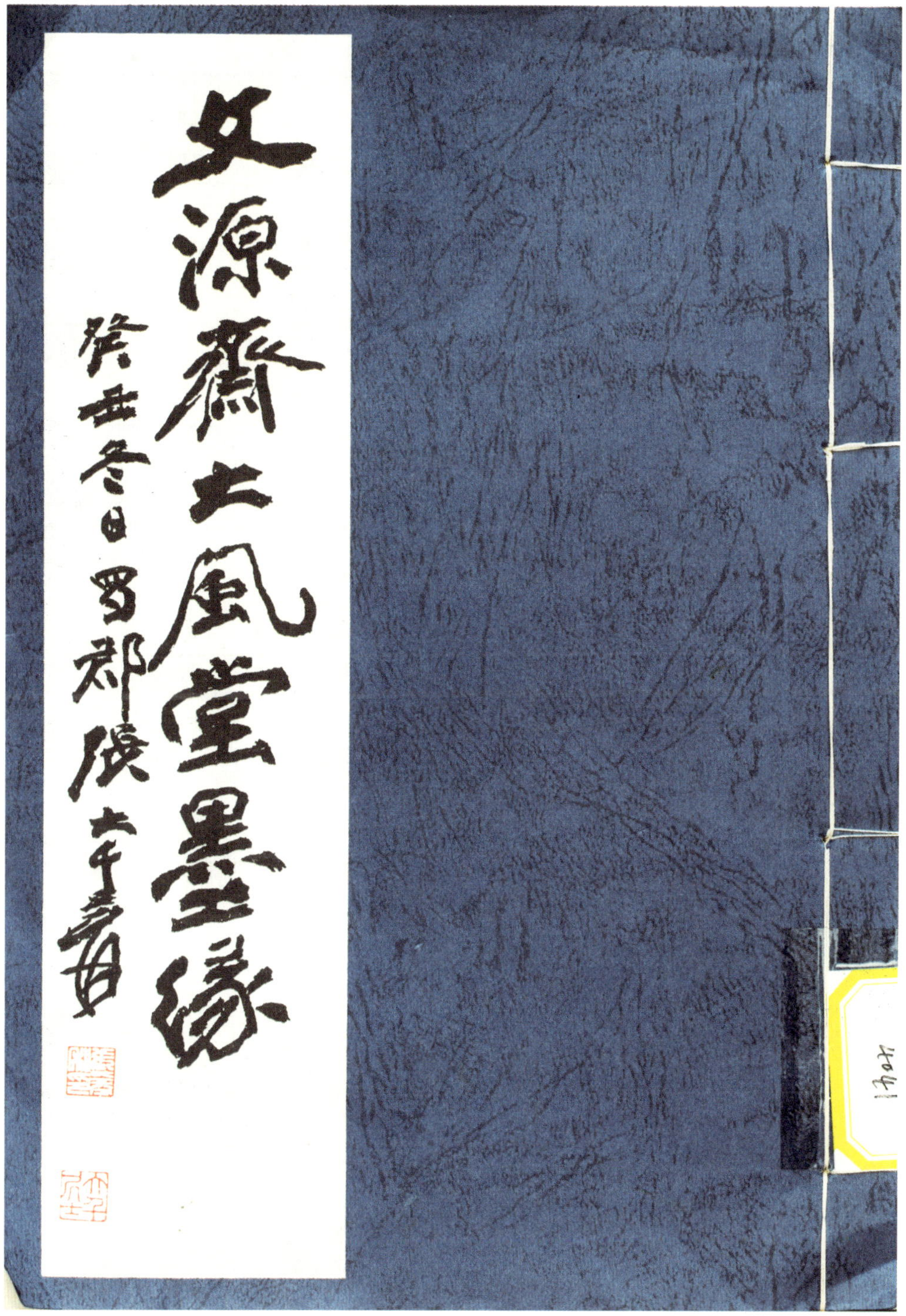

作者：文源斋
书名：《文源斋大风堂墨缘》
文源斋自印本
时间：2000 年
四川张大千研究中心提供

作者：巴东

书名：《无人无我 无古无今　张大千画作加拿大首展》

出版：台湾历史博物馆

时间：2000 年

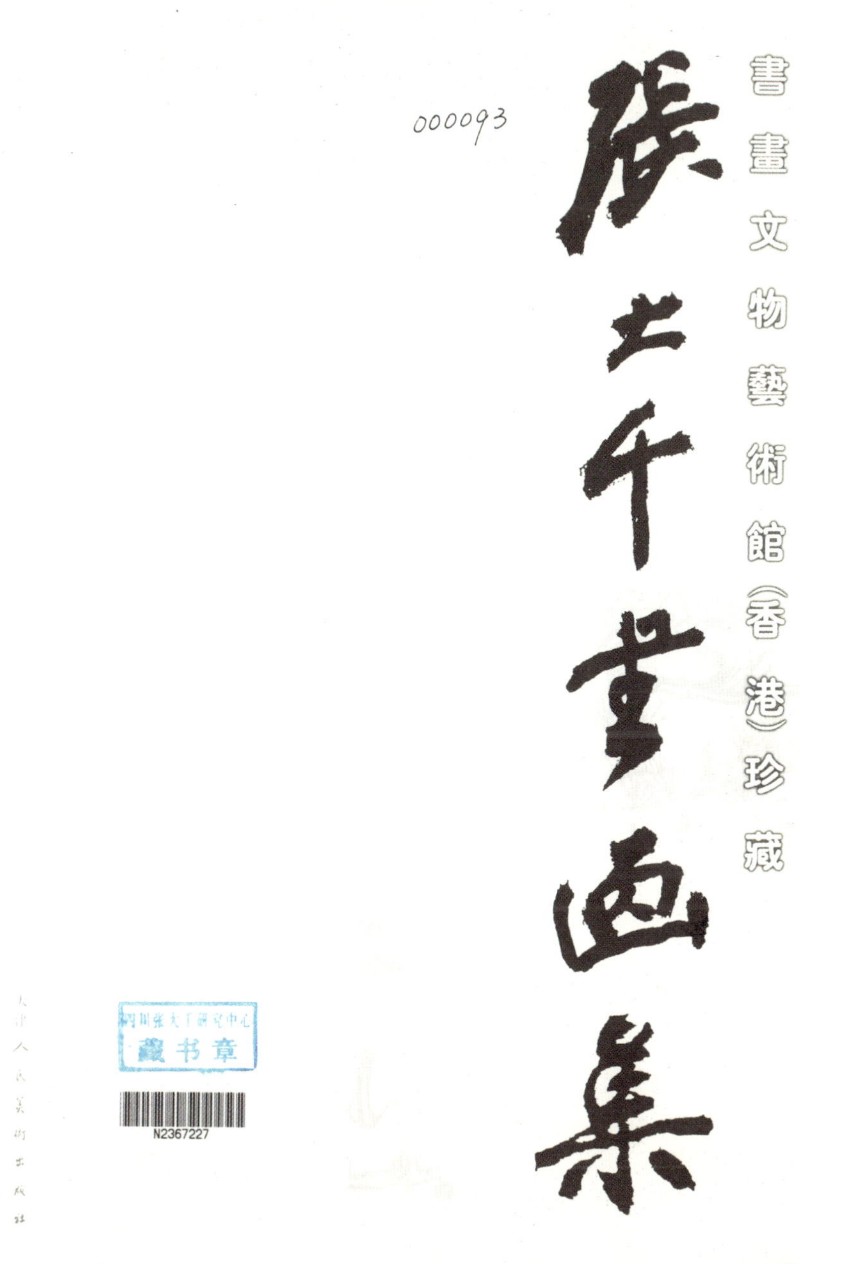

作者：张大千

书名：《书画文物艺术馆（香港）藏珍　张大千书画集》

出版：天津人民美术出版社

时间：2001 年

四川张大千研究中心提供

Published by
ASIAN CIVILISATIONS MUSEUM
National Heritage Board
51 Armenian Street
Singapore 179939

Designed and produced by
ARCHIPELAGO PRESS
an imprint of
EDITIONS DIDIER MILLET
121 Telok Ayer Street #03-01
Singapore 068590
www.edmbooks.com

Colour separated by
Colourscan Co Pte Ltd

Printed by
Standard Press (S) Pte Ltd

© 2001 Asian Civilisations Museum

All rights reserved. No part of this publication may be reproduced or transmitted in any form or by any means, electronic or mechanical, including photocopying, recording or any information storage and retrieval system, without the prior written permission of the copyright owners.

ISBN 981-4068-21-7

Series Editor: LEE CHOR LIN
Author and Curator of Exhibition: CHEN JIAZI
English Translator: BRENDA LI
Photographer: KUET EE FOO
Project Editor: MARILYN SEOW
Designer: TAN SEOK LUI
Production Manager: BRIAN WYREWEDEN

Exhibition date: 13 June to 21 October 2001

• PRINCIPAL SPONSOR
FORTIS BANK
MeesPierson

• CO-SPONSORS
Wan Soon Construction Pte Ltd
Hong Leong Foundation
Liberty One Singapore Pte Ltd

• CAMERA SPONSOR
Ruby Imaging Systems Pte Ltd
Photos taken using Phase One Digital Camera

作者：陈家紫
书名：《奇瑰异采　张大千》
出版：新加坡亚洲艺术博物馆
时间：2001 年
北京佳作书局提供

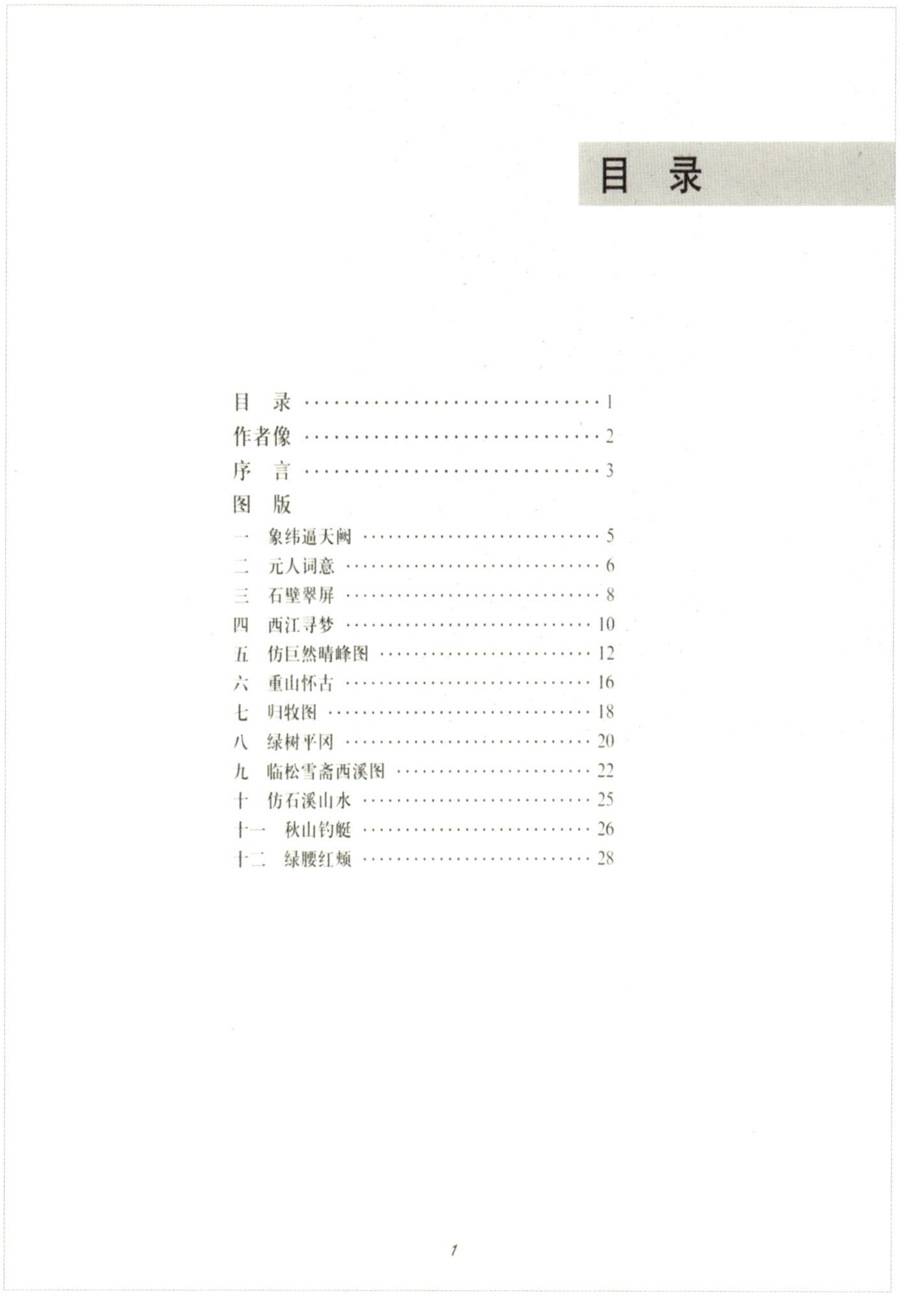

目 录

目　录 ······························ 1
作者像 ······························ 2
序　言 ······························ 3
图　版
一　象纬逼天阙 ························ 5
二　元人词意 ·························· 6
三　石壁翠屏 ·························· 8
四　西江寻梦 ·························· 10
五　仿巨然晴峰图 ······················ 12
六　重山怀古 ·························· 16
七　归牧图 ···························· 18
八　绿树平冈 ·························· 20
九　临松雪斋西溪图 ···················· 22
十　仿石溪山水 ························ 25
十一　秋山钓艇 ························ 26
十二　绿腰红颊 ························ 28

作者：张大千
书名：《张大千四十年代精品选》
出版：上海书画出版社
时间：2001 年
好古敏求书屋提供

作者：张大千
书名：《五百年来一大千　张大千绘画艺术回顾》
出版：文物出版社
时间：2001 年
好古敏求书屋提供

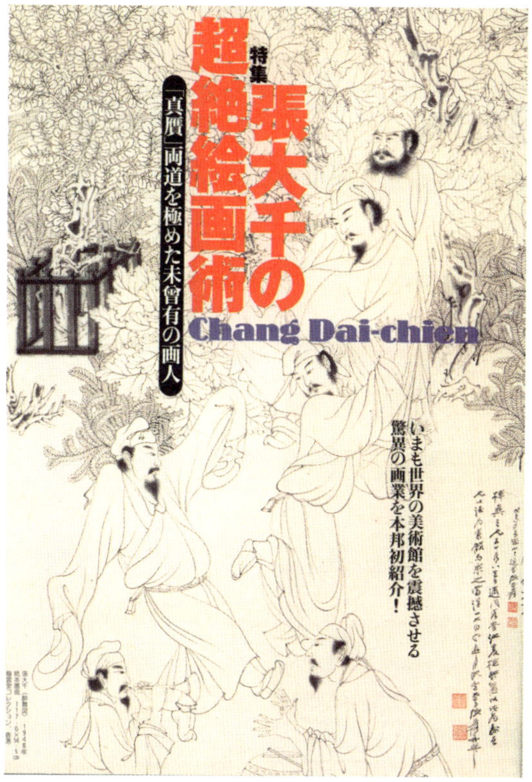

作者：新潮社

书名：《艺术新潮》（第五十三卷第五号“张大千专辑”）

出版：日本新潮社

时间：2002 年

好古敏求书屋提供

目次
Contents

序文/		
高雄市立美術館館長序	蕭宗煌	6
[illegible]	黃光男	8
四川省博物館館長序	焦入川	10
太平洋文化基金會執行長序	張豫生	12
無古無今　千年一嘆/敦煌橅寫摹本		
敦煌壁畫對大千居士畫風之影響	孫家勤	17
張大千繪畫藝術簡論	魏學峰	17
張大千敦煌壁畫摹本之創作發展論析 一邁入職業畫家精麗雄渾之畫風範疇	巴　東	32
無人無我　大千一人/師古仿古山水作品		
從四川省博物館藏品看張大千早期繪畫	傅　申	113
從來成古今一大千文風	黃光男	124
闢渾沌手　開天地界/大風堂用印		
畫外弦音一淺談大千題跋與治印藝術	郭祐麟	169
附錄/		
張大千年譜		201

作者：张大千
书名：《往来成古今　张大千早期风华与大风堂用印》
出版：高雄市立美术馆
时间：2002 年

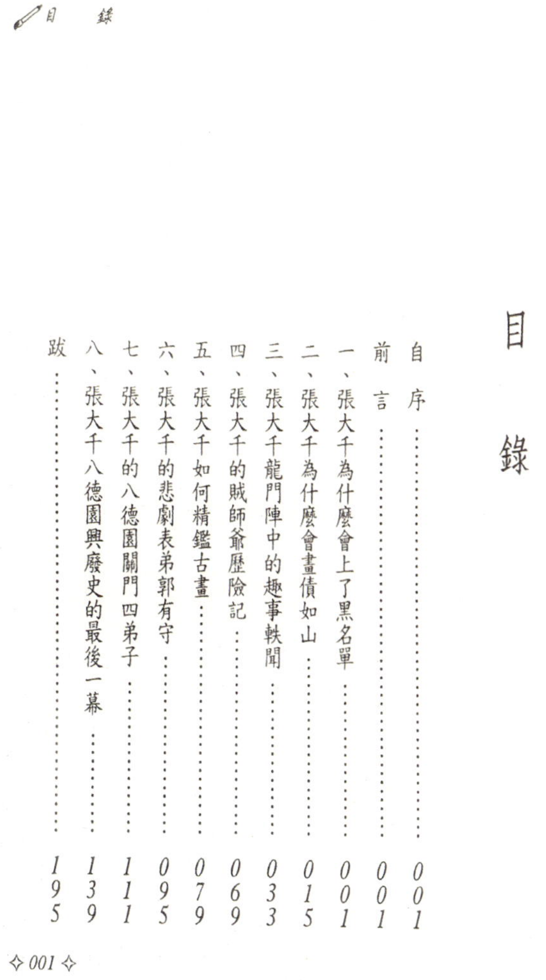

目錄

自序 001
前言 001
一、張大千為什麼會上了黑名單 001
二、張大千為什麼會畫債如山 015
三、張大千龍門陣中的趣事軼聞 033
四、張大千的賊師爺歷險記 069
五、張大千如何精鑑古畫 079
六、張大千的悲劇表弟郭有守 095
七、張大千的八德園關門四弟子 111
八、張大千八德園興廢史的最後一幕 139
跋 195

作者：许启泰
书名：《张大千的八德园世界》
出版：台湾商务印书馆
时间：2003 年

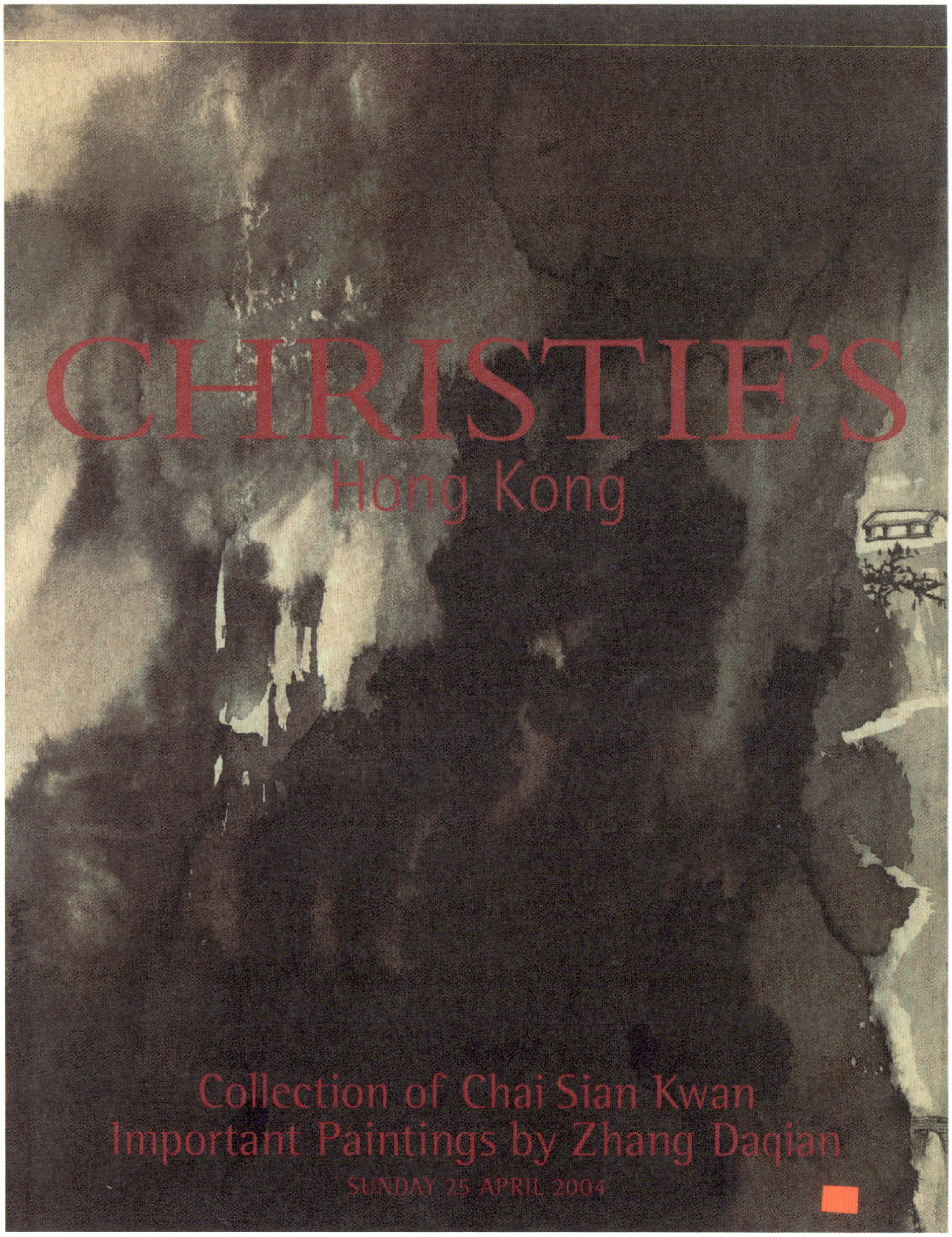

作者：香港佳士得拍卖有限公司

书名：《谪仙馆藏张大千精品专场拍卖图录》

2004 年香港佳士得春季拍卖会

北京刘柯提供

作者：林彬

书名：《一代画王张大千》

出版：安徽文艺出版社

时间：2005年

四川张大千研究中心提供

编目索引

人物部分

山水部分

作者：张大千
书名：《张大千遗墨选》
出版：内江市张大千纪念馆
时间：2005 年

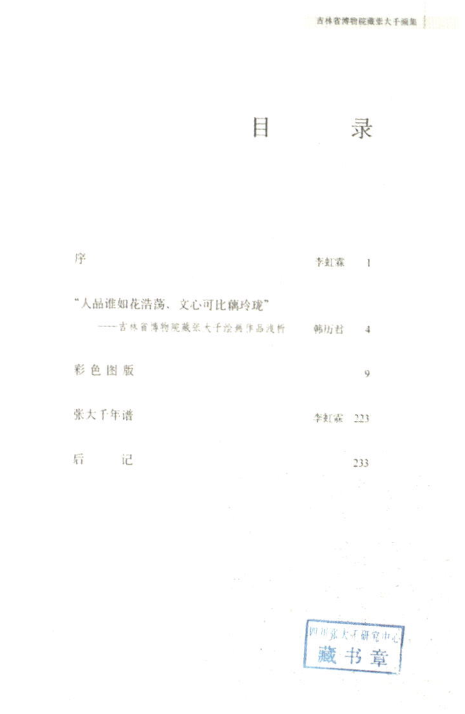

目　　录

序　李虹霖　1

"人品谁如花浩荡、文心可比藕玲珑"
——吉林省博物院藏张大千绘画作品浅析　韩历君　4

彩 色 图 版　9

张大千年谱　李虹霖　223

后　　记　233

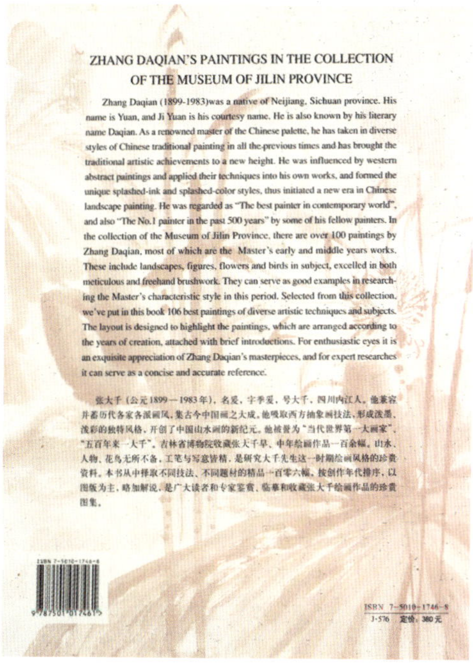

ZHANG DAQIAN'S PAINTINGS IN THE COLLECTION OF THE MUSEUM OF JILIN PROVINCE

Zhang Daqian (1899-1983)was a native of Neijiang, Sichuan province. His name is Yuan, and Ji Yuan is his courtesy name. He is also known by his literary name Daqian. As a renowned master of the Chinese palette, he has taken in diverse styles of Chinese traditional painting in all the previous times and has brought the traditional artistic achievements to a new height. He was influenced by western abstract paintings and applied their techniques into his own works, and formed the unique splashed-ink and splashed-color styles, thus initiated a new era in Chinese landscape painting. He was regarded as "The best painter in contemporary world", and also "The No.1 painter in the past 500 years" by some of his fellow painters. In the collection of the Museum of Jilin Province, there are over 100 paintings by Zhang Daqian, most of which are the Master's early and middle years works. These include landscapes, figures, flowers and birds in subject, excelled in both meticulous and freehand brushwork. They can serve as good examples in researching the Master's characteristic style in this period. Selected from this collection, we've put in this book 106 best paintings of diverse artistic techniques and subjects. The layout is designed to highlight the paintings, which are arranged according to the years of creation, attached with brief introductions. For enthusiastic eyes it is an exquisite appreciation of Zhang Daqian's masterpieces, and for expert researches it can serve as a concise and accurate reference.

张大千（公元1899—1983年），名爰，字季爰，号大千，四川内江人。他兼容并蓄历代各家各派画风，集古今中国画之大成。他吸取西方抽象画技法，形成泼墨、泼彩的独特风格，开创了中国山水画的新纪元。他被誉为"当代世界第一大画家"、"五百年来一大千"。吉林省博物院收藏张大千早、中年绘画作品一百余幅，山水、人物、花鸟无所不备，工笔与写意皆精，是研究大千先生这一时期绘画风格的珍贵资料。本书从中择取不同技法、不同题材的精品一百零六幅，按创作年代排序，以图版为主，略加解说，是广大读者和专家鉴赏、临摹和收藏张大千绘画作品的珍贵图集。

ISBN 7-5010-1746-8
J·576　定价：380元

作者：吉林省博物院
书名：《吉林省博物院藏张大千画集》
出版：文物出版社
时间：2005 年
四川张大千研究中心提供

作者：杨新

书名：《中国近现代书画真伪鉴别　张大千卷》

出版：大象出版社

时间：2005 年

好古敏求书屋提供

序文 張葆蘿 4

自序 6

前言 10

1 畫風之承傳與緣起——文人水墨風格的轉變 15

2 張大千早期的文人水墨畫風 23

3 張大千敦煌壁畫摹本賞析——相關影響及其發展 35

4 晚年潑墨潑彩風格之產生——青綠重彩之根源 73

5 張大千傳世經典巨幅畫作之賞析 87

6 提問與討論 117

- 民國初年新水墨畫風的產生 118
- 藝術界對張大千爲何評價不一 121
- 張大千僞仿古畫的超越意義 126
- 張大千敦煌之行的贊助者 131
- 張大千藝術成就的後繼者 132
- 董源〈溪岸圖〉是否張大千所僞作 134
- 精緻文化品質與奢華享樂主義的差別 139

7 張大千生平年表 145

作者：巴东

书名：《泼彩敦煌 张大千的艺术与生活》

出版：台湾典藏家庭股份有限公司

时间：2005 年

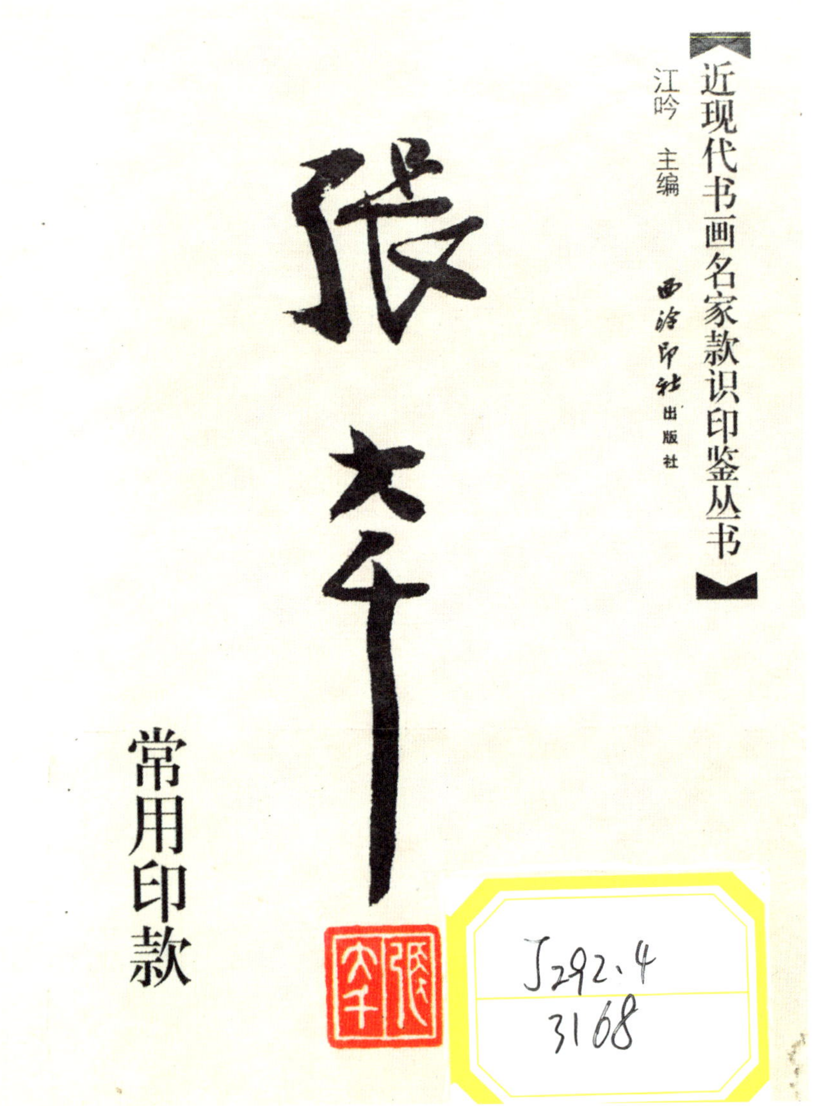

作者：江吟

书名：《张大千常用印款》

（近现代书画名家款识印鉴丛书）

出版：西泠印社

时间：2006 年

四川张大千研究中心提供

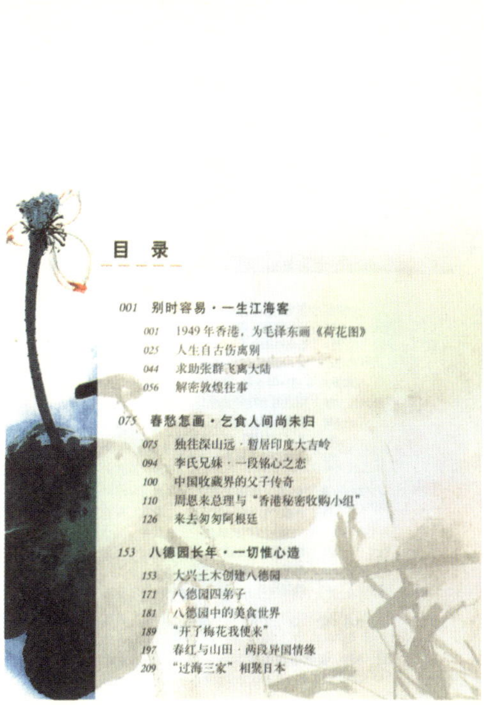
目录

001 别时容易·一生江海客
001 1949年香港，为毛泽东画《荷花图》
025 人生自古伤离别
044 求助张群飞离大陆
056 解密敦煌往事
075 春愁怎画·乞食人间尚未归
075 独往深山远·暂居印度大吉岭
094 李氏兄妹·一段铭心之恋
100 中国收藏界的父子传奇
110 周恩来总理与"香港秘密收购小组"
126 来去匆匆阿根廷
153 八德园长年·一切惟心造
153 大兴土木创建八德园
171 八德园四弟子
181 八德园中的美食世界
189 "开了梅花我便来"
197 春红与山田·两段异国情缘
209 "过海三家"相聚日本

作者：文欢

书名：《行走的画帝　张大千漂泊的后半生》

出版：花山文艺出版社

时间：2006 年

好古敏求书屋提供

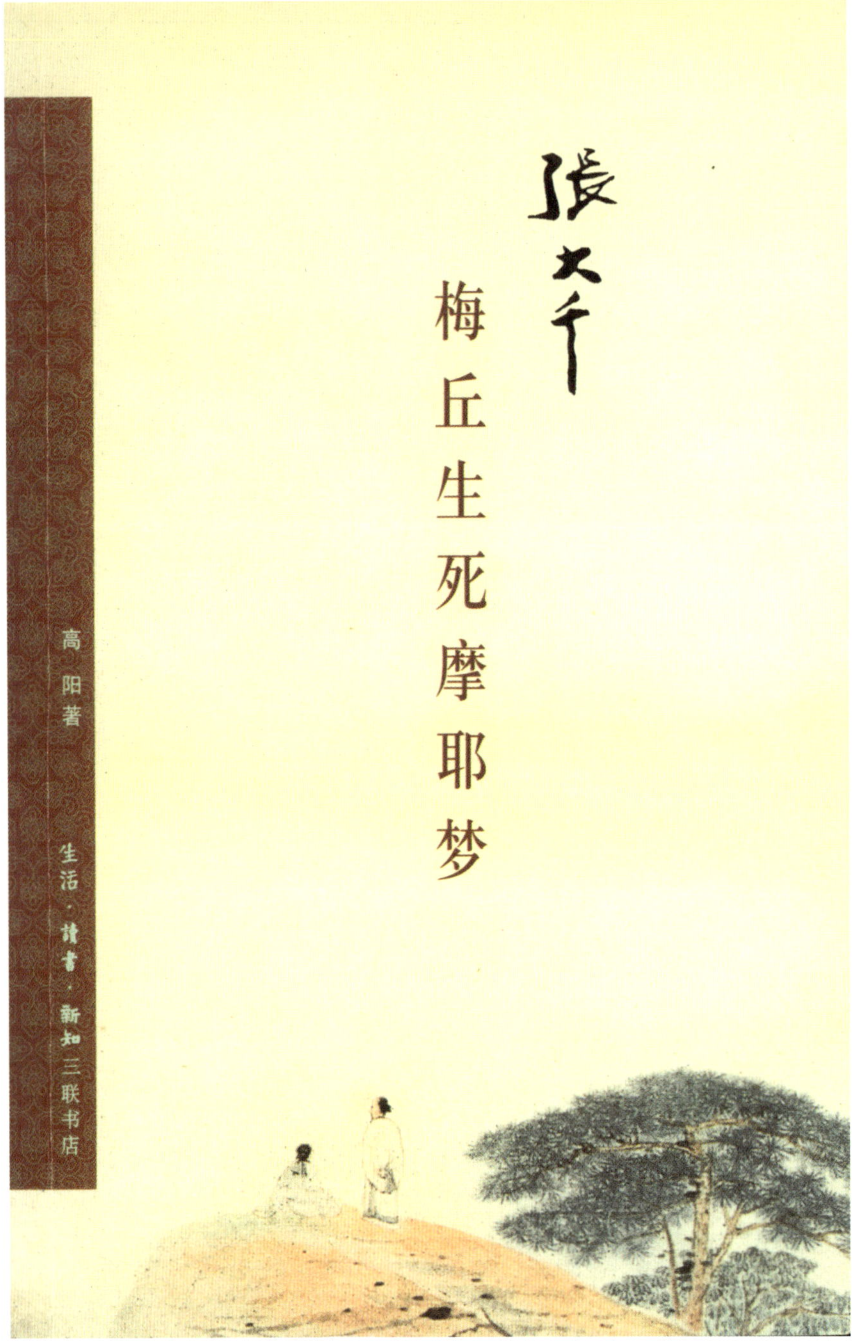

图书在版编目(CIP)数据

张大千：梅丘生死摩耶梦 / 高阳著. —北京：生活·读书·新知三联书店，2006.9
ISBN 7-108-02530-2

Ⅰ.张…　Ⅱ.高…　Ⅲ.传记文学-中国-当代
Ⅳ.I25

中国版本图书馆 CIP 数据核字（2006）第 064215 号

本书中文简体字版由"联经出版事业公司授权出版"

责任编辑　曾　诚
封扉设计　宁成春　曲晓华
出版发行　生活·讀書·新知 三联书店
（北京市东城区美术馆东街 22 号）
图　　字　01-2006-2874
邮　　编　100010
经　　销　新华书店
印　　刷　北京市松源印刷有限公司
版　　次　2006 年 9 月北京第 1 版
2006 年 9 月北京第 1 次印刷
开　　本　889 毫米×1168 毫米 1/32　印张 8
字　　数　172 千字
印　　数　00,001 - 10,000 册
定　　价　18.00 元

作者：高阳
书名：《张大千　梅丘生死摩耶梦》
出版：生活·读书·新知三联书店
时间：2006 年
好古敏求书屋提供

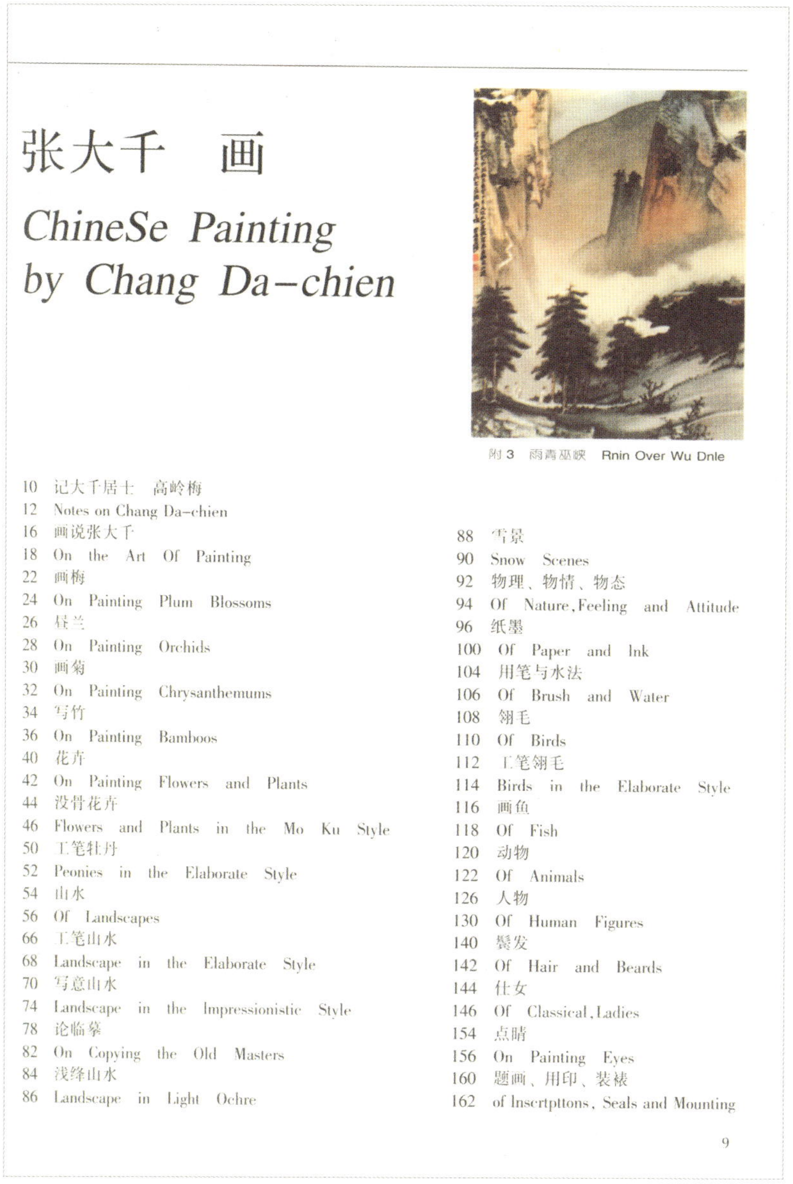

张大千 画

ChineSe Painting
by Chang Da-chien

附3 雨霽巫峡 Rnin Over Wu Dnle

10 记大千居士 高岭梅
12 Notes on Chang Da-chien
16 画说张大千
18 On the Art Of Painting
22 画梅
24 On Painting Plum Blossoms
26 昼兰
28 On Painting Orchids
30 画菊
32 On Painting Chrysanthemums
34 写竹
36 On Painting Bamboos
40 花卉
42 On Painting Flowers and Plants
44 没骨花卉
46 Flowers and Plants in the Mo Ku Style
50 工笔牡丹
52 Peonies in the Elaborate Style
54 山水
56 Of Landscapes
66 工笔山水
68 Landscape in the Elaborate Style
70 写意山水
74 Landscape in the Impressionistic Style
78 论临摹
82 On Copying the Old Masters
84 浅绛山水
86 Landscape in Light Ochre
88 雪景
90 Snow Scenes
92 物理、物情、物态
94 Of Nature,Feeling and Attitude
96 纸墨
100 Of Paper and Ink
104 用笔与水法
106 Of Brush and Water
108 翎毛
110 Of Birds
112 工笔翎毛
114 Birds in the Elaborate Style
116 画鱼
118 Of Fish
120 动物
122 Of Animals
126 人物
130 Of Human Figures
140 鬓发
142 Of Hair and Beards
144 仕女
146 Of Classical,Ladies
154 点睛
156 On Painting Eyes
160 题画、用印、装裱
162 of Inscrtpttons, Seals and Mounting

9

作者：高岭梅
书名：《张大千画》
出版：台湾艺术图书公司
时间：2006 年
好古敏求书屋提供

作者：王家诚
书名：《五百年来第一人　张大千传奇》
出版：台湾九歌出版社
时间：2007 年
好古敏求书屋提供

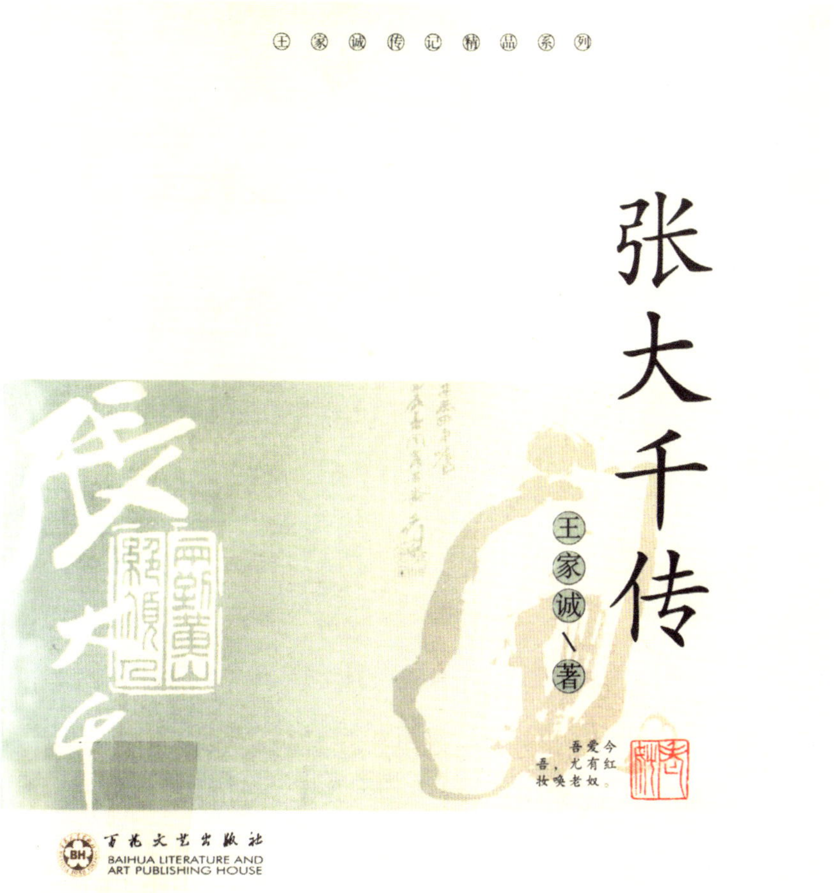

目次

还原张大千的真实人生 …………………… 王蓠 〇〇一
前言 …………………… 〇〇一

第壹章 沙漠驼铃 …………………… 〇〇一
第贰章 神秘的洞窟 …………………… 〇〇七
第叁章 将军断手 …………………… 〇一五
第肆章 广漠荒荒万里天 …………………… 〇二五
第伍章 铁骨寒枝老更刚 …………………… 〇三四
第陆章 别了，莫高窟！ …………………… 〇四三
第柒章 青城山居 …………………… 〇五二
第捌章 前尘如梦 …………………… 〇六一
第玖章 江湖历险 …………………… 〇七〇
第拾章 波涛汹涌 …………………… 〇七九
第拾壹章 伤心未见耄耋图 …………………… 〇九〇
第拾贰章 真假石涛 …………………… 一〇〇
第拾叁章 痛失曹娥碑 …………………… 一〇九
第拾肆章 看花未了世间缘 …………………… 一一七
第拾伍章 一入罗浮世梦醒 …………………… 一二八
第拾陆章 十二金钗图 …………………… 一三八
第拾柒章 网师园饲虎 …………………… 一四七
第拾捌章 徐娘风波 …………………… 一五六
第拾玖章 苍龙岭 …………………… 一六三

作者：王家诚

书名：《张大千传》

出版：百花文艺出版社

时间：2008 年

四川张大千研究中心提供

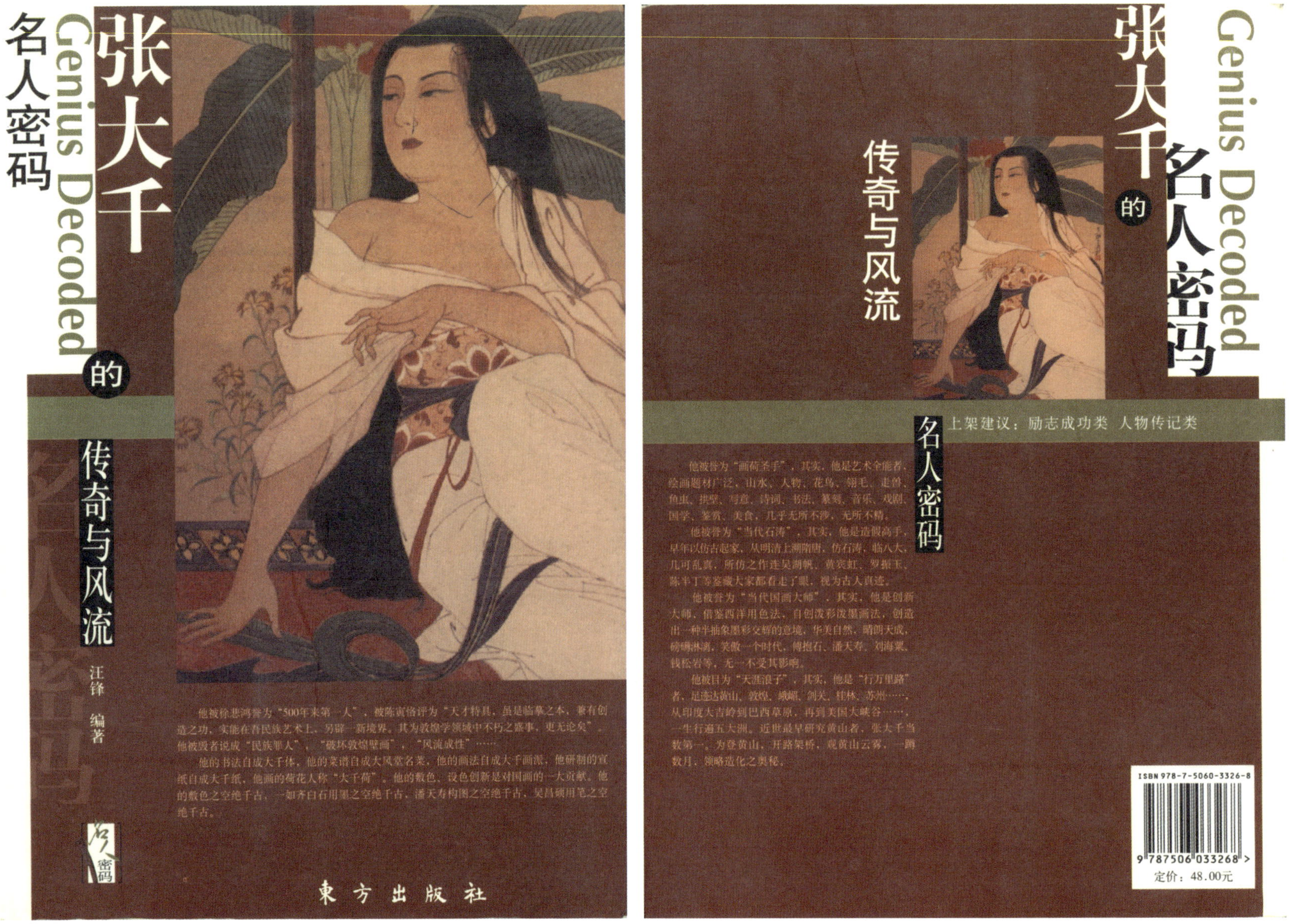

作者：汪锋

书名：《名人密码　张大千的传奇与风流》

出版：东方出版社

时间：2008 年

好古敏求书屋提供

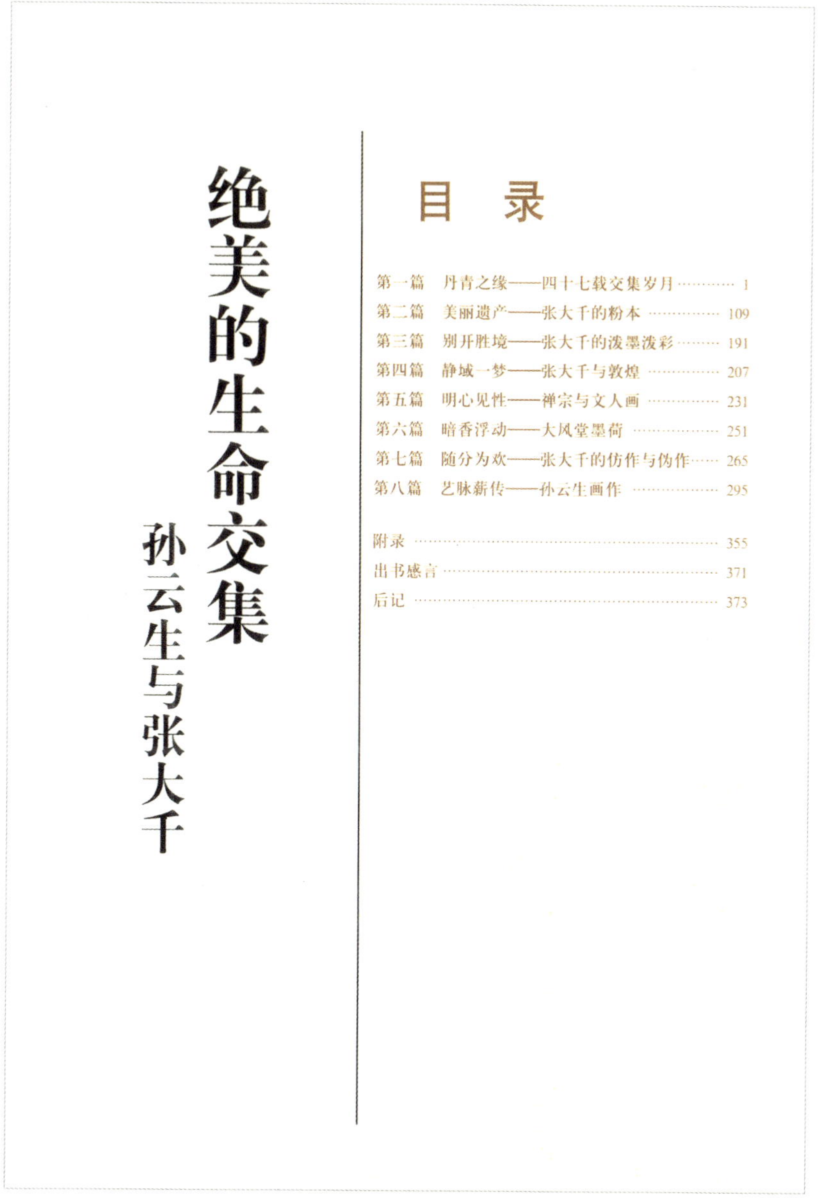

绝美的生命交集

孙云生与张大千

目　录

第一篇　丹青之缘——四十七载交集岁月 …… 1
第二篇　美丽遗产——张大千的粉本 …… 109
第三篇　别开胜境——张大千的泼墨泼彩 …… 191
第四篇　静域一梦——张大千与敦煌 …… 207
第五篇　明心见性——禅宗与文人画 …… 231
第六篇　暗香浮动——大风堂墨荷 …… 251
第七篇　随分为欢——张大千的仿作与伪作 …… 265
第八篇　艺脉薪传——孙云生画作 …… 295

附录 …… 355
出书感言 …… 371
后记 …… 373

作者：孙云生　朱介英

书名：《绝美的生命交集　孙云生与张大千》（大风堂丛书）

出版：北京师范大学出版社

时间：2008 年

好古敏求书屋提供

作者：汪毅

书名：《张大千的世界》（全三册）

出版：四川美术出版社

时间：2008 年

好古敏求书屋提供

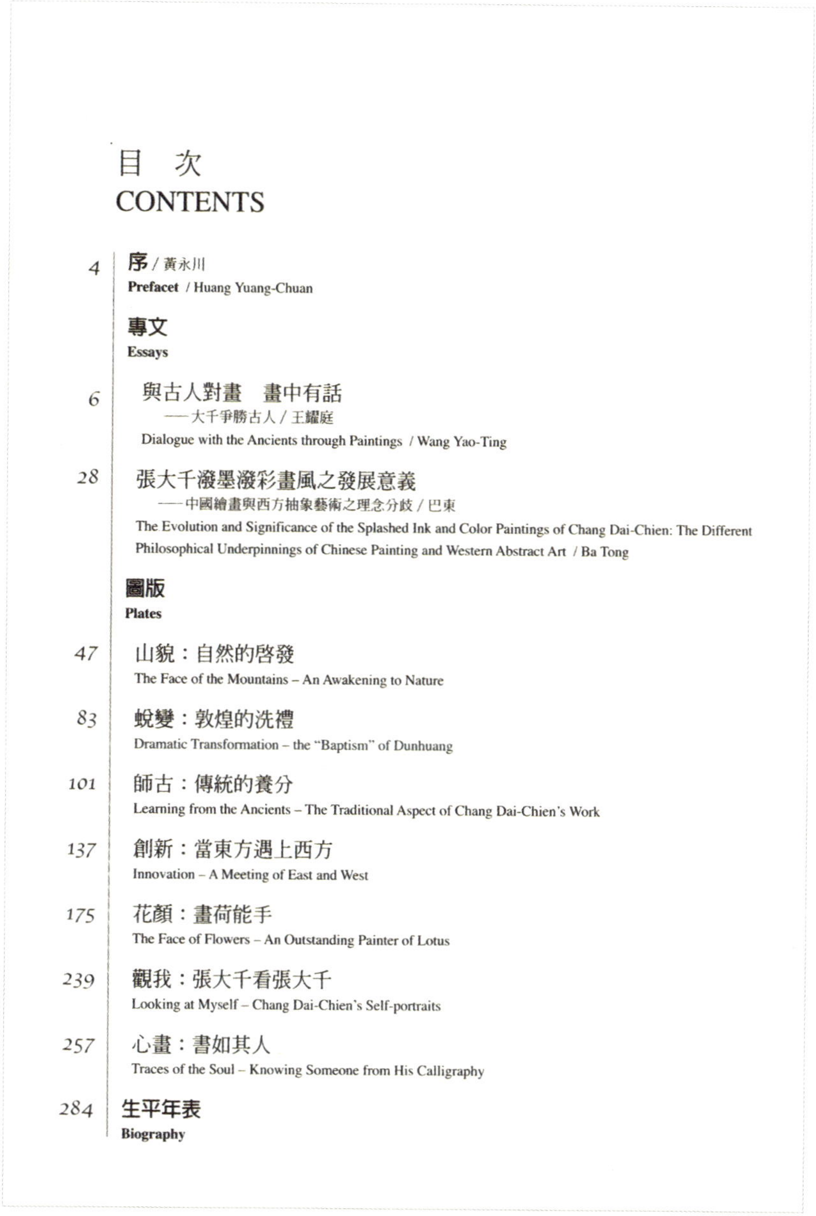

目 次
CONTENTS

4 **序** / 黃永川
Prefacet / Huang Yuang-Chuan

專文
Essays

6 與古人對畫　畫中有話
——大千爭勝古人 / 王耀庭
Dialogue with the Ancients through Paintings / Wang Yao-Ting

28 張大千潑墨潑彩畫風之發展意義
——中國繪畫與西方抽象藝術之理念分歧 / 巴東
The Evolution and Significance of the Splashed Ink and Color Paintings of Chang Dai-Chien: The Different Philosophical Underpinnings of Chinese Painting and Western Abstract Art / Ba Tong

圖版
Plates

47 山貌：自然的啓發
The Face of the Mountains – An Awakening to Nature

83 蛻變：敦煌的洗禮
Dramatic Transformation – the "Baptism" of Dunhuang

101 師古：傳統的養分
Learning from the Ancients – The Traditional Aspect of Chang Dai-Chien's Work

137 創新：當東方遇上西方
Innovation – A Meeting of East and West

175 花顏：畫荷能手
The Face of Flowers – An Outstanding Painter of Lotus

239 觀我：張大千看張大千
Looking at Myself – Chang Dai-Chien's Self-portraits

257 心畫：書如其人
Traces of the Soul – Knowing Someone from His Calligraphy

284 **生平年表**
Biography

作者：巴东
书名：《张大千 110 岁书画纪念特展》
出版：台湾历史博物馆
时间：2009 年
好古敏求书屋提供

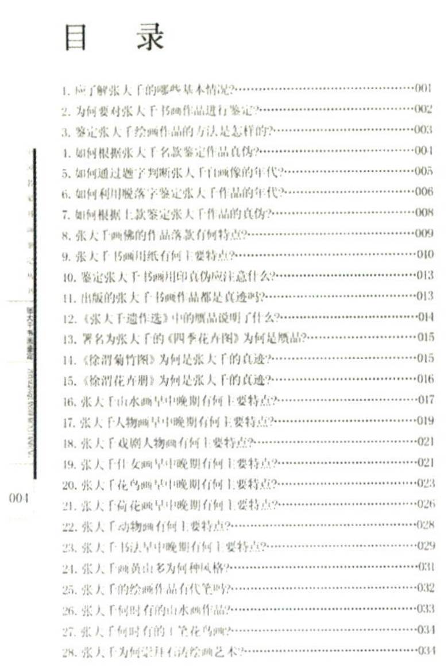

目　录

1. 应了解张大千的哪些基本情况?……001
2. 为何要对张大千书画作品进行鉴定?……002
3. 鉴定张大千绘画作品的方法是怎样的?……003
4. 如何根据张大千名款鉴定作品真伪?……004
5. 如何通过题字判断张大千自画像的年代?……005
6. 如何利用腕落字鉴定张大千作品的年代?……006
7. 如何根据上款鉴定张大千作品的真伪?……008
8. 张大千画佛的作品落款有何特点?……009
9. 张大千书画用纸有何主要特点?……010
10. 鉴定张大千书画用印真伪应注意什么?……013
11. 出版的张大千书画作品都是真迹吗?……013
12. 《张大千遗作选》中的赝品说明了什么?……014
13. 署名为张大千的《四季花卉图》为何是赝品?……015
14. 《徐渭菊竹图》为何是张大千的真迹?……015
15. 《徐渭花卉册》为何是张大千的真迹?……016
16. 张大千山水画早中晚期有何主要特点?……017
17. 张大千人物画早中晚期有何主要特点?……019
18. 张大千戏剧人物画有何主要特点?……021
19. 张大千仕女画早中晚期有何主要特点?……021
20. 张大千花鸟画早中晚期有何主要特点?……023
21. 张大千荷花画早中晚期有何主要特点?……026
22. 张大千动物画有何主要特点?……028
23. 张大千书法早中晚期有何主要特点?……029
24. 张大千画黄山多为何种风格?……031
25. 张大千的绘画作品有代笔吗?……032
26. 张大千何时有的山水画作品?……033
27. 张大千何时有的工笔花鸟画?……034
28. 张大千为何崇拜石涛绘画艺术?……034

004

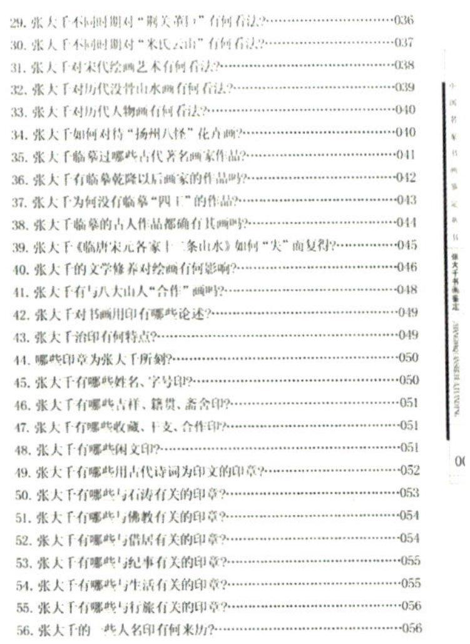

29. 张大千不同时期对“荆关董巨”有何看法?……036
30. 张大千不同时期对“米氏云山”有何看法?……037
31. 张大千对宋代绘画艺术有何看法?……038
32. 张大千对历代没骨山水画有何看法?……039
33. 张大千对历代人物画有何看法?……040
34. 张大千如何对待“扬州八怪”花卉画?……040
35. 张大千临摹过哪些古代著名画家作品?……041
36. 张大千有临摹乾隆以后画家的作品吗?……042
37. 张大千为何没有临摹“四王”的作品?……043
38. 张大千临摹的古人作品都确有其画吗?……044
39. 张大千《临唐宋元各家十二条山水》如何“失”而复得?……045
40. 张大千的文学修养对绘画有何影响?……046
41. 张大千有与八大山人“合作”画吗?……048
42. 张大千对书画用印有哪些论述?……049
43. 张大千治印有何特点?……049
44. 哪些印章为张大千所刻?……050
45. 张大千有哪些姓名、字号印?……050
46. 张大千有哪些吉祥、籍贯、斋舍印?……051
47. 张大千有哪些收藏、干支、合作印?……051
48. 张大千有哪些闲文印?……051
49. 张大千有哪些用古代诗词为印文的印章?……052
50. 张大千有哪些与石涛有关的印章?……053
51. 张大千有哪些与佛教有关的印章?……054
52. 张大千有哪些与借居有关的印章?……054
53. 张大千有哪些与纪事有关的印章?……055
54. 张大千有哪些与生活有关的印章?……055
55. 张大千有哪些与行旅有关的印章?……056
56. 张大千的一些人名印有何来历?……056

作者：邢捷
书名：《张大千书画鉴定》（中国名家书画鉴定丛书）
出版：天津人民美术出版社
时间：2009 年
四川张大千研究中心提供

目　录

第一篇　大风堂人物画的发展历程 …… 1
一、引　言 …… 3
二、遨游的三十年代 …… 5
三、崎岖的四十年代 …… 12
四、恬淡的五十年代 …… 23
五、开创的六十年代 …… 28
六、简拙的七十年代 …… 30
七、自画像与钟馗像 …… 33
八、结　论 …… 39

第二篇　大风堂高士作品 …… 41
高士摹本 …… 43
高士人物 …… 80

第三篇　大风堂其他人物作品 …… 139
牧马图 …… 141
佛道人物图 …… 158
神话人物图 …… 164
古今十八描人物画诠释粉本 …… 178
杂画图 …… 187

后　记 …… 213

作者：朱介英
书名：《清雅的名士风度　张大千高士册》（大风堂丛书）
出版：北京师范大学出版社
时间：2009 年
好古敏求书屋提供

北京师范大学出版集团
BEIJING NORMAL UNIVERSITY PUBLISHING GROUP
北京师范大学出版社

奇丽的清川叠翠

张大千山水册

目 录

第一篇 张大千山水画探源……1
引 言……3
熔铸古今 吞纳画霸……4
搜尽奇峰打草稿……12
万类由心 以形写神……15

第二篇 张大千山水画作品……29
传统山水……31
泼墨泼彩山水……130

第三篇 张大千山水画粉本……151

参考书目……209

后 记……210

作者：朱介英
书名：《奇丽的清川叠翠 张大千山水册》（大风堂丛书）
出版：北京师范大学出版社
时间：2010 年
好古敏求书屋提供

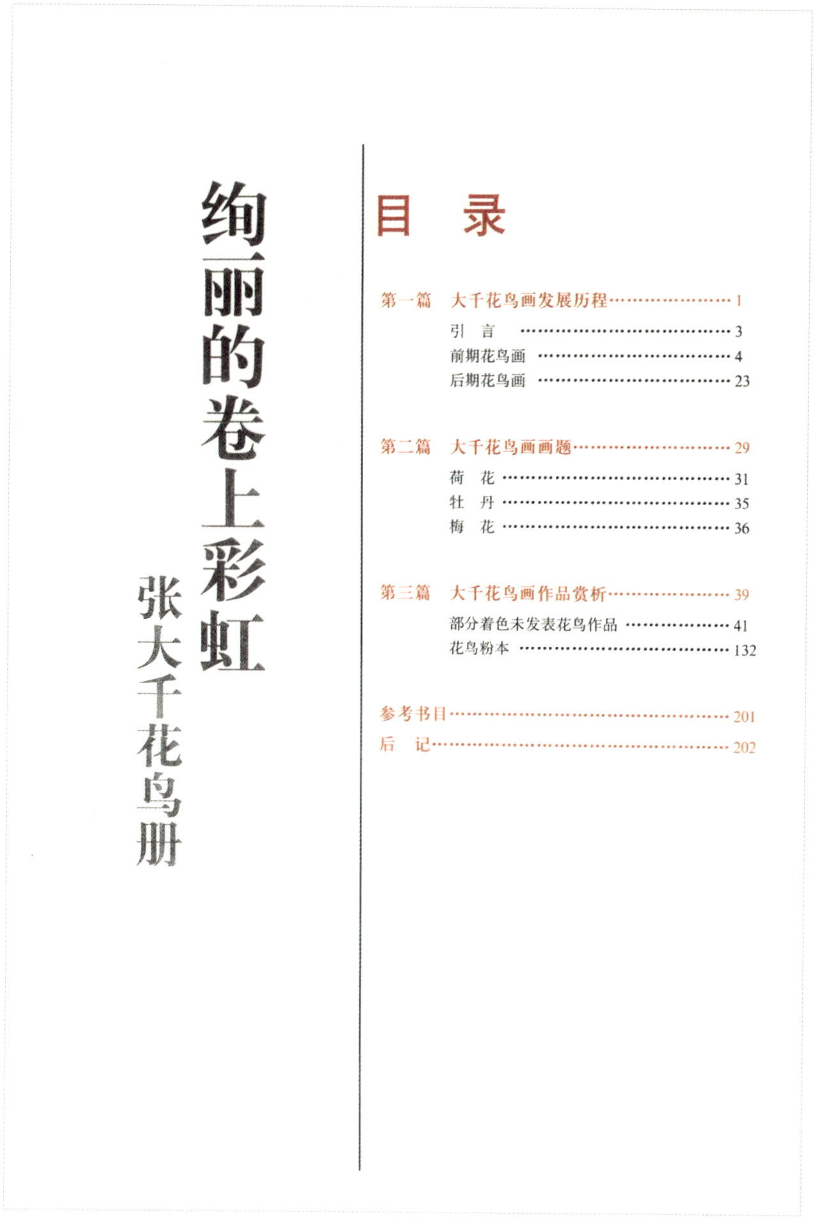

绚丽的卷上彩虹

张大千花鸟册

目 录

第一篇 大千花鸟画发展历程……1
引 言……3
前期花鸟画……4
后期花鸟画……23

第二篇 大千花鸟画画题……29
荷 花……31
牡 丹……35
梅 花……36

第三篇 大千花鸟画作品赏析……39
部分着色未发表花鸟作品……41
花鸟粉本……132

参考书目……201
后 记……202

作者：朱介英
书名：《绚丽的卷上彩虹　张大千花鸟册》（大风堂丛书）
出版：北京师范大学出版社
时间：2010 年
好古敏求书屋提供

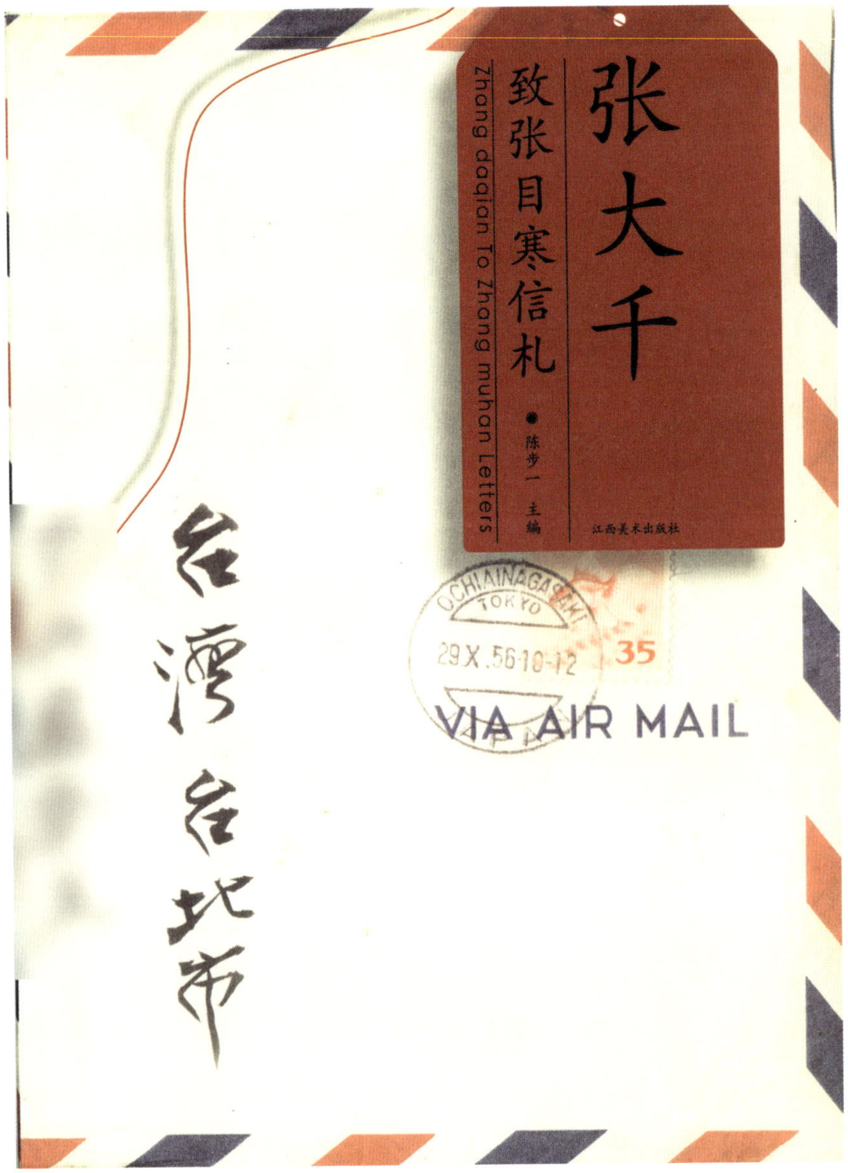

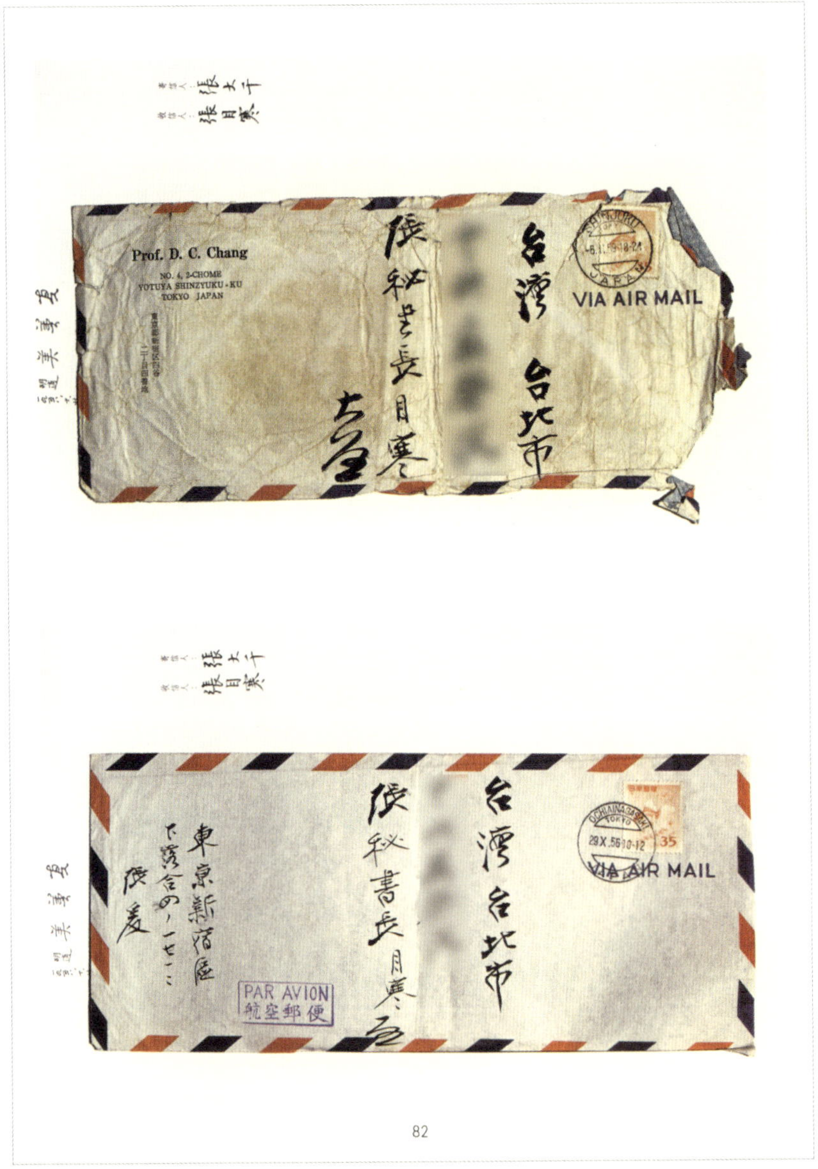

作者：陈步一

书名：《张大千致张目寒信札》

出版：江西美术出版社

时间：2009 年

好古敏求书屋提供

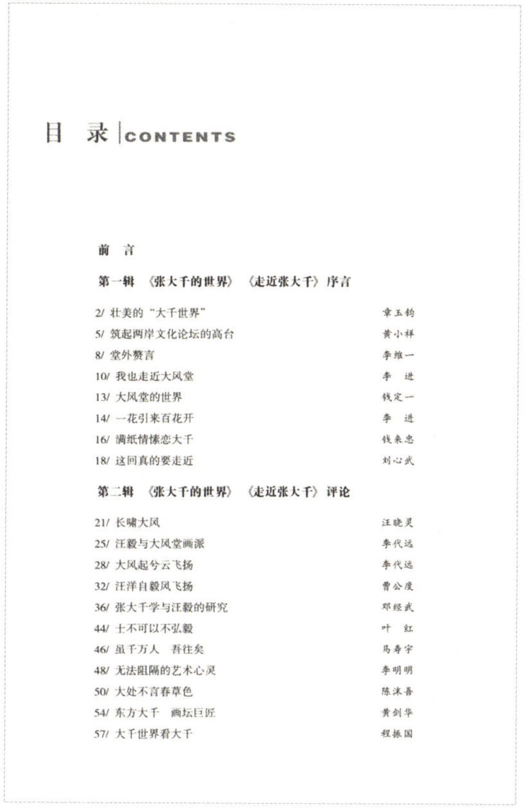

目 录 | CONTENTS

前 言

第一辑 《张大千的世界》《走近张大千》序言

2/ 壮美的“大千世界” 章玉钧
5/ 筑起两岸文化论坛的高台 黄小祥
8/ 堂外赘言 李维一
10/ 我也走近大风堂 李 进
13/ 大风堂的世界 钱定一
14/ 一花引来百花开 李 进
16/ 满纸情愫恋大千 钱来忠
18/ 这回真的要走近 刘心武

第二辑 《张大千的世界》《走近张大千》评论

21/ 长啸大风 汪晓灵
25/ 汪毅与大风堂画派 李代远
28/ 大风起兮云飞扬 李代远
32/ 汪洋自毅风飞扬 曹公度
36/ 张大千学与汪毅的研究 邓经武
44/ 士不可以不弘毅 叶 红
46/ 虽千万人 吾往矣 马寿宇
48/ 无法阻隔的艺术心灵 李明明
50/ 大处不言春草色 陈沫吾
54/ 东方大千 画坛巨匠 黄剑华
57/ 大千世界看大千 程振国

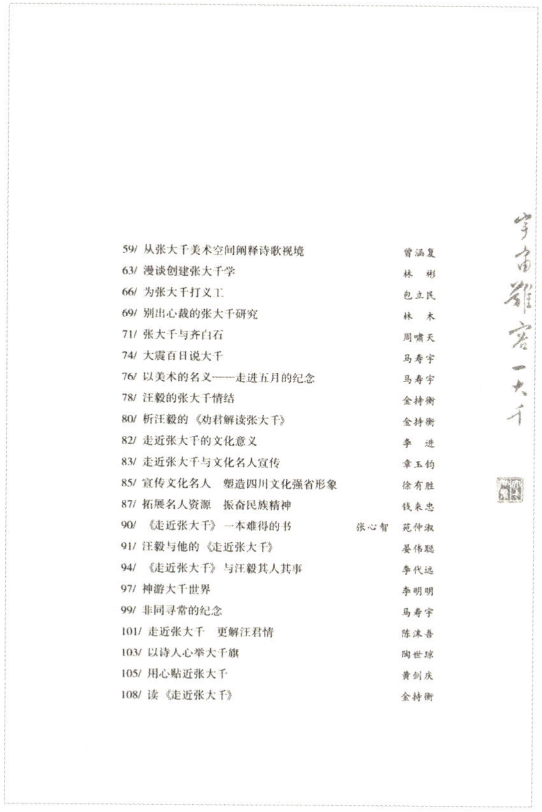

59/ 从张大千美术空间阐释诗歌视境 曾涵复
63/ 漫谈创建张大千学 林 彬
66/ 为张大千打义工 包立民
69/ 别出心裁的张大千研究 林 木
71/ 张大千与齐白石 周啸天
74/ 大震百日说大千 马寿宇
76/ 以美术的名义——走进五月的纪念 马寿宇
78/ 汪毅的张大千情结 金持衡
80/ 析汪毅的《劝君解读张大千》 金持衡
82/ 走近张大千的文化意义 李 进
83/ 走近张大千与文化名人宣传 章玉钧
85/ 宣传文化名人 塑造四川文化强省形象 徐有胜
87/ 拓展名人资源 振奋民族精神 钱来忠
90/ 《走近张大千》一本难得的书 张心智 苑仲淑
91/ 汪毅与他的《走近张大千》 晏伟聪
94/ 《走近张大千》与汪毅其人其事 李代远
97/ 神游大千世界 李明明
99/ 非同寻常的纪念 马寿宇
101/ 走近张大千 更解汪君情 陈沫吾
103/ 以诗人心举大千旗 陶世琮
105/ 用心贴近张大千 黄剑庆
108/ 读《走近张大千》 金持衡

作者：汪毅
书名：《张大千的世界研究》
出版：四川美术出版社
时间：2009 年
好古敏求书屋提供

作者：程迎峰
书名：《张大千、张善孖黄山记游》
出版：黄山书社
时间：2009 年
王叔重提供

作者：张大千
书名：《张大千致张目寒信札赏析》
出版：东方艺都拍卖公司
时间：2010 年
四川张大千研究中心提供

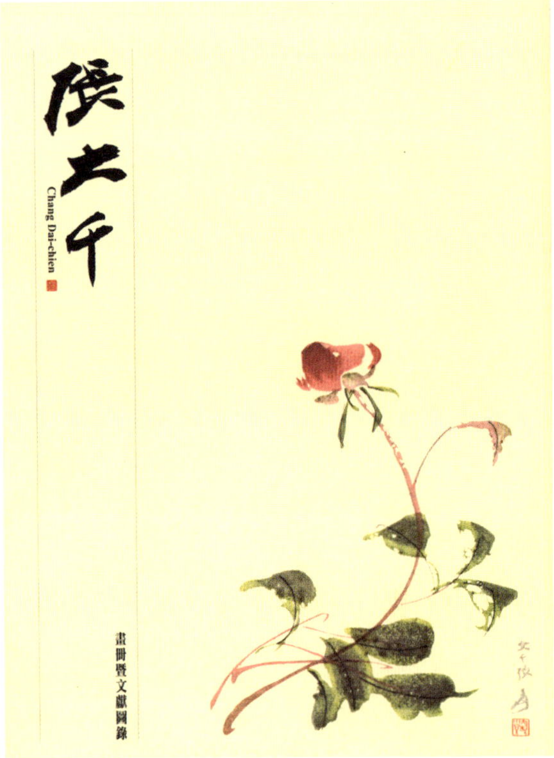

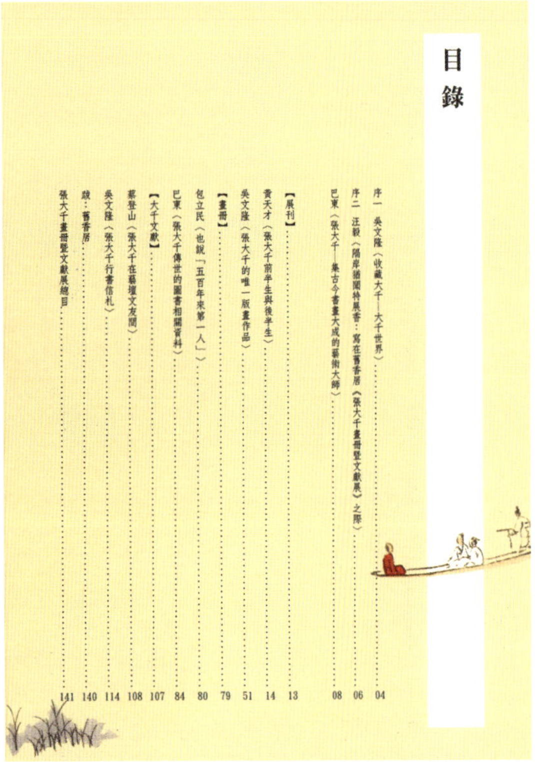
目錄

序一 吳文隆〈收藏大千——大千世界〉 04
序二 汪毅〈隔岸猶聞衿展香：寫在舊香居《張大千畫冊暨文獻展》之際〉 06
巴東〈張大千——集古今書畫大成的藝術大師〉 08
【展刊】 13
黃天才〈張大千前半生與後半生〉 14
吳文隆〈張大千的唯一版畫作品〉 51
【畫冊】 79
包立民〈也說「五百年來第一人」〉 80
巴東〈張大千傳世的圖書相關資料〉 84
【大千文獻】 107
蔡登山〈張大千在藝壇文友間〉 108
吳文隆〈張大千行書信札〉 114
跋：舊香居 140
張大千畫冊暨文獻展總目 141

舊香居【張大千畫冊暨文獻圖錄】

主　　編：舊香居
出版發行：舊香居
美術編輯：Croter
特別感謝：吳文隆先生、黃天才先生提供書籍、照片
出版時間：2010年9月18日初版
龍 泉 店：106臺北市大安區龍泉街81號
興 隆 店：116臺北市文山區興隆路三段162號
電　　話：(02)2368-0576 / (02)2239-0988
網　　址：http://blog.yam.com/user/jxjbooks.html
信　　箱：jxjbooks@seed.net.tw
I S B N ：978-986-86228-1-4

舊香居【張大千畫冊暨文獻展】

主　　辦：舊香居、文秀基金會
展　　期：2010年9月18日至10月31日
地　　點：舊香居B1(臺北市大安區龍泉街81號)

作者：旧香居
书名：《张大千画册暨文献图录》
出版：旧香居
时间：2010 年
好古敏求书屋提供

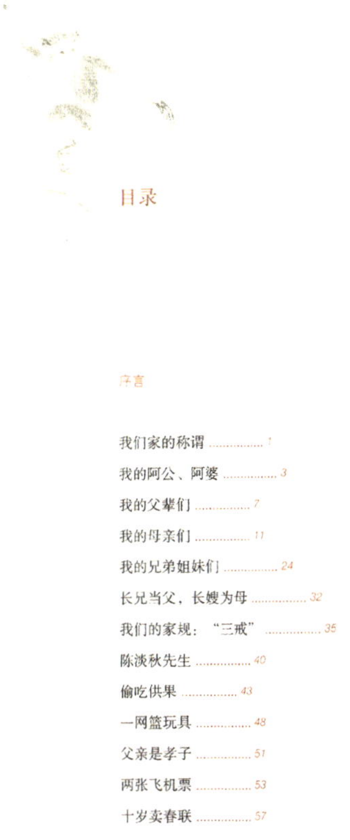

目录

序言

我们家的称谓 ……………… 1
我的阿公、阿婆 ……………… 3
我的父辈们 ……………… 7
我的母亲们 ……………… 11
我的兄弟姐妹们 ……………… 24
长兄当父，长嫂为母 ……………… 32
我们的家规：“三戒” ……………… 35
陈淡秋先生 ……………… 40
偷吃供果 ……………… 43
一网篮玩具 ……………… 48
父亲是孝子 ……………… 51
两张飞机票 ……………… 53
十岁卖春联 ……………… 57

作者：张心庆
书名：《我的父亲张大千》
出版：中华书局
时间：2010 年
四川张大千研究中心提供

作者：张心娴

书名：《在爸爸身边的日子——张心娴藏张大千作品》

2011 年香港苏富比秋季拍卖会

四川张大千研究中心提供

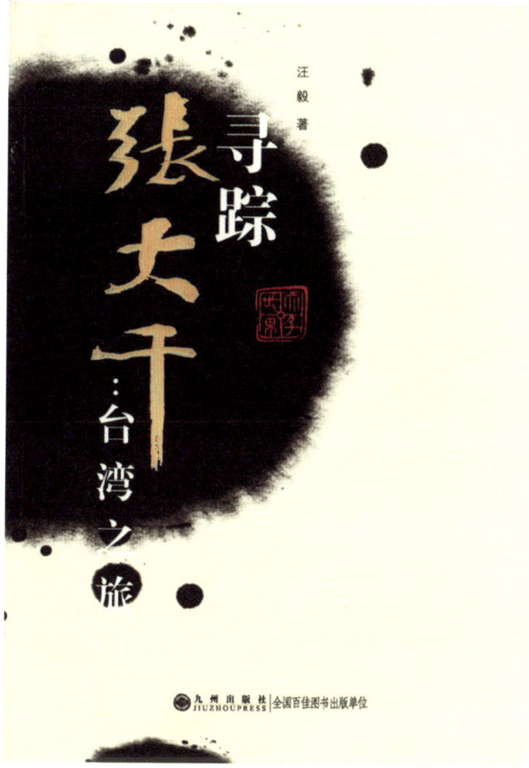

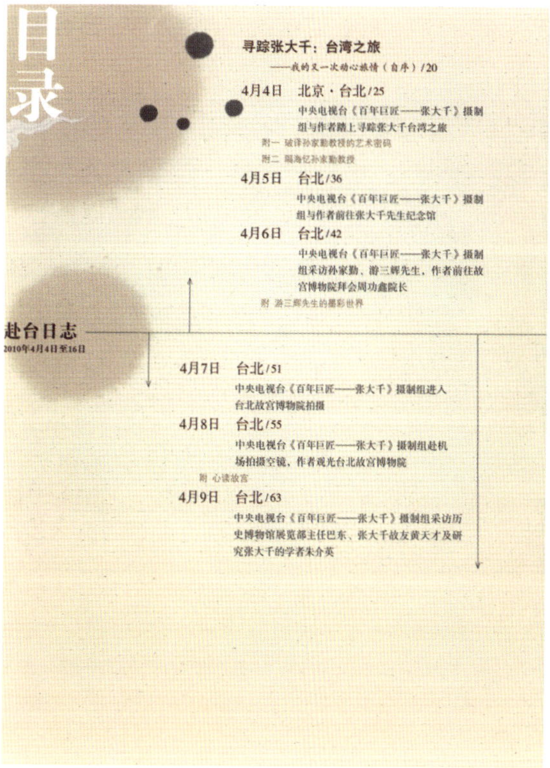

目录

寻踪张大千：台湾之旅
——我的又一次动心旅情（自序）/20

赴台日志
2010年4月4日至16日

4月4日 北京·台北/25
中央电视台《百年巨匠——张大千》摄制组与作者踏上寻踪张大千台湾之旅
附一 破译孙家勤教授的艺术密码
附二 隔海忆孙家勤教授

4月5日 台北/36
中央电视台《百年巨匠——张大千》摄制组与作者前往张大千先生纪念馆

4月6日 台北/42
中央电视台《百年巨匠——张大千》摄制组采访孙家勤、游三辉先生，作者前往故宫博物院拜会周功鑫院长
附 游三辉先生的墨彩世界

4月7日 台北/51
中央电视台《百年巨匠——张大千》摄制组进入台北故宫博物院拍摄

4月8日 台北/55
中央电视台《百年巨匠——张大千》摄制组赴机场拍摄空镜，作者观光台北故宫博物院
附 心读故宫

4月9日 台北/63
中央电视台《百年巨匠——张大千》摄制组采访历史博物馆展览部主任巴东、张大千故友黄天才及研究张大千的学者朱介英

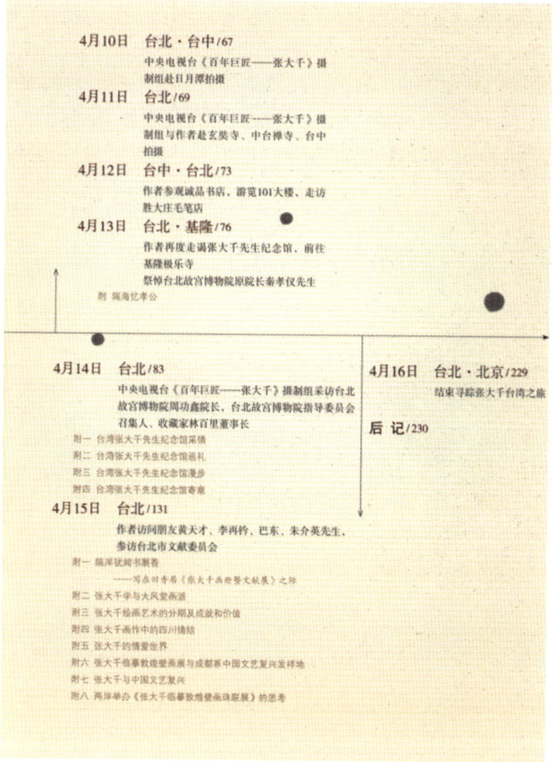

4月10日 台北·台中/67
中央电视台《百年巨匠——张大千》摄制组赴日月潭拍摄

4月11日 台北/69
中央电视台《百年巨匠——张大千》摄制组与作者赴玄奘寺、中台禅寺、台中拍摄

4月12日 台中·台北/73
作者参观诚品书店、游览101大楼、走访胜大庄毛笔店

4月13日 台北·基隆/76
作者再度走谒张大千先生纪念馆、前往基隆极乐寺
祭悼台北故宫博物院原院长秦孝仪先生
附 隔海忆孝公

4月14日 台北/83
中央电视台《百年巨匠——张大千》摄制组采访台北故宫博物院周功鑫院长、台北故宫博物院指导委员会召集人、收藏家林百里董事长
附一 台湾张大千先生纪念馆采情
附二 台湾张大千先生纪念馆巡礼
附三 台湾张大千先生纪念馆漫步
附四 台湾张大千先生纪念馆寄意

4月15日 台北/131
作者访问朋友黄天才、李再钤、巴东、朱介英先生，参访台北市文献委员会
附一 隔岸犹闻书展香
——写在时香居《张大千画册暨文献展》之际
附二 张大千学与大风堂画派
附三 张大千绘画艺术的分期及成就和价值
附四 张大千画作中的四川情结
附五 张大千的情爱世界
附六 张大千临摹敦煌壁画展与成都系中国文艺复兴发祥地
附七 张大千与中国文艺复兴
附八 两岸举办《张大千临摹敦煌壁画珠联展》的思考

4月16日 台北·北京/229
结束寻踪张大千台湾之旅

后 记/230

作者：汪毅
书名：《寻踪张大千：台湾之旅》
出版：九州出版社
时间：2011 年
好古敏求书屋提供

作者：程恩嵘

书名：《张大千精品集》（全二册）

出版：人民美术出版社

时间：2011 年

好古敏求书屋提供

四 大千居士民國三十三年在青城山上清宮所繪「花蕊夫人」石刻

作者：张大千
书名：《张大千绘画世界》
出版：台北艺术家杂志社
时间：2011 年

直造古人不到處 — 張大千晚年在台灣繪畫藝術研究 (1976-1983)

Directly to the place not achieved by ancient people-research on Chang Dai-Chien's painting art at his old age in Taiwan of 1976 and 1983

白宗仁 著

薫風堂筆墨有限公司出版部

目錄

中文摘要
Abstract

第一章　緒 論 1

第一節　研究動機與目的 1
第二節　研究範圍與方法 5
第三節　文獻綜述 6
第四節　研究限制與研究重點 10

第二章　動盪年代：時代潮流中的張大千 13

第一節　生平、時代與創作背景 13
第二節　大時代的藝文環境 15
一　七〇年代前後臺灣美術環境 16
二　中華文化復興運動之影響 18
第三節　張大千晚年在台社交與處世行誼 19
一　摩耶精舍的生活與處世藝術 19
二　影響其晚年創作的至交好友 22

第三章　師古到師心：張大千晚年繪畫風格及其成因 31

第一節　張大千一生繪畫風格的轉換與變革 31
一　追慕古人：文人畫時期（1919－1940） 32
二　富麗典雅：敦煌臨摹期（1941－1955） 35
三　蛻變創新：潑墨潑彩風格成形（1956－1975） 37
四　回歸傳統：山水潑寫兼施（1976－1983） 39
第二節　張大千晚年在台繪畫藝術之特點 40
一　潑墨潑彩山水：光影耀動明暗視覺效果 41
二　潑墨潑彩荷花：走出八大石濤自創一格 49
三　記憶圖像的搜尋與轉化：臆寫與懷舊 52
(一) 臆寫：以巨幅畫作〈廬山圖〉爲例 53
(二) 懷舊：看山還是故山青 56
四　融入臺灣：寶島風貌 61
第三節　張大千晚年繪畫風格形成的原因背景 63
一　長期累積的功力：法度完備 64
二　美學觀點：大、曲、亮 66
三　創作理念：追摹臆寫創新求變 70

第四章 筆墨與造境：張大千晚年作品內涵與表現形式 77

第一節　筆墨與章法 78
一　筆墨流轉 78
二　色彩鋪陳 81
三　章法佈局 84
第二節　具象與抽象 86
第三節　晚年代表作品之創作技法與表現形式 90
一　花卉題材 91
二　山水題材 104
三　人物題材 114
四　其它題材 126
第四節　渡海三家作品比較及對臺灣畫壇之影響 128
一　傳統文人畫代表：溥心畬 129
二　藝術教育家：黃君璧 131
三　渡海三家的時代意義及對臺灣畫壇影響之比較 132

第五章　創新與典範：張大千晚年的繪畫成就及其影響 135

第一節　直造古人不到處：張大千晚年繪畫藝術成就 136
一　潑墨潑彩：中國山水畫新風貌 137
二　前無古人的創舉 139
(一) 攝影寫生應用在畫作 139
(二) 自動性技法之運用 141
(三) 融合中西繪畫　：石版畫 143
(四) 五洲行遍猶尋勝 143
(五) 拍攝作畫紀錄片 145
(六) 自畫像面貌眾多 146
第二節　當代名家對張大千成就評論 148
第三節　張大千對畫壇的影響 152
一　張大千現象：具精神指標 152
二　擺脫成法：再造傳統的時代精神 154
三　樹立典範：臺灣藝壇感念 156

第六章 結 論 159

參考書目 163

附錄 178

附錄一　張大千年表暨在台重要展覽(1899-1999) 178
附錄二　張大千作品編類表格（1976-1983） 189
附錄三　在校期間發表的論文、科研成果 260

作者：白宗仁
书名：《直造古人不到处——张大千晚年在台湾绘画艺术研究（1976—1983）》
出版：蕙风堂笔墨有限公司
时间：2011 年

目 录

传奇人生

论张大千临摹敦煌壁画的时代意义 …… 魏学峰 2
张大千与敦煌壁画 …… 徐建融 10
论张大千的家学渊源 …… 罗宗良 19
张大千扬名秋英会考 …… 林 玉 刘振宇 34
张大千爱国情感初探 …… 古 城 王小波 49
浅析张善孖与张大千的人格修养与艺术精神 …… 李 貌 张建华 57
与传统同在——张大千的文化性格略论 …… 徐 涛 65
张大千山水画作品中的爱国主义情怀 …… 周 立 75

艺苑宗师

论张大千晚年变法 …… 邱笑秋 84
传统绘画的继承者——张大千 …… 林 木 91
张大千书画题款分析 …… 杨诗云 118
出新意于法度之中 寄妙理于豪放之外
——四川画家张大千绘画思想论略 …… 邓国军 罗宗良 136
张大千的绘画经历与画风变化考述 …… 韩 刚 143
张大千人物画早中晚期主要特点 …… 邢 捷 164
漫谈张大千书学道路 …… 钟建明 168
隶形敧斜蕴险峻 厚重整肃含朴茂
——析张大千“大千体”书法的特点 …… 叶自明 171
腕底能生万壑云——张大千题画诗的艺术特色 …… 肖体仁 181
癖画淫书老更痴 断炊未忘苦吟诗
——张大千题画诗简论 …… 韩晓光 190
张大千山水画中“生态意识”的表现 …… 李东风 198
论张大千绘画中“光”语言的嬗变 …… 王 平 204
关于张大千早期山水画以湿笔入画的原因及特征初探 …… 张恨雨 211

大风遗韵

堂哉皇哉大风哉——感言《大风堂》画派 …… 曹公度 220
张大千的绘画艺术对复兴中国画色彩的启示 …… 彭永馨 231
张大千泼墨泼彩艺术的美学价值 …… 李开能 237
从张大千泼墨泼彩山水画看其传统与创新 …… 刘雪梅 244
基于CI战略的张大千文化品牌形象的构建 …… 罗静松 249

附 张大千艺术年表 …… 256

作者：罗宗良
书名：《大千艺苑》（张大千研究论丛第一辑）
出版：四川师范大学电子出版社
时间：2012 年
好古敏求书屋提供

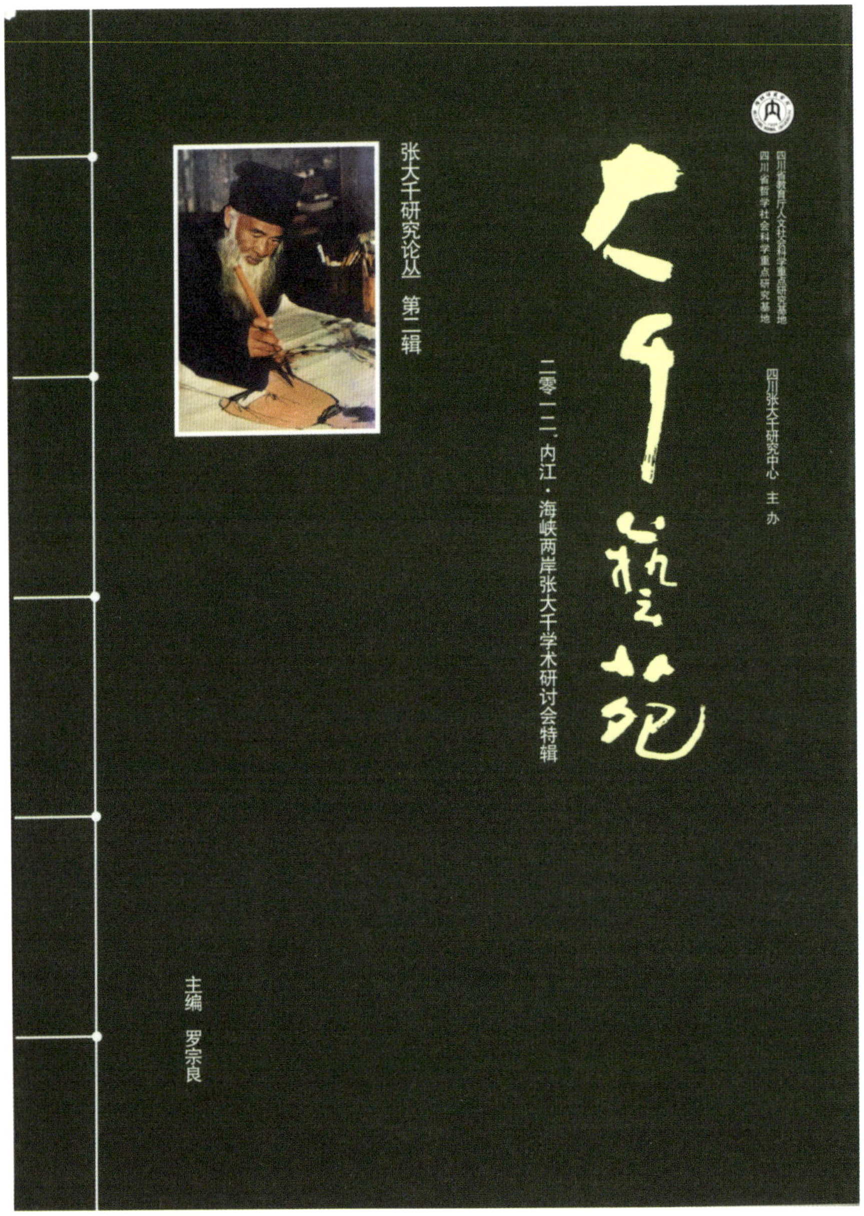

目录

张大千与敦煌石窟艺术之内在联系特质……巴 东 01
张大千泼墨泼彩画风之色彩空间探讨……董小蕙 17
怀乡与记忆：史博馆藏张大千《蜀楚胜迹》初探……周妙龄 33
张大千绘画传统与现代的交会……刘梅琴 47
远溯汉唐——张大千书法脉络……蔡耀庆 61
梦与帆——张大千诗词初探……邱笑秋 77
张大千丁巳 (1917 年) 拜师新证……包立民 86
一生三闯画坛 成就世纪辉煌——品味画坛巨匠张大千的成功之道……朱浩云 96
惊世图像背后的异国情缘——新发现之张大千与韩女池春红组照解读……刘振宇 105
论张大千题画诗的美学蕴含……肖体仁 115
当代中国的泼墨艺术……贺万里 126
书宗南北 画成大千——张大千画款书法简论……王兴国 134
张大千诗歌与绘画关系析探……申东城 146
张大千泼彩山水图式的诗境……李东风 159
张大千书法分期考述……韩 刚 166
八德园：大千乐园（上）……孟光全 罗宗良 186

作者：罗宗良
书名：《大千艺苑》（张大千研究论丛第二辑）
出版：四川师范大学电子出版社
时间：2012 年
好古敏求书屋提供

目录

第一章　张大千的绘画经历与画风变化……007
张大千的人生经历述略……008
民间画风……009
明清文人画风……015
敦煌与"南北宗"画风……026
泼墨泼彩画风……045
第二章　张大千的书法经历与书风变化……053
苏体……055
碑学书风……066
帖学书风……086
大千体……098
第三章　张大千的"引书入画"……109
书画同源……110
引书入画……137
引画入书……137
书画相济……148
注　释……156
张大千年表……163

作者：韩刚

书名：《书画同源　张大千》

出版：荣宝斋出版社

时间：2013 年

四川张大千研究中心提供

目錄

20 自序
24 第一章 張大千的海外遊蹤
74 第二章 大千生前身後三知己
88 第三章 廝守後半生的夫人徐雯波
112 第四章 大千生前故後三大展
140 第五章 張大千的海外財源
160 第六章 大千珍藏六大國寶名蹟的來龍去脈
184 第七章 張大千與《溪岸圖》
張大千讓《溪岸圖》登上了國際舞台
張大千念念難忘《溪岸圖》
《溪岸圖》的最後整修者—目黑三次
220 第八章 黃山谷書卷遭竊沒入侯爺府
234 第九章 大千捐畫祕辛，一段委屈遺事
242 第十章 張大千、謝稚柳敦煌石窟鬧雙包
254 後記

黃天才自1960年代初期奉派駐日採訪，長達二十四年，這段期間大千寄跡海外，每年例必東來，作者與大師結識於東京，經常結伴出遊，談古論今，多年相聚，相知日深，大千晚年定居台北，年事已高，不便出遊，所有在日事務均由作者代為打理。

張大千仙遊已三十整年，舉目四望，海內外曾和大千有過密切交往且親臨大千風采者，幾已凋零，如今最有資格為文著述的人，只有黃天才了。

本書十個章節，以張大千進軍海外藝壇的艱辛努力及光輝成就為主軸，記述他的藝術活動及重要創作、古書畫藏品的聚集及流散；並提到交遊親情及感情生活等等，在第一手詳實生動的紀錄中，我們親炙了大千大師的身影。

定價360元

ISBN 978-986-87722-1-2

作者：黄天才
书名：《张大千的后半生》
出版：台北羲之堂文化出版事业有限公司
时间：2013 年
好古敏求书屋提供

作者：张国立
书名：《张学良与张大千的晚宴》
出版：上海人民出版社
时间：2013 年
好古敏求书屋提供

目次 / CONTENTS

4
序
張大千——東方藝術的象徵
行政院政務委員/黃光男

6
Preface
Da-Chien Chang——The symbol of Oriental art
by Kuang-Nan Huang, Minister without Portfolio, Executive Yuan

10
序
一代大師張大千
長流美術館館長/黃承志

12
Preface
Da-Chien Chang——The grand master of a generation
by Cheng-Chih Huang, The Director of Chan Liu Art Museum

14
大千年表 / Chronology of Chang Da-chien

28
大千世界 / The World of Chang Da-chien

58
作品精選 / Works of Chang Da-chien

210
大千印譜 / Seals of Chang Da-chien

238
大千落款 / Inscribes of Chang Da-chien

250
索引 / Indexes

作者：张大千

书名：《登峰造极　张大千逝世三十周年纪念精选》

出版：台湾长流画廊

时间：2013 年

目 錄 CONTENTS

PREFACES 序

Preface of National Museum of History / Chang Yui-tan 4 國立歷史博物館館長／張譽騰

Preface of Sichuan Museum / Sheng Jian-wu 6 四川博物院院長／盛建武

Preface of Jilin Province Museum / Zhao Rui-jun 8 吉林省博物院院長／趙瑞軍

Preface of Shenzhen Museum / Yeh Yang 10 深圳博物館館長／葉楊

Preface of Chinese Culture and Fine Arts Association / Jiang Yu-xin 12 中華海峽兩岸文化資產交流促進會理事長／江裕信

ESSAYS 專文

Phases of Chang Dai-chien's Paintings as Seen from the Collections in Jilin, Sichuan, and Taipei / Ba Tong 16 由吉林、四川、臺北三博物館之典藏看張大千之繪畫分期發展——兩岸張大千辭世三十週年紀念展／巴東

Chang Dai-chien's Emulative Works in Dunhuang Grottoes: The Significance for Its Time / Wei Xue-feng 36 論張大千臨摹敦煌壁畫的時代意義／魏學峰

Two Works on the Scenes of Bade Garden in NMH Collection: A Study / Chou Miao-ling 44 國立歷史博物館藏張大千《八德園小景》二作研究／周妙齡

A General Survey of Chang Dai-chien's Works in Sichuan Museum Collection / Lin Yu 56 四川博物院藏張大千作品綜述／林玉

A General Survey of Chang Dai-chien's Works in Jilin Province Museum Collection / Qian Fang 62 吉林省博物院藏張大千繪畫綜述／錢芳

An Analysis of Chang Dai-chien's Paintings in Jilin Province Museum / Han Li-jun 68 如花浩麗 比藕絲瑩——吉林省博物院藏張大千繪畫作品淺析／韓立軍

PLATES 圖版

Jilin Province Museum Collection 74 吉林省博物院藏

Sichuan Museum Collection 113 四川博物院藏

National Museum of History Collection 153 國立歷史博物館藏

Index 222 展品索引

作者：戈思明

书名：《万里江山频入梦　两岸张大千辞世三十周年纪念展》

出版：台湾历史博物馆

时间：2013 年

好古敏求书屋提供

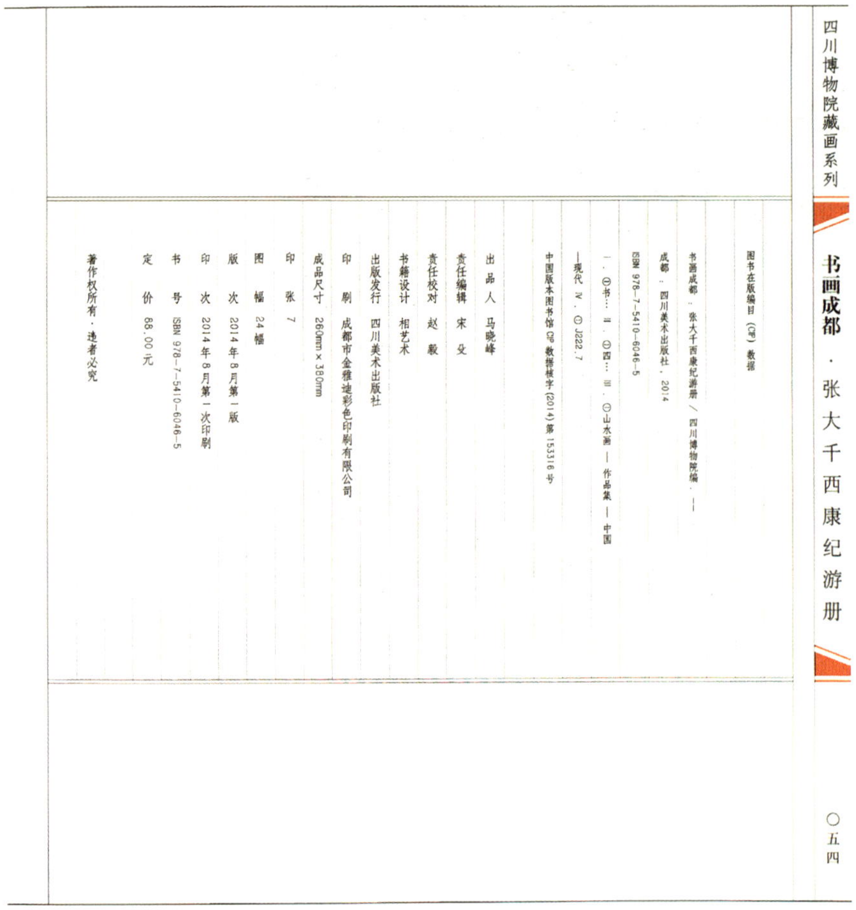

四川博物院藏画系列

书画成都 · 张大千西康纪游册

图书在版编目（CIP）数据

书画成都：张大千西康纪游册／四川博物院编．—

成都：四川美术出版社，2014

ISBN 978-7-5410-6046-5

Ⅰ．①书… Ⅱ．①四… Ⅲ．①山水画—作品集—中国

—现代 Ⅳ．①J222.7

中国版本图书馆 CIP 数据核字（2014）第 153316 号

出品人　马晓峰

责任编辑　宋　殳

责任校对　赵　毅

书籍设计　相艺术

出版发行　四川美术出版社

印　　刷　成都市金雅迪彩色印刷有限公司

成品尺寸　260mm×380mm

印　　张　7

图　　幅　24 幅

版　　次　2014 年 8 月第一版

印　　次　2014 年 8 月第一次印刷

书　　号　ISBN 978-7-5410-6046-5

定　　价　88.00 元

○五四

作者：四川博物院

书名：《张大千西康纪游册》

出版：四川美术出版社

时间：2014 年

四川张大千研究中心提供

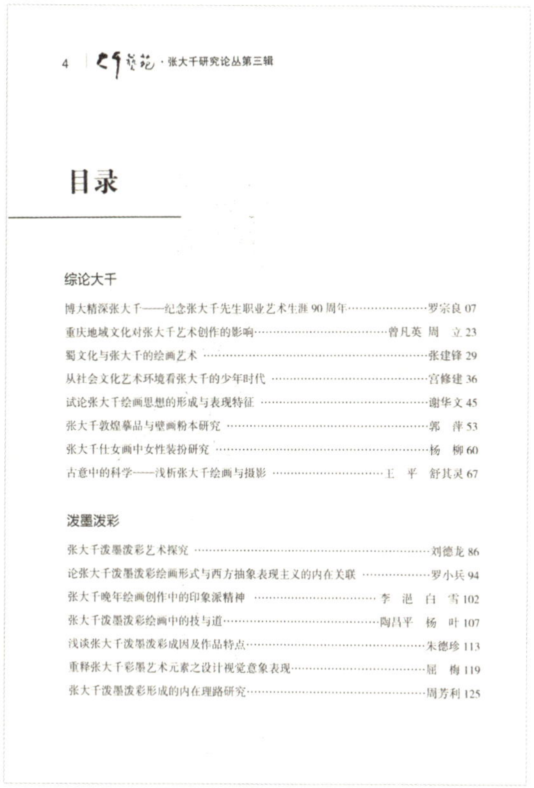

目录

综论大千

博大精深张大千——纪念张大千先生职业艺术生涯 90 周年……罗宗良 07
重庆地域文化对张大千艺术创作的影响……曾凡英 周 立 23
蜀文化与张大千的绘画艺术……张建锋 29
从社会文化艺术环境看张大千的少年时代……宫修建 36
试论张大千绘画思想的形成与表现特征……谢华文 45
张大千敦煌摹品与壁画粉本研究……郭 萍 53
张大千仕女画中女性装扮研究……杨 柳 60
古意中的科学——浅析张大千绘画与摄影……王 平 舒其灵 67

泼墨泼彩

张大千泼墨泼彩艺术探究……刘德龙 86
论张大千泼墨泼彩绘画形式与西方抽象表现主义的内在关联……罗小兵 94
张大千晚年绘画创作中的印象派精神……李 浥 白 雪 102
张大千泼墨泼彩绘画中的技与道……陶昌平 杨 叶 107
浅谈张大千泼墨泼彩成因及作品特点……朱德珍 113
重释张大千彩墨艺术元素之设计视觉意象表现……屈 梅 119
张大千泼墨泼彩形成的内在理路研究……周芳利 125

诗意大千

万里归迟总恋乡——张大千怀乡诗简论……肖体仁 133
《张大千诗词集·诗词》作者考辨……殷晓燕 139
《张大千诗词集·对联》作者考辨……殷晓燕 159
《张大千诗词集·断句》作者考辨……殷晓燕 172
张大千纪游诗的创作特色与语言特点研究……王 浩 190

大风遗韵

无声处有金声玉振 笔墨中生雷电风云——谢伯子先生的艺术人生……林 木 197
镜头话语中的诗意与灵动——评《百年巨匠张大千》……高卫红 218
张大千之文化资源符号化与文化产业研究……张春阳 223
《内江师范学院学报》特色栏目“张大千研究”研讨会综述……于军民 232

虎痴善孖

张善孖抗战赈济作品《下山虎》、《昂头天外》解读……罗宗良 239
“虎痴”张善子绘画分期考述……韩 刚 249
陈纳德将军与张善子先生的“飞虎”情缘—— 永远铭记帮助中国抗战功勋卓著的美国飞虎队英雄们……晏良里 晏良为 晏良美 晏良宪 晏良密 284

作者：罗宗良
书名：《大千艺苑》（张大千研究论丛第三辑）
出版：四川师范大学电子出版社
时间：2014 年
好古敏求书屋提供

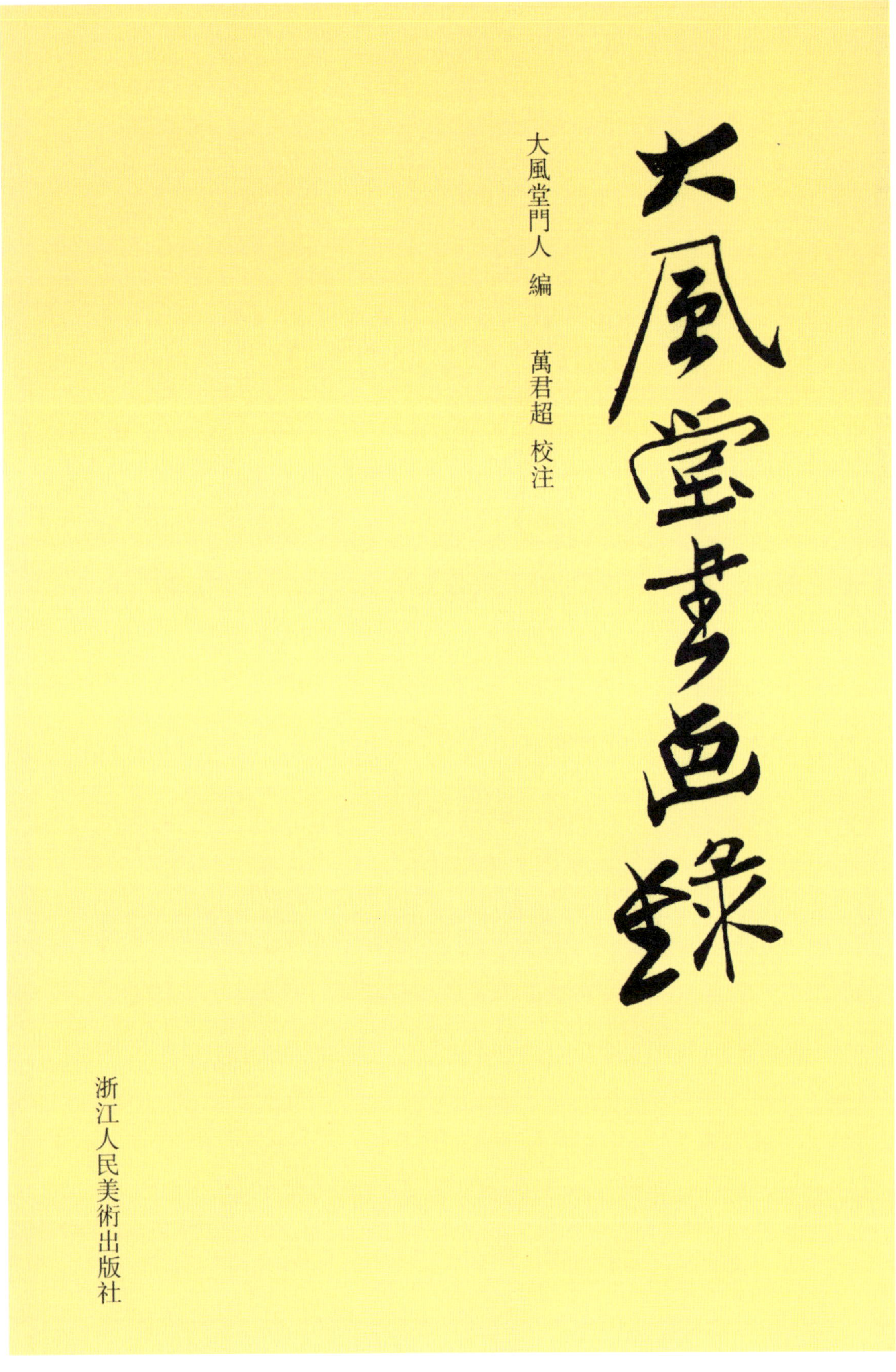

作者：大风堂门人
书名：《大风堂书画录》
出版：浙江人民美术出版社
时间：2014 年
好古敏求书屋提供

百年中國記憶

【文史资料百部经典文库】

回忆张大千

HUIYI ZHANGDAQIAN

全国政协文史和学习委员会 编

中国文史出版社

作者：全国政协文史和学习委员会
书名：《回忆张大千》
出版：中国文史出版社
时间：2015 年
好古敏求书屋提供

作者：周士心

书名：《我与大千居士》

出版：台北龙视界出版

时间：2015 年

好古敏求书屋提供

作者：杨诗云
书名：《张大千用印详考》
出版：上海书画出版社
时间：2015 年
好古敏求书屋提供

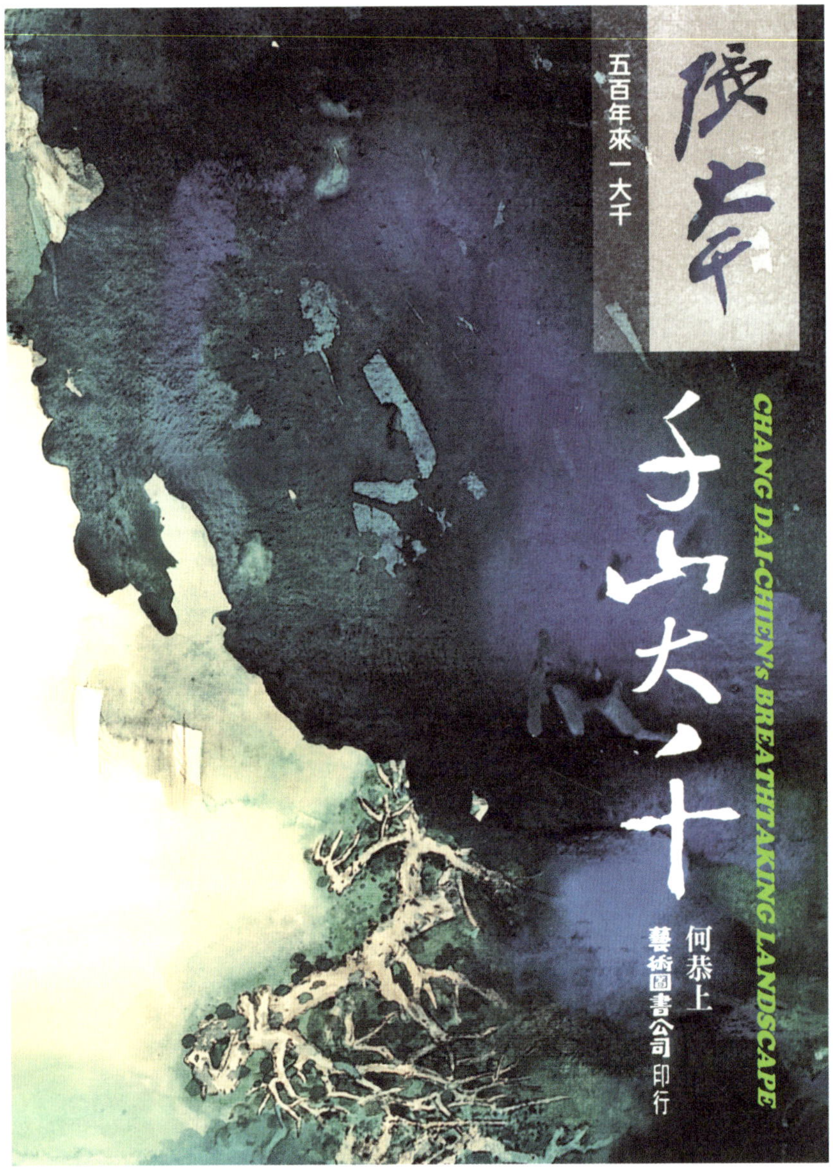

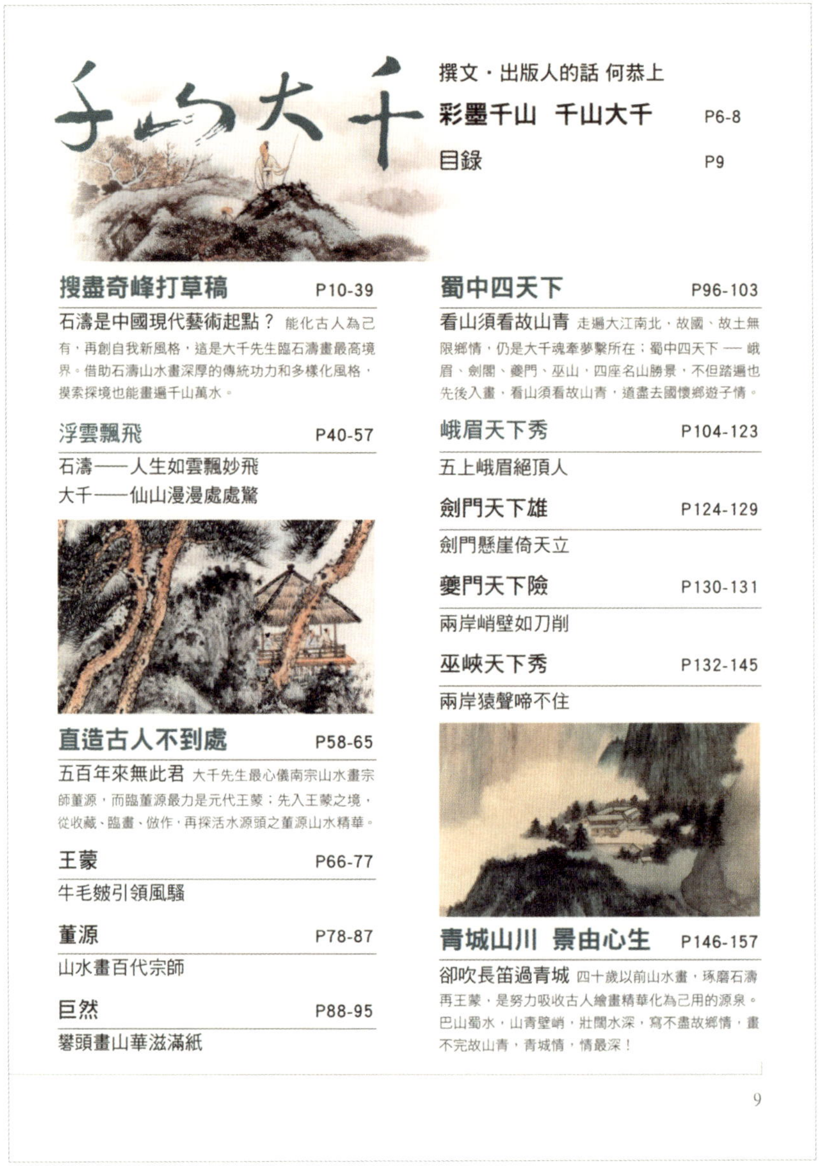

撰文・出版人的話 何恭上

彩墨千山 千山大千 P6-8

目錄 P9

搜盡奇峰打草稿 P10-39

石濤是中國現代藝術起點？能化古人為己有，再創自我新風格，這是大千先生臨石濤畫最高境界。借助石濤山水畫深厚的傳統功力和多樣化風格，摸索探境也能畫遍千山萬水。

浮雲飄飛 P40-57

石濤——人生如雲飄妙飛

大千——仙山漫漫處處驚

直造古人不到處 P58-65

五百年來無此君 大千先生最心儀南宗山水畫宗師董源，而臨董源最力是元代王蒙；先入王蒙之境，從收藏、臨畫、倣作，再探活水源頭之董源山水精華。

王蒙 P66-77

牛毛皴引領風騷

董源 P78-87

山水畫百代宗師

巨然 P88-95

礬頭畫山華滋滿紙

蜀中四天下 P96-103

看山須看故山青 走遍大江南北，故國、故土無限鄉情，仍是大千魂牽夢繫所在；蜀中四天下——峨眉、劍閣、夔門、巫山，四座名山勝景，不但踏遍也先後入畫，看山須看故山青，道盡去國懷鄉遊子情。

峨眉天下秀 P104-123

五上峨眉絕頂人

劍門天下雄 P124-129

劍門懸崖倚天立

夔門天下險 P130-131

兩岸峭壁如刀削

巫峽天下秀 P132-145

兩岸猿聲啼不住

青城山川 景由心生 P146-157

卻吹長笛過青城 四十歲以前山水畫，琢磨石濤再王蒙，是努力吸收古人繪畫精華化為己用的源泉。巴山蜀水，山青壁峭，壯闊水深，寫不盡故鄉情，畫不完故山青，青城情，情最深！

9

作者：何恭上

书名：《千山大千》

出版：台湾艺术图书公司

时间：2015 年

好古敏求书屋提供

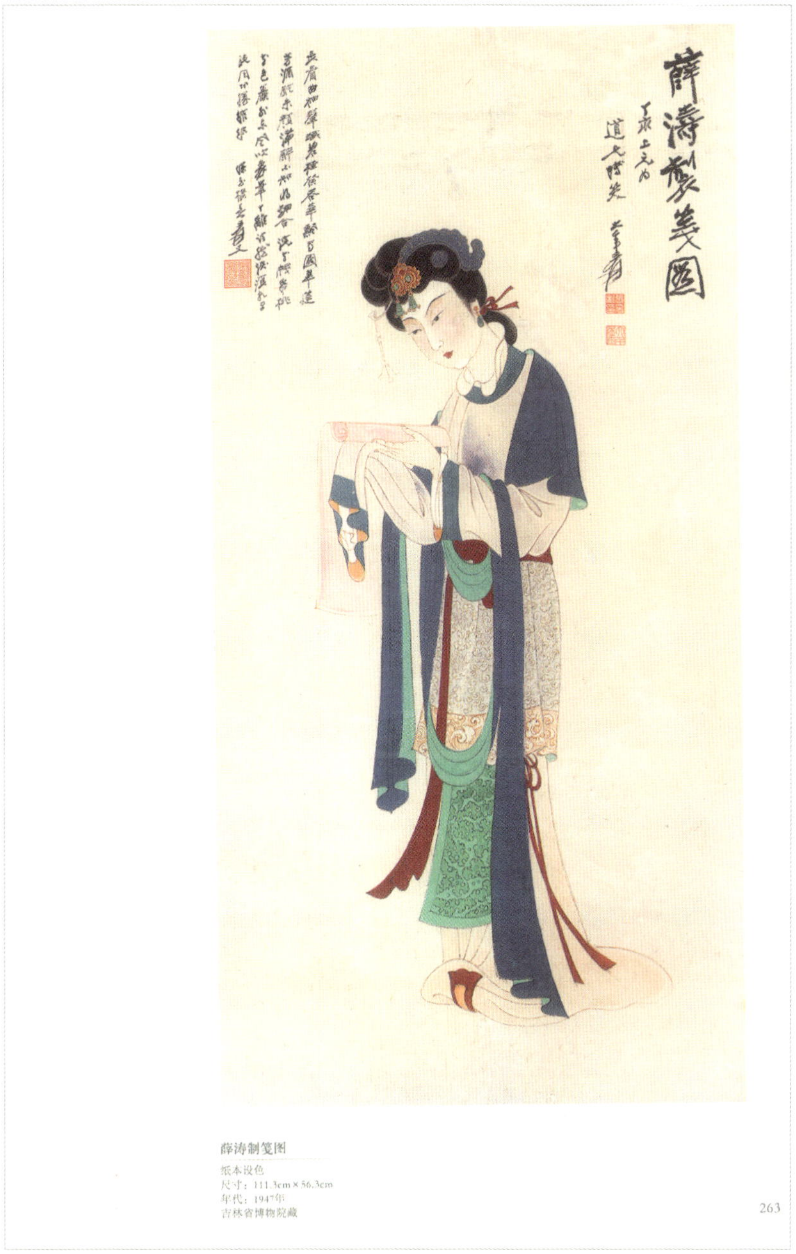

作者：程恩嵘
书名：《张大千精品集》贰（全二册）
出版：人民美术出版社
时间：2015 年
好古敏求书屋提供

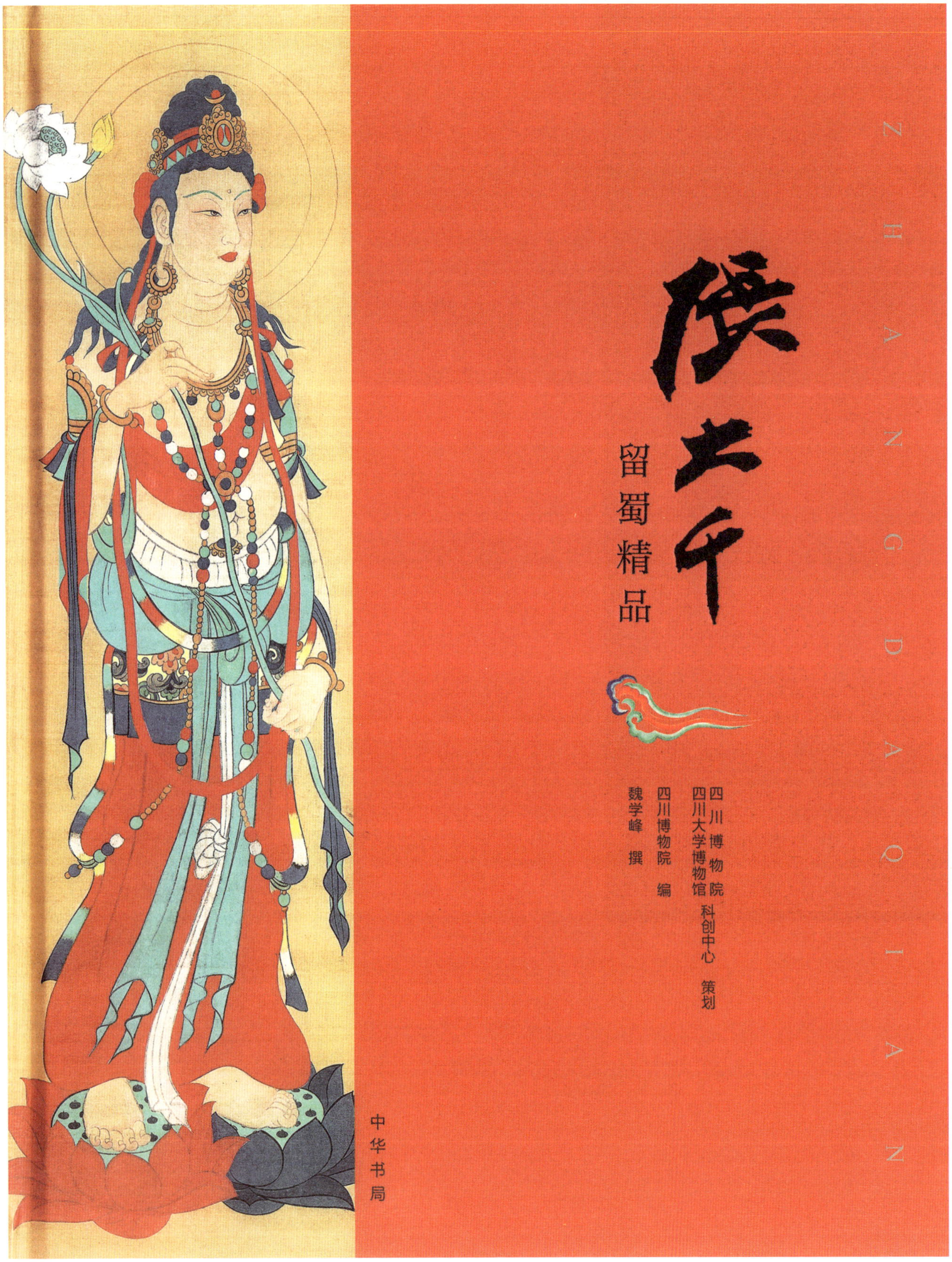

作者：四川博物院

书名：《张大千留蜀精品》

出版：中华书局

时间：2015 年

作者：彼得·海洋
书名：《张大千遇险传奇》
出版：中国文史出版社
时间：2015 年
好古敏求书屋提供

目 录

张大千的情和理 陈丹晨……1
张大千的去国和怀乡 包立民……5

致三哥张丽诚……33
1957 年 8 月 31 日……35
1961 年 1 月 23 日……45
1961 年 2 月 19 日……53
1961 年 5 月 29 日……58
1961 年 6 月 12 日……69
1961 年 8 月 22 日……75
1961 年 9 月 20 日……83
1961 年 11 月 13 日……93
1962 年 1 月 9 日……99
1962 年 2 月 9 日……105
1963 年 3 月 4 日……113
1963 年 4 月 22 日……119

作者：包立民
书名：《张大千家书》（增订版）
出版：生活·读书·新知三联书店
时间：2016 年
好古敏求书屋提供

張大千 vs. 石濤

8 清湘遺人 石濤書畫
搖曳中綻開的近代畫壇奇葩

12 石濤 苦瓜和尚
畫僧身份活躍於清初 歷久恒新

26 石濤 名畫寶笈
29 筆墨燦爛 「山水清音」
38 意境深遠 「山窗研讀圖」
40 畫林木 「樹欲靜而風不止」
42 霏霏遠煙濕 「細雨虬松圖」
44 秋江清寒 「風冷霜薄圖」
48 東風第一枝 「梅花正綻」
52 筆筆在法中 「蘭竹圖」
54 清水出芙蓉 「荷塘蓮蓮」
58 高懷遠韜 「丹崖巨巖圖」
62 波光雲影 「巢湖圖」
66 雲煙峰巒 「廬山觀瀑圖」
70 名畫贈好友 「淮揚潔秋圖」
74 精密畫風的 「古木垂陰圖」
76 沒勢不成風 「蘭竹當風」

82 長卷 綿延流長
84 大滌山之遊 「餘杭看山圖」
86 雲煙繚繞 「黃山圖卷」
90 借景抒情 「秋聲賦」
96 蟠虬之勢 「老松圖卷」
98 筆精墨妙 「村居林間」
100 記事抒懷 「清湘書畫稿」
106 線與墨交響 「奇峰怪石圖卷」
110 能兼眾善 「高呼與可圖」
114 山水畫創新 「搜盡奇峰打草稿」
118 心嚮往夢寐求 「桃花源」
122 天價湧現 「桃源圖」
124 優雅品味 「西園雅集」

6

128 冊頁 詩情畫意
130 石濤遺墨 「杜甫詩意冊」
136 畫即詩中意 「黃硯旅紀遊詩冊」
144 江程千里 「雲山淡煙冊」
150 靈山之聖 「黃山八勝圖」
157 附：梅清作黃山圖冊三幅
158 詩畫相融 「東坡時序圖」
164 畫梅說 「梅花冊」

170 通景屏 佈局奇逸謹嚴
171 和風舒暢 一彎流水潤之景

178 張大千 vs. 石濤
188 石濤 生平記事
194 石濤 落款・印章

7

作者：何恭上
书名：《张大千 VS 石涛书画》
出版：台湾艺术图书公司
时间：2016 年
好古敏求书屋提供

作者：台湾历史博物馆　佛光山佛陀纪念馆
书名：《与大师面对面——张大千书画集》
时间：2016 年

中卷

第十五章 身陷囹圄 / 187
第十六章 虎口脱险 / 201
第十七章 千里跋涉 / 211
第十八章 兄弟情深 / 221
第十九章 青城悟道 / 228
第二十章 善子之死 / 244
第二十一章 大漠探幽 / 257
第二十二章 敦煌面壁 / 271
第二十三章 大师归来 / 283

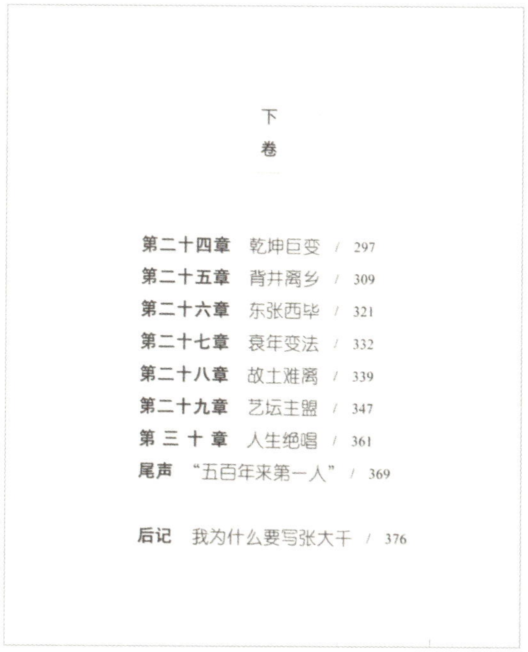

下卷

第二十四章 乾坤巨变 / 297
第二十五章 背井离乡 / 309
第二十六章 东张西毕 / 321
第二十七章 衰年变法 / 332
第二十八章 故土难离 / 339
第二十九章 艺坛主盟 / 347
第三十章 人生绝唱 / 361
尾声 “五百年来第一人” / 369

后记 我为什么要写张大千 / 376

作者：邓贤

书名：《五百年来一大千　张大千》

出版：人民文学出版社

时间：2016 年

好古敏求书屋提供

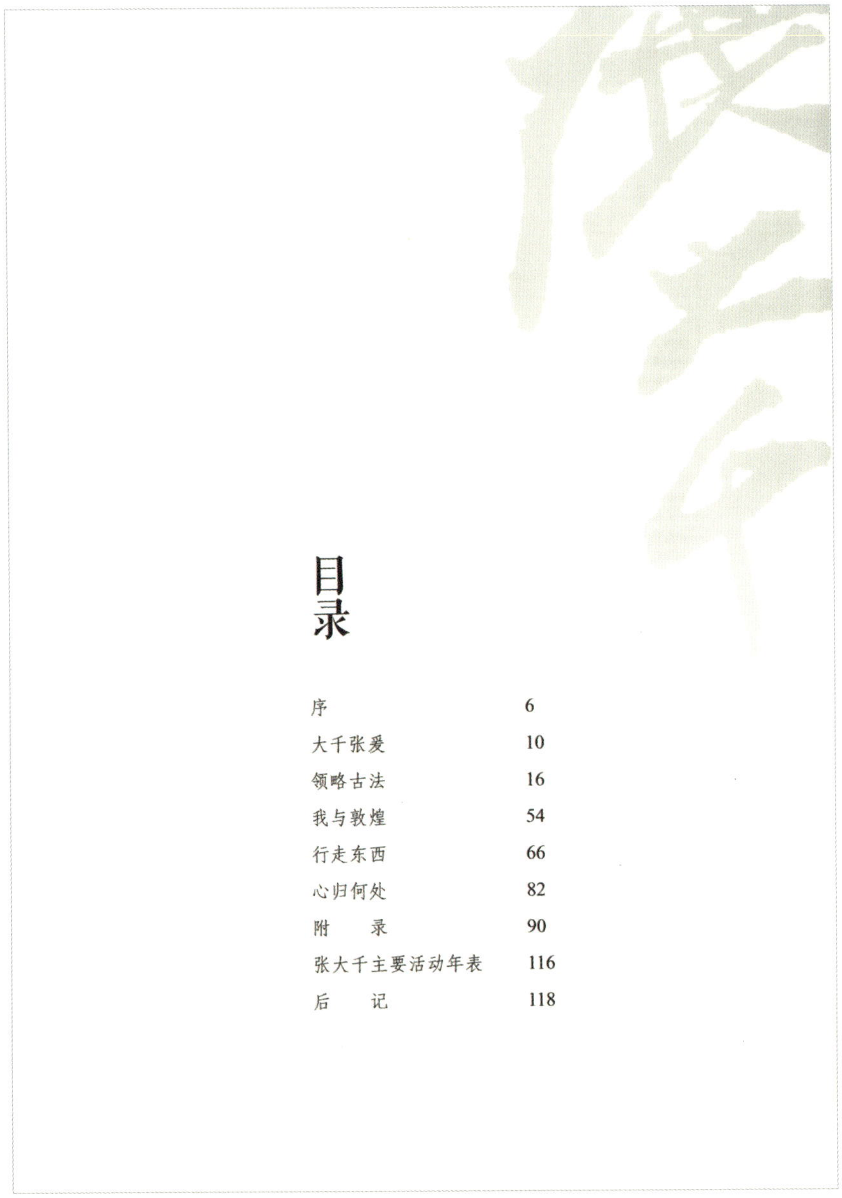

目录

序	6
大千张爰	10
领略古法	16
我与敦煌	54
行走东西	66
心归何处	82
附　录	90
张大千主要活动年表	116
后　记	118

作者：成都博物馆
书名：《倥偬的乡愁　张大千艺术》
出版：四川人民出版社
时间：2016 年
好古敏求书屋提供

目录
CONTENTS

一	张大千的日本情结	001
二	宇宙难容一大千	039
三	髯翁胸次有庐山	059
四	空余涕泪对梅丘	103
五	少年狡狯惹是非	127
六	且安笔砚写敦煌	155
七	大风堂名迹沧桑	185
八	几件名作的故事	211
九	恨不相逢未娶时	237
十	张大千自写尘埃貌	255
十一	张大千奇才异能	301

作者：黄天才
书名：《五百年来一大千》
出版：商务印书馆
时间：2016 年
好古敏求书屋提供

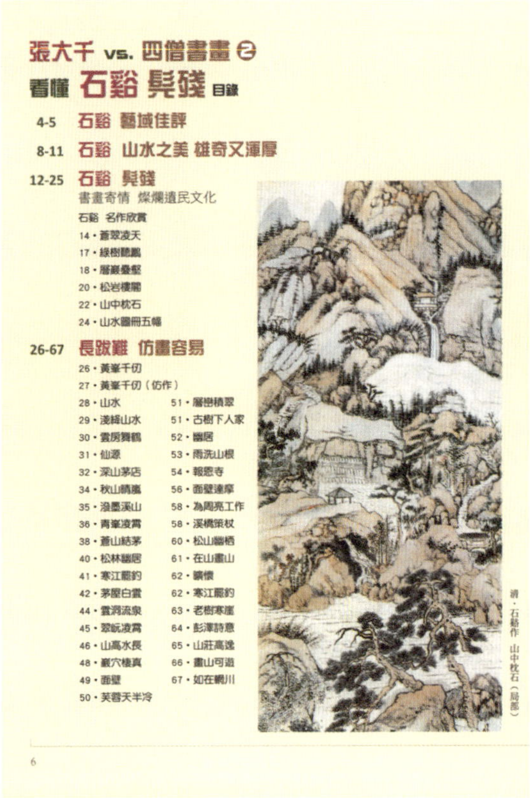

張大千 vs. 四僧書畫 之

看懂 石谿 髡殘 目錄

4-5 石谿 藝域佳評

8-11 石谿 山水之美 雄奇又渾厚

12-25 石谿 髡殘
書畫寄情 燦爛遺民文化
石谿 名作欣賞
14・蒼翠凌天
17・綠樹聽鸝
18・層巖疊壑
20・松岩樓閣
22・山中枕石
24・山水圖冊五幅

26-67 長跋難 仿畫容易
26・黃峯千仞
27・黃峯千仞（仿作）
28・山水
29・淺絳山水
30・雲房舞鶴
31・仙源
32・深山茅店
34・秋山晴嵐
35・潑墨溪山
36・青峯凌霄
38・蒼山結茅
40・松林幽居
41・寒江罷釣
42・茅屋白雲
44・雲洞流泉
45・翠巘凌霄
46・山高水長
48・巖穴棲真
49・面壁
50・芙蓉天半冷
51・層巒積翠
51・古樹下人家
52・幽居
53・雨洗山根
54・報恩寺
56・面壁達摩
58・為周亮工作
58・溪橋策杖
60・松山幽栖
61・在山畫山
62・曠懷
62・寒江罷釣
63・老樹寒崖
64・彭澤詩意
65・山莊高逸
66・畫山可遊
67・如在輞川

髡殘・石谿作　山中枕石（局部）

6

髡殘・石谿作　山中枕石

68-85 石谿 山水圖冊精選
意境奧深奇特 筆墨變化多姿
68～75・山水圖冊 精選七幅
76・茂林秋樹（局部）
78・四季山水 春
80・四季山水 夏
82・四季山水 秋
84・四季山水 冬

86-93 石谿情
半世紀之交 皆默會於心
87・策杖尋幽
峰巒疊嶂 讓好友獨擅其秘
89・雲巒溪山
90・秋溪幽居
92・林泉清幽

94-125 張大千 VS. 石谿
山水畫既淳且樸 煙雲繚繞重氣韻
94・登山高思
95・書法（扇背面）
96・訪友歸來
97・昧江山水
99・幽溪江閣
100・夏干新夏
102・石磴連雲起
103・劍池瀑布
103・山路延溪行
104・秋江獨釣
105・雙松之外有人家
106・千山渴雨
107・扁舟溪上
108・春山覓句
110・石壁翠屏
111・晚山看雲
112・溪山遊展
114・仿石谿山水
116・山居
118・溪山留客
120・木葉凝霜
121・隔嶺有人家
122・前往深山行
124・松溪艇子
125・羅浮黃龍洞

7

作者：何恭上
书名：《张大千 VS 四僧书画　看懂石谿》
出版：台湾艺术图书公司
时间：2017 年
好古敏求书屋提供

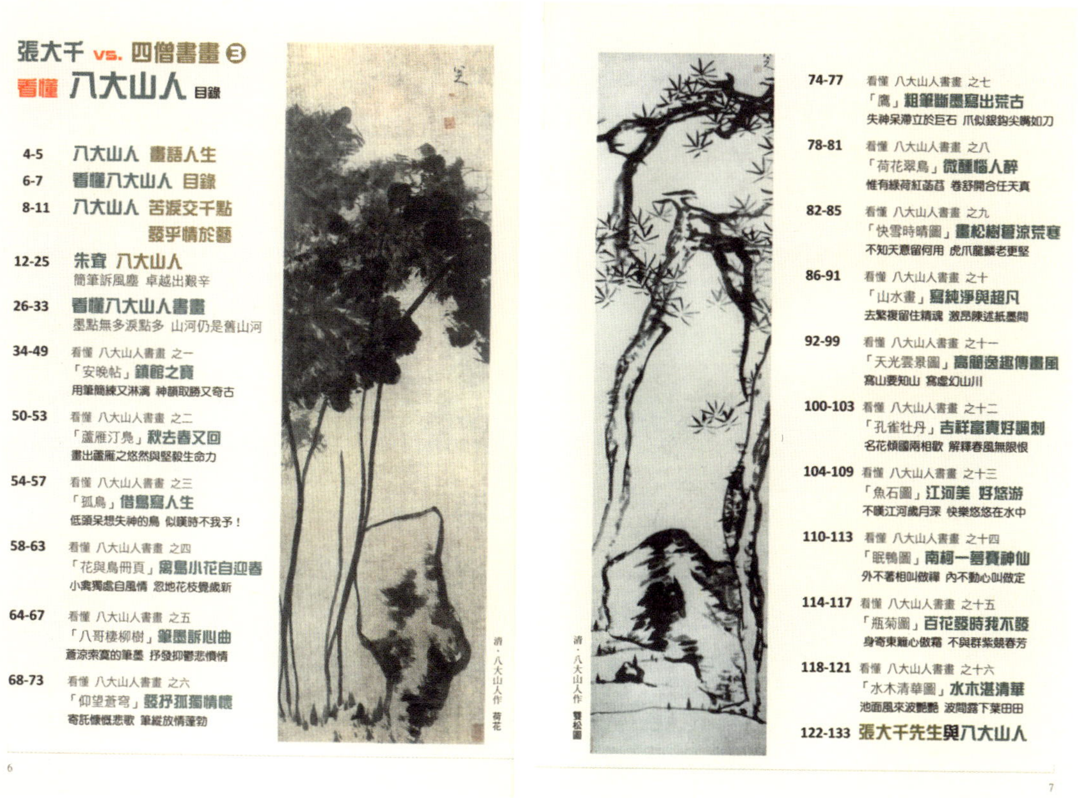

張大千 vs. 四僧書畫 ③

看懂 八大山人 目錄

4-5 八大山人 書語人生

6-7 看懂八大山人 目錄

8-11 八大山人 苦淚交千點 發乎情於藝

12-25 朱耷 八大山人
簡筆訴風塵 卓越出艱辛

26-33 看懂八大山人書畫
墨點無多淚點多 山河仍是舊山河

34-49 看懂 八大山人書畫 之一
「安晚帖」鎮館之寶
用筆簡練又淋漓 神韻取勝又奇古

50-53 看懂 八大山人書畫 之二
「蘆雁汀鳧」秋去春又回
畫出蘆雁之悠然與堅毅生命力

54-57 看懂 八大山人書畫 之三
「孤鳥」借鳥寫人生
低頭呆想失神的鳥 似嘆時不我予！

58-63 看懂 八大山人書畫 之四
「花與鳥冊頁」禽鳥小花自迎春
小禽獨處自風情 忽地花枝覺歲新

64-67 看懂 八大山人書畫 之五
「八哥棲柳樹」筆墨訴心曲
蒼涼索寞的筆墨 抒發抑鬱悲憤情

68-73 看懂 八大山人書畫 之六
「仰望蒼穹」發抒孤獨情懷
寄託慷慨悲歌 筆縱放情蓬勃

74-77 看懂 八大山人書畫 之七
「鷹」粗筆斷墨寫出荒古
失神呆滯立於巨石 爪似銀鈎尖嘴如刀

78-81 看懂 八大山人書畫 之八
「荷花翠鳥」微醺惱人醉
惟有綠荷紅菡萏 卷舒開合任天真

82-85 看懂 八大山人書畫 之九
「快雪時晴圖」畫松樹蒼涼荒寒
不知天意留何用 虎爪龍鱗老更堅

86-91 看懂 八大山人書畫 之十
「山水畫」寫純淨與超凡
去繁複留住精魂 激昂陳述紙墨間

92-99 看懂 八大山人書畫 之十一
「天光雲景圖」高簡逸趣傳畫風
寫山要知山 寫虛幻山川

100-103 看懂 八大山人書畫 之十二
「孔雀牡丹」吉祥富貴好諷刺
名花傾國兩相歡 解釋春風無限恨

104-109 看懂 八大山人書畫 之十三
「魚石圖」江河美 好悠游
不嘆江河歲月深 快樂悠悠在水中

110-113 看懂 八大山人書畫 之十四
「眠鴨圖」南柯一夢賽神仙
外不著相叫做禪 內不動心叫做定

114-117 看懂 八大山人書畫 之十五
「瓶菊圖」百花發時我不發
身寄東籬心傲霜 不與群紫競春芳

118-121 看懂 八大山人書畫 之十六
「水木清華圖」水木湛清華
池面風來波艷艷 波間露下葉田田

122-133 張大千先生與八大山人

6

7

作者：何恭上

书名：《张大千 VS 四僧书画　看懂八大山人》

出版：台湾艺术图书公司

时间：2017 年

好古敏求书屋提供

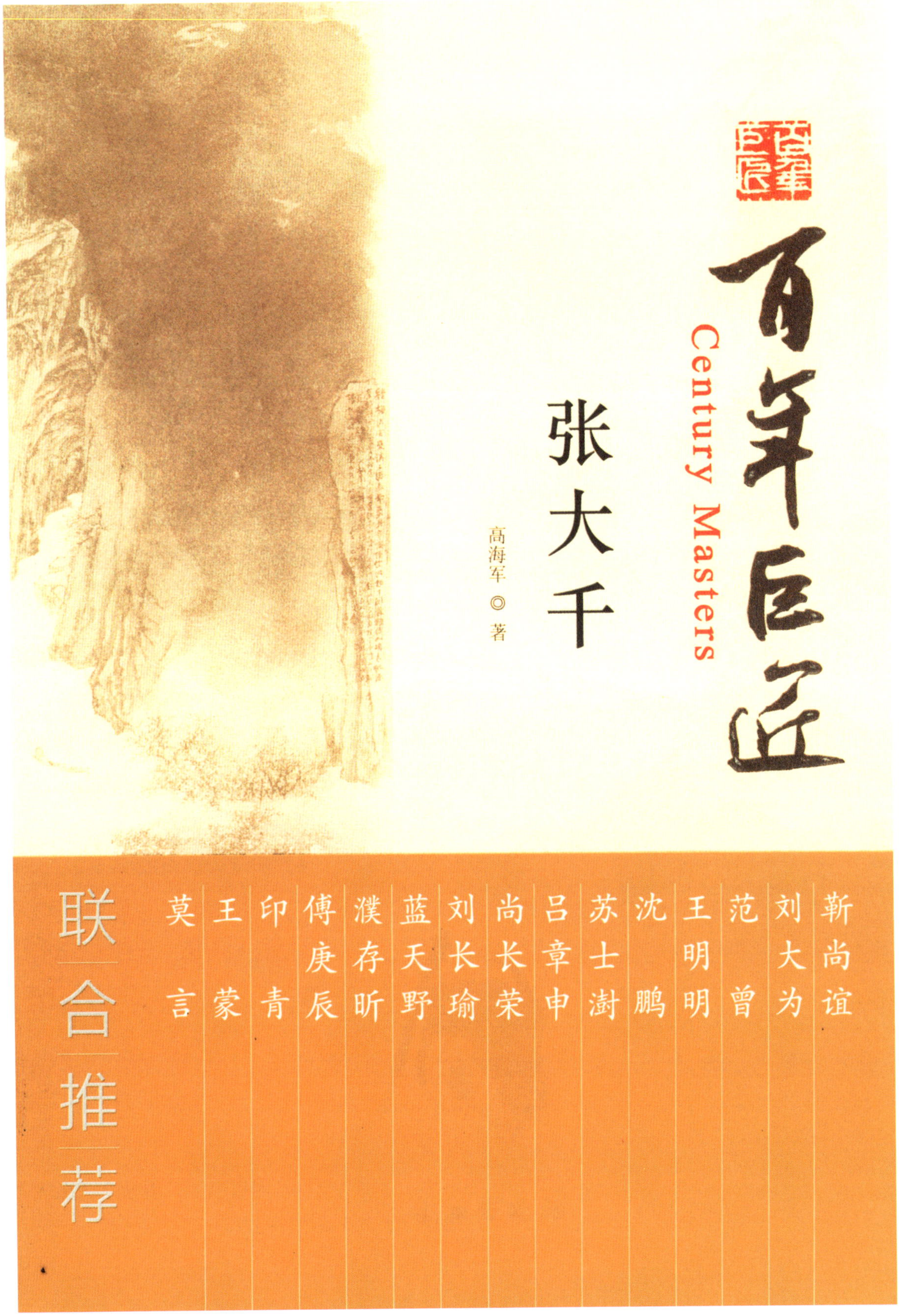

作者：高海军
书名：《百年巨匠　张大千》
出版：甘肃人民美术出版社
时间：2017 年
好古敏求书屋提供

作者：王春法

书名：《张大千艺术》（中国国家博物馆20世纪中国美术名家系列丛书）

出版：北京时代华文书局

时间：2018年

好古敏求书屋提供

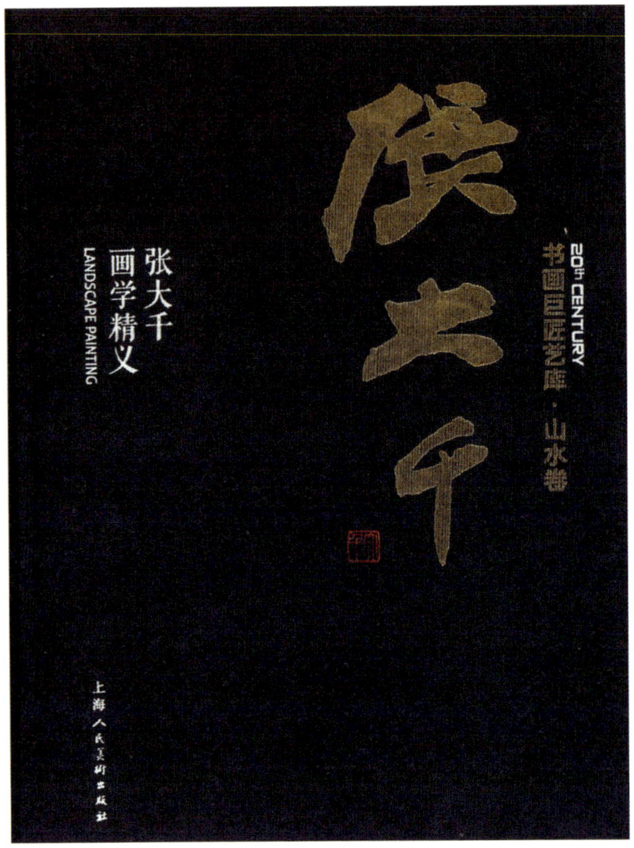

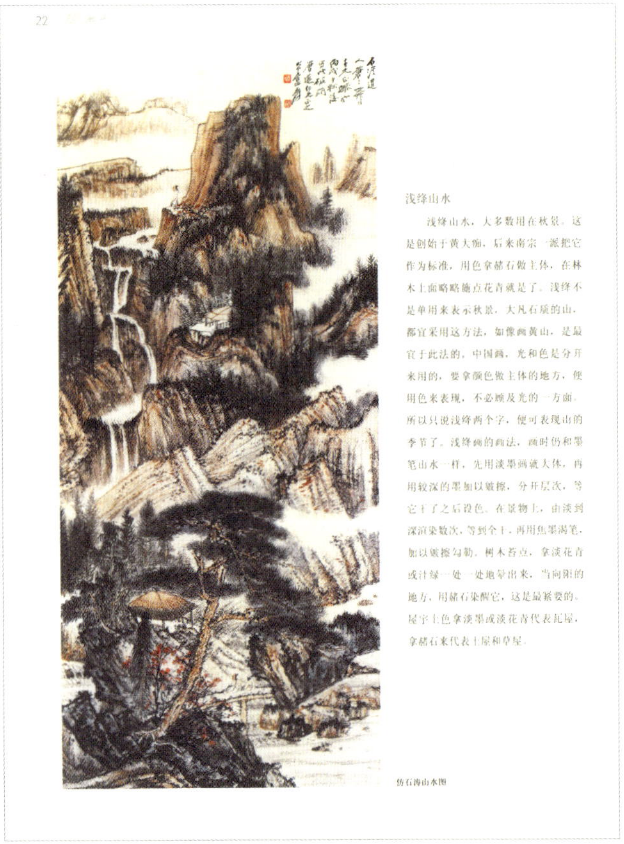
22

浅绛山水

浅绛山水，大多数用在秋景。这是创始于黄大痴，后来南宗一派把它作为标准，用色拿赭石做主体，在林木上面略略施点花青就是了。浅绛不是单用来表示秋景，大凡石质的山，都宜采用这方法，如像画黄山，是最宜于此法的。中国画，光和色是分开来用的，要拿颜色做主体的地方，便用色来表现，不必顾及光的一方面。所以只说浅绛两个字，便可表现山的季节了。浅绛画的画法，画时仍和墨笔山水一样，先用淡墨画就大体，再用较深的墨加以皴擦，分开层次，等它干了之后设色。在景物上，由淡到深渲染数次，等到全干，再用焦墨渴笔，加以皴擦勾勒。树木苔点，拿淡花青或汁绿一处一处地晕出来，当向阳的地方，用赭石染醒它，这是最紧要的。屋宇上色拿淡墨或淡花青代表瓦屋，拿赭石来代表土屋和草屋。

仿石涛山水图

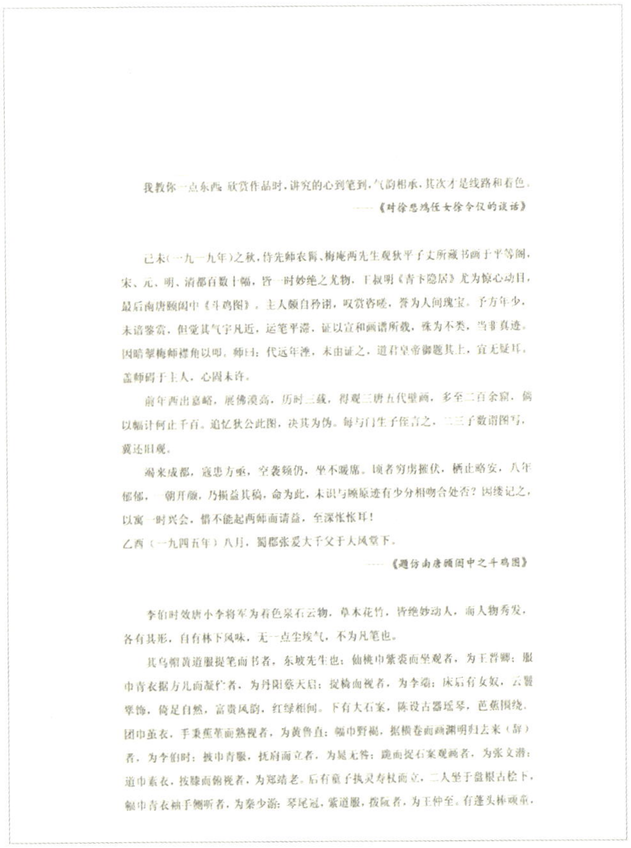
我教你一点东西：欣赏作品时，讲究的心到笔到，气韵相承，其次才是线路和着色。

——《对徐悲鸿任女徐令仪的谈话》

已未（一九一九年）之秋，侍先师农髯、梅庵两先生观狄平子丈所藏书画于平等阁，宋、元、明、清都百数十幅，皆一时妙绝之尤物，王叔明《青卞隐居》尤为惊心动目，最后南唐顾闳中《斗鸡图》。主人颇自矜诩，叹赏咨嗟，誉为人间瑰宝。予方年少，未谙鉴赏，但觉其气宇凡近，运笔平滞，证以宣和画谱所载，殊为不类，当非真迹。因暗掣梅师襟角以叩，师曰：代远年湮，末由证之，道君皇帝御题其上，宜无疑耳，盖师碍于主人，心固未许。

前年西出嘉峪，展佛漠高，历时二载，得观三唐五代壁画，多至二百余窟，倘以幅计何止千百。追忆狄公此图，决其为伪。每与门生子侄言之，二三子数谓图写，冀还旧观。

竭来成都，寇患方亟，空袭频仍，坐不暖席。顷者穷虏摧伏，栖止略安，八年郁郁，一朝开颜，乃损益其稿，命为此，未识与顾原迹有少分相吻合处否？因缕记之，以寓一时兴会，惜不能起两师面请益，至深怅怅耳！

乙酉（一九四五年）八月，蜀郡张爰大千父于大风堂下。

——《题仿南唐顾闳中之斗鸡图》

李伯时效唐小李将军为着色泉石云物，草木花竹，皆绝妙动人，而人物秀发，各有其形，自有林下风味，无一点尘埃气，不为凡笔也。

其乌帽黄道服捉笔而书者，东坡先生也；仙桃巾紫裘而坐观者，为王晋卿；幅巾青衣据方几而凝伫者，为丹阳蔡天启；捉椅而视者，为李端叔；床后有女奴，云鬟翠饰，倚足自然，富贵风韵，红绿相间。下有大石案，陈设古器瑶琴，芭蕉围绕。团巾茧衣，手秉蕉箑而熟视者，为黄鲁直；幅巾野褐，据横卷而画渊明归去来（辞）者，为李伯时；披巾青服，抚肩而立者，为晁无咎；跪而捉石案观画者，为张文潜；道巾素衣，按膝而俯视者，为郑靖老。后有童子执灵寿杖而立，二人坐于盘根古桧下，幅巾青衣袖手侧听者，为秦少游；琴尾冠，紫道服，摘阮者，为王仲至。有蓬头棒砚童，

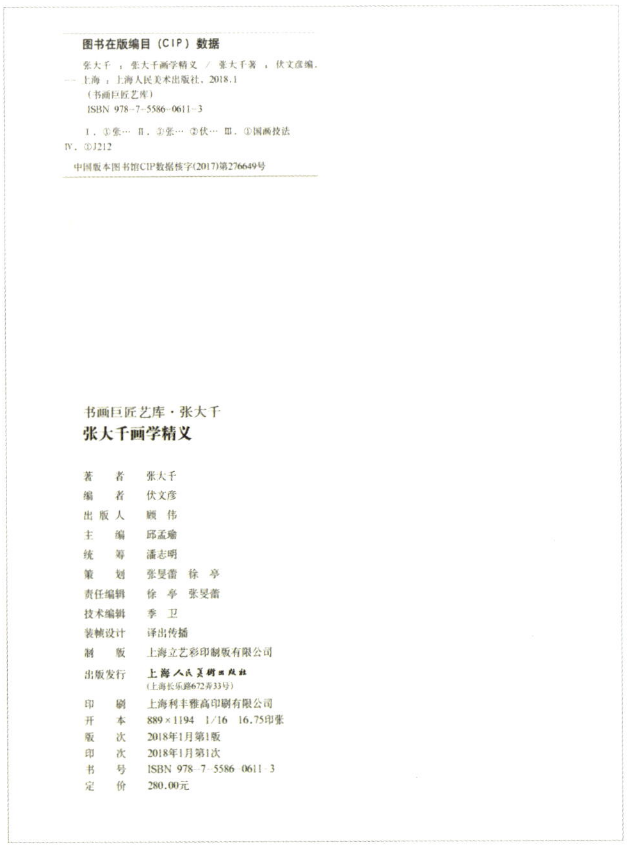
图书在版编目（CIP）数据

张大千 ：张大千画学精义 / 张大千著 ，伏文彦编.
—— 上海 ：上海人民美术出版社，2018.1
（书画巨匠艺库）
ISBN 978-7-5586-0611-3

Ⅰ. ①张… Ⅱ. ①张… ②伏… Ⅲ. ①国画技法
Ⅳ. ①J212

中国版本图书馆CIP数据核字(2017)第276649号

书画巨匠艺库·张大千
张大千画学精义

著　　者　张大千
编　　者　伏文彦
出 版 人　顾　伟
主　　编　邱孟瑜
统　　筹　潘志明
策　　划　张旻蕾　徐　亭
责任编辑　徐　亭　张旻蕾
技术编辑　季　卫
装帧设计　译出传播
制　　版　上海立艺彩印制版有限公司
出版发行　上海人民美术出版社
（上海长乐路672弄33号）
印　　刷　上海利丰雅高印刷有限公司
开　　本　889×1194　1/16　16.75印张
版　　次　2018年1月第1版
印　　次　2018年1月第1次
书　　号　ISBN 978-7-5586-0611-3
定　　价　280.00元

作者：伏文彦
书名：《张大千画学精义》
出版：上海人民美术出版社
时间：2018 年
好古敏求书屋提供

台北吴文隆藏张大千画册

吴文隆与张大千画册

万君超

2010年9月18日至2010年10月31日，台湾旧香居书店、台湾文秀基金会联合举办了“张大千画册暨文献展”，展出了台湾收藏家吴文隆先生收藏的有关张大千的文献资料近五百件，分为“展刊”“画册”“大千文献”“近人研究及相关参考资料举要”四大主题，又细分为“历年展刊”“大千回顾展”“历年画册”“大千诸相”“大风堂名迹”“昆仲合作”“大千法书”“大千画说”“大千印辑”“大千传记研究”“拍卖图录及相关鉴赏书籍”等二十一个专题，同时还精印了此次展览的图录。吴文隆从1980年购藏第一本《张大千画集》起，在近四十年后，现今已成为全世界收藏张大千资料最多和最全之人，他为此也花费了大量的财力和精力。 在所有的藏品中，年代最早的是上海艺苑真赏斋1921年出版的由张大千撰句、秦文锦编集的《魏张黑女墓志铭集联拓本》。最珍贵的藏品是1943年在成都印行的《大风堂书画录》，据说书中有红字校正印、张大千亲笔评语和张大千课徒稿。还有一件张大千1963年致好友张目寒的行书信札墨迹。各类图书和资料分别来自中国、韩国、日本、美国、巴西等国家以及中国台湾等地区，中、日、韩、英、法、德等各种文字版本皆有。

吴文隆曾撰文《收藏大千——大千世界》，回顾了自己近三十年来收藏张大千文献资料过程中艰辛而又充满乐趣的往事，其痴迷而又执着的精神令人为之动容，并与他同喜同忧。收藏需眼力、精力、财力、毅力四者兼备，否则勿入此道，入者亦难有作为。近年来随着艺术品市场的日益火爆，尤其是张大千书画作品的屡创“天价”，而有关张大千历年的画册、展览图录、藏品集等也行情飞涨。我曾委托台湾友人代我从网上竞拍《张大千九十纪念展书画集》（台湾历史博物馆1988年出版），从台币一千元起拍，最后竟以台币二万元成交（不含佣金），约合人民币五千元，终因此价过于“离谱”而放弃，友人后来也说“简直是抢疯了”！而在去年北京一家拍卖公司的古旧书籍拍卖中，八册20世纪六七十年代出版的英文版张大千画集，居然拍到了十五万元以上，难道这些画集上都有张大千的题签钤印？真令人匪夷所思，不可理喻。

在吴文隆收藏的《大风堂名迹》专题的目录中，有一本高岭梅策划的《清湘老人书画编年》（香港高氏东方艺术公司1978年初版），此是一本研究石涛书画的重要书籍，久闻其名却连版本也不知。但在《大风堂名迹》专题的目录中，吴文隆遗漏了一册《石涛山水无上妙品》（日本东京美术社1956年1月出版），此画册即《大风堂名迹》第二集《清湘老人专辑》中的《渴笔人物山水梅花册》和《破墨山水册》。我藏有此画册，为旅日友人购之于东京旧书店，且书品极佳。数月前台湾一位研究20世纪40年代张大千伪赝石涛作品的美术史硕士，在写论文时，独缺《石涛山水无上妙品》，在遍寻未果之下，他通过网络知道我藏有此画册。于是通过电邮希望我能够提供此书图片，我随即拍摄此画册图片传给他，他后来还告诉我此画册现已极为“珍稀”。一本旧画册，竟能为他人的学术研究解决“疑难”，这使我既感意外又颇为欣慰。

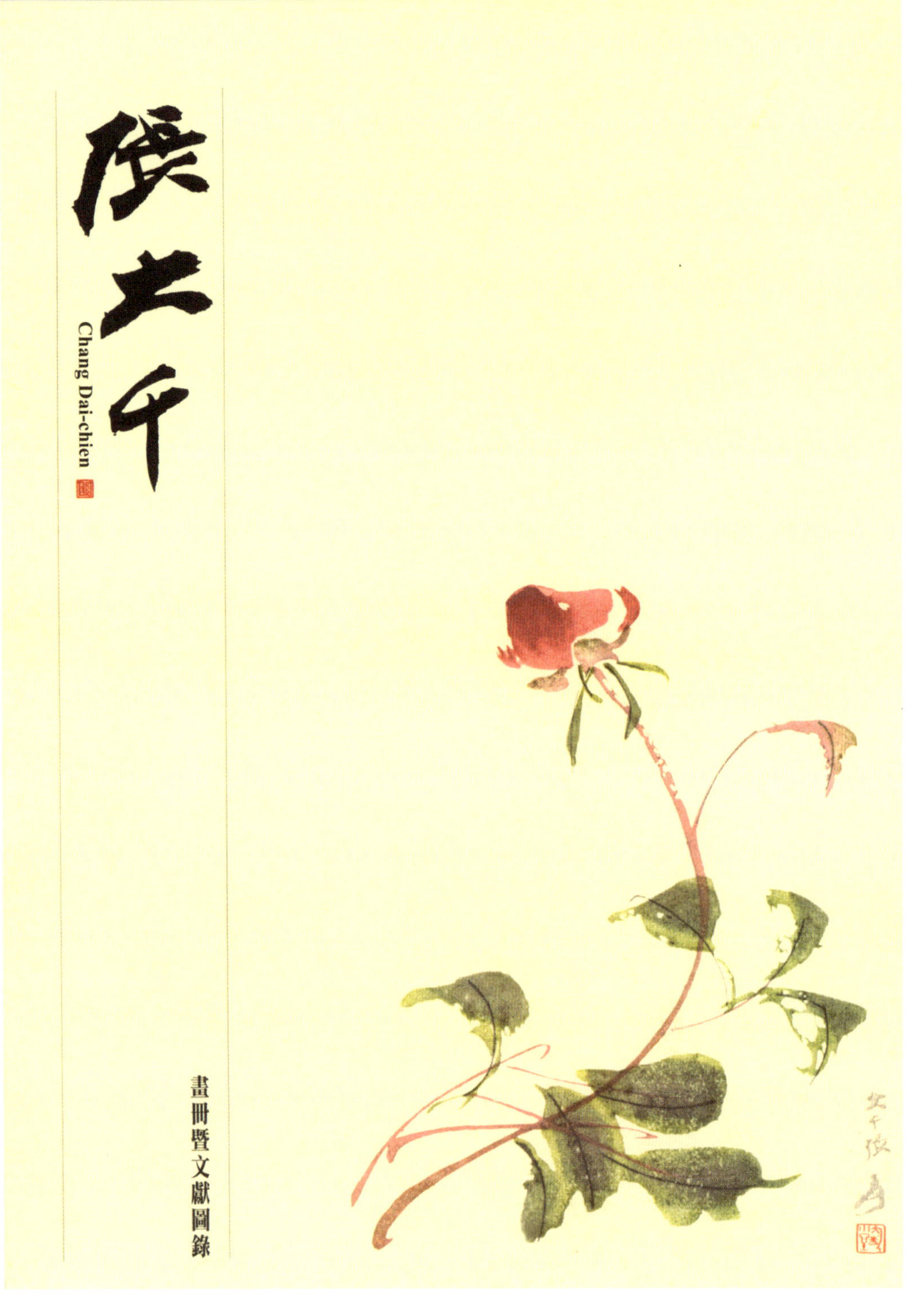

作者：台湾旧香居书店

书名：张大千画册暨文献图录

出版：台湾旧香居书店

时间：2010 年

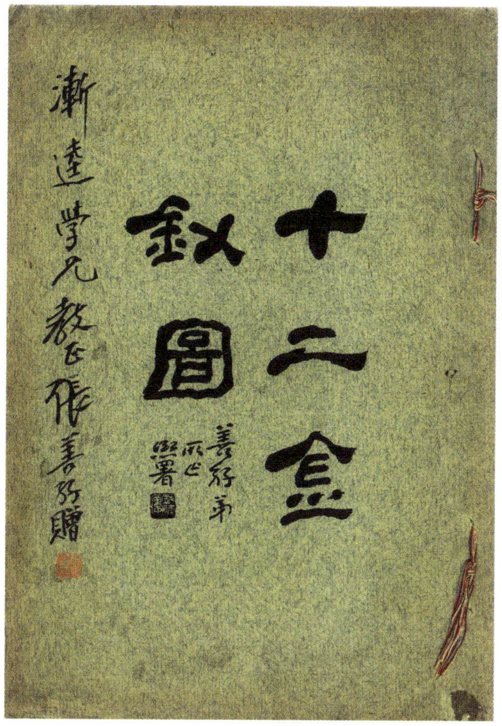

张善孖、张大千合绘《十二金钗图》，
大东书局 1928 年出版

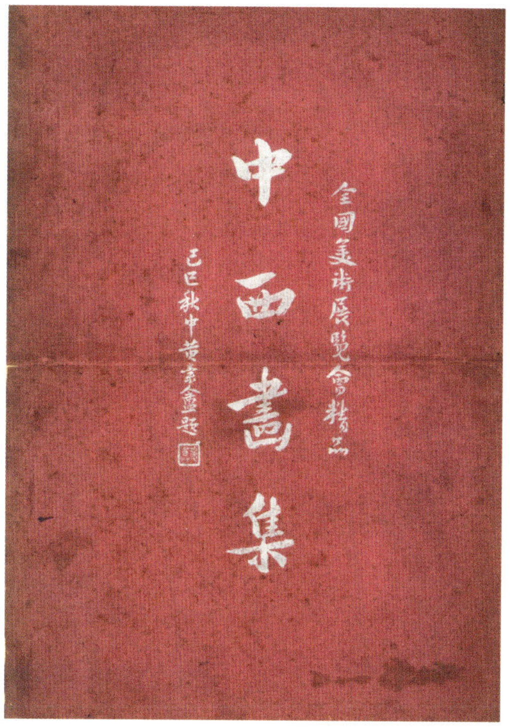

张大千、汪亚尘编《全国美术展览会精品　中西画集》，
中国文艺出版社 1929 年出版

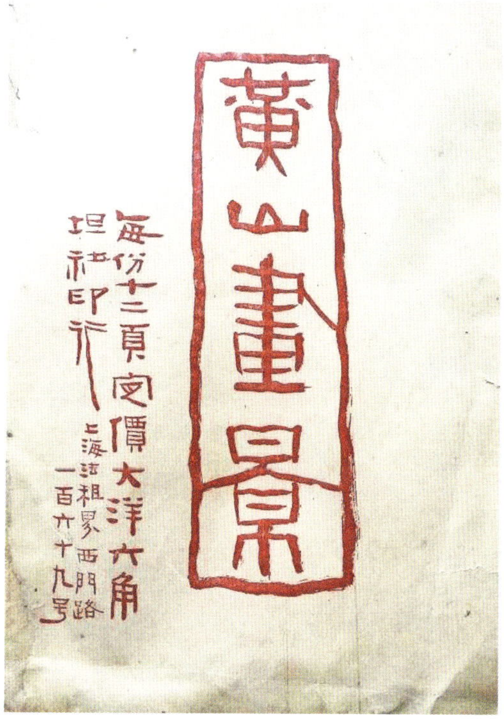

张善孖、张大千摄《黄山画景》，
上海锦明玻璃版印刷所 1931 年出版

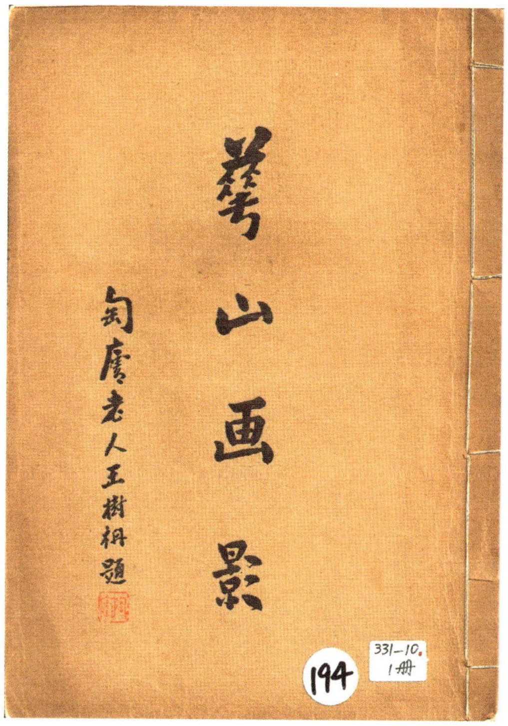

《华山画影》，北京琉璃厂集粹山房
1935 年出版

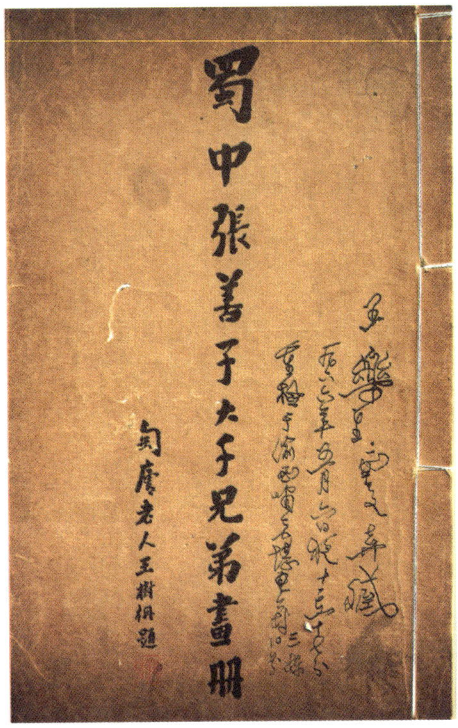

《蜀中张善孖大千兄弟画册》，北京琉璃厂集粹山房 1935 年出版

梁得所编撰《中国当代名家画集　张大千画选》，大众出版社 1936 年出版

《烂漫社》（第一辑），上海烂漫社出版部出版

张大千著《大风堂书画录》，成都大风堂印行

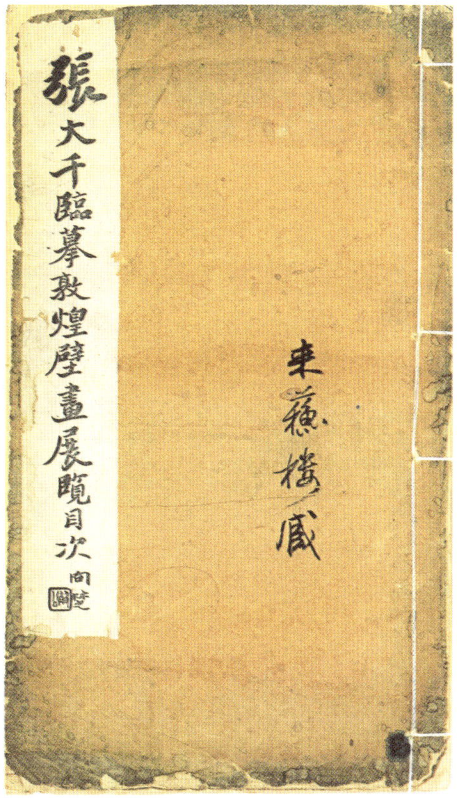

罗新之、刘君礼辑录《张大千临摹敦煌壁画展览目次》，成都大风堂 1943 年印行

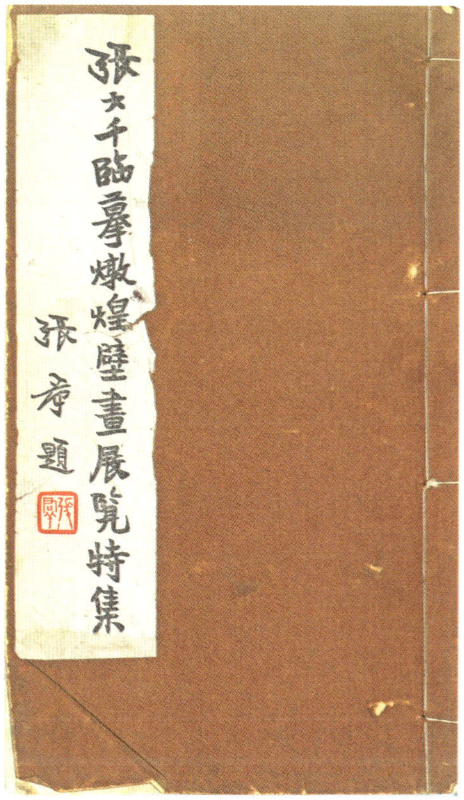

四川美术家协会编纂《张大千临摹敦煌壁画展览特集》，成都西南印书局 1944 年出版

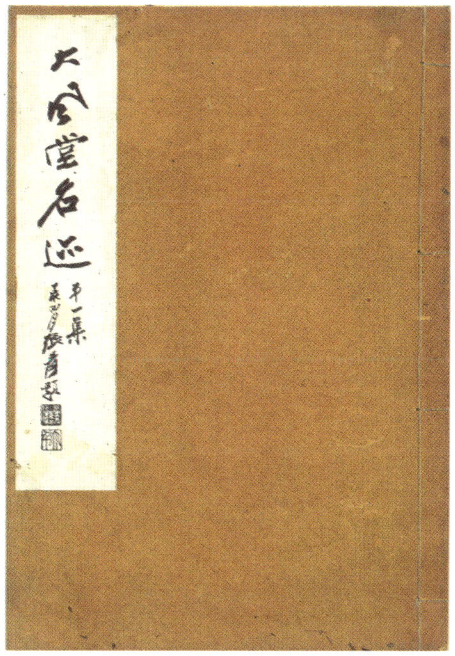

《大风堂名迹》（第一集），成都大风堂 1947 年印行

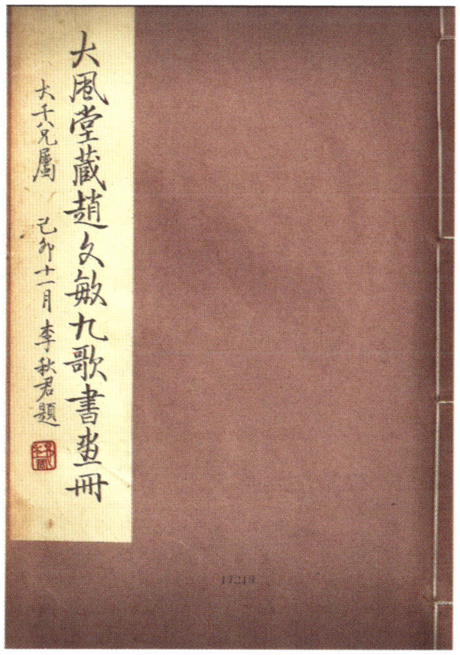

《大风堂藏赵文敏九歌书画册》，上海大风堂 1947 年印行

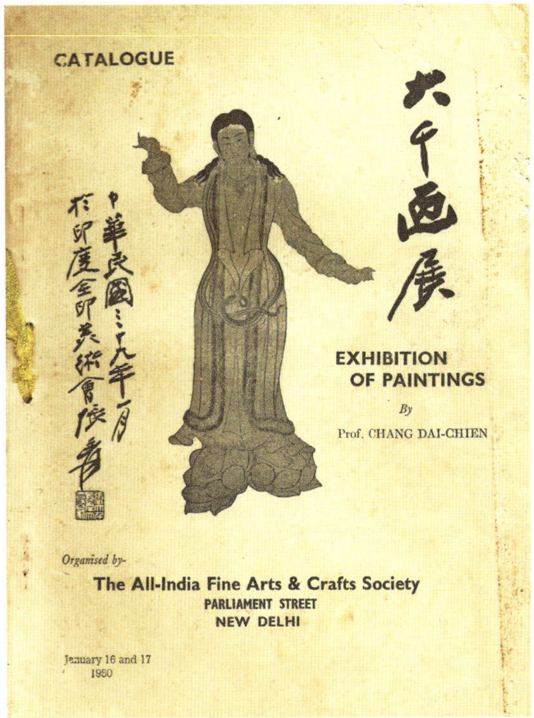

《大千画展》，印度新德里全印美术会印行

《张大千临摹敦煌石窟壁画及收藏古画展》，法国巴黎赛努奇美术馆印行

郭昌伟编撰《张大千先生画集》，台湾中华文物馆印行

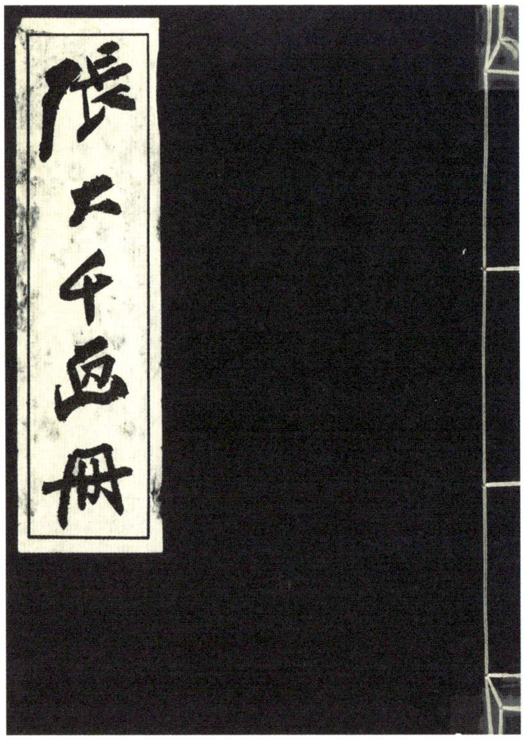

《张大千画册》，1959 年出版

张目寒编撰《张大千画展》，台北印行

《张大千荷花》，出版信息不详

高岭梅编《张大千画》，1961 年香港编印出版

V.Elisseeff 编《张大千巨荷四联屏展》，法国巴黎 EUROS 画廊 1961 年出版

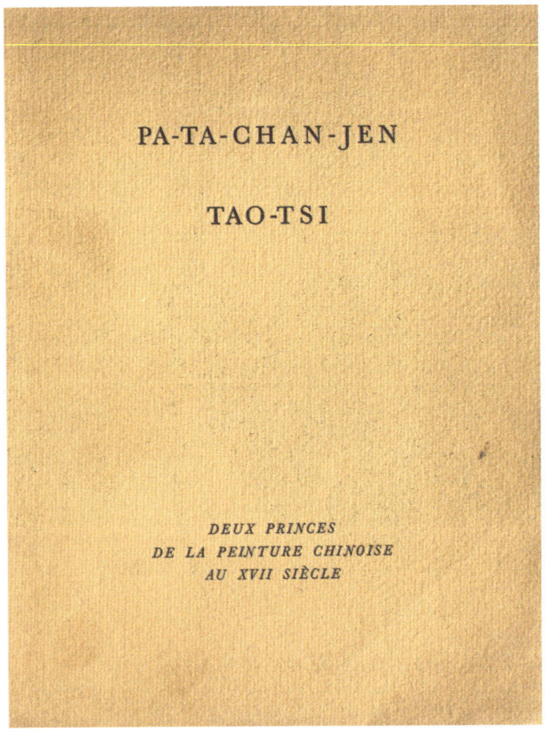

《张大千收藏展：八大山人、石涛》，法国巴黎 1961 年出版

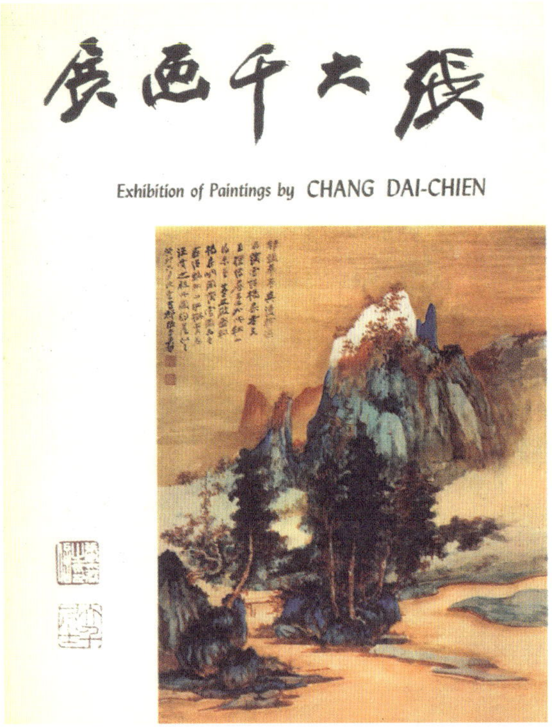

James Cahill 编撰《张大千画展》，美国纽约 Hirschl & Adler 画廊印行

《台湾》（张大千画专辑），1965 年 5 月号

李必喜编撰《张大千画展》，德国（西德）科隆东方画廊 1965 年印行

郎静山摄《八德园摄景》，台北中国文化学院摄影研究会 1966 年印行

香港东方学会编撰《张大千近作展览》，香港东方学会 1966 年印行

高岭梅编撰《张大千近作》，香港东方学会 1966 年印行

高岭梅编著《张大千画集》，香港东方学会 1967 年出版

Basil Gray, MA, CBE 编撰《张大千克密尔画展目录》，美国加州 Laky 画廊 1967 年印行

《张大千近作》（第一辑），台北维新书局 1967 年出版

《张大千近作展览》，台湾历史博物馆 1967 年出版

张炽良编《大千居士近作展览》，香港 1967 年出版

台湾历史博物馆编张大千《长江万里图》，台湾历史博物馆 1968 年出版

谢家孝著《张大千的世界》，《台湾征信新闻报》1968 年首印出版

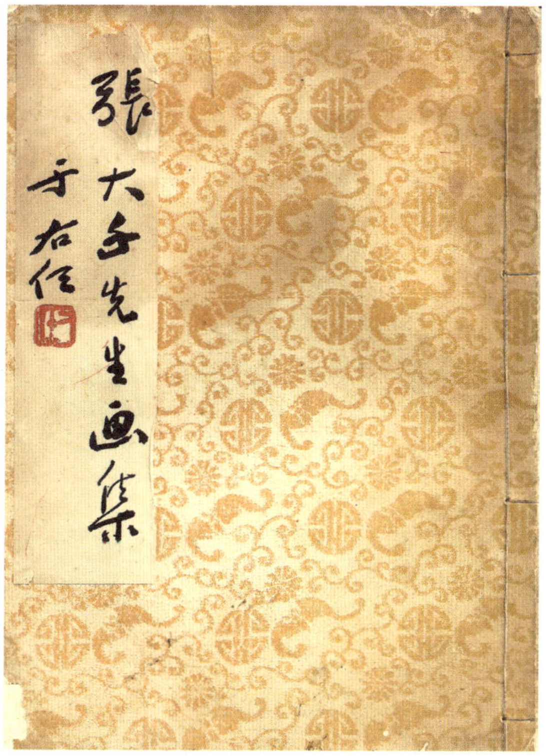

匡仲英编《张大千先生画集》，台湾 1958 年出版

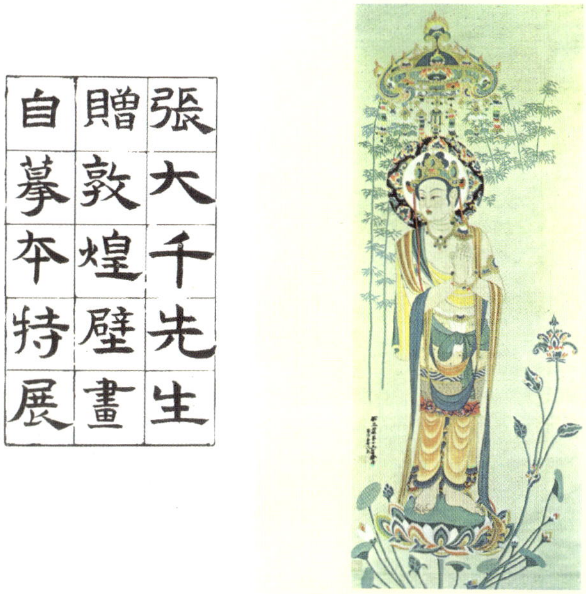

《张大千先生赠敦煌壁画自摹本特展》，台北故宫博物院 1969 年出版

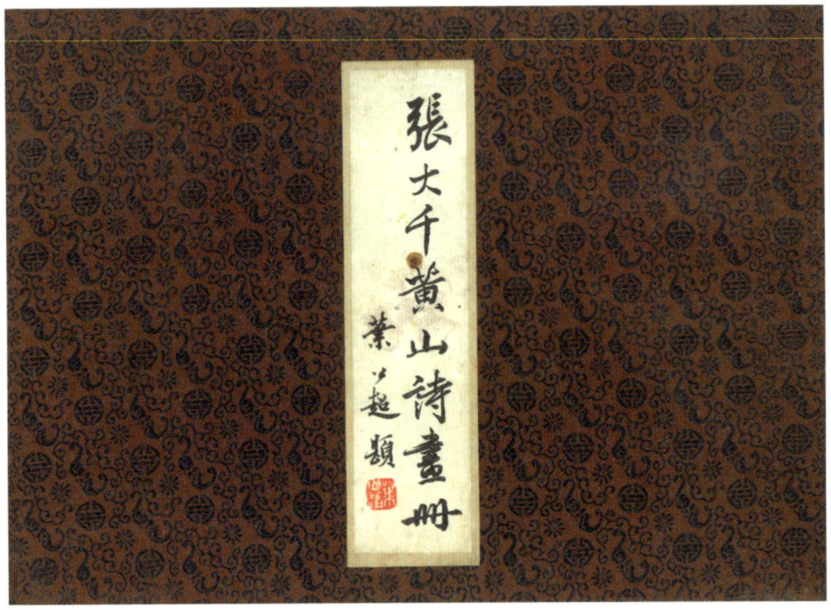

张目寒编《张大千黄山诗画册》，台湾汉华文化事业股份有限公司 1969 年出版

方闻、林语堂编撰《张大千画展》，美国纽约文化中心 1969 年印行

Ivon DArgence 编撰《张大千画展》，美国加州恩克伦画廊 1970 年印行

《张大千画》，台湾雅蕴堂 1970 年印行

《张大千书画展》香港大会堂 1971 年印行

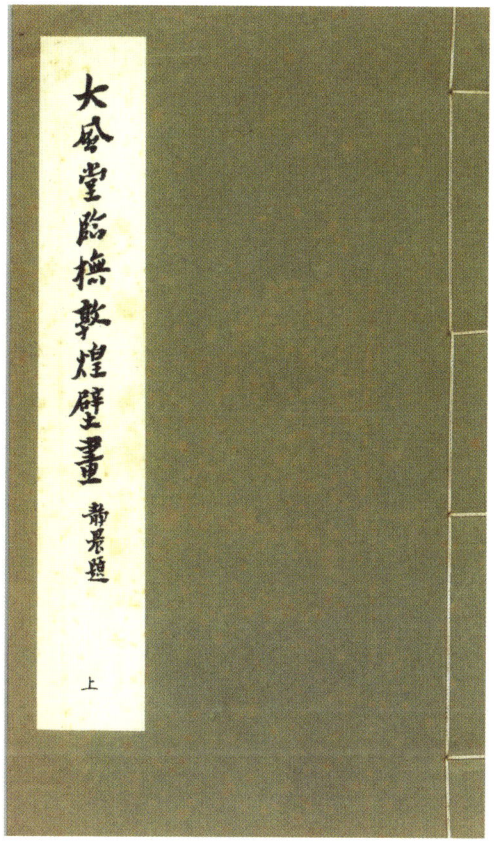

《大风堂临摹敦煌壁画》（上集），台湾 1972 年印行

美国旧金山亚洲艺术中心编《张大千四十年回顾展》，日本讲谈社 1972 年印制

《张大千画展》，美国芝加哥西纳奇画廊 1974 年印行

《张大千书画展览》香港大会堂 1974 年印行

赖恬昌编《中国当代三杰联展：张大千、丁衍庸、程十发》，华盛顿大学出版社 1975 年出版

姚梦谷编《张大千作品选集》，台湾历史博物馆 1976 年出版

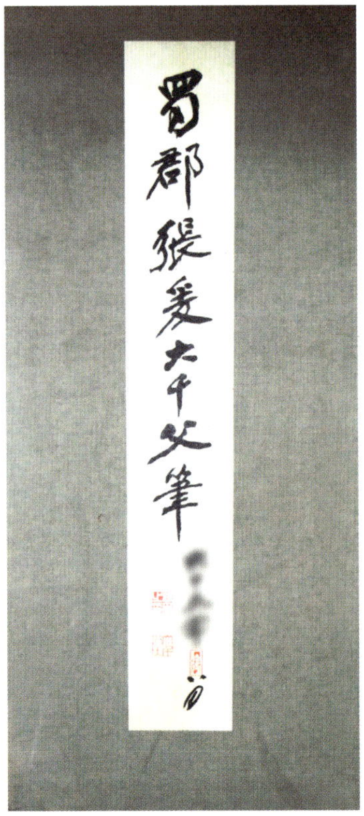

台湾历史博物馆编《蜀郡张爰大千父笔》（活页装），台湾历史博物馆 1976 年印行

许世旭编译《张大千画展》图录，韩国东亚日报社 1978 年出版

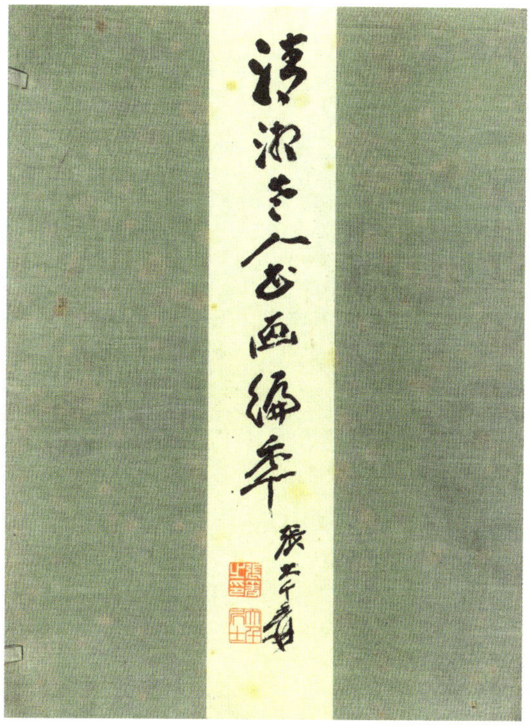

张大千编纂、高岭梅策划《清湘老人书画编年》，香港高氏东方艺术公司 1978 年出版

《胡崇贤摄影选集》，台湾历史博物馆 1978 年印行

《西康游展》，台湾历史博物馆 1980 年出版

《摩耶精舍梅花》（第一辑），台湾历史博物馆 1980 年出版

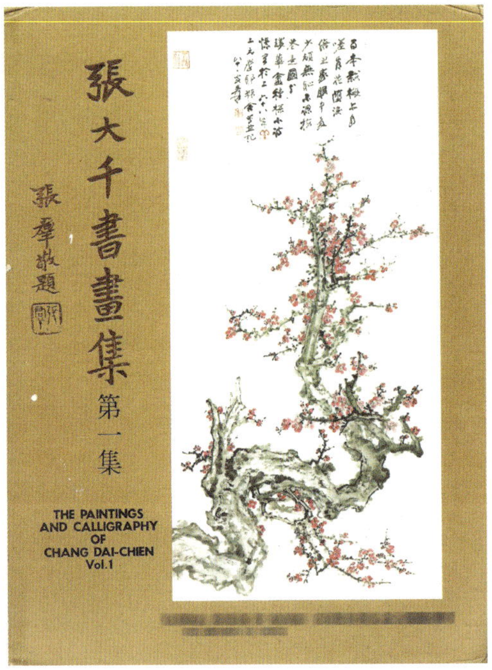

台湾历史博物馆编《张大千书画集》（第一集），台湾历史博物馆 1980 年出版

郎静山摄《张大千先生影展》，台北中国彩色印刷公司 1982 年印行

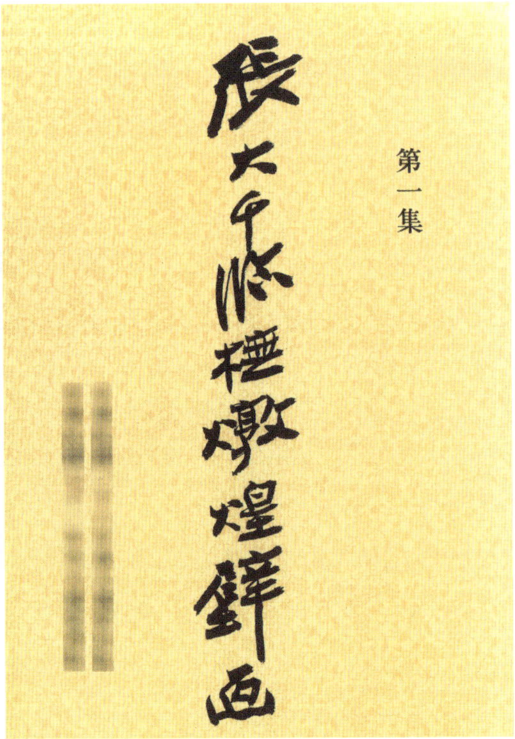

《张大千临摹敦煌壁画》（第一集），台湾 1982 年印行

《摩耶精舍梅花》（第二辑），台湾历史博物馆 1982 年出版

《张大千书画集》（第三集），台湾历史博物馆 1982 年出版

郭昌伟编《张大千画（画谱）》，台湾华正书局 1982 年出版

台北故宫博物院编《张大千先生纪念册》，台北故宫博物院 1983 年出版

《张大千书画集》（第六集），台湾历史博物馆 1982 年出版

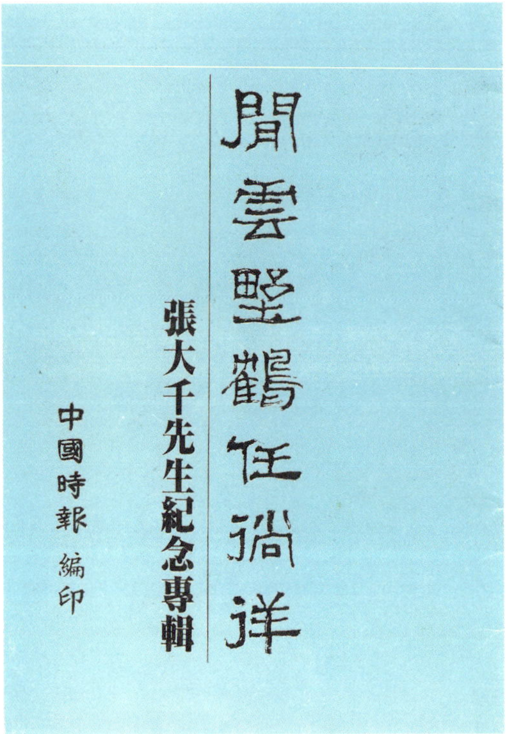

台湾中国时报编《闲云野鹤任徜徉　张大千先生纪念专辑》，台湾《中国时报》1983 年印行

香港艺术中心与台湾历史博物馆合编《张大千回顾展》，香港艺术中心包兆龙画廊 1985 年印行

《大千诸相》，出版信息不详

《大千居士临瘗鹤铭》，台北华正书局 1987 年出版

巴东编撰《张大千九十纪念展书画集》，台湾历史博物馆 1988 年出版

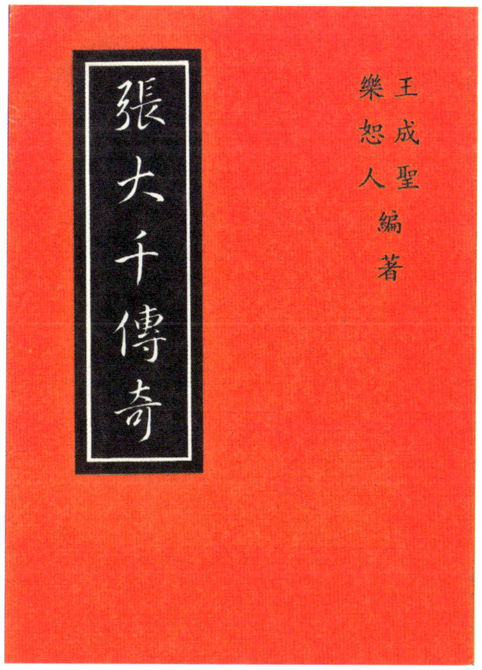

王成圣、乐恕人编著《张大千传奇》，台湾圣文书局 1989 年出版

傅申编撰《血战古人　张大千回顾展》，美国华盛顿佛利尔·沙可乐艺术博物馆 1991 年出版

汤皇珍编《云山·泼墨　张大千》，台北雄狮图书出版有限公司 1993 年出版

高美庆编撰《梅云堂藏张大千画》，香港中文大学文物馆 1993 年出版

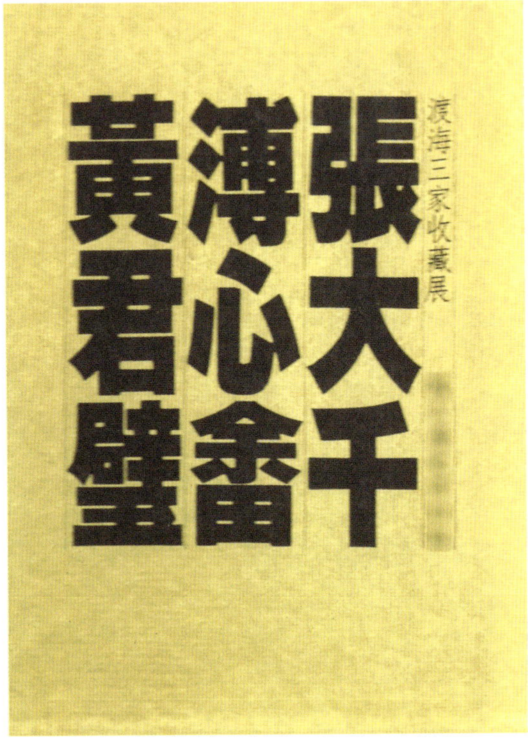

黄永川、严守智编《张大千溥心畬黄君璧　渡海三家收藏展》，台湾历史博物馆 1993 年出版

巴东著《张大千研究》，台湾历史博物馆 1996 年出版

《张大千画集》，出版信息不详

傅申编著《张大千的世界》，台北羲之堂文化出版事业有限公司 1998 年出版

《川康渝美术会荣誉会长大千先生百岁冥诞纪念专辑》，台北川康渝美术会 1999 年印行

《张大千在加州》，美国旧金山州立大学 1999 年印行

曾陆红编《巨匠与中国名画　张大千》，台湾麦克图书有限公司 2000 年出版

信札

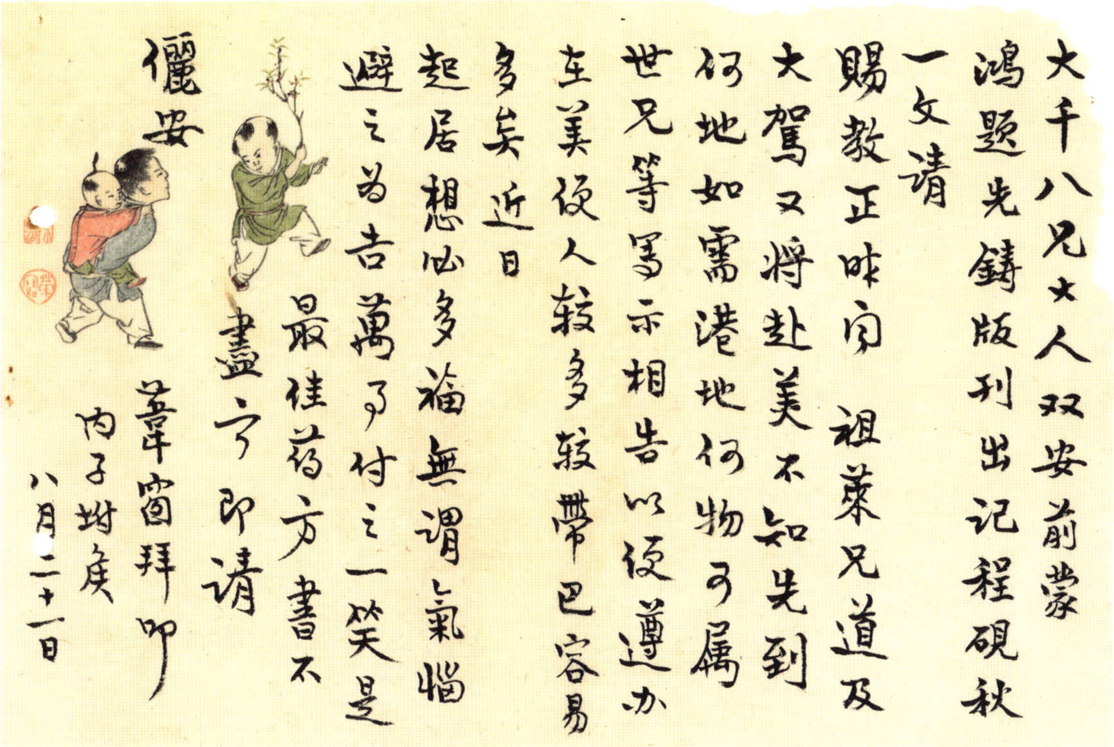

大千八兄大人双安前蒙
鴻題先鑄版刊出記程硯秋
一文請
賜教正昨聞 祖萊兄道及
大駕又將赴美不知先到
何地如需港地何物可屬
世兄等寫示相告以侵遵办
在美侵人較多較帶已容易
多矣近日
起居想必多福無謂氣惱
避之為吉萬勿付之一笑是
最佳藥方書不
盡言即請
儷安
葦窗拜叩
内子坤庚
八月二十一日

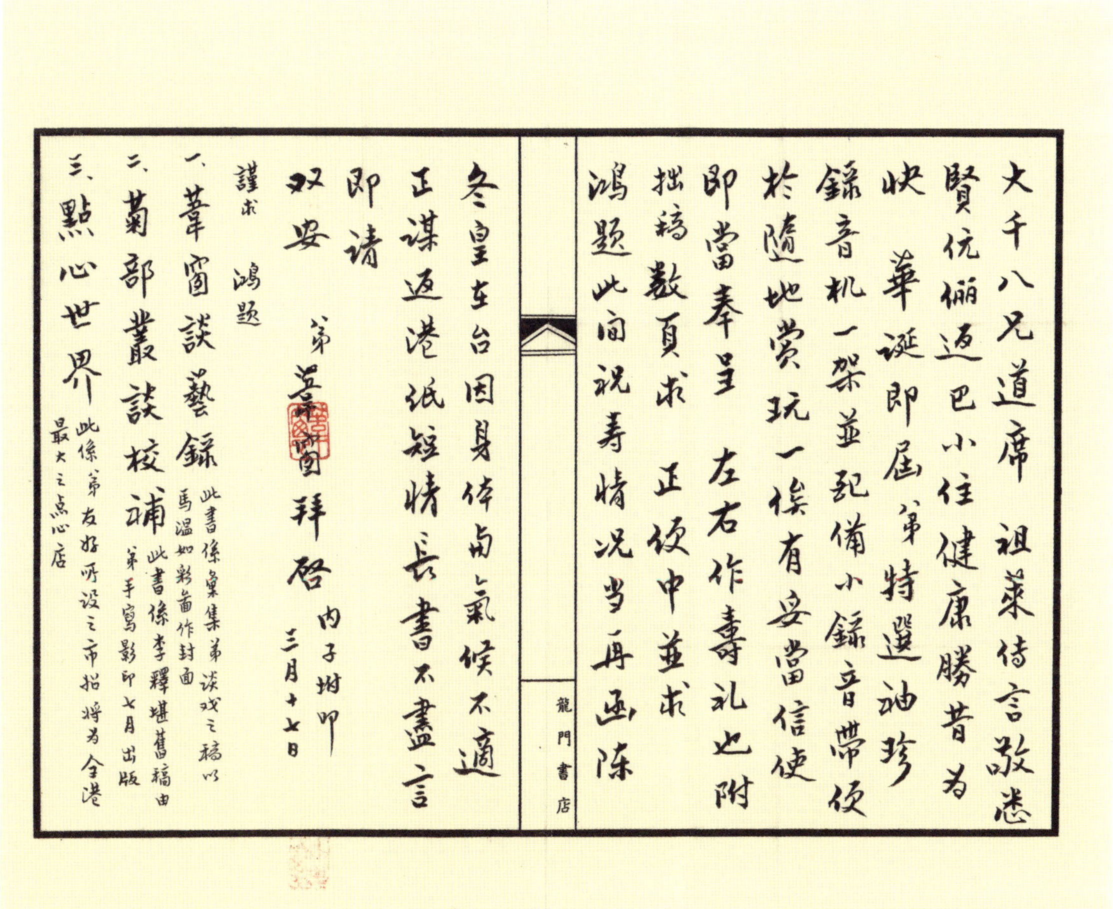

大千八兄道席 祖萊侍言敬悉
賢伉儷返巴小住健康勝昔為
快 華誕即屆弟特選油珍
錄音机一架並配備小錄音帶便
於隨地賞玩一俟有妥當信使
即當奉呈 左右作壽礼也附
拙稿數頁求 正便中並求
鴻題此面說壽情况当再函陈
冬皇在台因身体與氣候不適
正謀返港紙短情長書不盡言
即請
双安
弟葦窗拜啟 内子坤叩
三月十七日
謹求 鴻題
一、葦窗談藝錄 此書係彙集弟談戏之稿以馬溫如彩畫作封面
二、菊部叢談校補 此書係李釋堪舊稿由弟手寫影印七月出版
三、點心世界 此係弟友好所設之市招將為全港最大之点心店

沈苇窗致张大千二札

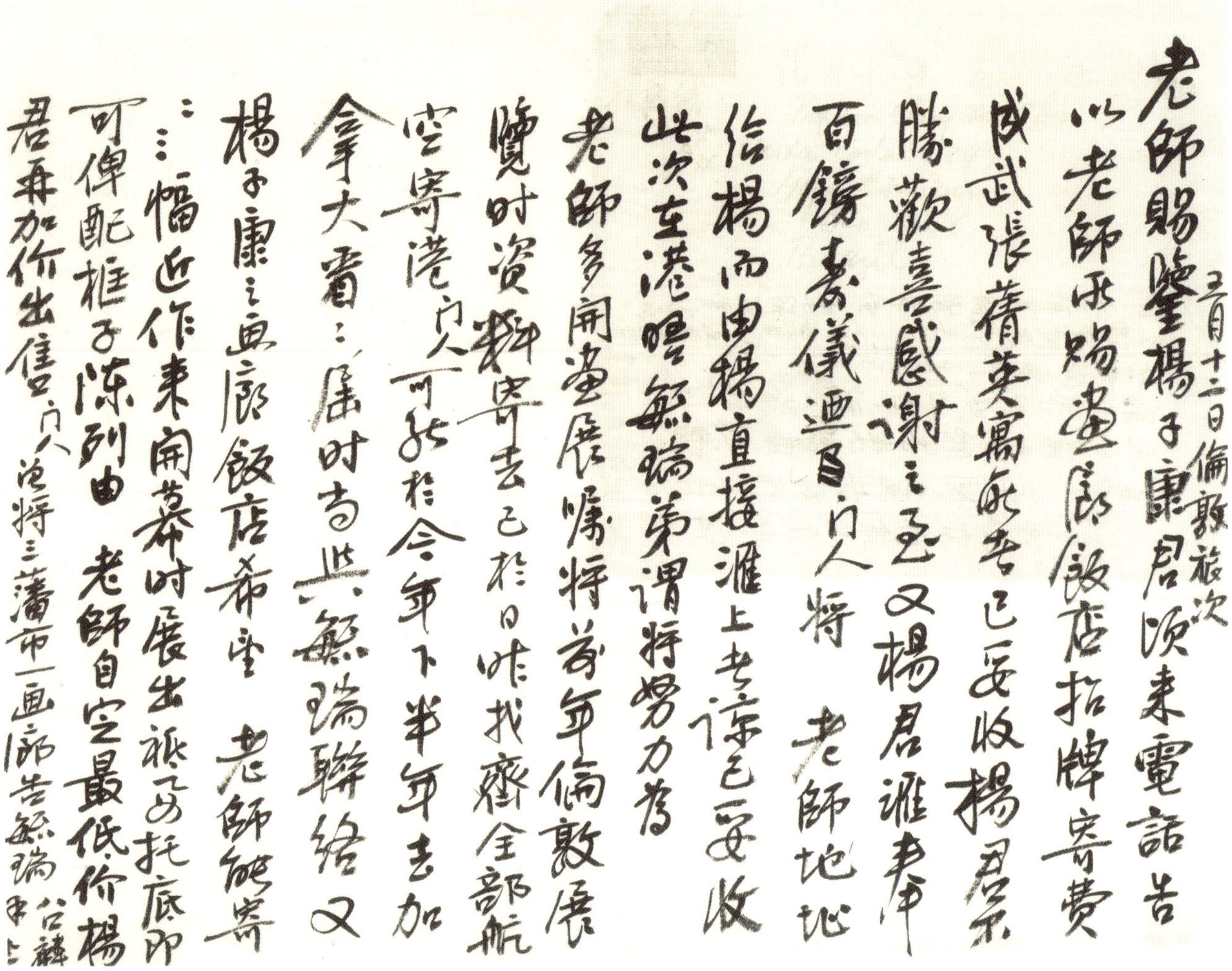

三月十二日倫敦旅次

老師賜鑒：楊子康君頃來電話告
以老師所賜畫廊飯店招牌寄費
成武張倩英寫成者已妥收，楊君宗
勝歡喜感謝之至。又楊君誰奉
百鎊壽儀，遲日門人將　老師地址
給楊，而由楊直接匯上，老師諒已妥收。
此次在港晤無瑞弟，謂將努力為
老師多開畫展，囑將前年倫敦展
覽時資料寄去，已於日昨找齊全部航
空寄港。門人可能於今年下半年去加
拿大看看，屆時當與無瑞聯絡。又
楊子康之畫廊飯店希望　老師能寄
一幅近作來開幕時展出，祇要托底即
可，俾配框子陳列，由　老師自定最低價，楊
君再加價出售。門人亦將三藩市一畫廊告無瑞
召麟上

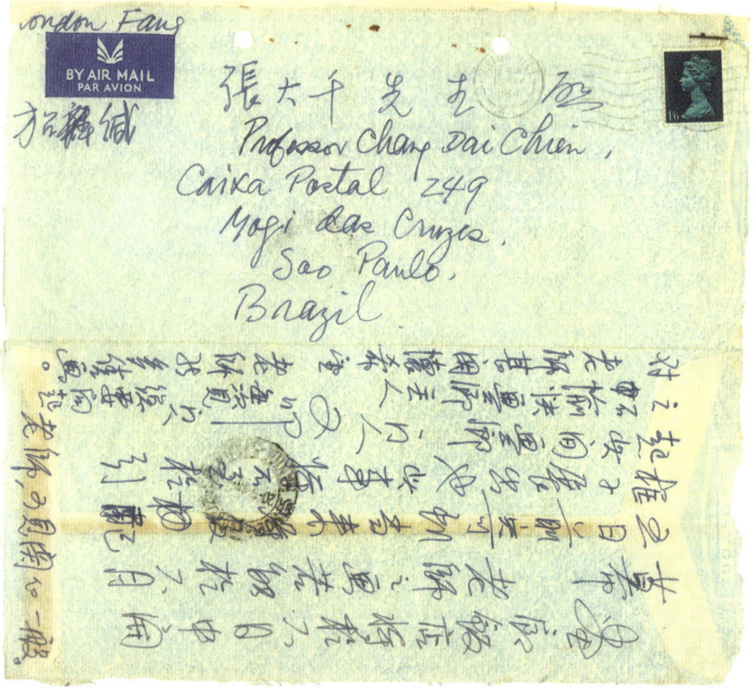

London Fang
BY AIR MAIL
PAR AVION
張大千先生啟
方召麟緘
Professor Chang Dai Chien,
Caixa Postal 249
Mogi das Cruzes,
Sao Paulo,
Brazil

方召麟致张大千信札

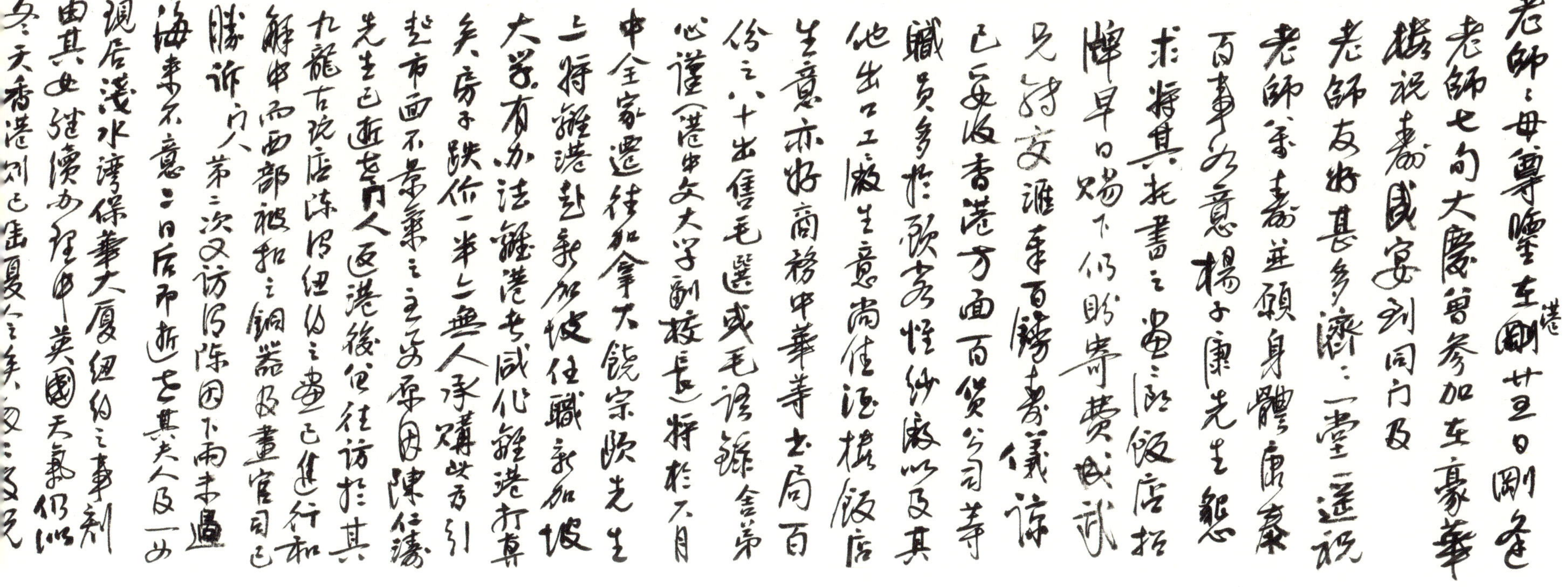

老師、師母尊鑒：在港剛廿五日剛奉
老師七旬大慶曾參加在豪華
樓祝壽盛宴到同門及
老師友好甚多濟濟一堂遙祝
老師、師母壽並頌身體康泰
百事如意。楊子康先生懇
求將其托書之畫與飯店招
牌早日賜下仍盼寄費賦試
兄轉交。匯奉百鎊壽儀請
已安收。香港方面百貨公司等
職員多於顧客，怪紗廠以及其
他出口工廠生意尚佳，酒樓飯店
生意亦好，商務中華等書局百
份之八十出售毛選或毛語錄。舍弟
心謹（港中文大學副校長）將於六月
中全家遷往加拿大，饒宗頤先生
亦將離港赴新加坡任職新加坡
大學。有辦法離港者咸作離港打算
矣。房子跌價一半亦無人承購，此方引
起市面不景氣之主要原因。陳仁濤
先生已逝世夫人返港後但往訪於其
九龍古玩店陳列紐約之畫已集進行和
解中而西部被扣之銅器及畫官司已
勝訴。六八 第二次又訪問陳因下雨未遇
海來不意二日後即逝世其夫人及一女
現居淺水灣保華大廈，紐約之事則
由其女繼續辦理中。英國天氣仍如
冬天，香港則已屆夏令矣。又二月兄

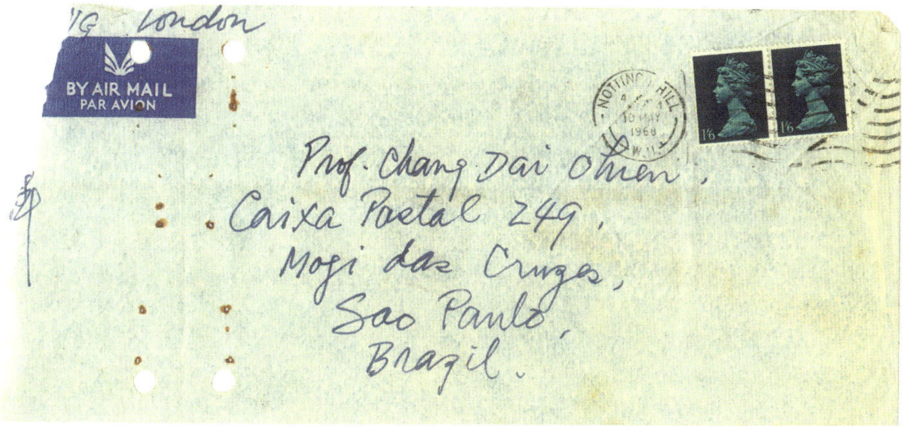

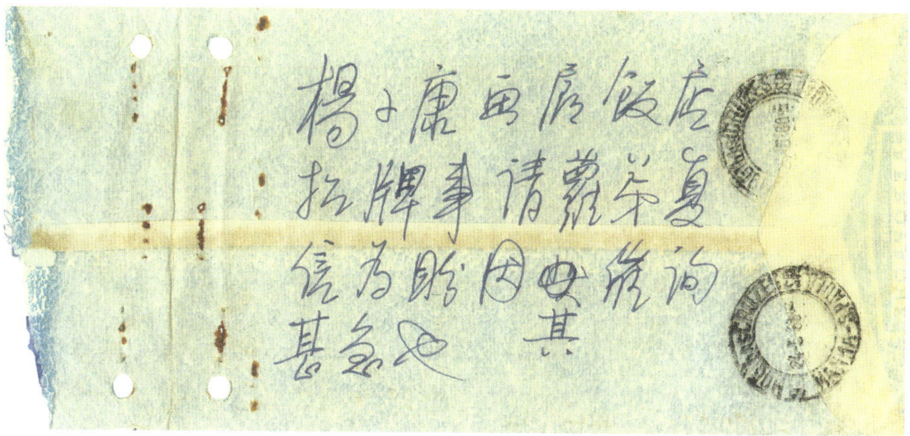

方召麟致张大千信札

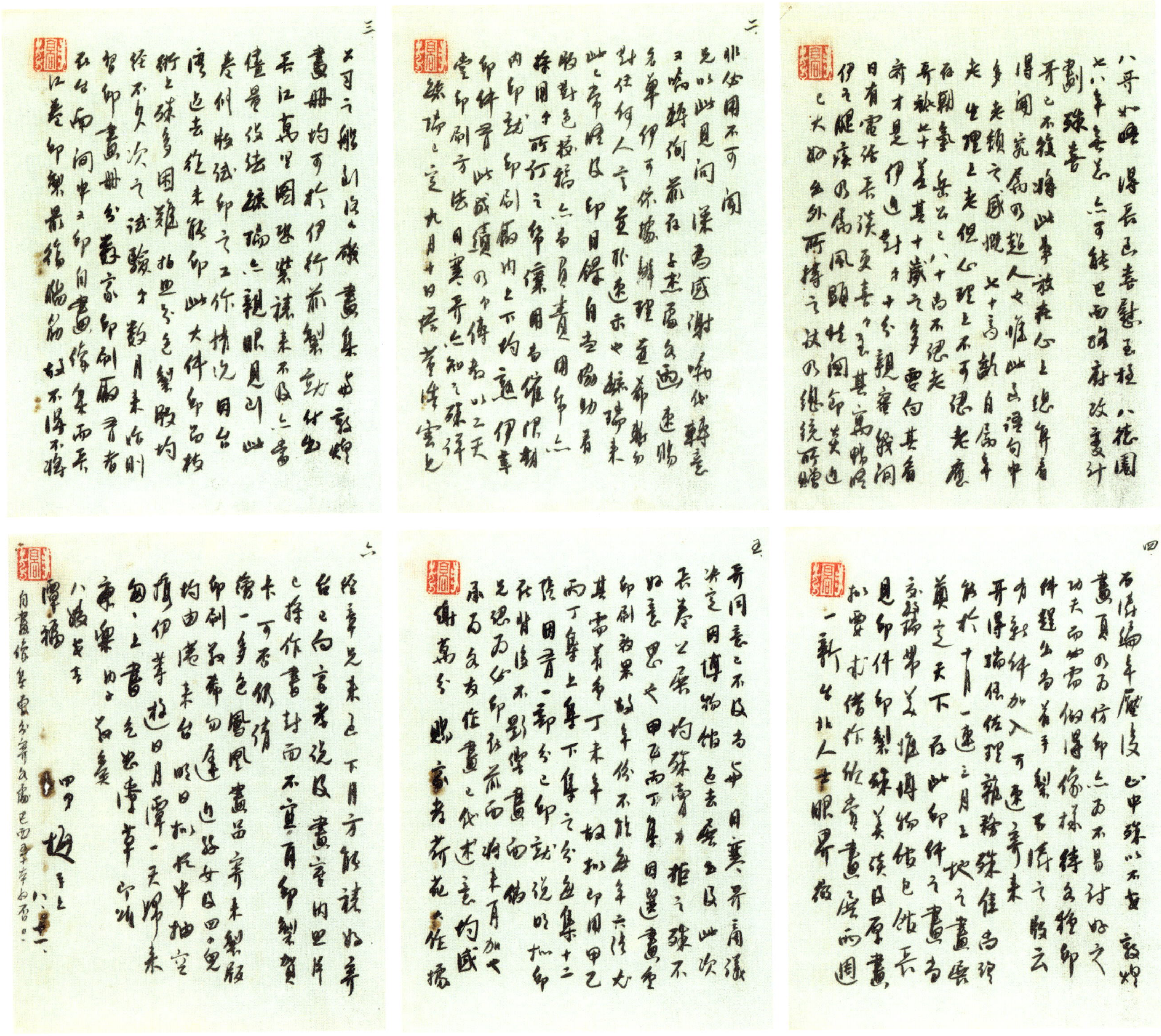

高岭梅致张大千信札

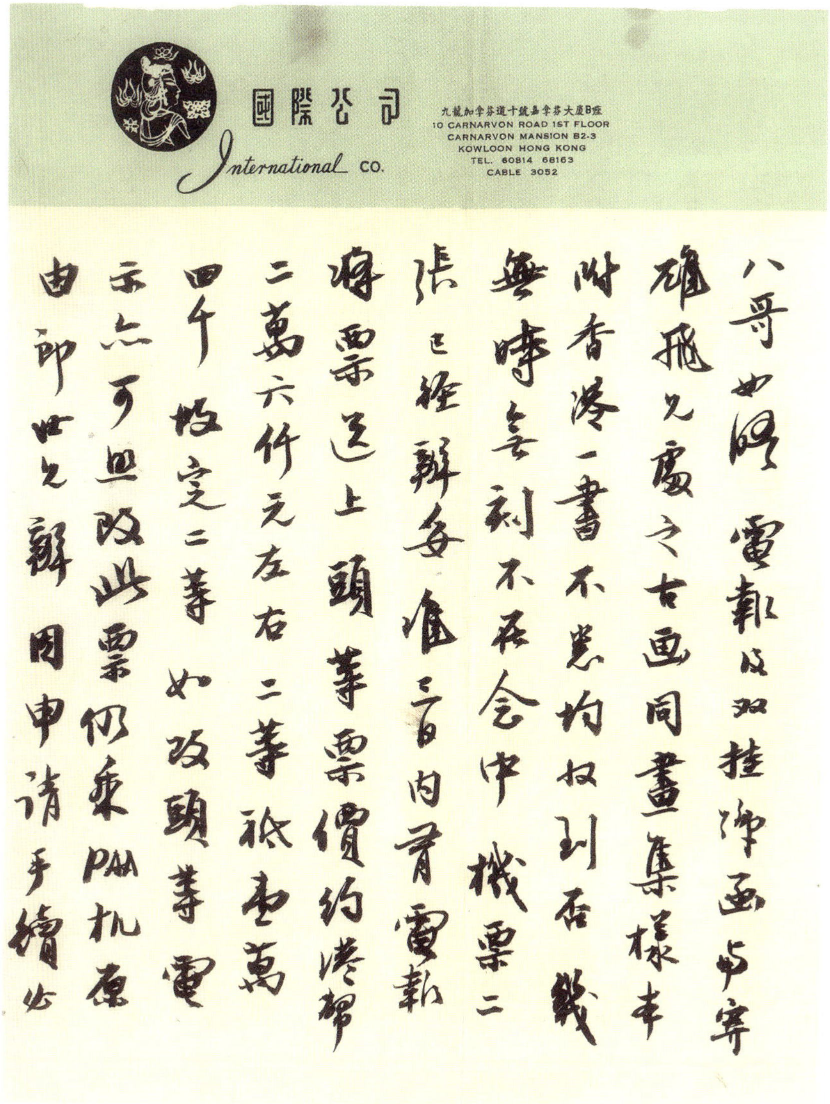
國際公司 International CO.
九龍加拿芬道十號嘉拿芬大廈B座
10 CARNARVON ROAD 1ST FLOOR
CARNARVON MANSION B2-3
KOWLOON HONG KONG
TEL. 60814 68163
CABLE 3052

八哥如晤
電報及双掛號函与寄
雄飛兄處之古画同畫集樣本
附香港一書不悉均收到否錢
無時無刻不在念中機票二
張已經辦妥准三月內有電報
將票送上頭等票價約港幣
二萬六仟元左右二等祇壹萬
四千收定二等如改頭等電
示亦可但改此票仍乘PAA机原
由即世兄辦因申請手續必

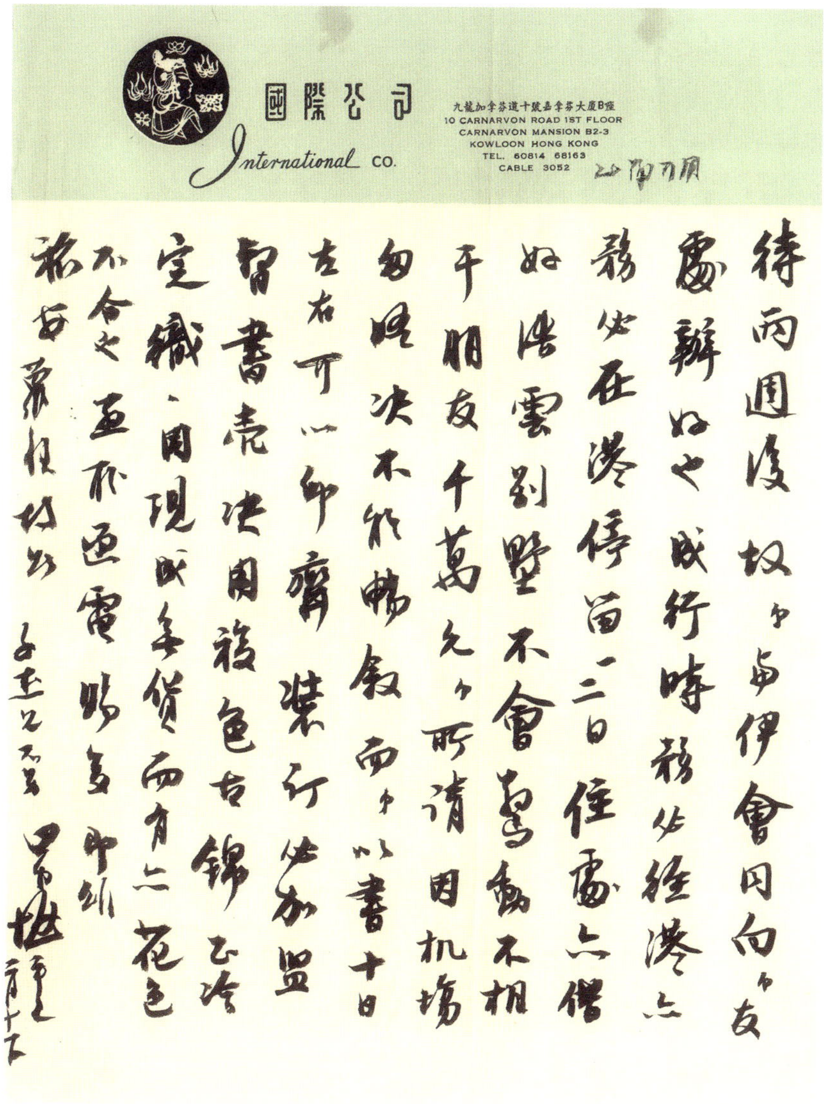
國際公司 International CO.
九龍加拿芬道十號嘉拿芬大廈B座
10 CARNARVON ROAD 1ST FLOOR
CARNARVON MANSION B2-3
KOWLOON HONG KONG
TEL. 60814 68163
CABLE 3052

待兩週後收々与伊會同向々友
處辦々我行時務必經港亦
務必在港停留一二日侄處亦備
如浩雲別墅不會驚動不相
干朋友千萬允々所請因机場
匆晤決不能暢敘而々以書十日
左右可以印齊裝訂必加盟
留書套決用絹色古錦已洽
定織因現時手貨而有二花色
不合之並不過電盼多印行
祝安
[illegible]
梅弟
[illegible]

高岭梅致张大千信札

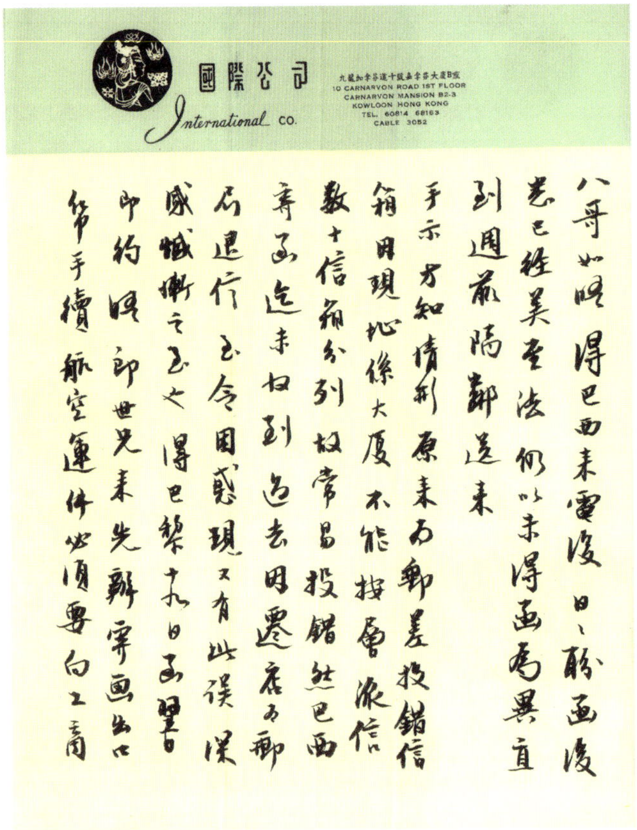

國際公司 International Co.
九龍加拿芬道十號嘉拿芬大廈B座
10 CARNARVON ROAD 1ST FLOOR CARNARVON MANSION B2-3 KOWLOON HONG KONG TEL. 60814 66163 CABLE 3052

八哥如晤：得巴西來電後，日日盼函，後悉已經美國法，仍以未得函爲異，直到週前隔鄰送來手示，方知績新原來函郵差投錯信箱，因現地係大廈，不能投函派信，數十信箱分列，故常易投錯。然巴西寄函從未如到，迄今因遷居而郵局遲行，已令困惑，現又有此誤，深感憾懈之至。得巴黎十九日函，暑中約晤，即世兄未先辦寄畫出口等手續，航空運件必須要向工商

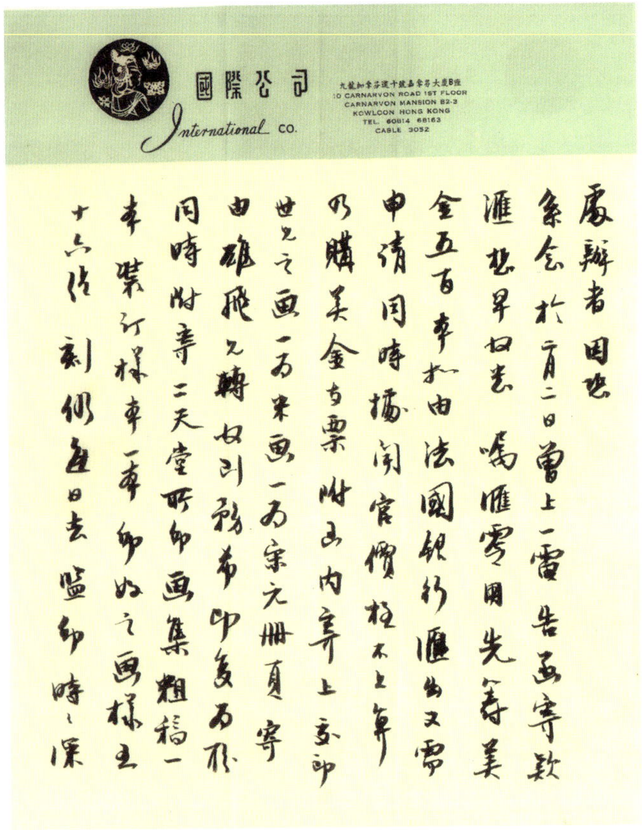

國際公司 International Co.
九龍加拿芬道十號嘉拿芬大廈B座
10 CARNARVON ROAD 1ST FLOOR CARNARVON MANSION B2-3 KOWLOON HONG KONG TEL. 60814 66163 CABLE 3052

處辦者，因恐來念，於六月二日曾上一電，告函寄款匯，想早收悉。囑匯寄，因先寄美金五百，本擬由法國銀行匯出，又需申請，同時攜閱官價極不上算，故購美金支票，附函內寄上。至郵世兄之函一另[illegible]宋元冊頁，寄由雄飛兄轉，如到務希即覆爲禱。同時附寄二天堂所印畫集樣稿一本，裝訂樣本一本，印好之畫樣已十六付，刻仍每日去監印，時時深

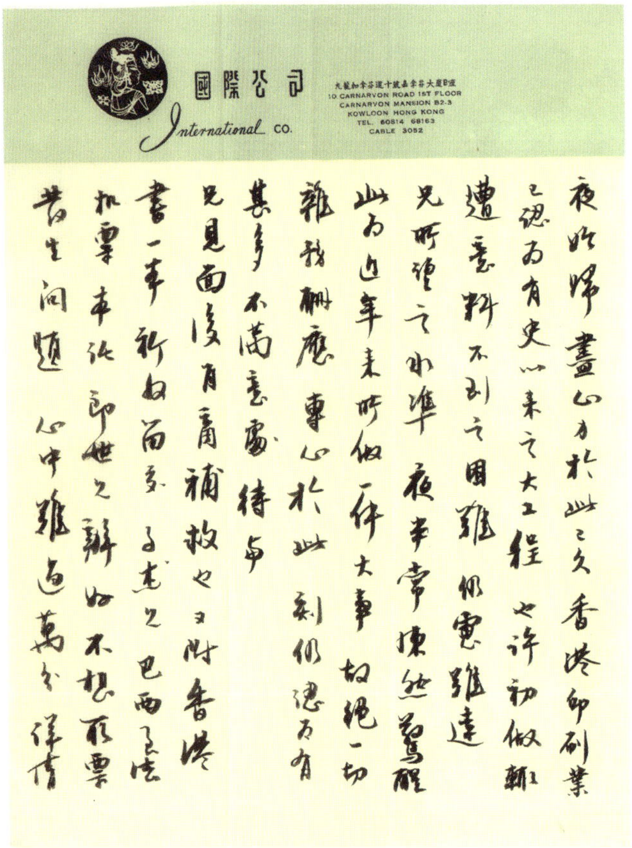

國際公司 International Co.
九龍加拿芬道十號嘉拿芬大廈B座
10 CARNARVON ROAD 1ST FLOOR CARNARVON MANSION B2-3 KOWLOON HONG KONG TEL. 60814 66163 CABLE 3052

夜晚歸，盡心力於此之久，香港印刷業已認爲有史以來之大工程，也許初做難遭意料不到之困難，仍要難達兄所預之水準，夜半常懊然驚醒，此乃近年來所做一件大事，切絕一切雜務應酬，專心於此，刻仍認爲有甚多不滿意處，待與兄見面後有所補救也。又附香港書一本，於如留念。子杰兄巴西之法机票，本依即世兄之辦好，不想取票者先問題，心中難過萬分，伴情

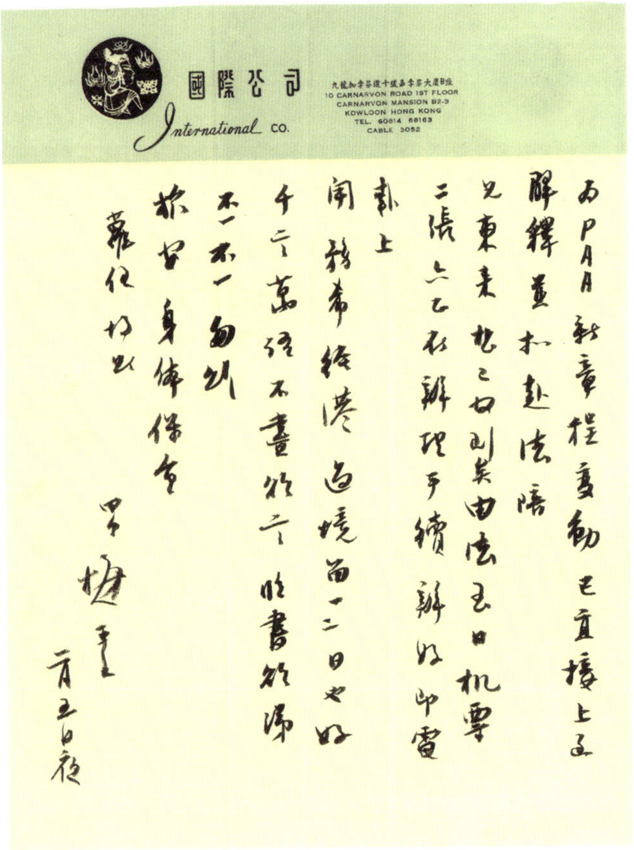

國際公司 International Co.
九龍加拿芬道十號嘉拿芬大廈B座
10 CARNARVON ROAD 1ST FLOOR CARNARVON MANSION B2-3 KOWLOON HONG KONG TEL. 60814 66163 CABLE 3052

而巴西新章程多動，已直接上函解釋，並本赴法情。兄東來，想已如前，則其由法至日机票二張，亦已在辦理手續，辦好即電散上。閣務希經港逗留一二日也好。千言萬語不盡於言，時書於歸，不一不一，匆匆。祈望身体保重，[illegible]切切。

弟 梅 手上

六月五日夜

高岭梅致张大千信札

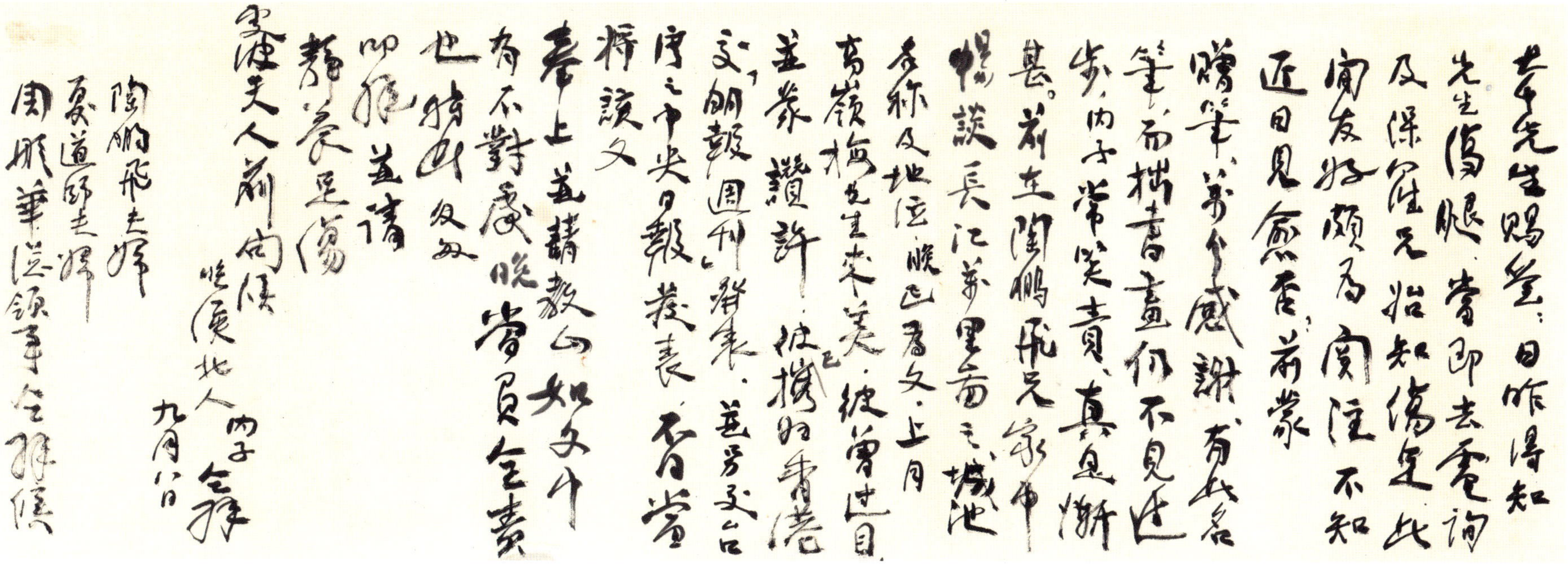

侯北人致张大千信札

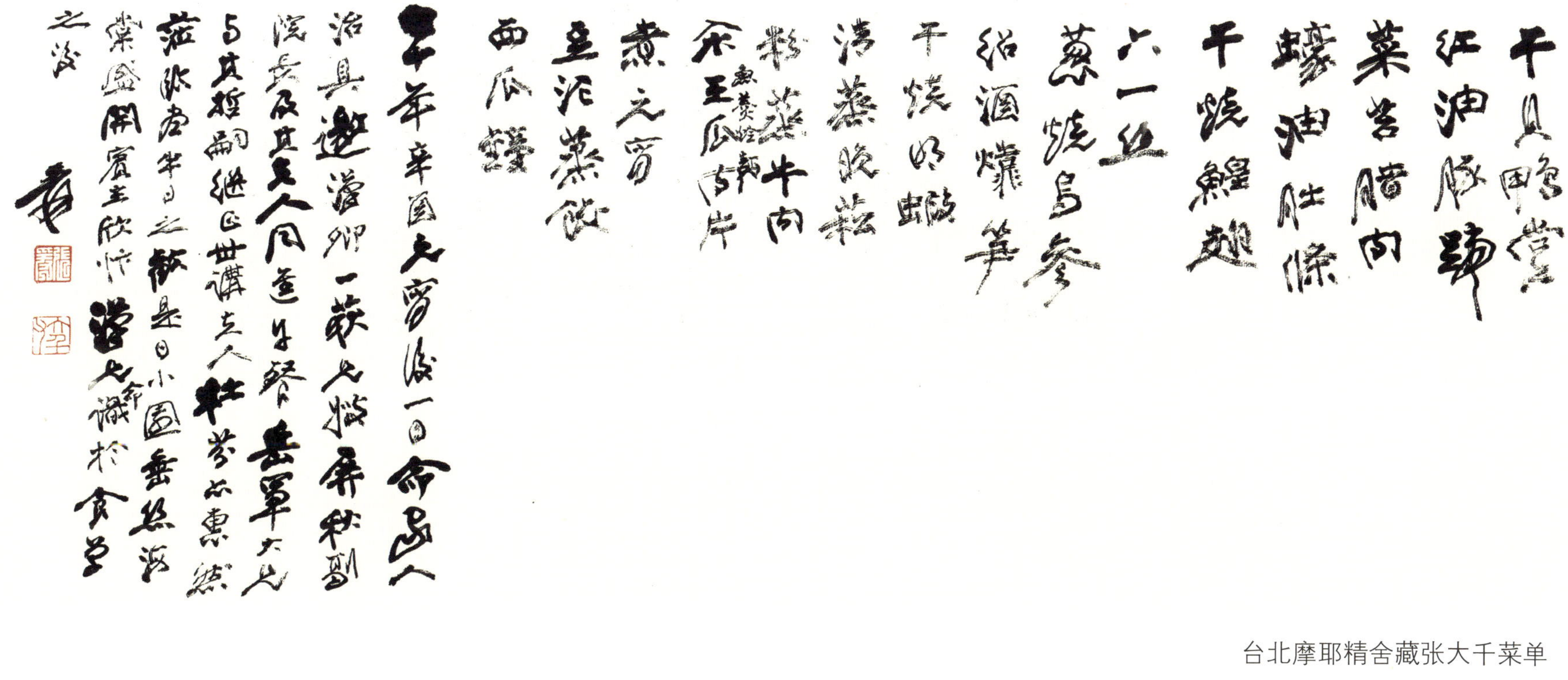

台北摩耶精舍藏张大千菜单

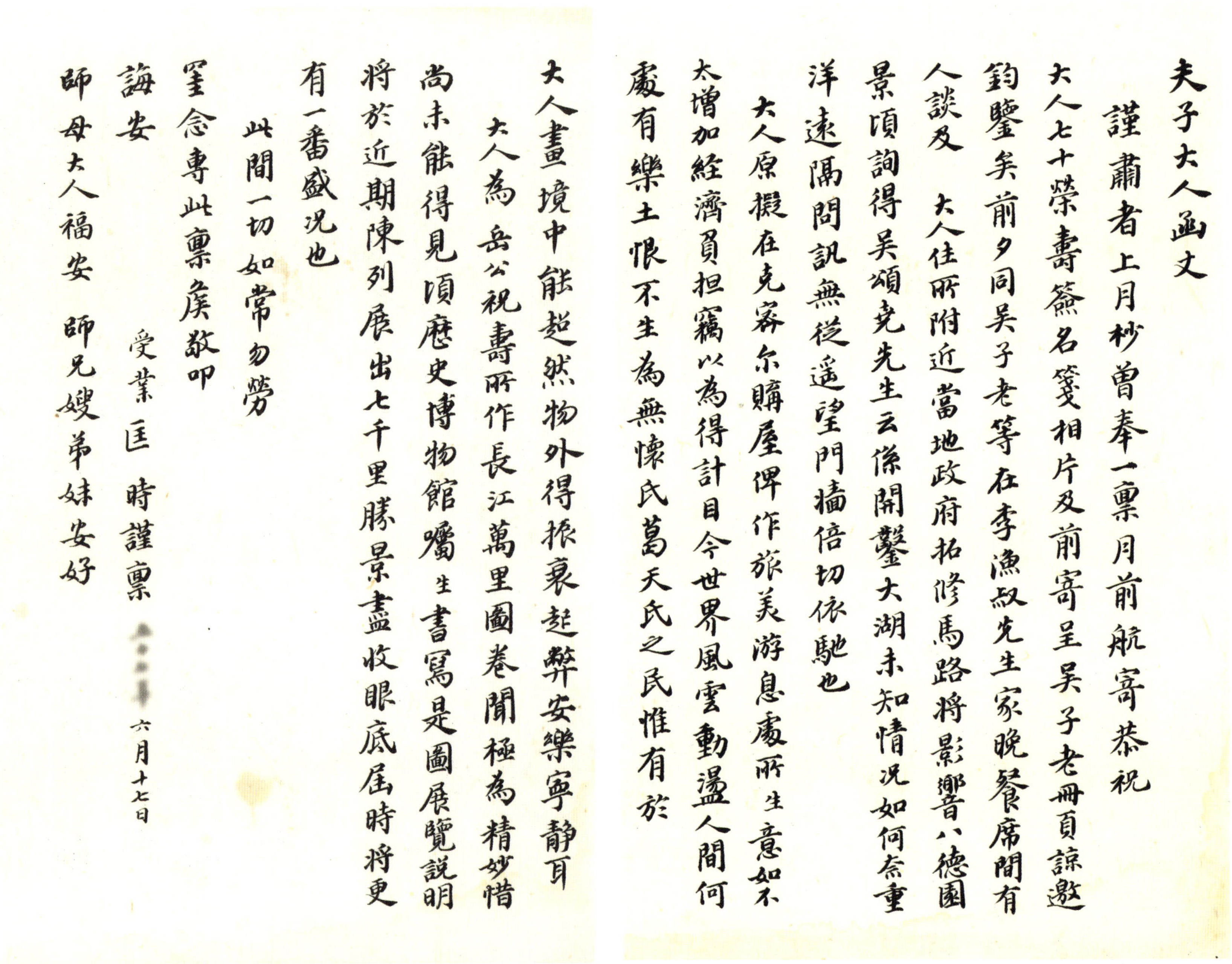

夫子大人函丈
謹肅者上月杪曾奉一稟月前航寄恭祝
大人七十榮壽簽名箋相片及前寄呈吴子老冊頁諒邀
鈞鑒矣前夕同吴子老等在李漁叔先生家晚餐席間有
人談及　大人住所附近當地政府拓修馬路將影響八德園
景頃詢得吴頌堯先生云係開鑿大湖未知情況如何奈重
洋遠隔問訊無從遥望門墻倍切依馳也
大人原擬在克密尔購屋俾作旅美游息處所生意如不
太增加經濟負担竊以為得計目今世界風雲動盪人間何
處有樂土恨不生為無懷氏葛天氏之民惟有於
大人畫境中能超然物外得振衰起弊安樂寧靜耳
大人為岳公祝壽所作長江萬里圖卷聞極為精妙惜
尚未能得見頃歷史博物館囑生書寫是圖展覽説明
將於近期陳列展出七千里勝景盡收眼底届時將更
有一番盛況也
此間一切如常勿勞
罣念專此稟候敬叩
誨安　　受業匡　時謹稟　六月十七日
師母大人福安　師兄嫂弟妹安好

匡仲英致张大千信札

夫子大人尊前叩稟者即拜誦
訓示經悉一切藉知
福體尚未痊癒萬望
夫子調養藥物進服小心為頌為禱昨六月廿二日
高伯与伯母飛暹羅羅馬至英國未悉何日到
巴西也并嘗賜誦 夫子惠高伯一函并悉近日
夫子之心情得以寧靜萬事等等切望
夫子勿結滯寄以心中 福體為重也祖莱伯時
有相叙今又同饒宗頤先生觀各碑帖并候問
夫子近安也前寄「三卷」各畫今已着手裝裱
但大慎者尚無尺寸也便請賜示是幸 門人之處
存畫列下：（一九六三年五月）
(一)石濤花卉冊頁八幀。
(二)鮮困學跋之石古文「石鼓文卷」。
(三)八大山水巨幅兩幀。（日本裱工）。
(四)董源山水卷。
(五)日本印之雲舟山水軸
(六)由張爔良先生手交 門人之舊畫拾弍幀。
（但均無定價格也）
(七)顧澄明先生之存畫尚在顧先生處。
喜蒙賜惠伊汀州堂幅不勝感謝萬萬也。
港地之字畫價目極昂且無來源也又高伯代
夫子從顧澄明先生手購藏石濤山水軸且上有
書堂題字也極佳之品也稟告知之草不成字
萬求原諒是幸 叩頌
福安 暨候
師母大人康安及各世兄弟妹愉快
門人 李喬峰百拜上
己酉五月初九日

李乔峰致张大千信札

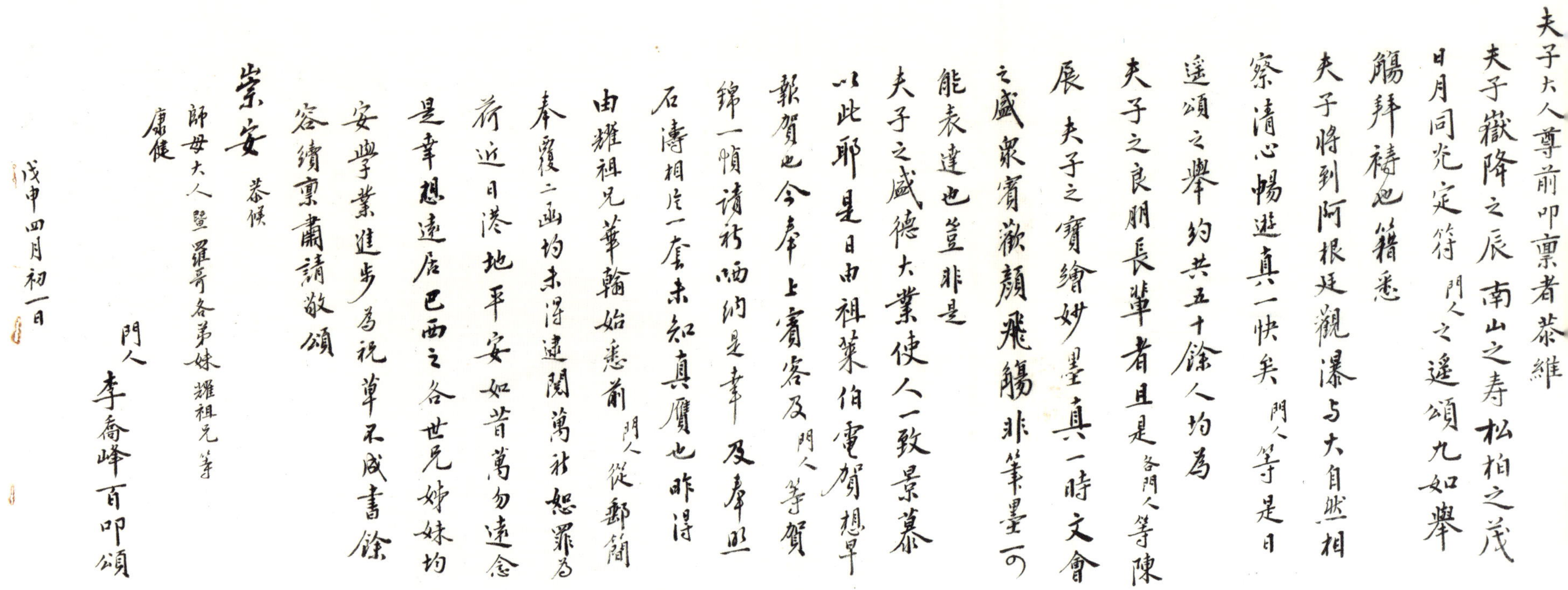

夫子大人尊前叩稟者恭維
夫子嶽降之辰 南山之寿松柏之茂
日月同光定符 門人之遙頌九如舉
觴拜禱也籍悉
夫子將到阿根廷觀瀑与大自然相
察清心暢遊真一快矣 門人等是日
遙頌之舉約共五十餘人均為
夫子之良朋長輩者且是各門人等陳
辰 夫子之寶繪妙墨真一時文會
之盛衆賓歡顏飛觴非筆墨一可
能表達也豈非是
夫子之盛德大業使人一致景慕
以此耶是日由祖葉伯電賀想早
報賀也今年上賓客及門人等賀
錦一幀請祈哂納是幸 及奉照
石濤相片一套未知真贋也昨得
由耀祖兄華翰始悉前 門人從鄭簡
奉覆二函均未得達閱萬祈恕罪為
荷近日港地平安如昔萬勿遠念
是幸想遠居巴西之各世兄姊妹均
安學業進步為祝草不成書餘
容續稟肅請敬頌
崇安 恭候
師母大人暨羅哥各弟妹 耀祖兄等
康健
門人 李喬峰百叩頌
戊申四月初一日

李乔峰致张大千信札

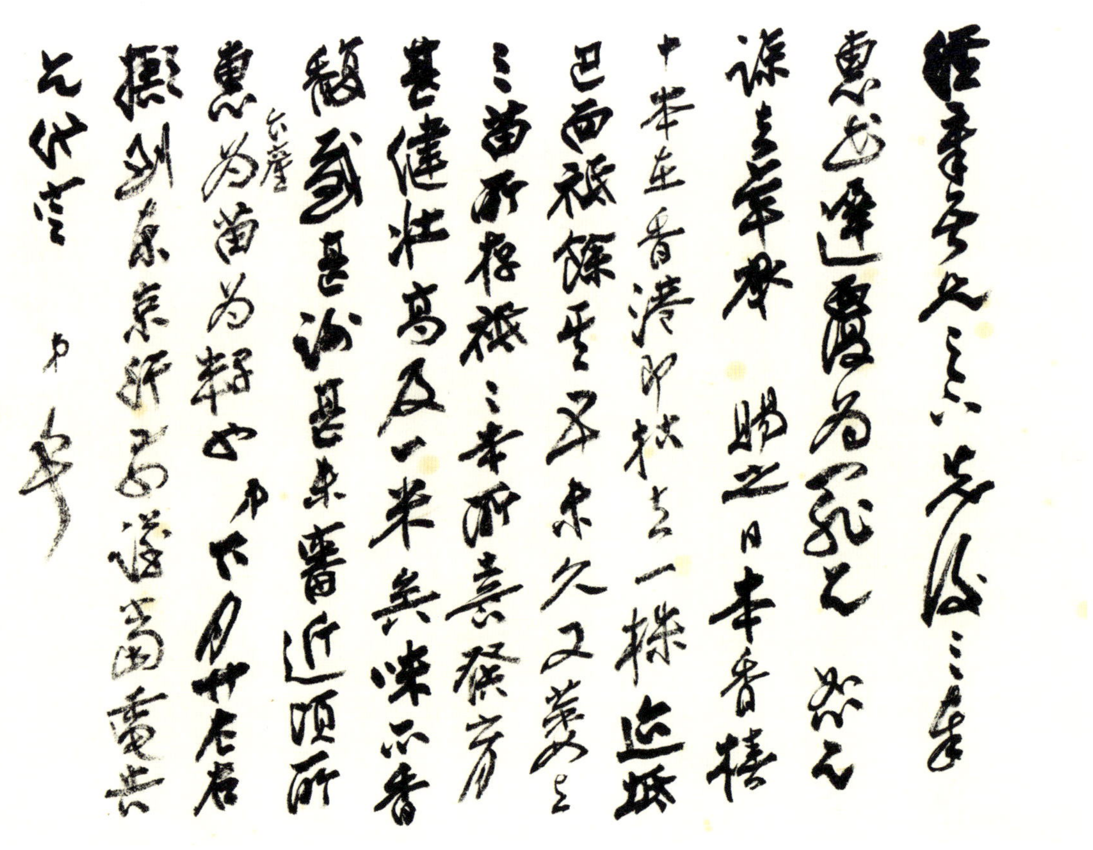

张大千致日本华裔园艺师经章先生信札
成都瀞园提供

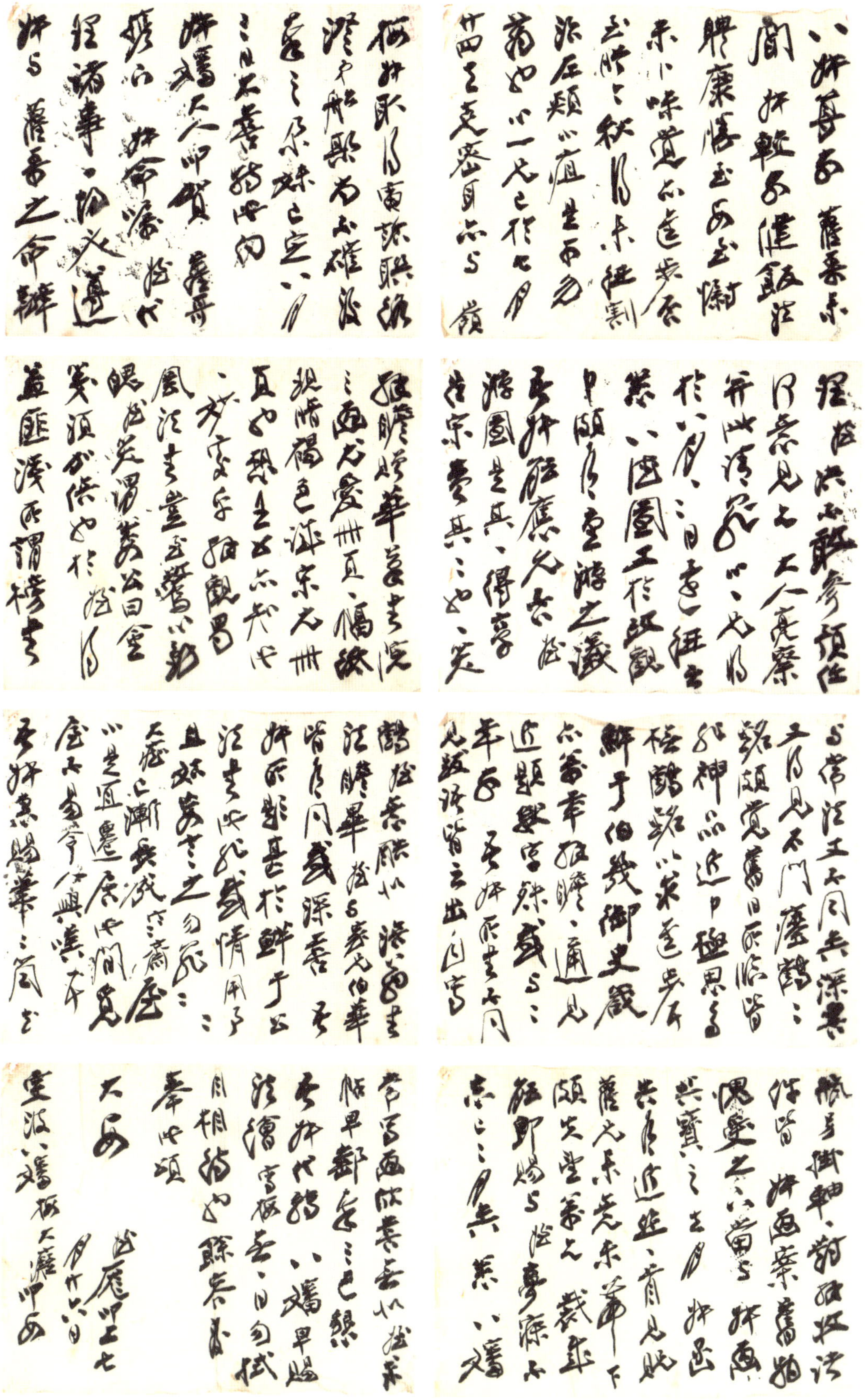

李顺华致张大千信札

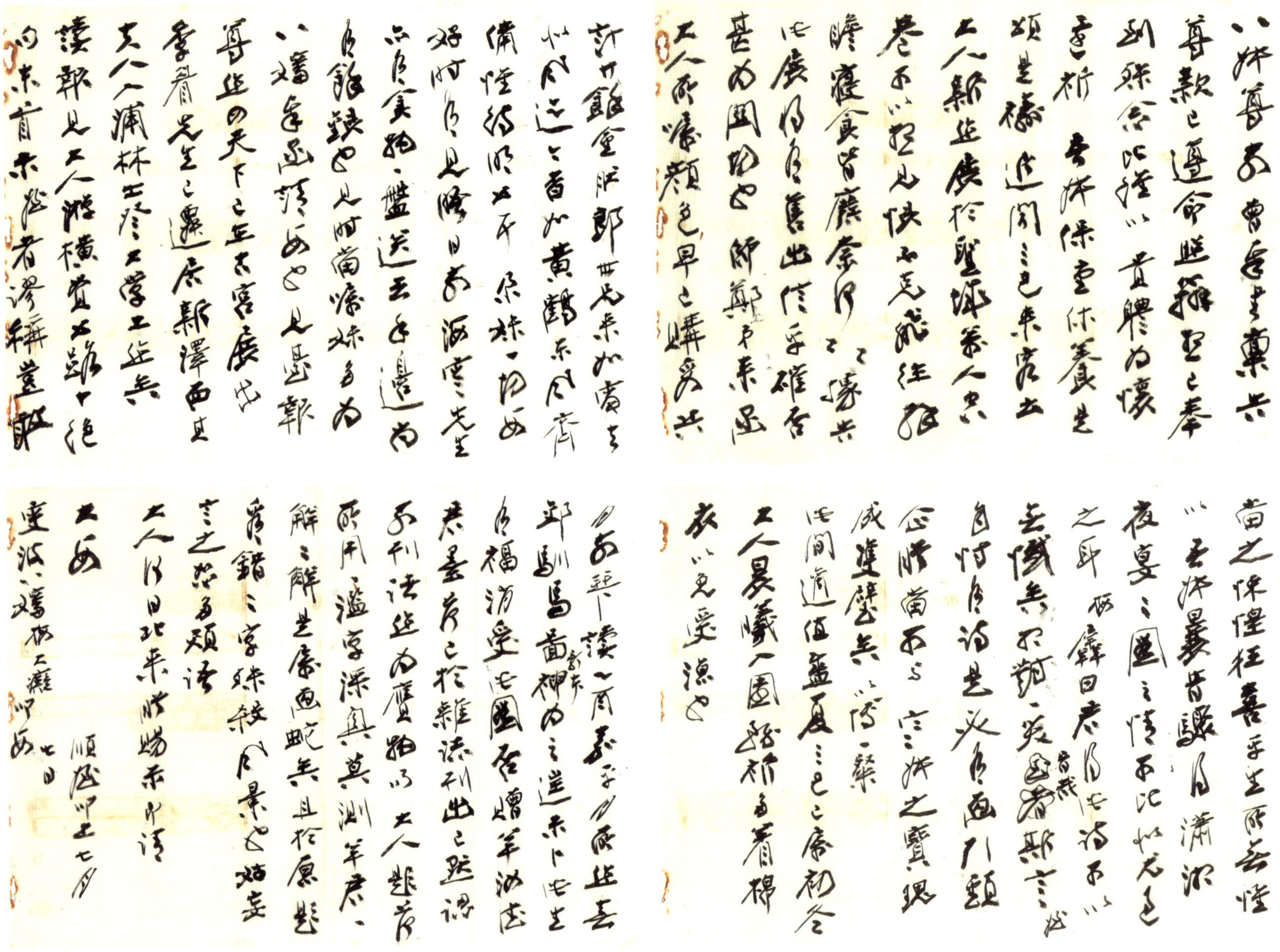

李顺华致张大千信札

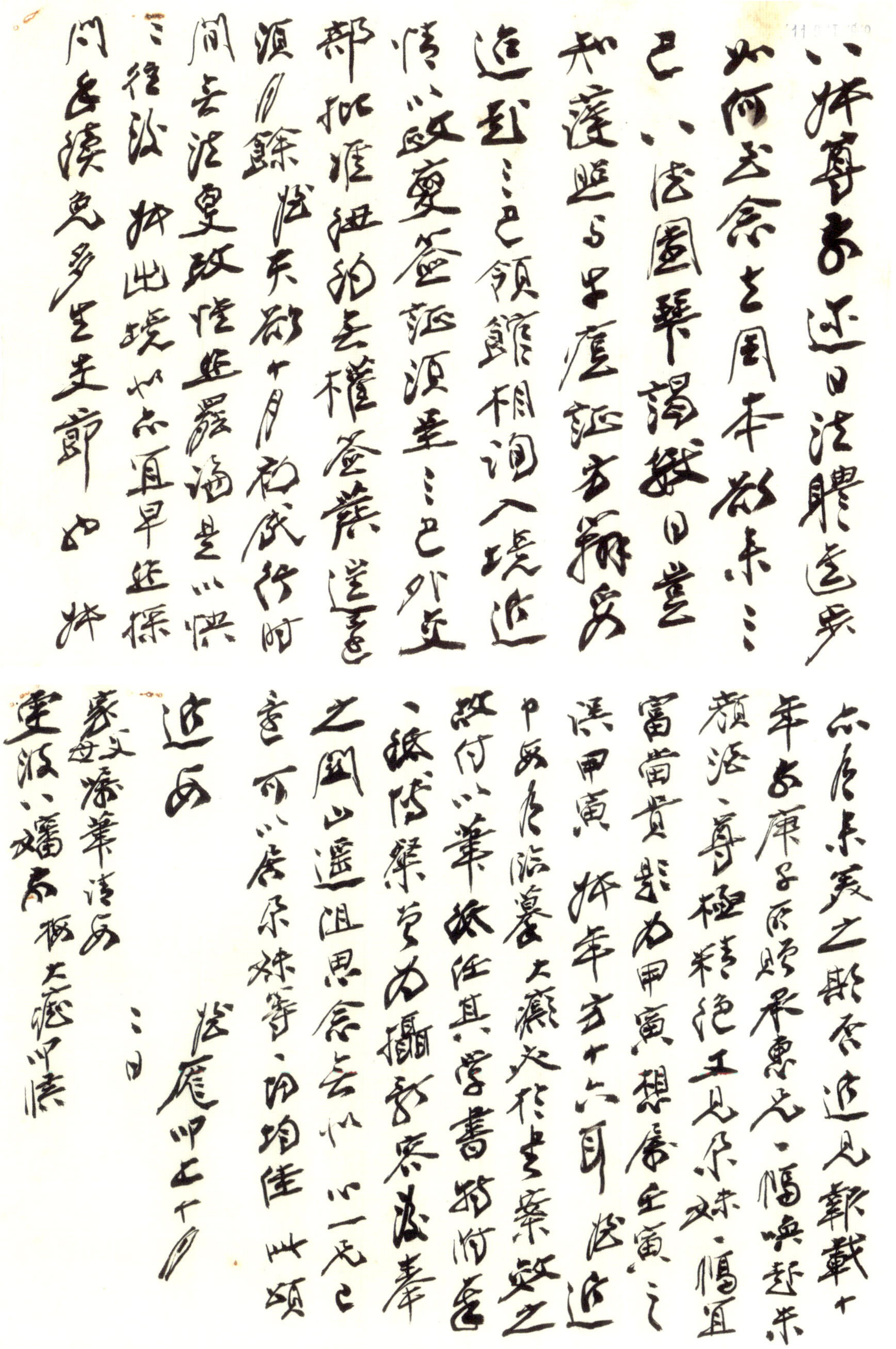

李顺华致张大千信札

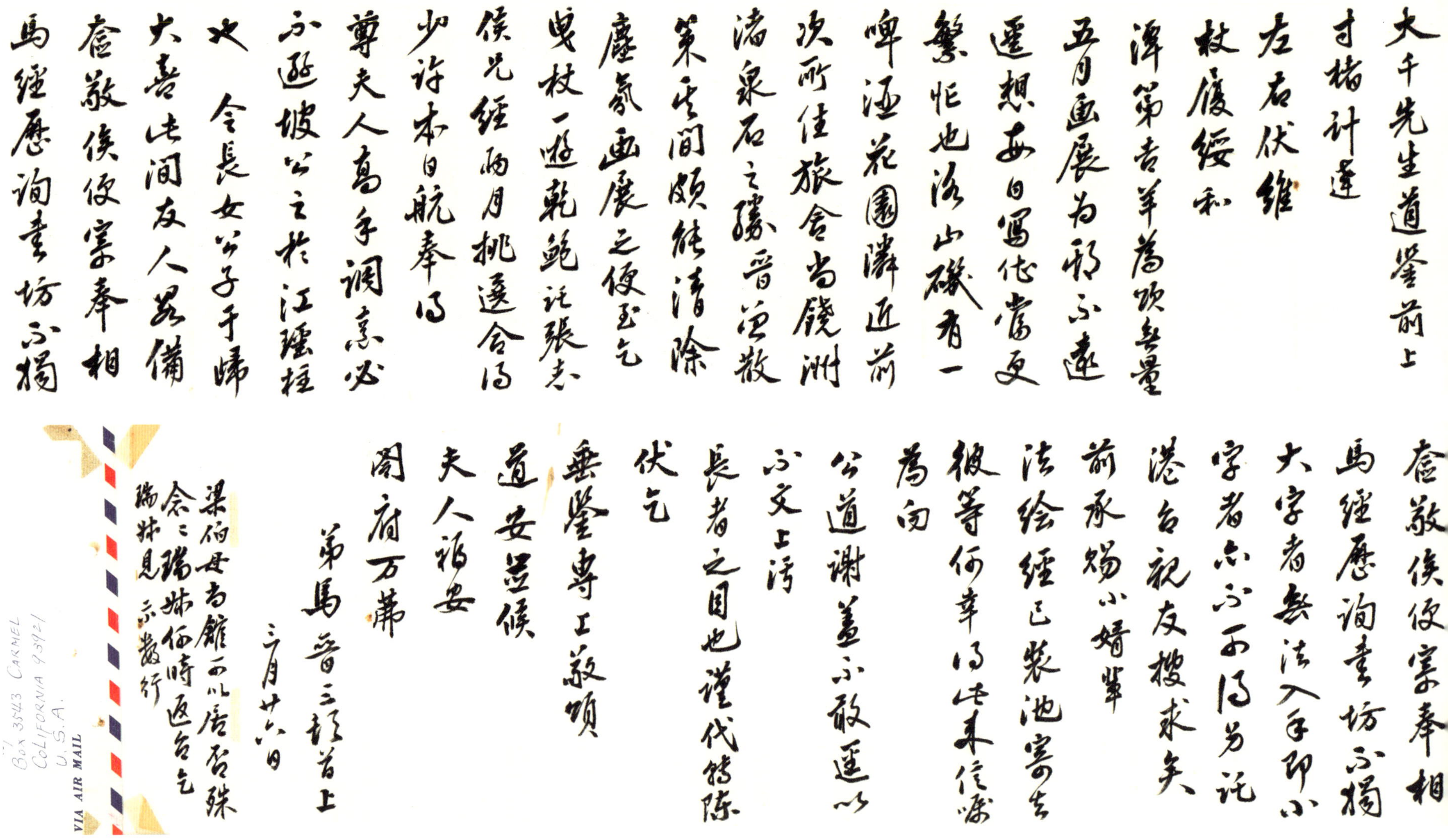

大千先生道鑒前上
寸楮計達
左右伏維
杖履綏和
潭第吉羊為頌無量
五月畫展為期不遠
遥想每日寫作當更
繁忙也後山磯有一
啤酒花園離近前
次所住旅舍尚饒淵
瀦泉石之勝晉每散
策其間頗能清除
塵氛畫展之便乞
曳杖一遊乾鮑託張老
侯先經兩月挑選合得
少許本日航奉得
尊夫人為手調烹必
不遜彼公之於江瑶柱
也　令長女公子歸
大吉比間友人為備
奩敬候便寄奉相
馬經歷詢書坊不獨
奩敬候便寄奉相
馬經歷詢書坊不獨
大字者無法入手即小
字者亦不可得另託
港台親友搜求矣
前承賜小婿畢
為向
法繪經已裝池寄去
彼等何幸得此來信囑
公道謝並不敢違以
不文上污
長者之目也謹代轉陳
伏乞
垂鑒專此敬頌
道安並候
夫人福安
闔府萬福
弟馬晉三頓首上
三月廿六日

梁伯母書館所以居前殊
念念瑞珠伯時返台乞
瑞珠見示發行

Box 3543 Carmel
California 93921
U.S.A.
VIA AIR MAIL

马晋致张大千信札

大千居士道兄足下 別來無恙
同前(二十二日)靜山先生孫少翁已
將大作攜至舍下 蓋以此畫太大
吾等車小容之不下也 大作展時
將在場地以顯着地位展出 吾
兄身在千里之外 斯時不克躬
臨深以為憾 然歲前為吾
兄所拍攝之介紹性電影事
今不意竟生枝節 原以該製
片人誠實可靠 殊知此人竟將
該片據為己有 且未經弟之同
意竟圖與他人共謀取利 視此
勢恐須訴諸法庭方可了結 設
若此人大胆無理 逕向吾兄提出
任何主張 尚希或不予理會 或
嚴辭拒絕 着其先向弟洽商
無論如何 一旦有該人要索回它
當儘速另商其他高明攝影師
以續成此片區區 竟以相擾 真罪
過也 浮世芸芸 皆以利是務 人情
草芥 夫復何言。
吾兄再來「客媚爾」有日否
弟偕內子約於六月中旬赴
英倫渡假 九月始返此間
顓此敬頌
道安
弟 邁珂拜啟 四月廿八
內子附筆致意嫂夫人

苏利文致张大千信札

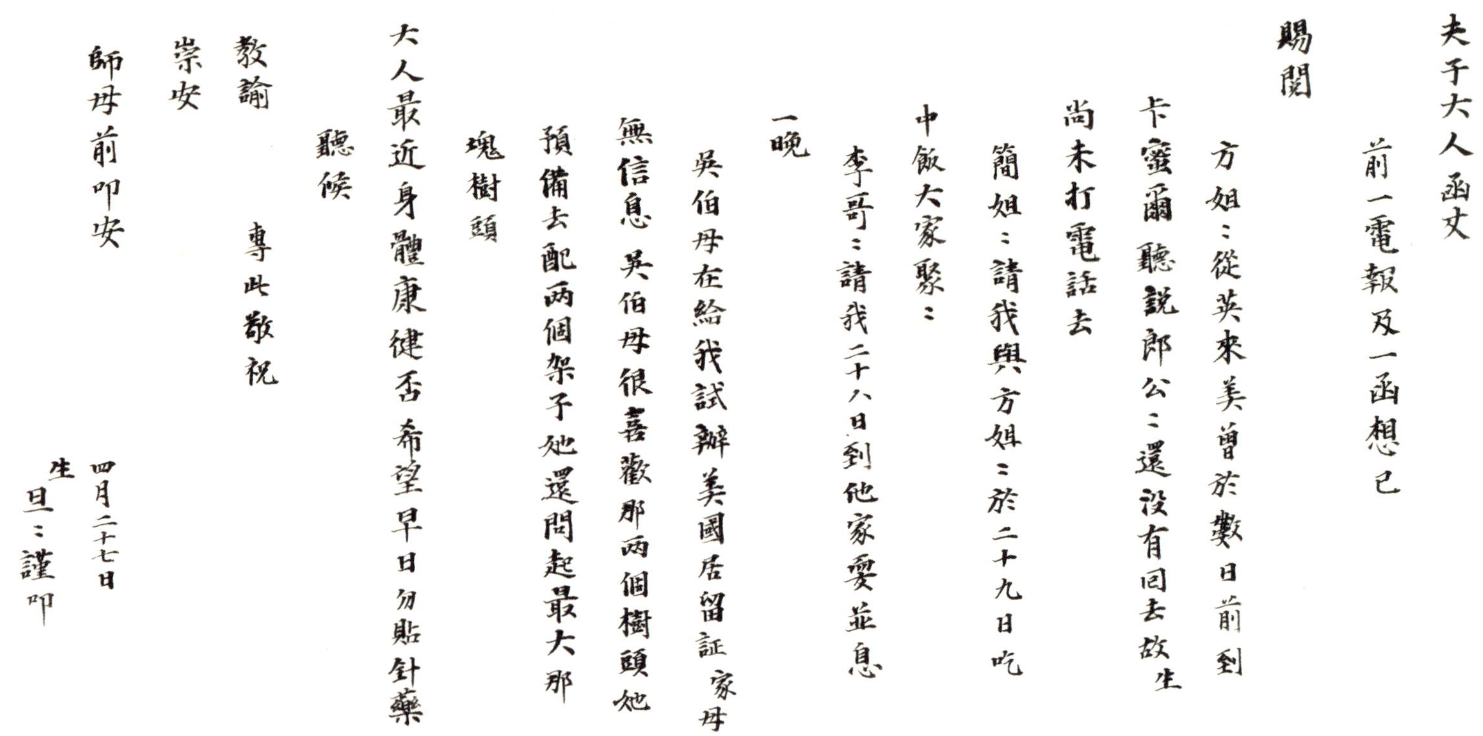

大千大人函丈
前一電報及一函想已
賜閱
方姐〻從英來美曾於數日前到
卡蜜爾聽說郎公〻還沒有回去故生
尚未打電話去
簡姐〻請我與方姐〻於二十九日吃
中飯大家聚〻
李哥〻請我二十八日到他家耍並息
一晚
吳伯母在給我試辦美國居留証 家母
無信息 吳伯母很喜歡那兩個樹頭她
預備去配兩個架子她還問起最大那
塊樹頭
大人最近身體康健否 希望早日勿貼針藥
聽候
教諭 專此敬祝
崇安
師母前叩安
四月二十七日
生 旦〻謹叩

王旦旦致张大千信札

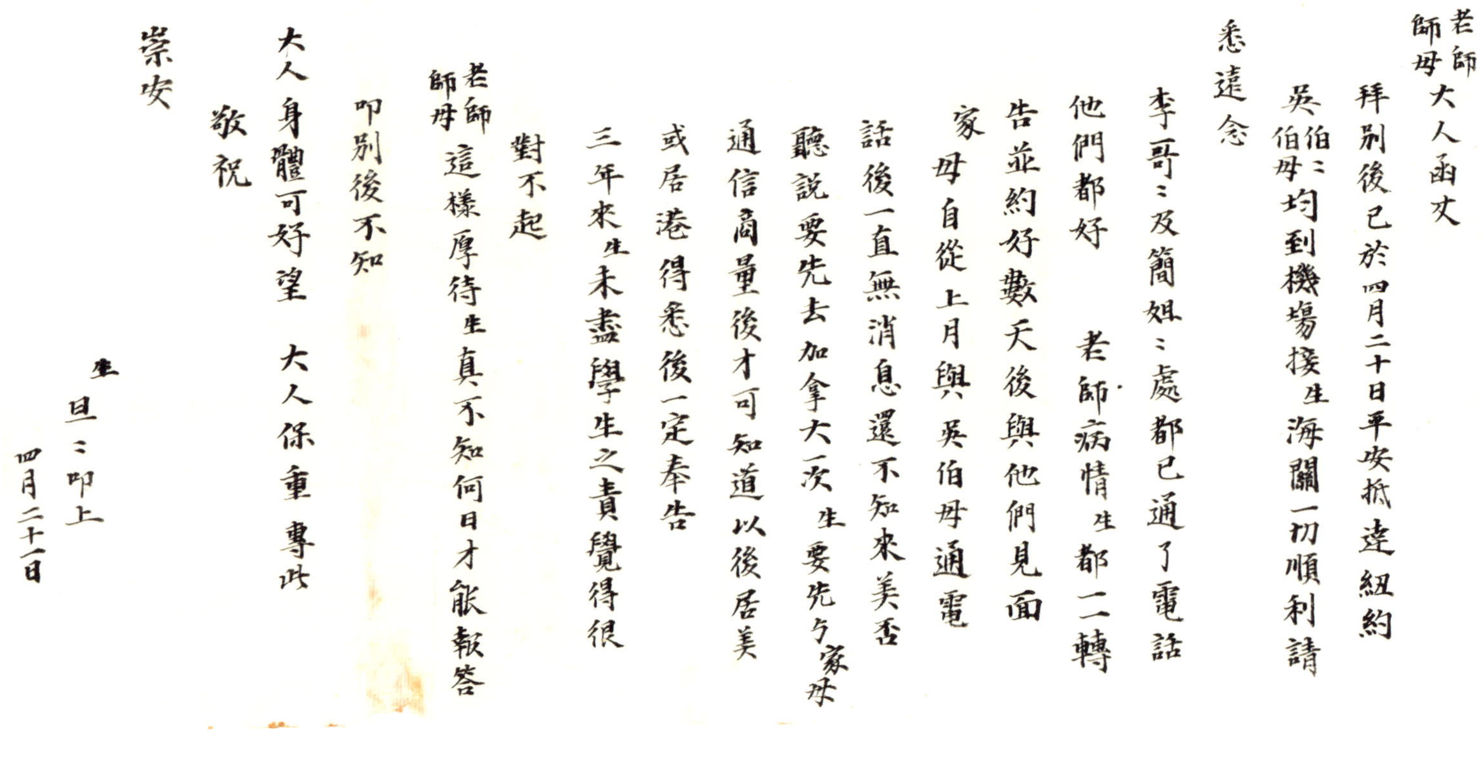

老師
師母 大人函丈
拜別後已於四月二十日平安抵達紐約
吳伯〻
伯母 均到機場接生海關一切順利請
悉遠念
李哥〻及簡姐〻處都已通了電話
他們都好 老師病情生都一一轉
告並約好數天後與他們見面
家母自從上月與吳伯母通電
話後一直無消息還不知來美否
聽說要先去加拿大一次生要先与家母
通信商量後才可知道以後居美
或居港得悉後一定奉告
三年來生未盡學生之責覺得很
對不起
老師
師母 這樣厚待生真不知何日才能報答
叩別後不知
大人身體可好望 大人保重 專此
敬祝
崇安
生 旦〻叩上
四月二十一日

王旦旦致张大千信札

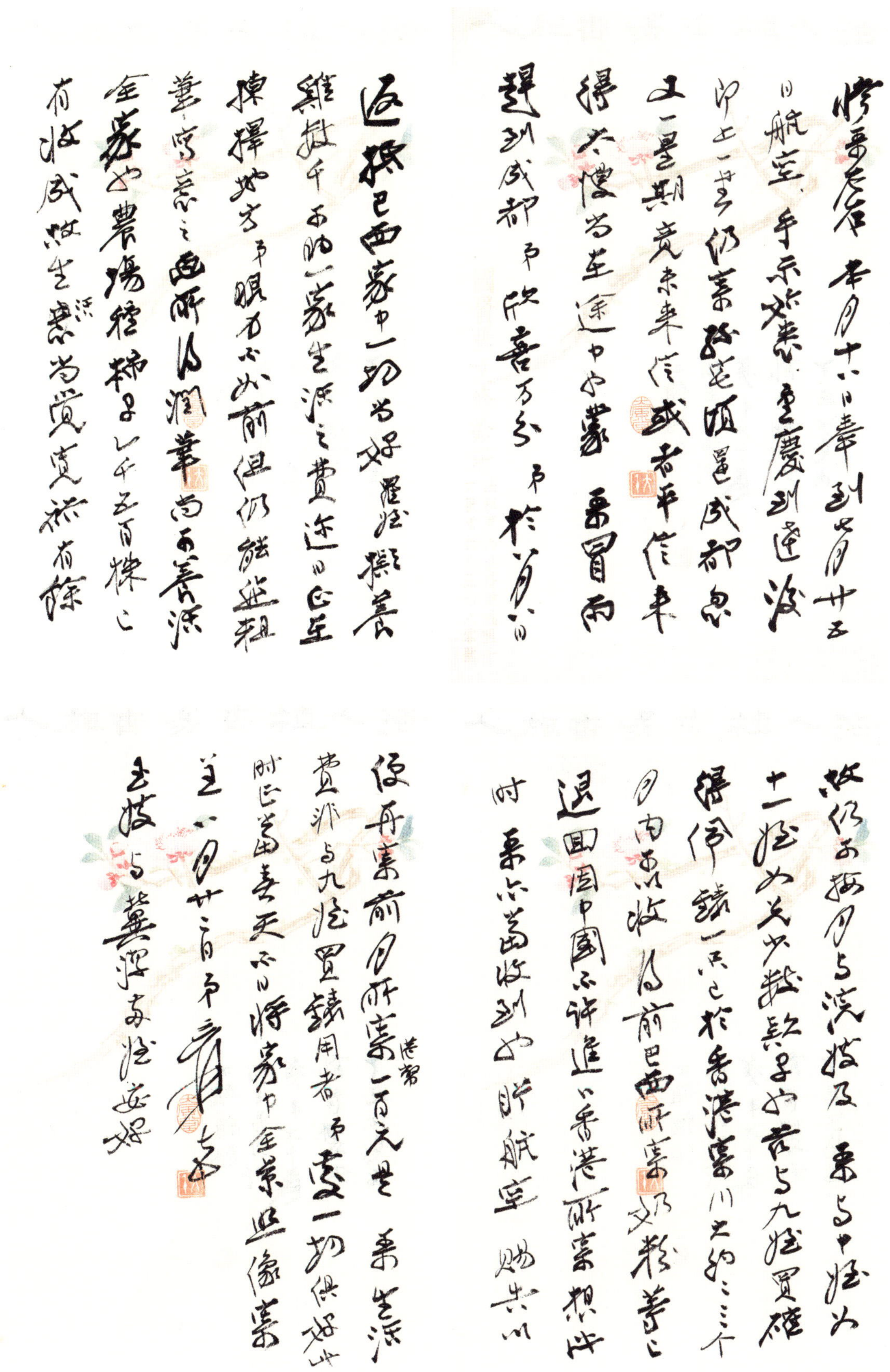

张大千致四哥张文修信札

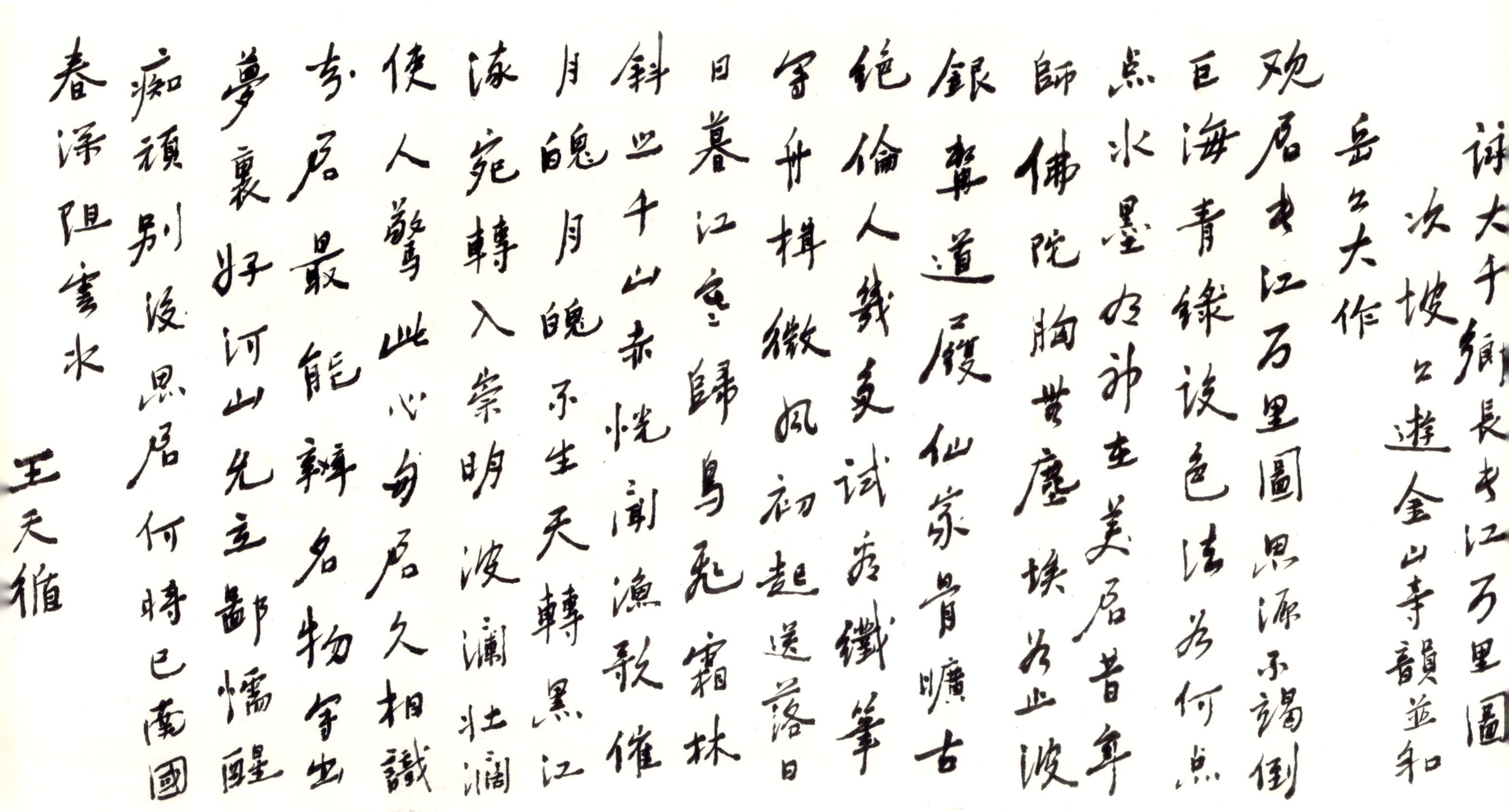

詠大千續長江万里圖
次坡公遊金山寺韻並和
岳公大作
觀君長江万里圖思源不竭倒
巨海青綠設色法為何點
點水墨如神在美君昔年
師佛陀胸中塵埃為止波
銀[illegible]道履仙家骨曠古
絕倫人幾多試為鐵筆
寫舟楫微風初起送落日
日暮江邊歸鳥飛霜林
斜照千山赤恍聞漁歌催
月魄月魄不生天轉黑江
流宛轉入崇明波瀾壯闊
使人驚此心身居久相識
吾居最能辨名物寫出
夢裏好河山先立鄉儒醒
痴頑別後思君何時已東國
春深阻雲水
王天循

王天循致张大千信札

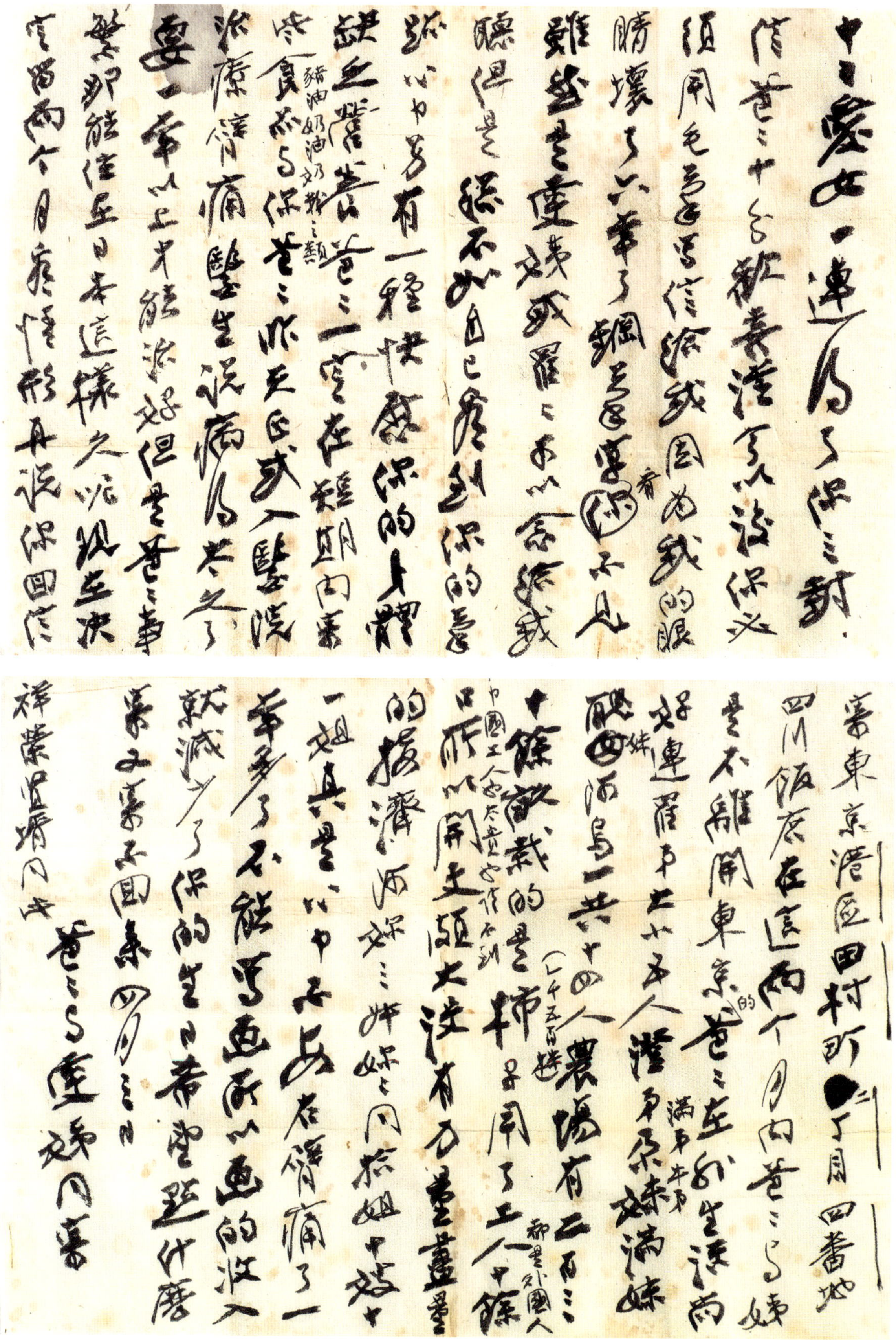
十二愛女：一連收到了你三封
信，爸爸十分歡喜，達了以後，你必
須用毛筆寫信給我，因為我的眼
睛壞了六年了，鋼筆寫字看不見，
雖然是[illegible]或羅羅可以念給我
聽，但是總不如自己看到你的墨
跡。以中醫有一種快[illegible]你的身體
缺乏營養，爸爸一定在短期內寄
些食品給你（豬油、奶油、奶粉之類），爸爸明天正式入醫院
治療糖尿病，醫生說病已太久了，
要一年以上才能治好，但是爸爸事
繁，那能住在日本這樣久，必須立決
定留兩个月看情形再說。你回信
寄東京港區田村町[illegible]丁目四番地
四川飯店。在這兩个月內，爸爸與姊
是不離開東京的。爸爸在[illegible]生活而
好，連羅羅才七十五人，[illegible]滿妹
[illegible]西湖島一共十四人，農場有二百三
十餘畝，栽的是柿子（一千五百株），用了工人十餘（都是外國人）
（中國工人也太貴也僱不到）所以開支頗大，沒有力量畫
的援濟你，你三姊妹同於姐中妹
一姐其是以中一起，右臂痛了一
年多了，不能寫畫，所以畫的收入
就減少了。你的生日希望是什麼
寄了寄不回來。四月三日
爸爸、雯波同書
祥榮賢婿同此

张大千致十二女信札
私人藏

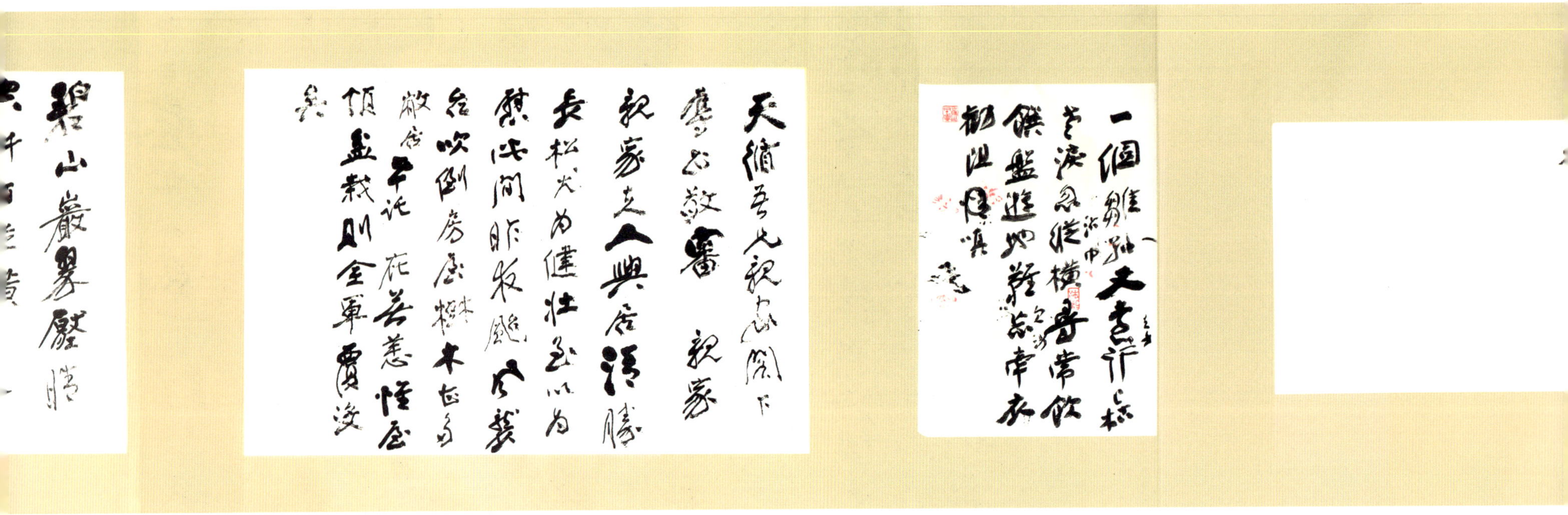

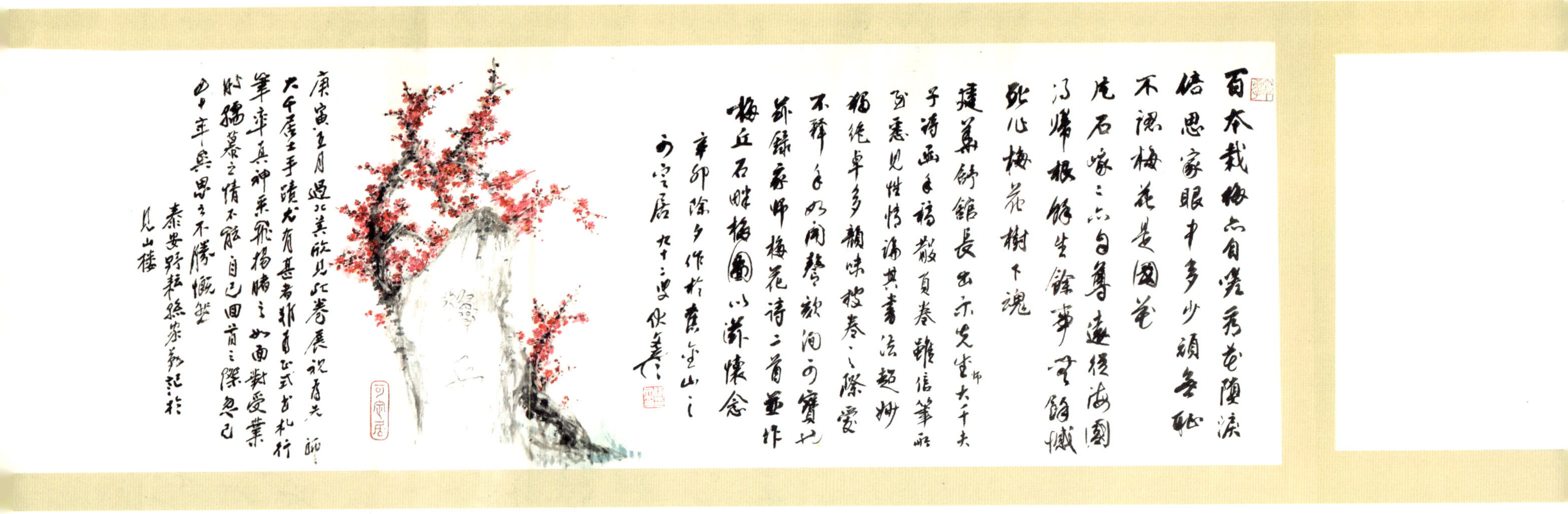

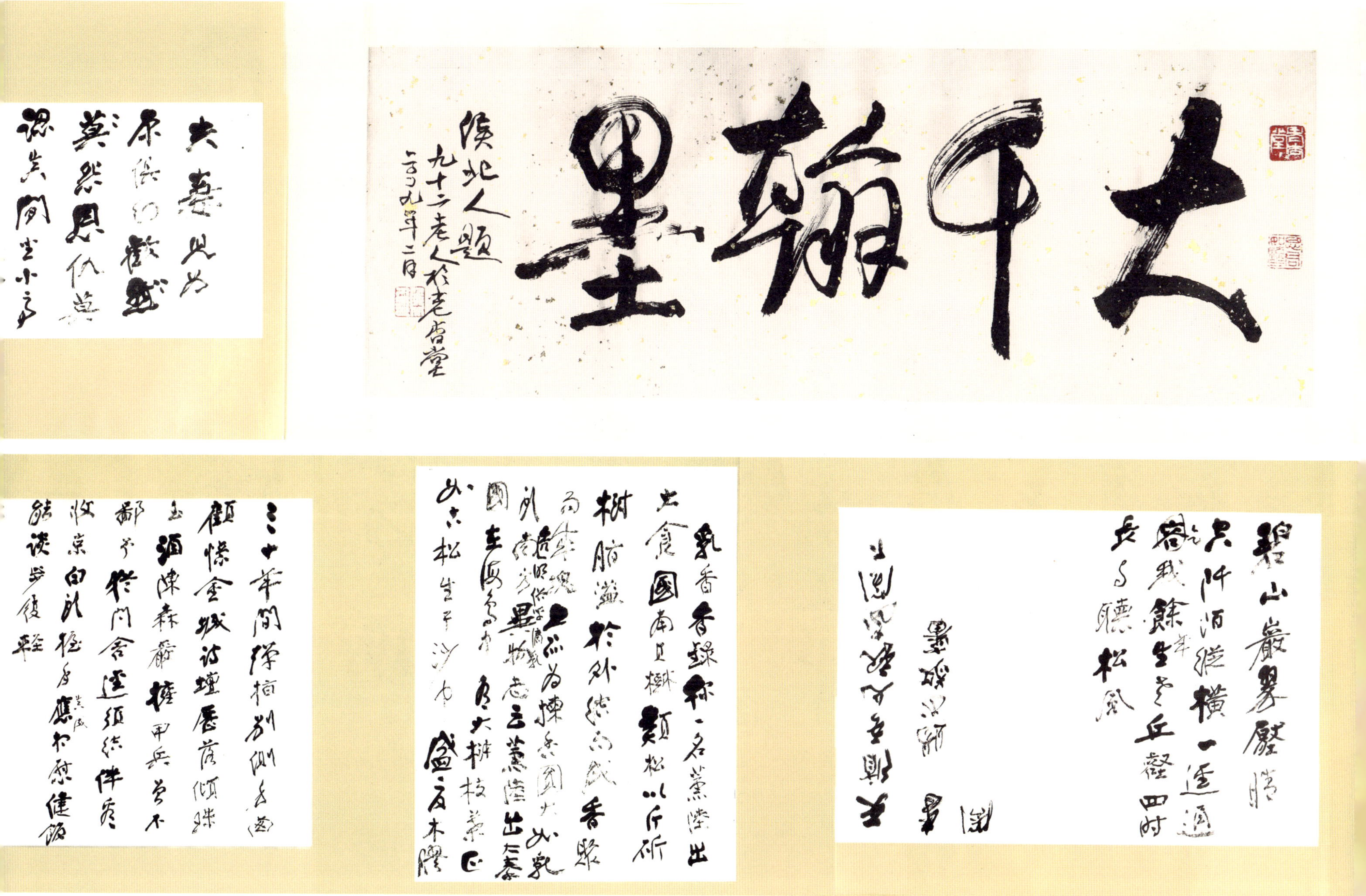

《张大千手札孙家勤梅花合卷》
舒建华提供

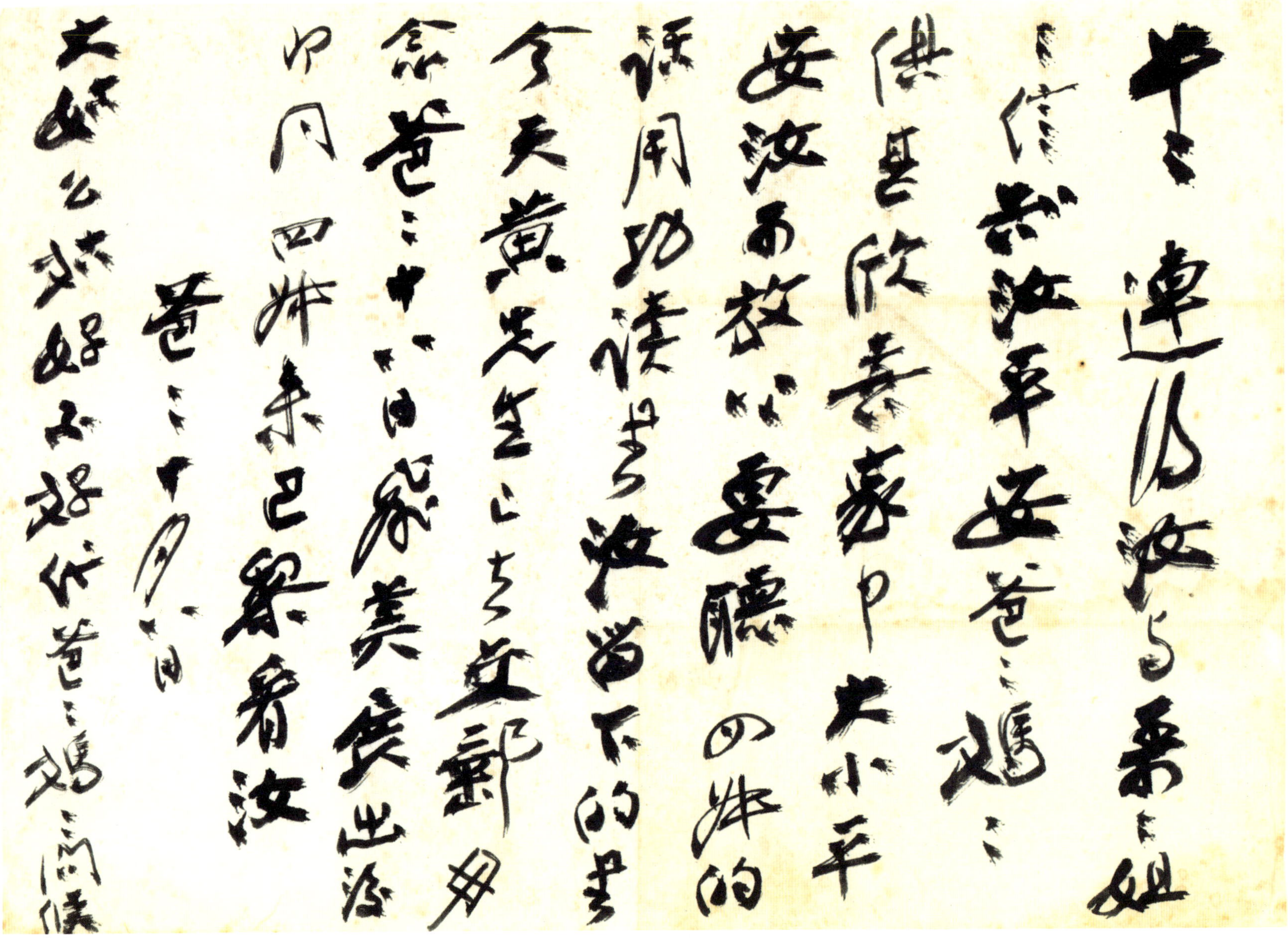

张大千致小儿张心印信札

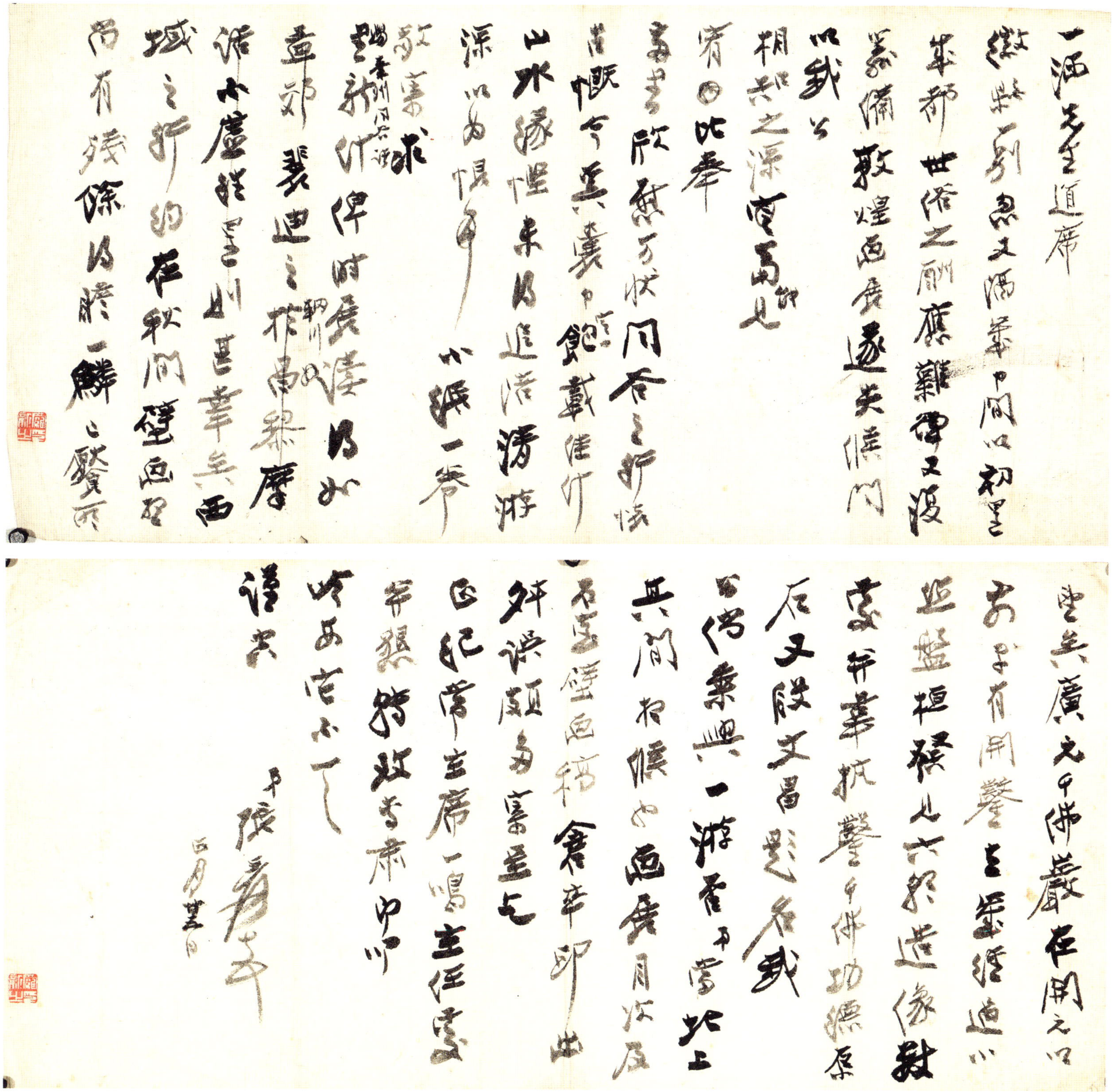

张大千致张比德信札
罗伦建提供

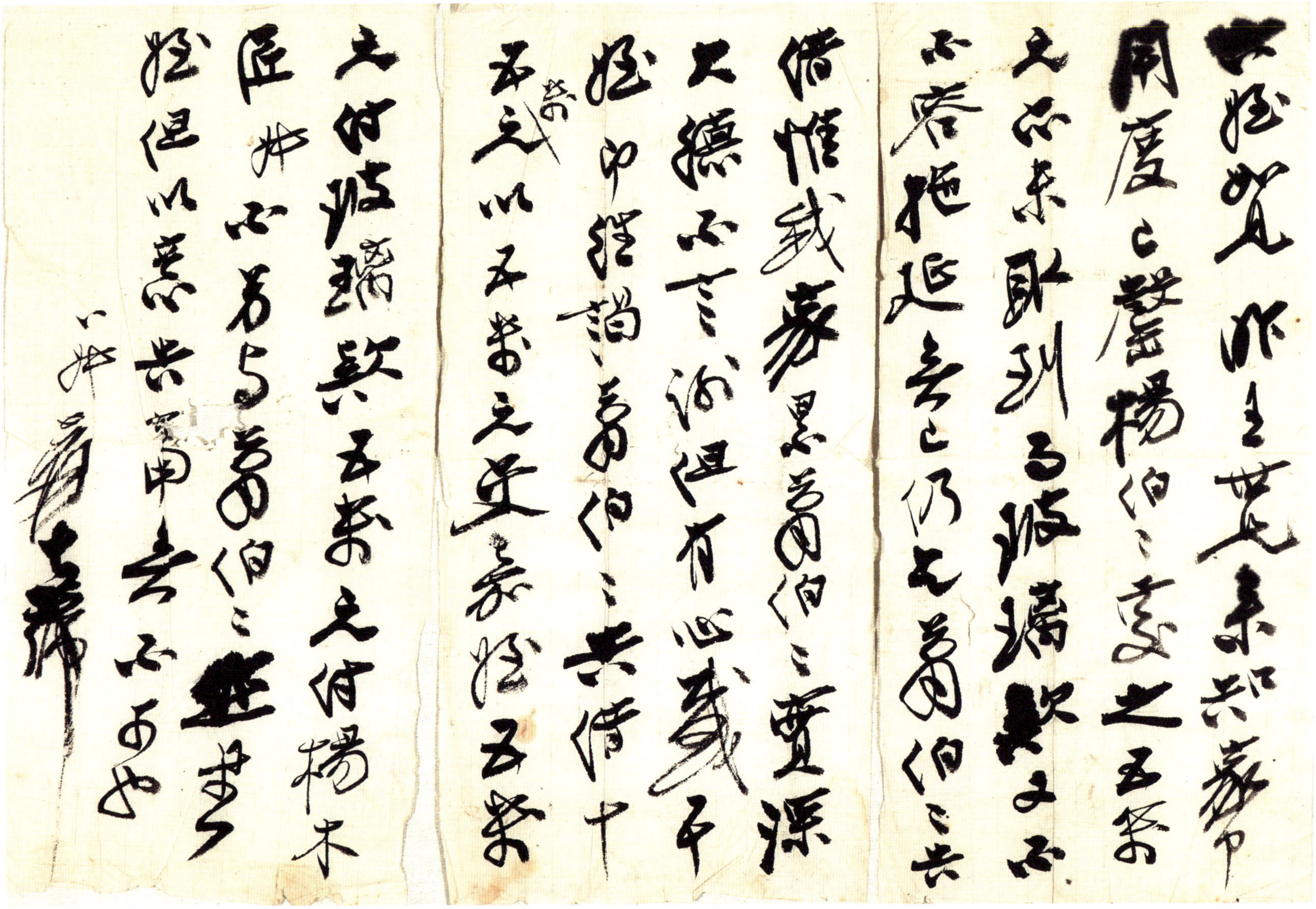

张大千致张比德信札
罗伦建提供

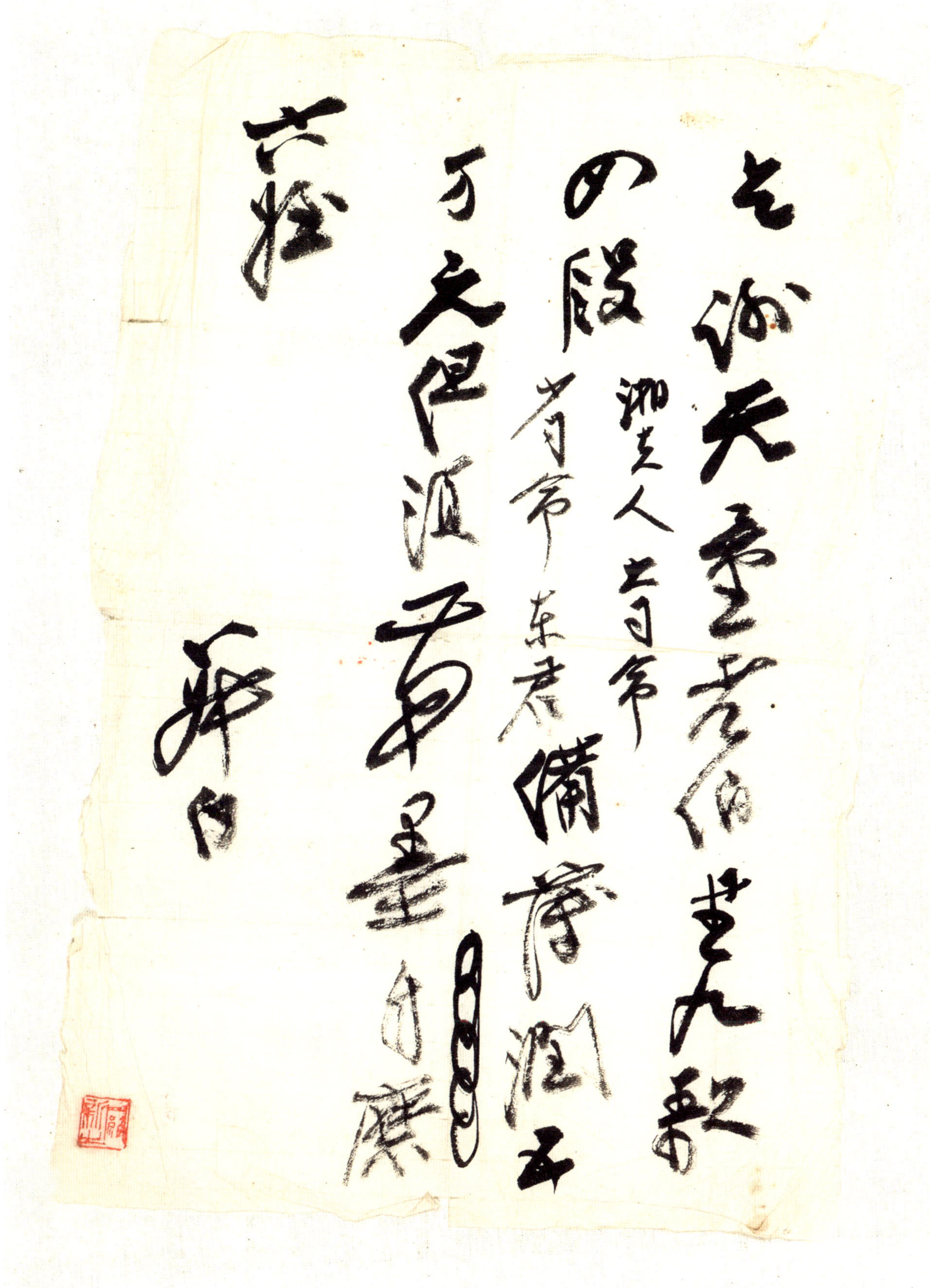

张大千致张比德信札
罗伦建提供

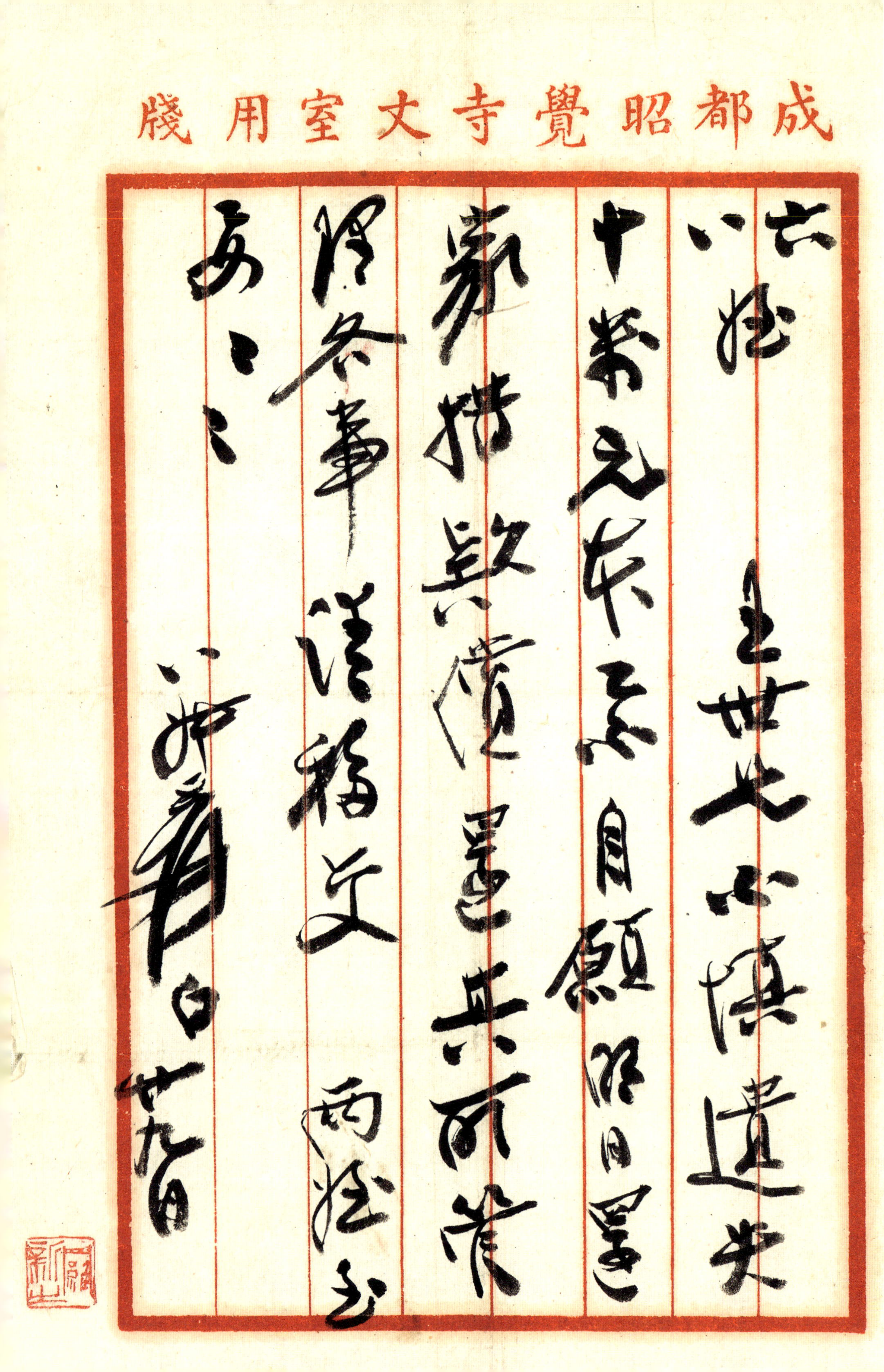
成都昭覺寺文室用牋

张大千致张比德、张心俭信札
罗伦建提供

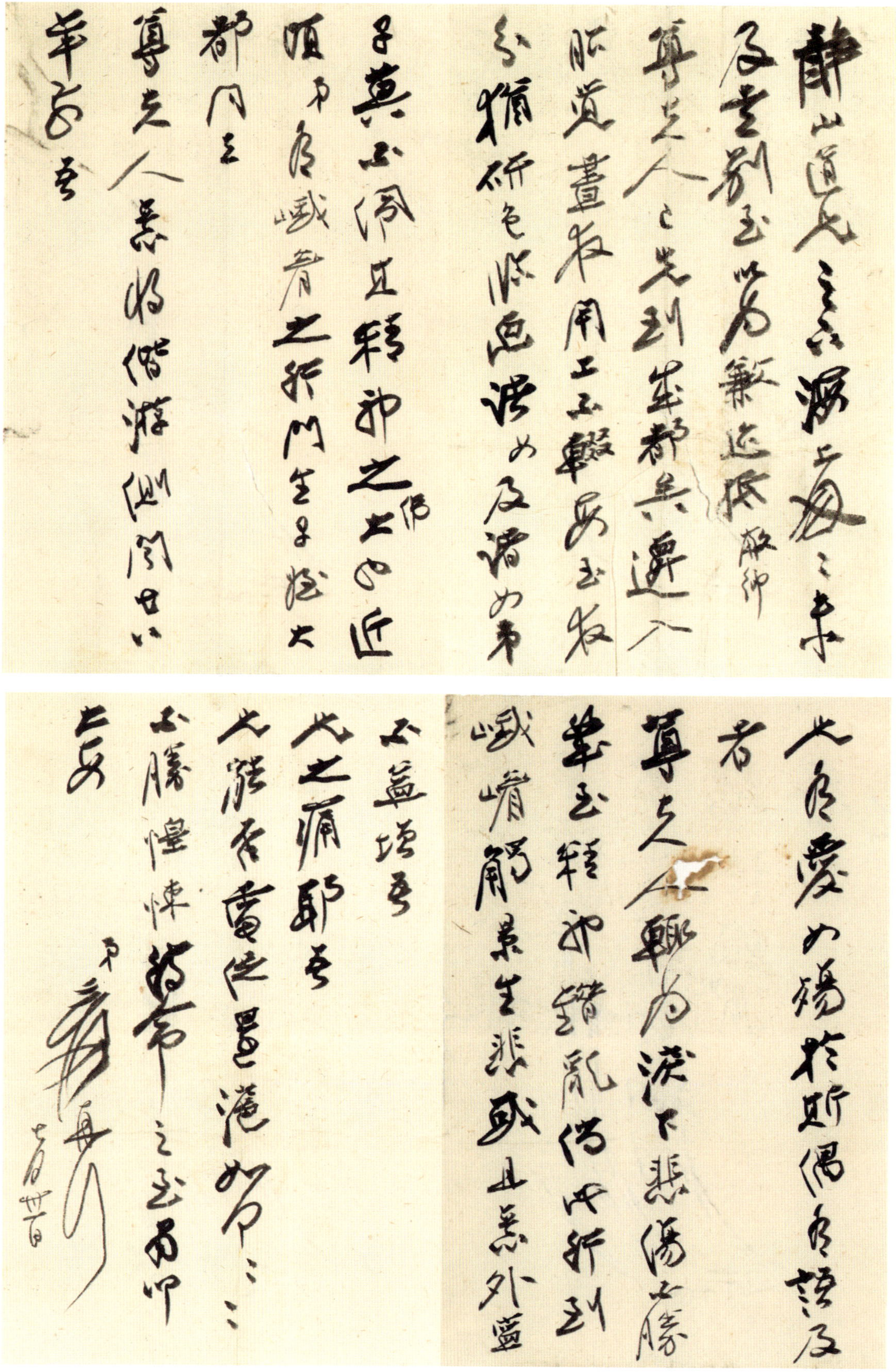

张大千致郎静山信札

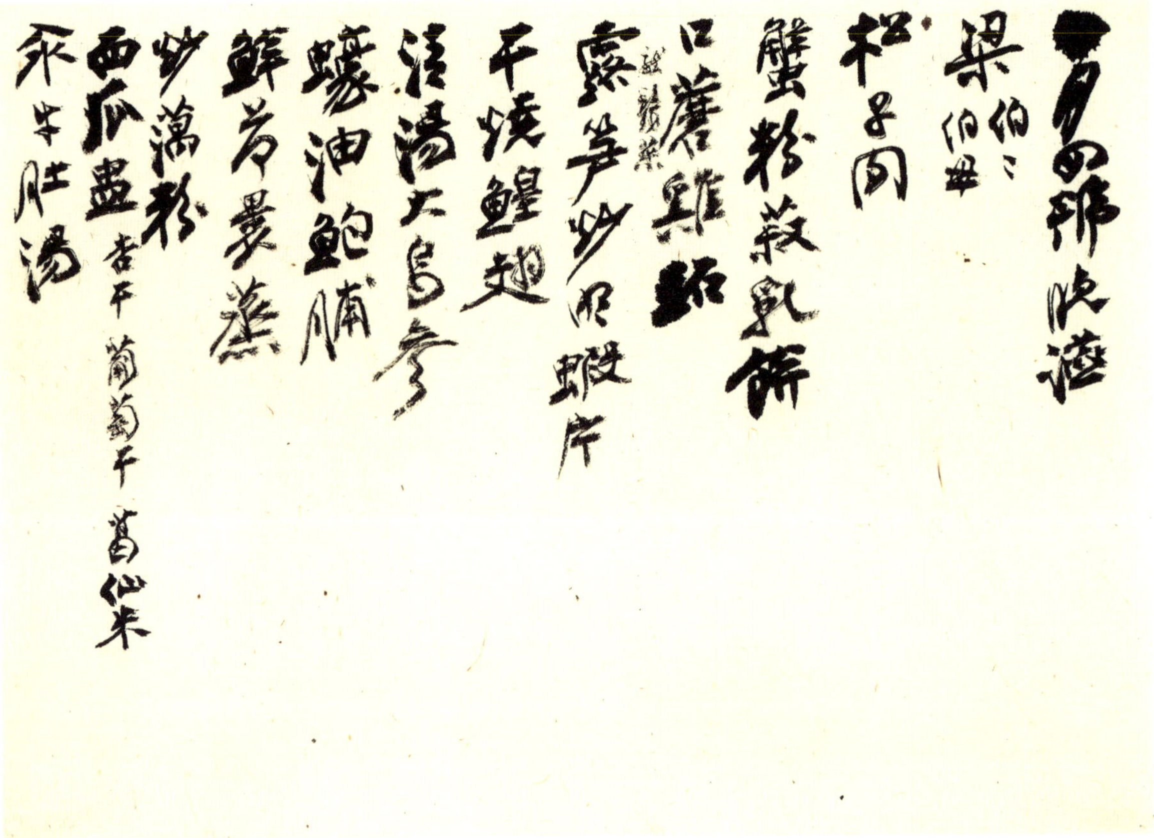

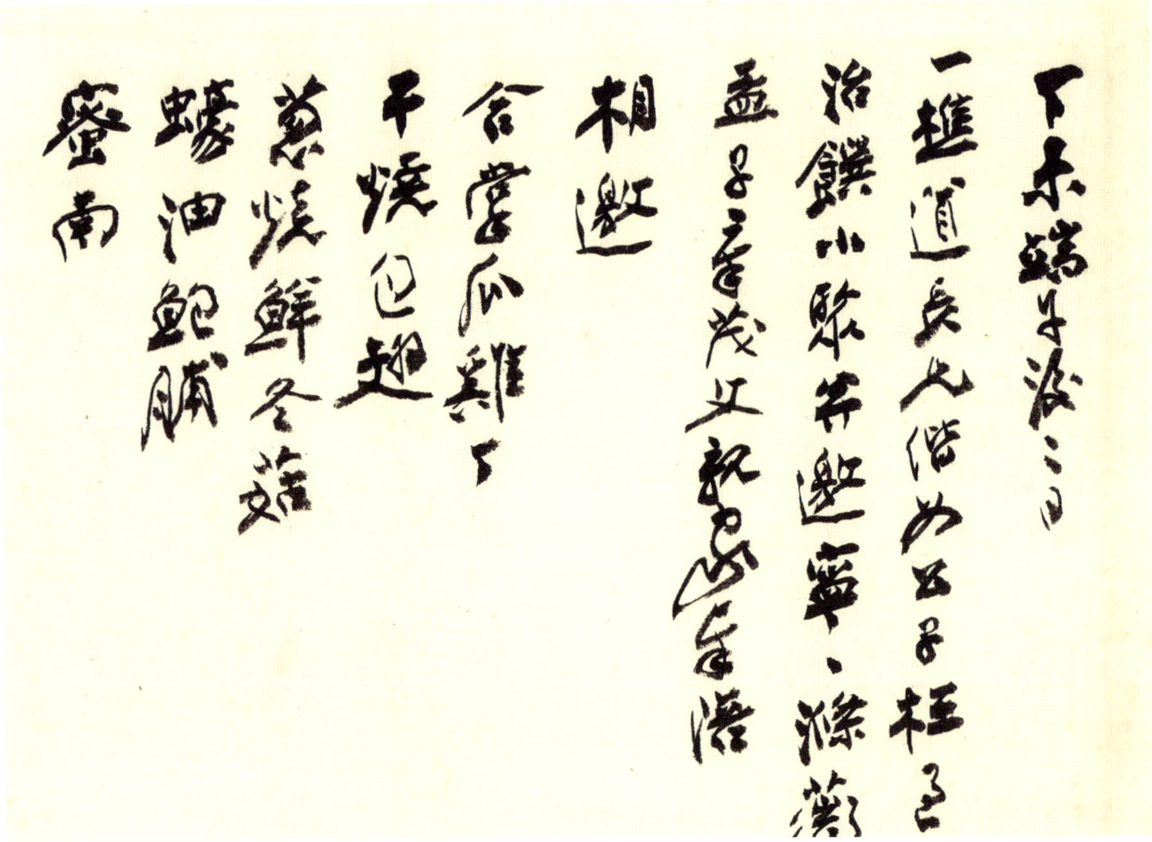

张大千菜单
私人藏

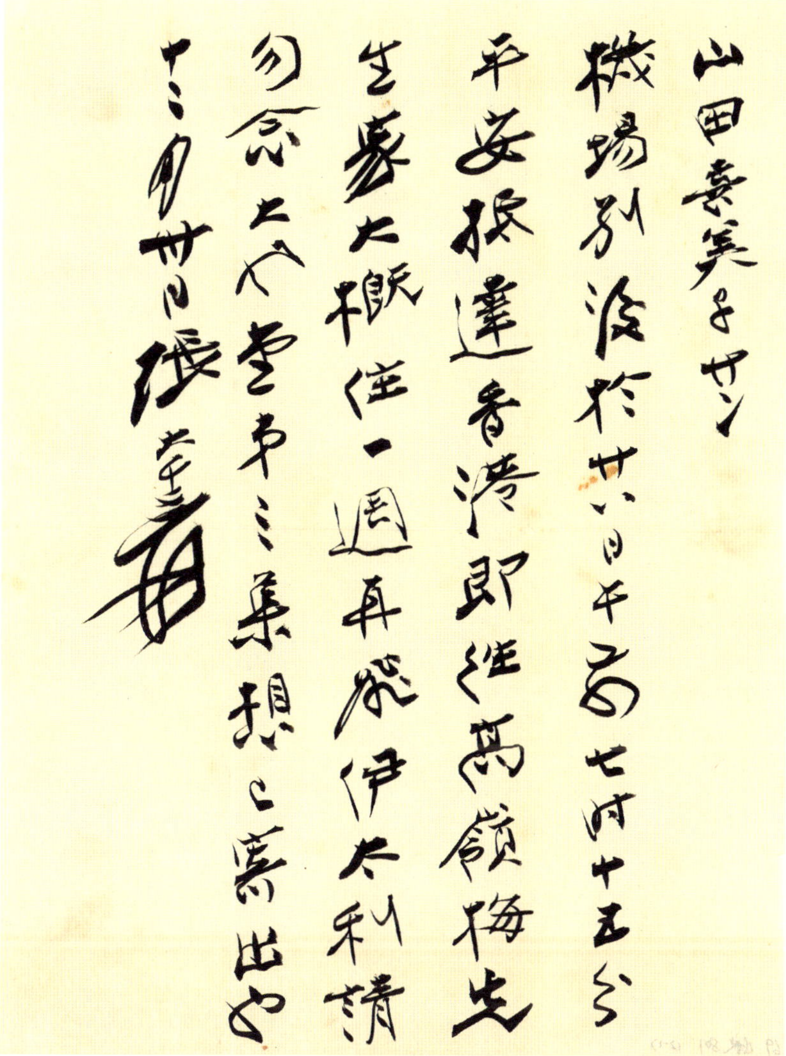

山田喜美子サン

機場别後於廿六日午后七时十五分

平安抵達香港即往高嶺梅先

生處大概住一週再飛伊太利请

勿念大人壹弟三集想已寄出也

十二月廿日 張爰

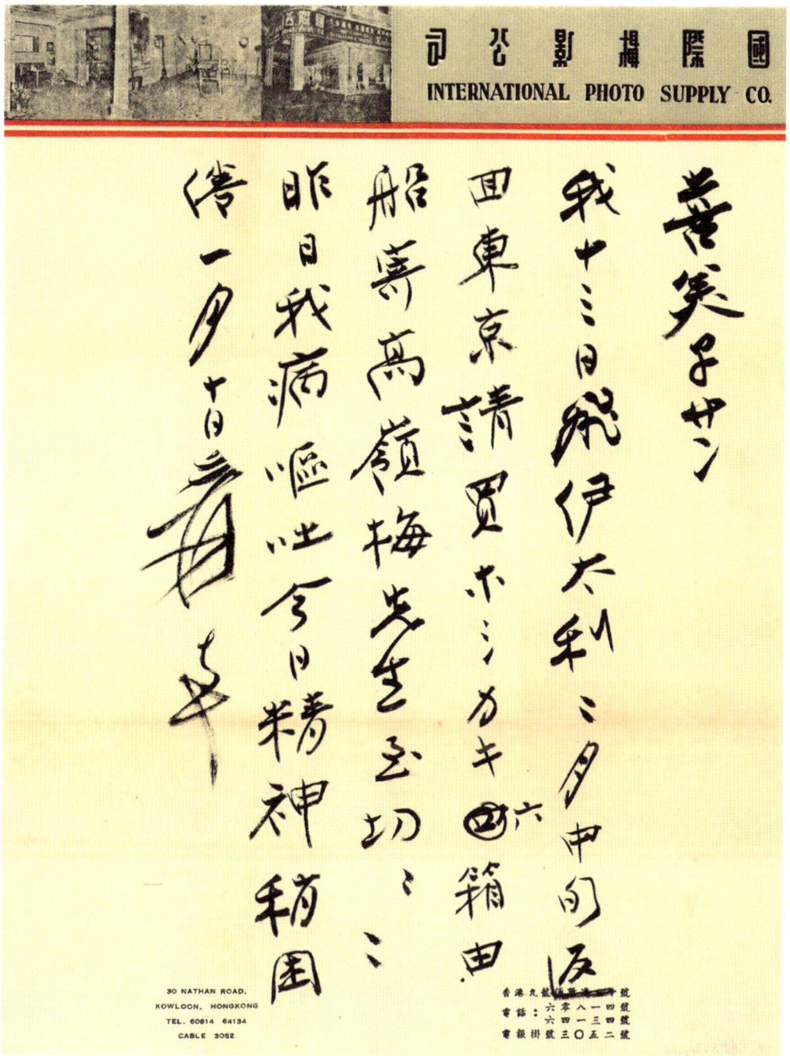

國際攝影公司
INTERNATIONAL PHOTO SUPPLY CO.

喜美子サン

我十三日飛伊太利三月中旬返

回東京請買ホシカキ六箱由

船寄高嶺梅先生至切々々

昨日我病嘔吐今日精神稍困

僅一夕 十日 爰手

30 NATHAN ROAD,
KOWLOON, HONGKONG
TEL. 60814 64134
CABLE 3052

张大千致山田喜美子信札

私人藏

张大千致山田喜美子信札

私人藏

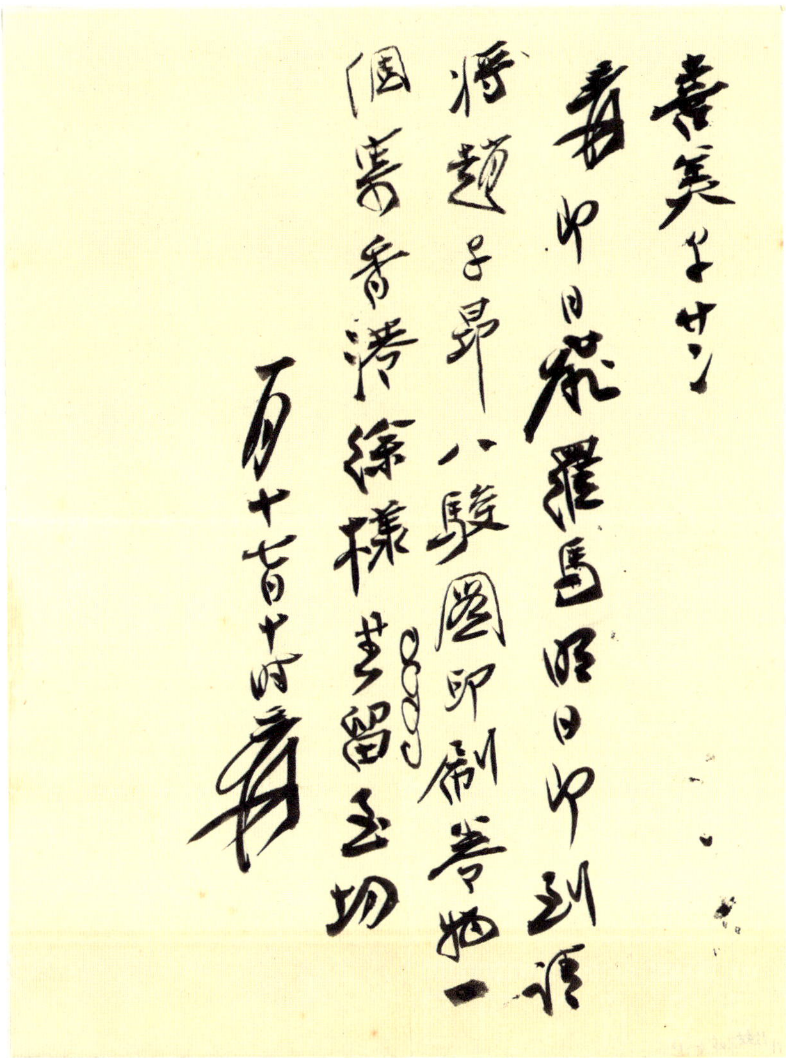

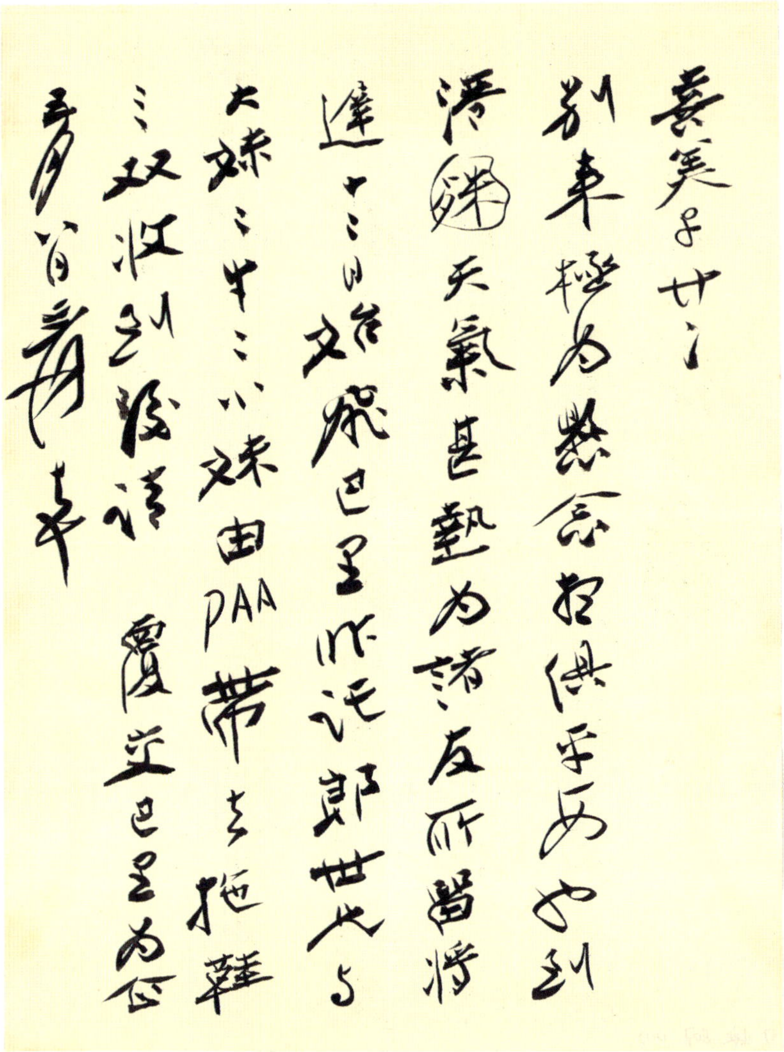

张大千致山田喜美子信札
私人藏

张大千致山田喜美子信札
私人藏

张大千致山田喜美子信札　　私人藏

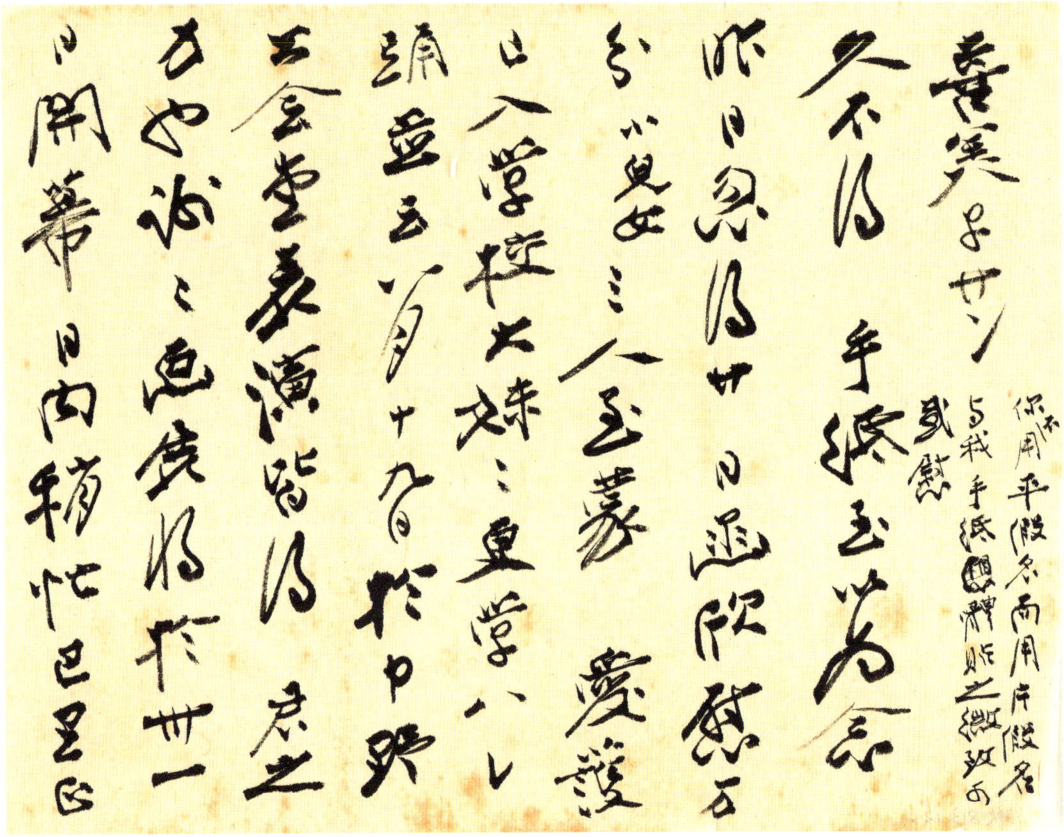

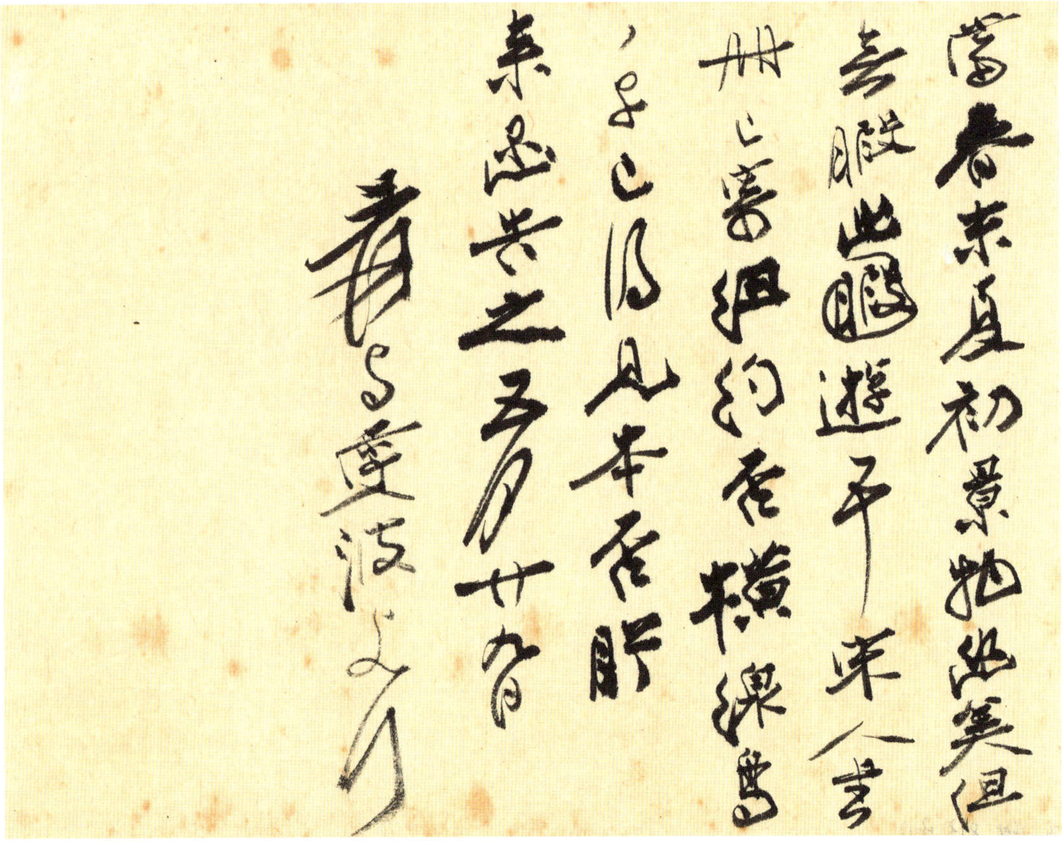

张大千致山田喜美子信札　　私人藏

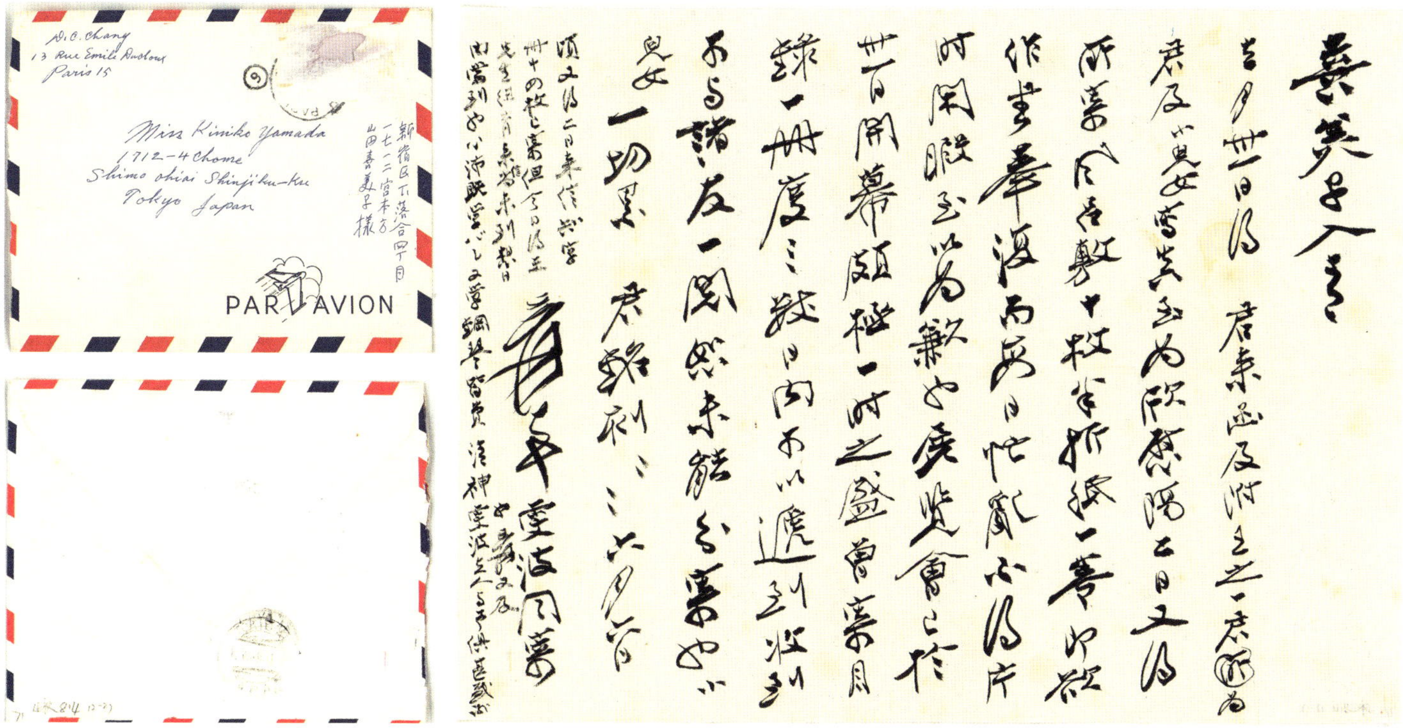

张大千致山田喜美子信札　　私人藏

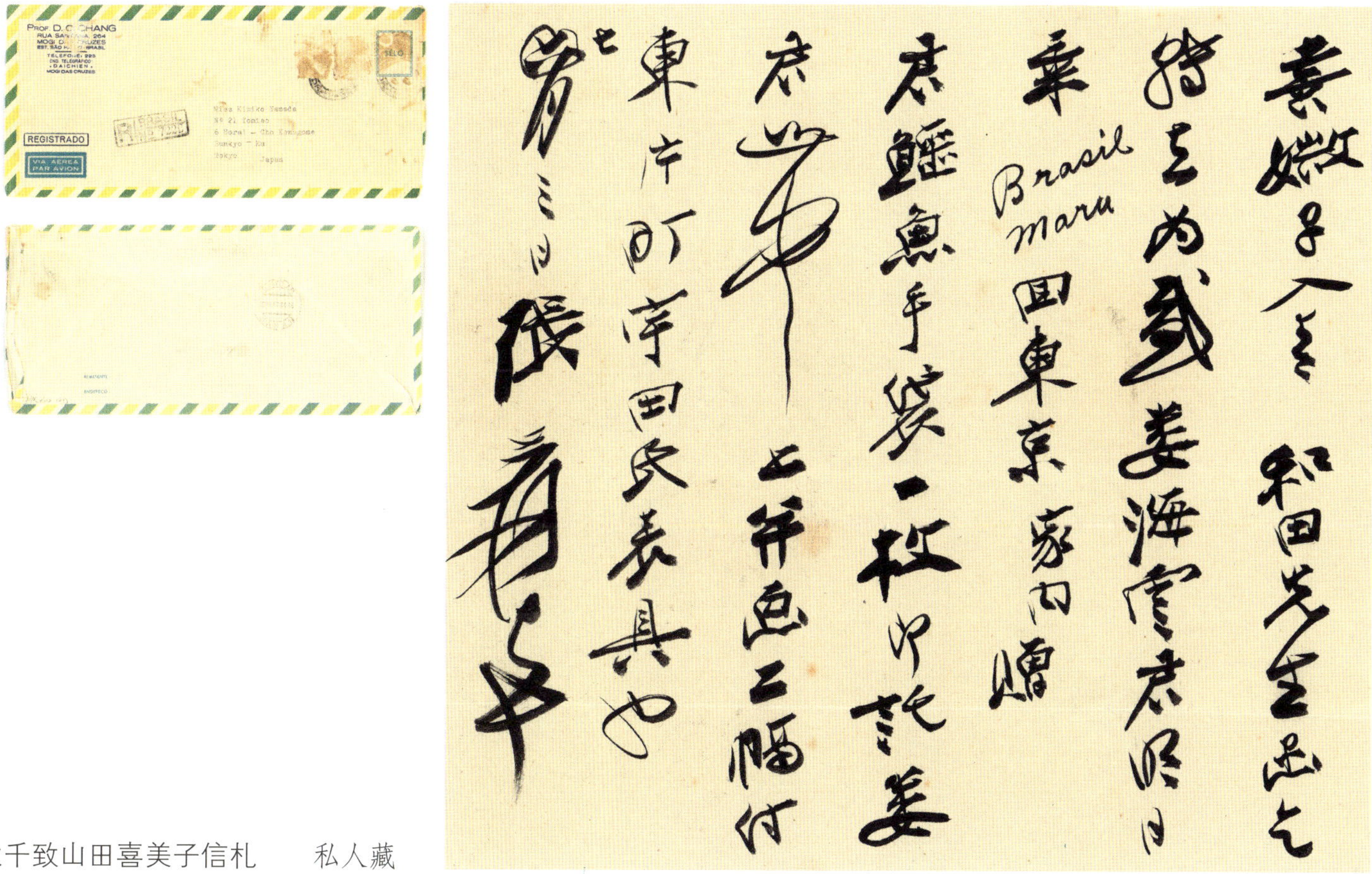

张大千致山田喜美子信札　　私人藏

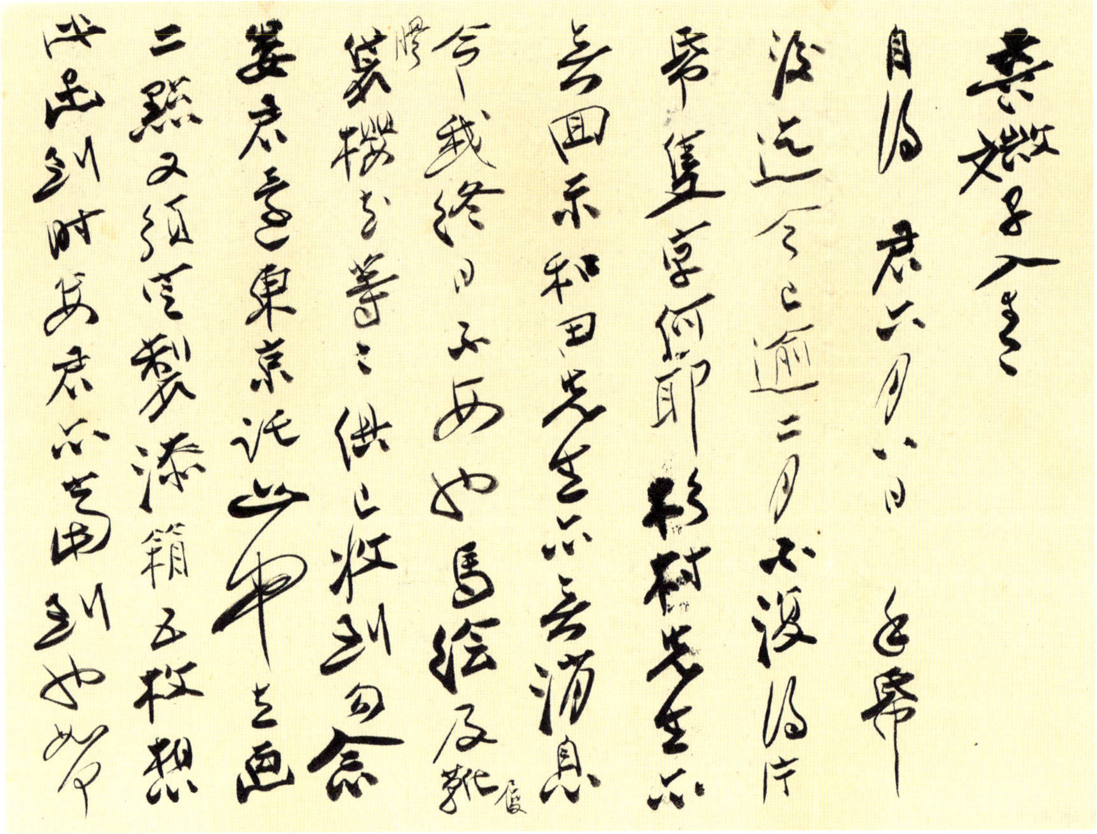

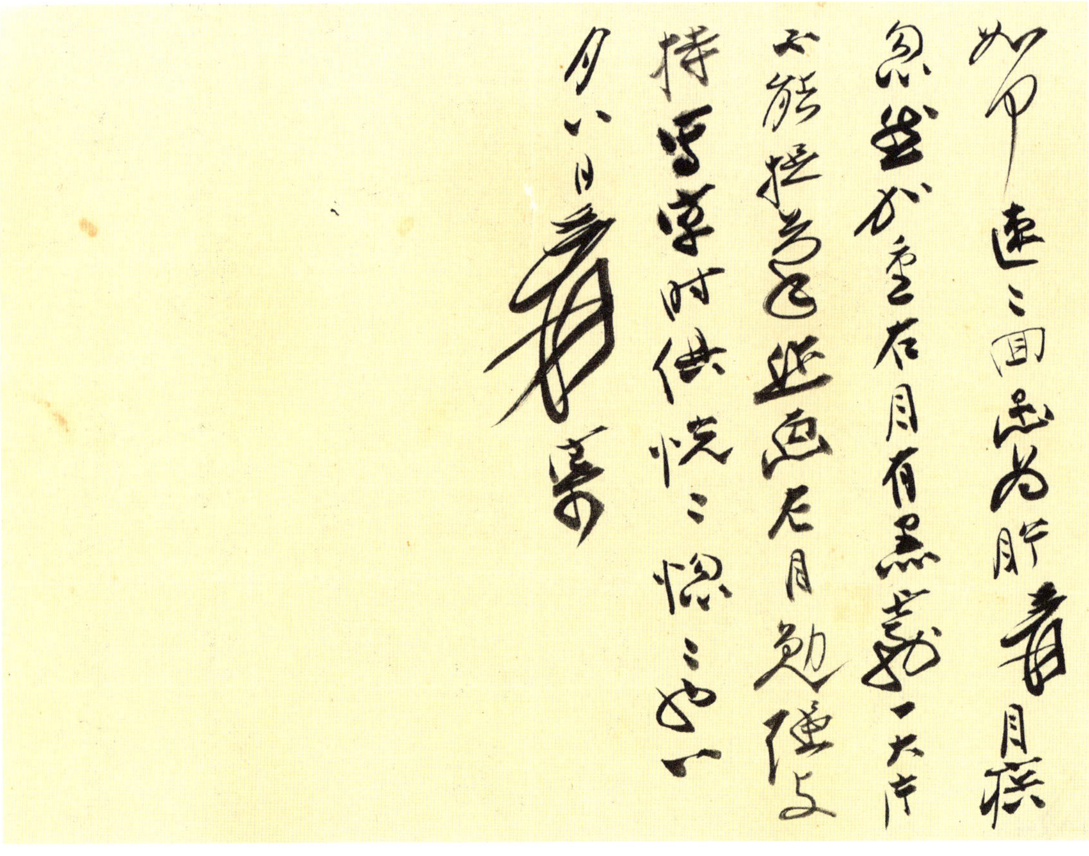

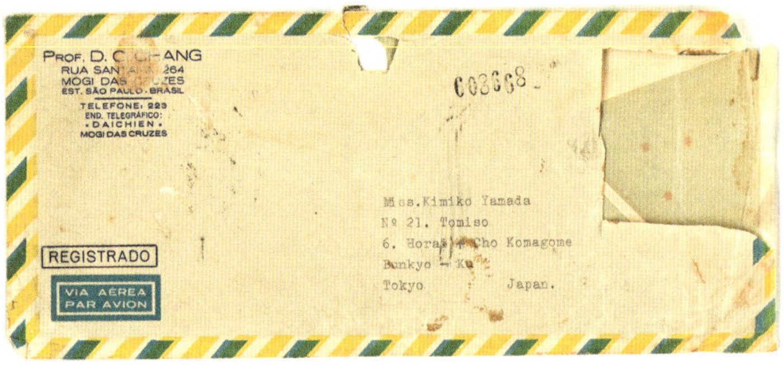

张大千致山田喜美子信札

私人藏

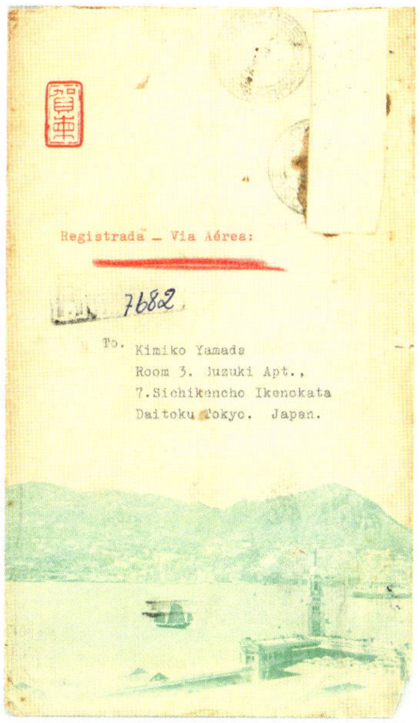

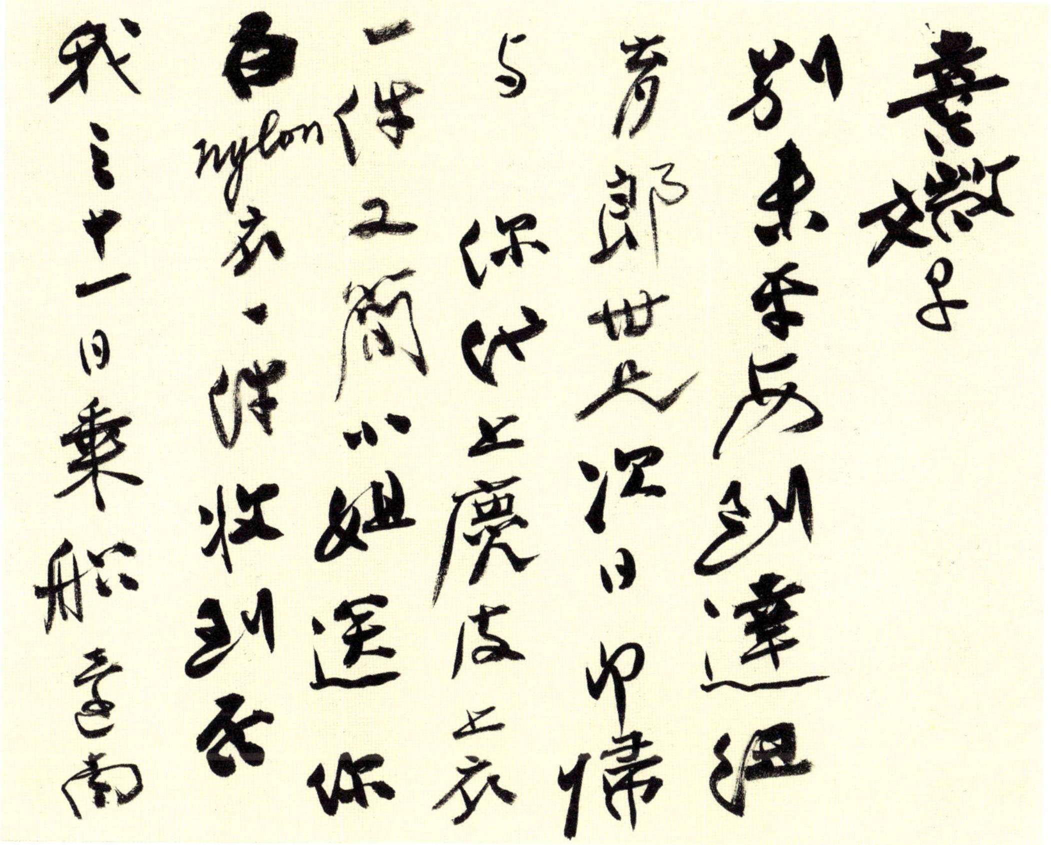

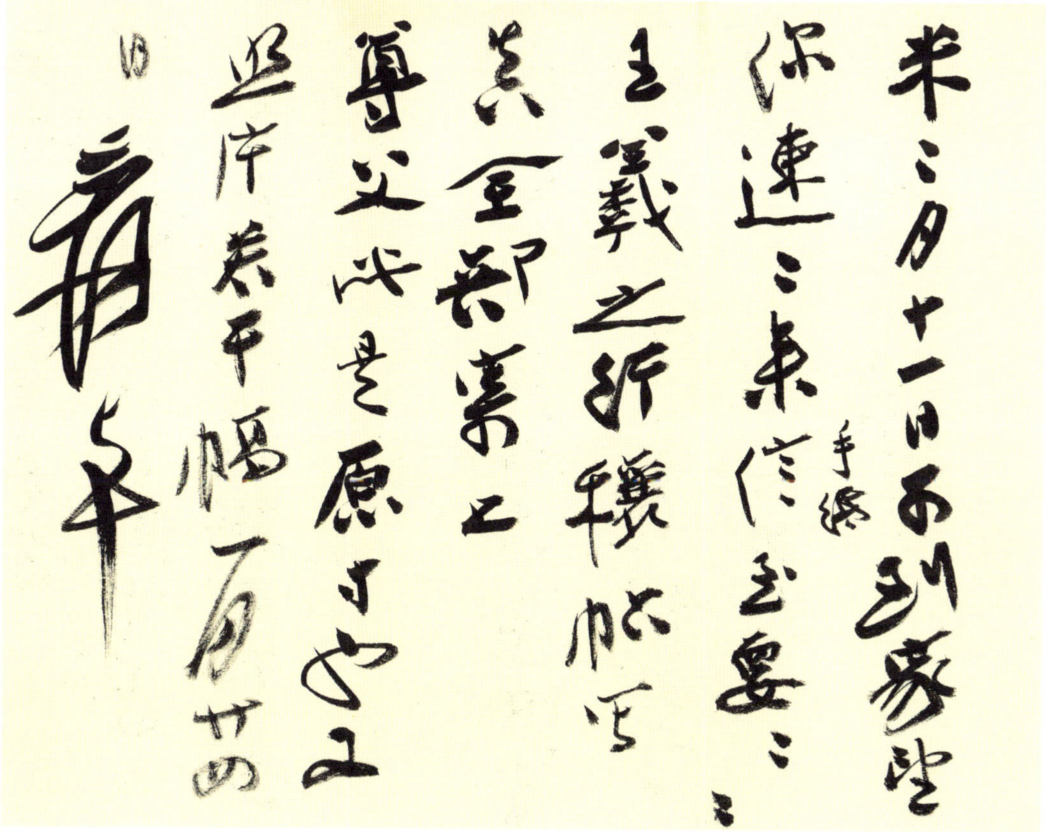

张大千致山田喜美子信札
私人藏

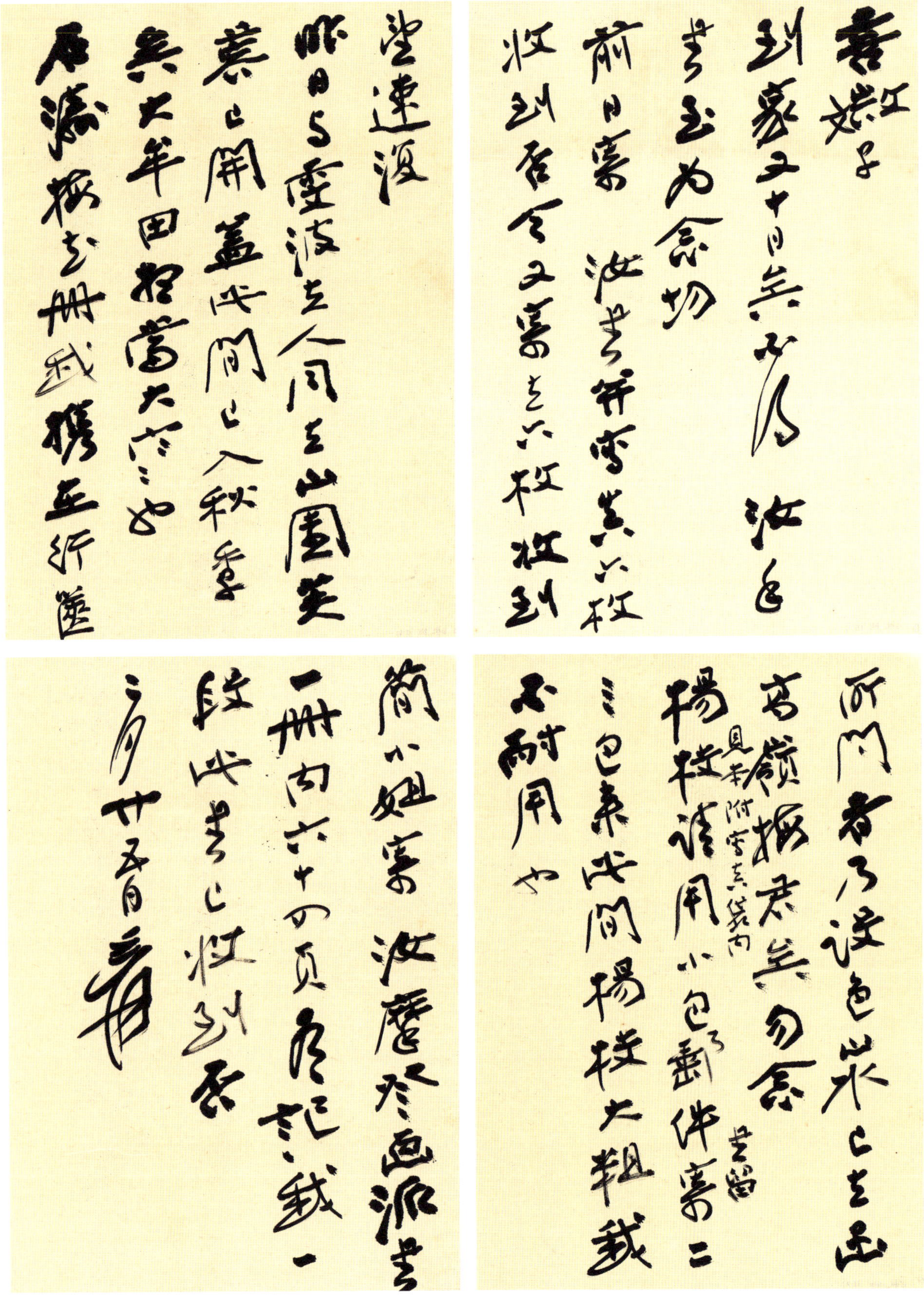

张大千致山田喜美子信札

私人藏

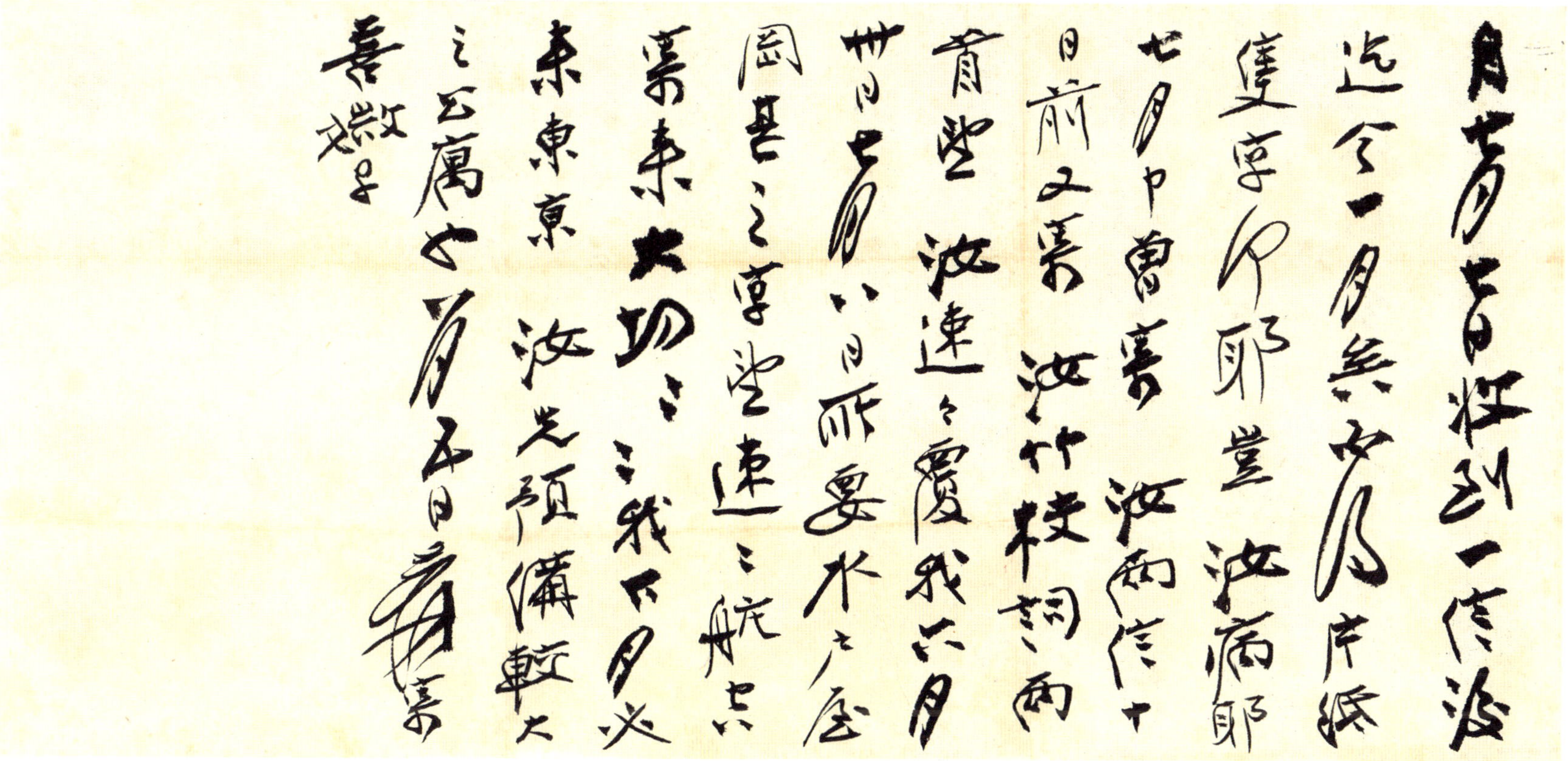

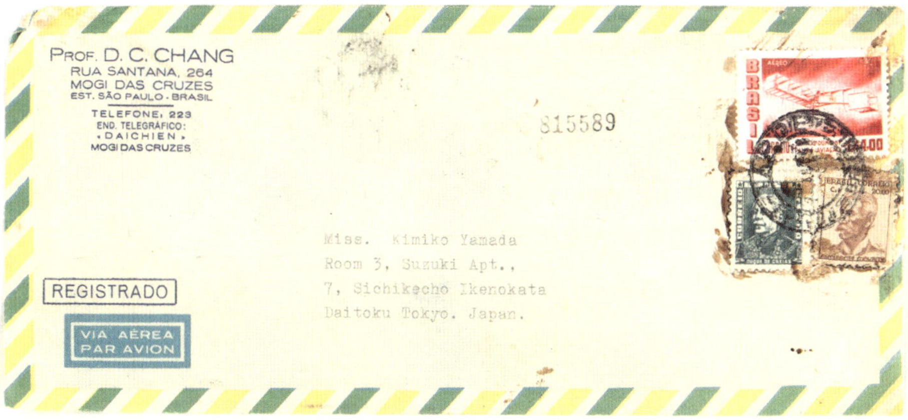

张大千致山田喜美子信札
私人藏

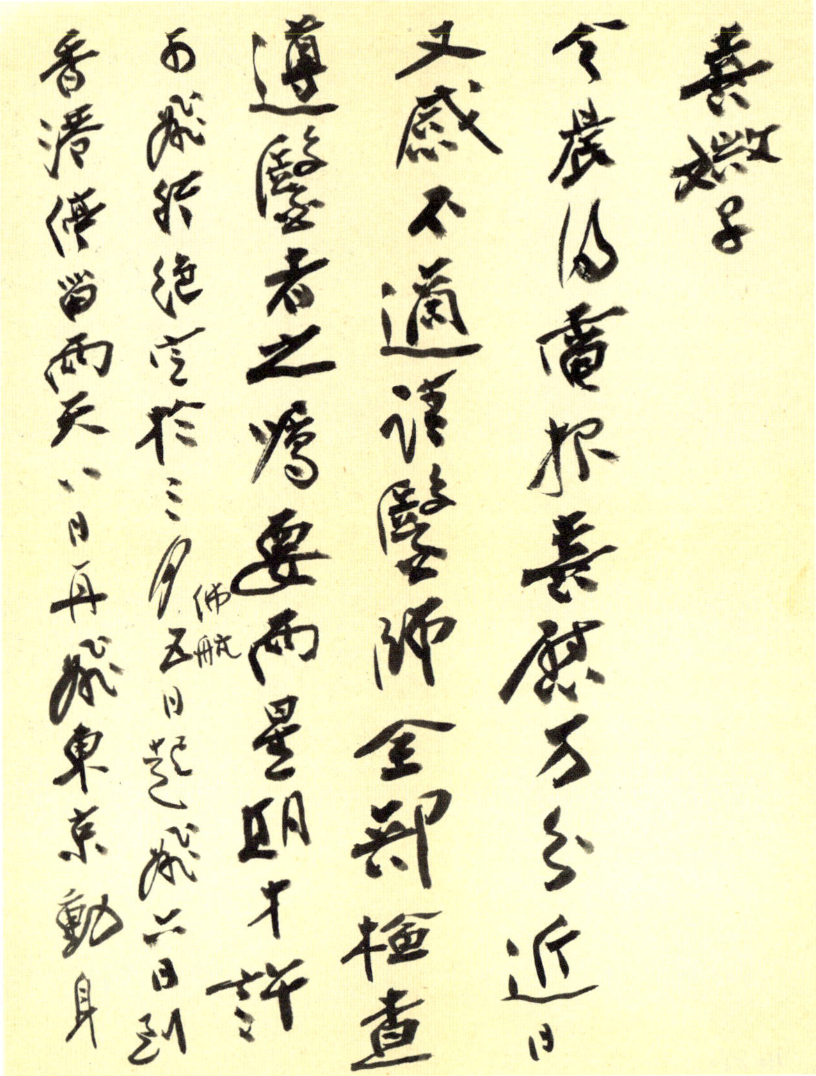

喜嬍子：
令堂仍當我長感萬分 近日
又感不適 請醫師全部檢查
遵醫者之囑要兩星期才許
由飛機絕定於三月五日（佛航）起飛六日到
香港停留兩天八日再飛東京動身

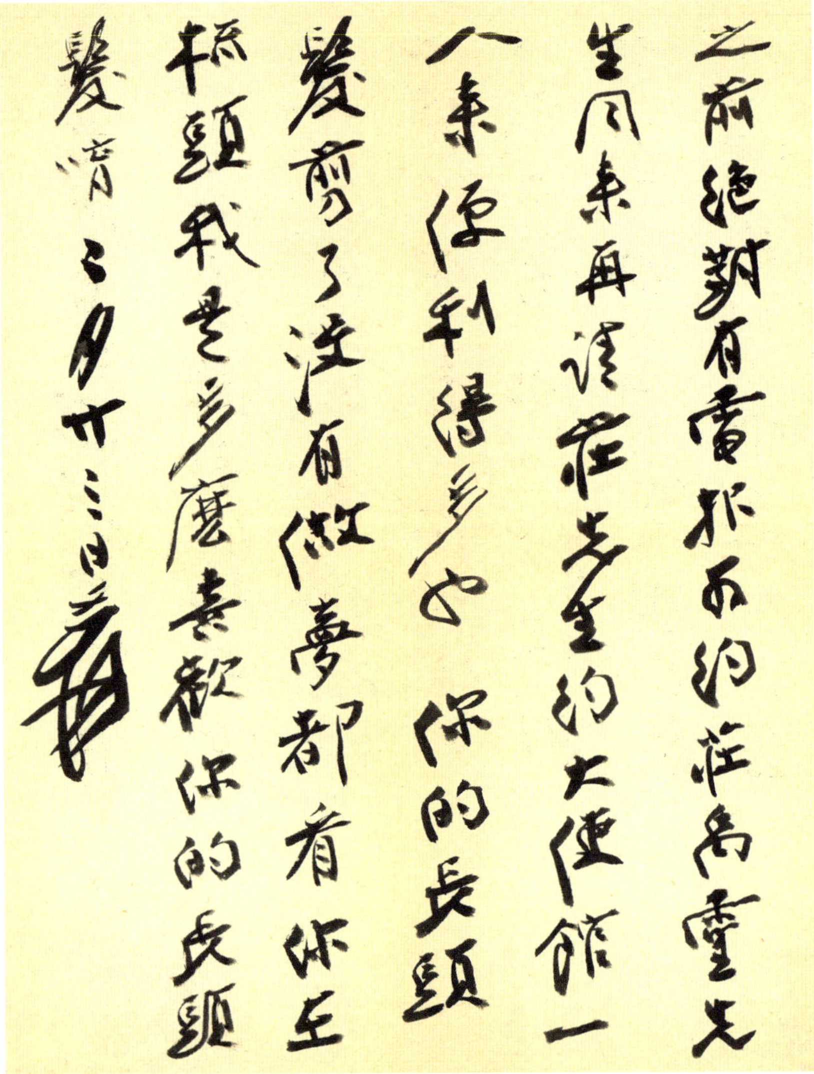

之前絕對有電報再約莊尚嚴先
生同來再請莊先生約大使館一
人來便利得多也 你的長頭
髮剪了沒有 做夢都看你在
搖頭我是多麼喜歡你的長頭
髮 嬍嬍 三月廿三日 爰

张大千致山田喜美子信札
私人藏

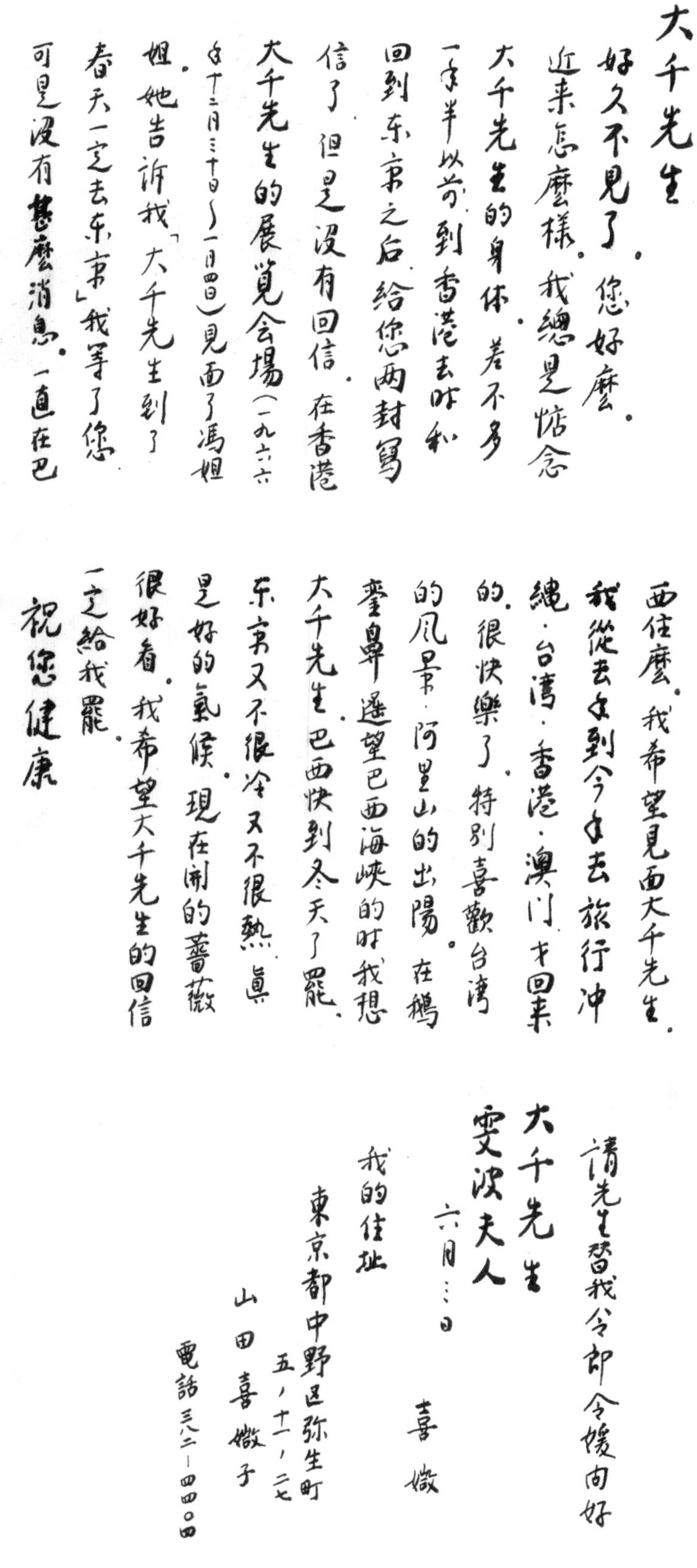

大千先生
好久不見了。您好麼。
近来怎麼樣。我總是惦念
大千先生的身体。差不多
一年半以前，到香港去時和
回到东京之后，給您兩封寫
信了。但是沒有回信。在香港
大千先生的展覧会場（一九六六
年十二月三十日～一月四日）見面了馮姐
姐。她告訴我「大千先生到了
春天一定去东京」我等了您
可是沒有甚麼消息。一直在巴
西住麼。我希望見面大千先生。
我從去年到今年去旅行沖
繩・台灣・香港・澳门才回来
的。很快樂了。特别喜歡台湾
的風景・阿里山的出陽。在鵝
鑾鼻遥望巴西海峡的时，我想
大千先生巴西快到冬天了罷。
东京又不很冷又不很熱，真
是好的氣候。現在開的薔薇
很好看。我希望大千先生的回信
一定給我罷。
祝您健康
請先生替我令郎令嬡向好
大千先生
雯波夫人
六月三日　喜媺
我的住址
東京都中野区弥生町
五ノ十一ノ二七
山田喜媺子
電話三八二—四四〇四

山田喜美子致张大千信札
私人藏

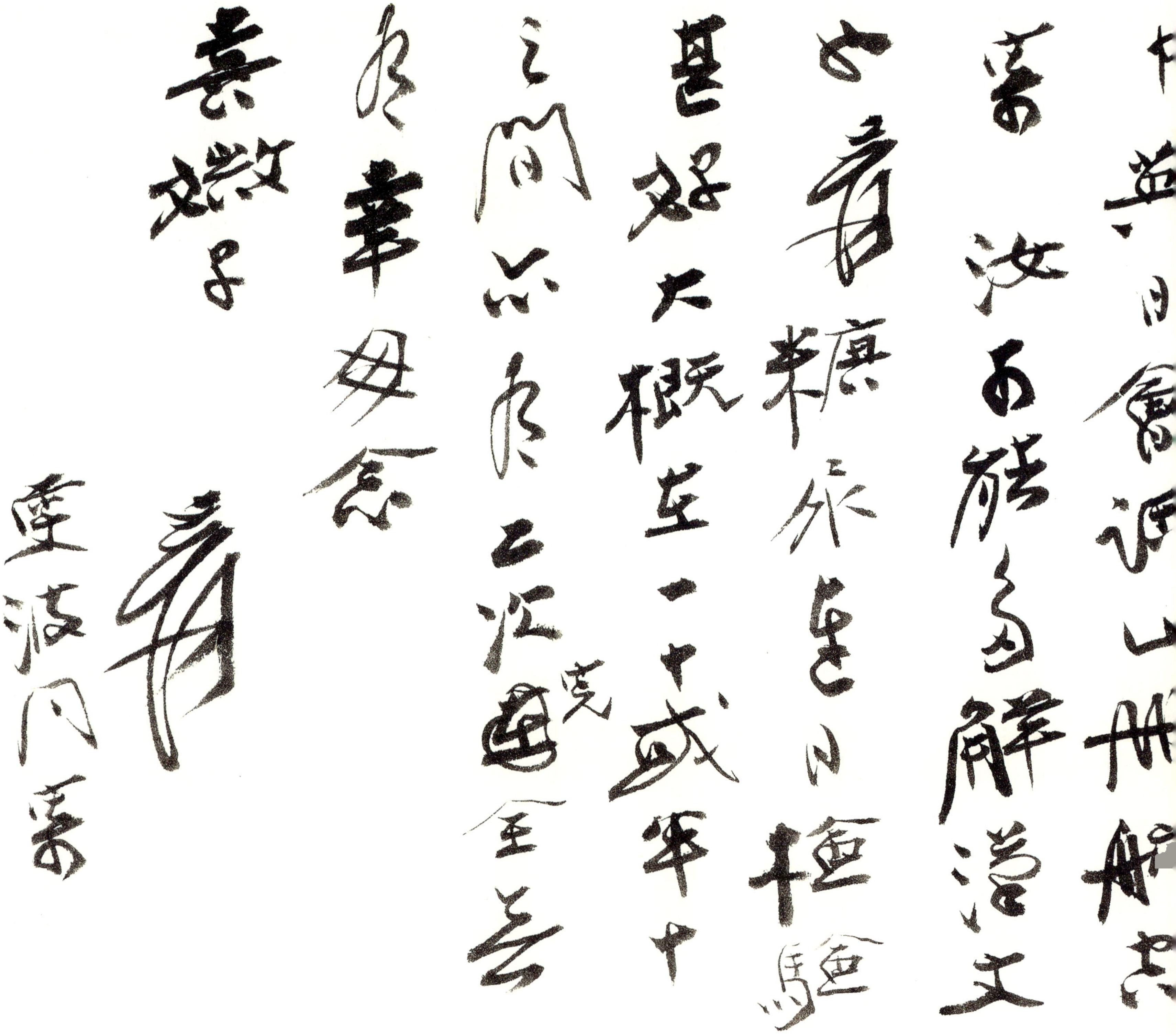

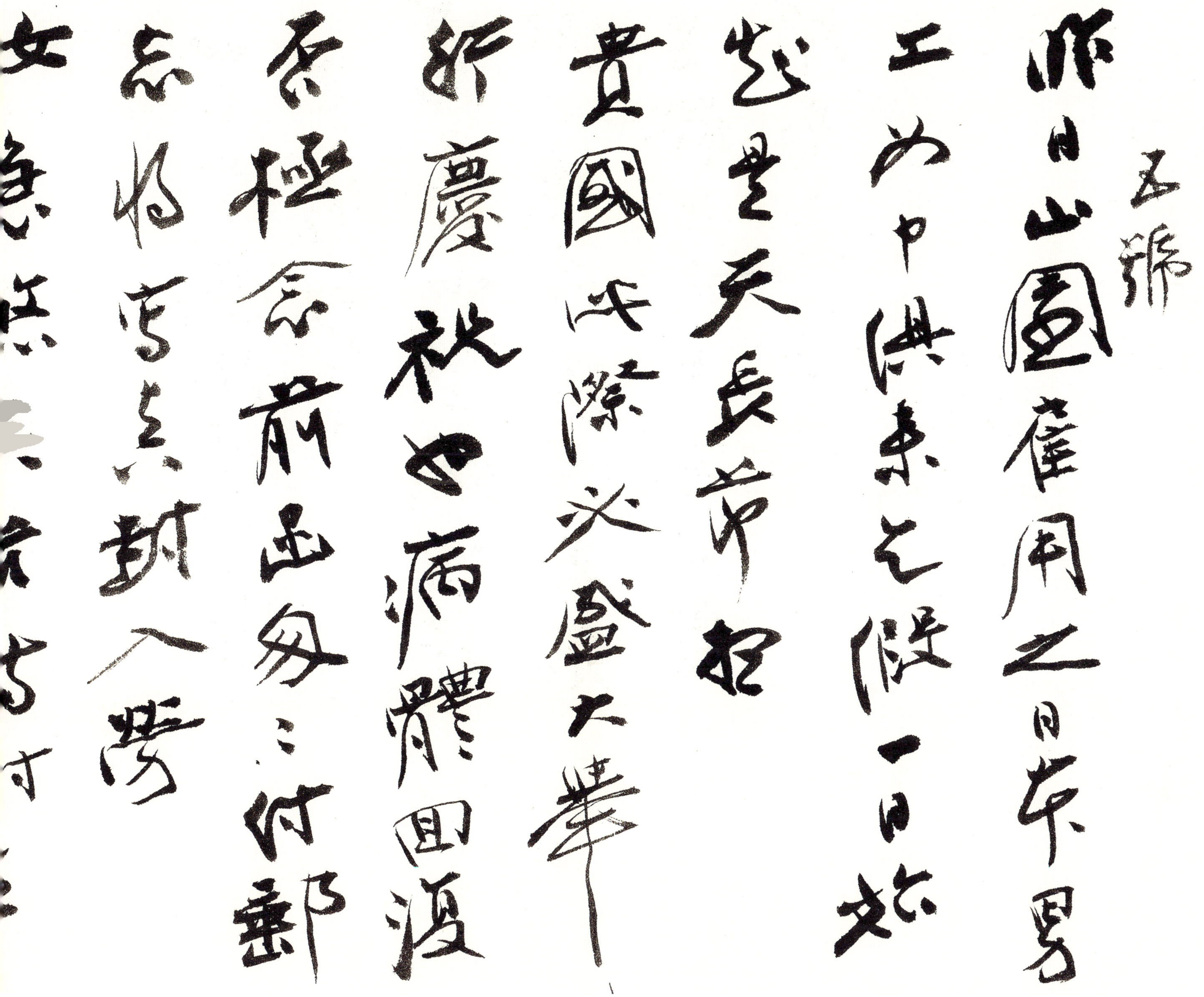

张大千致山田喜美子信札
私人藏

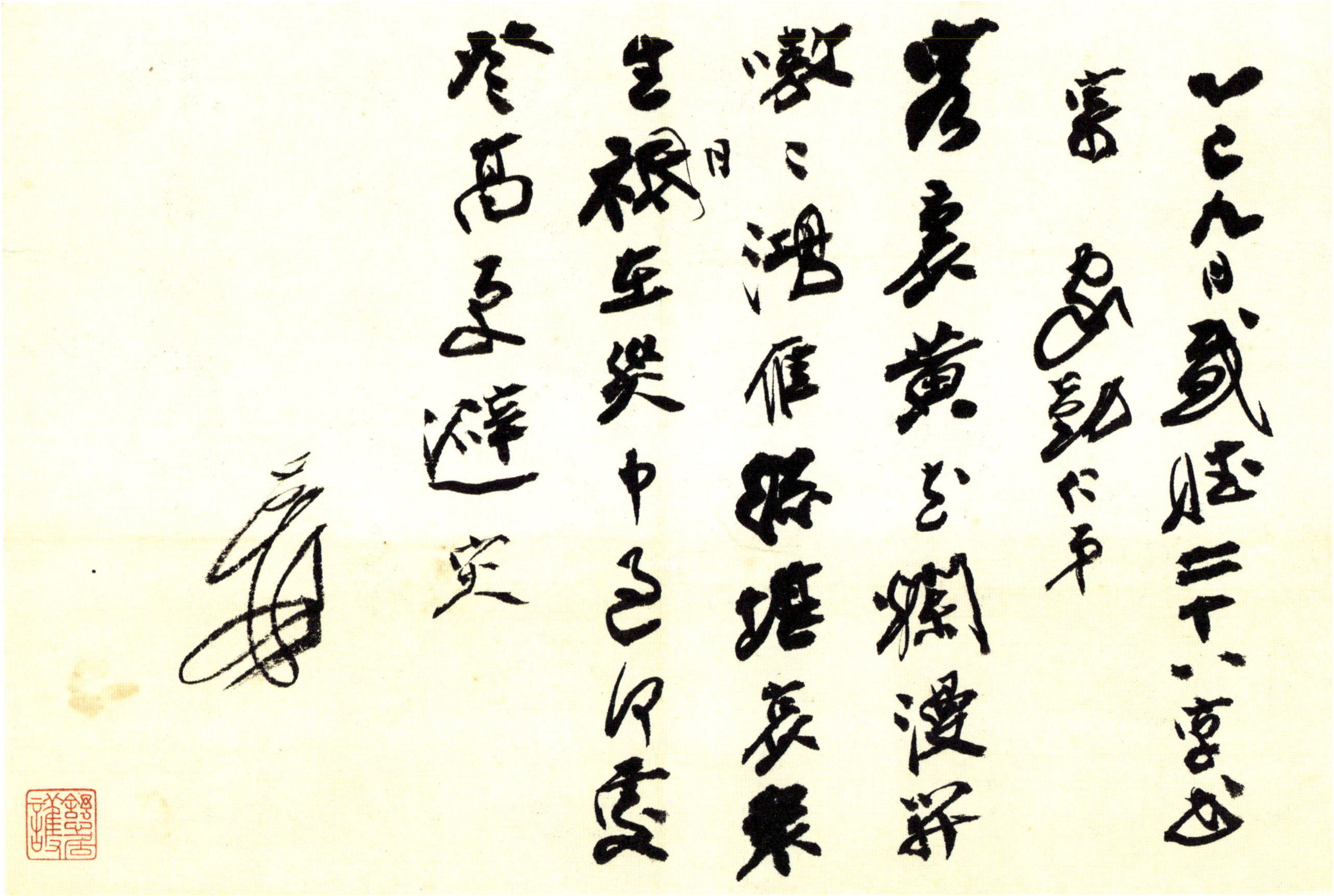

张大千书寄家勤仁弟诗稿

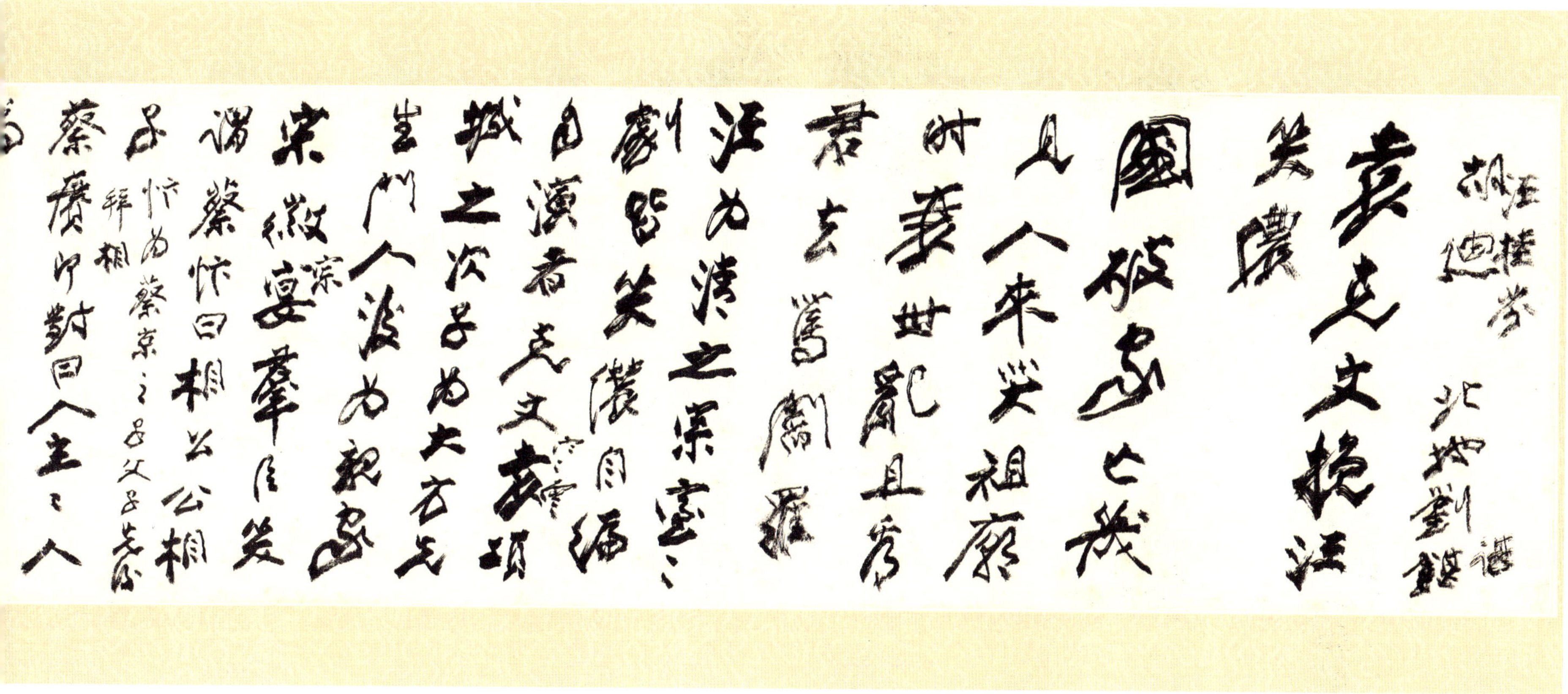

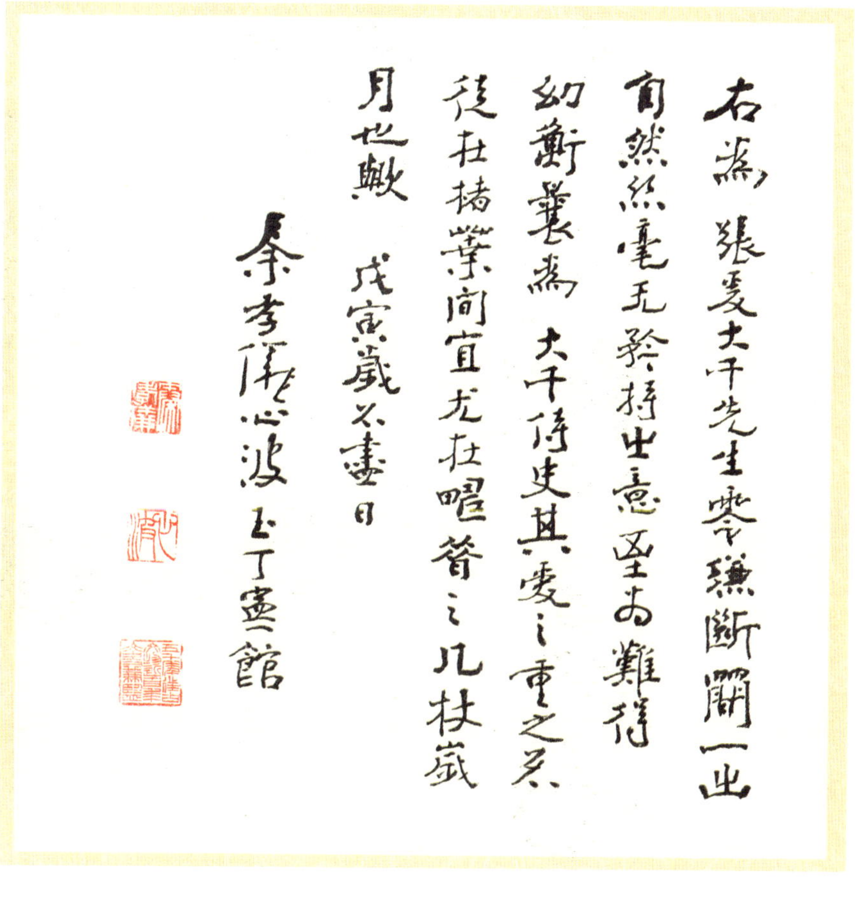

张大千书袁克文挽汪笑侬联并跋

张大千书“故乡风味”
私人藏

照片

张大千父亲张怀忠

张大千母亲曾友贞

张大千三哥张丽诚夫妇及子女

黄凝素、张大千、杨宛君与子女们于都江堰留影

曾正蓉女士

黄凝素女士

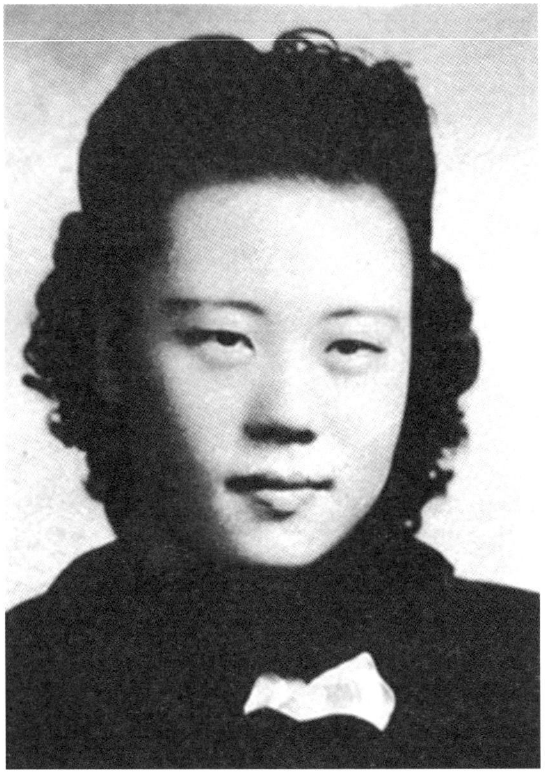

杨宛君女士

徐雯波女士

1946年，杨宛君（左）、张心瑞（中）与俞致贞（右）摄于成都

张大千与朝鲜女子池春红　罗伦建提供

张大千老师曾熙（左）、李瑞清（右）　　罗伦建提供

张善孖美国作画场景　　四川张大千研究中心提供

20 世纪 30 年代张大千、黄宾虹、王震与日本友人合影
罗伦建提供

1941 年秋张大千与甘肃士绅合影
罗伦建提供

1943 年秋张大千在广元千佛崖与友人合影

罗伦建提供

1943年，张大千与藏传佛教寺院僧人等摄于敦煌莫高窟

罗伦建提供

张大千早期影像
四川张大千研究中心提供

张大千中年时期影像
成都瀞园提供

张大千与徐悲鸿等人于青城山
罗伦建提供

1937年，张大千（左一）、钱桐（左二）、于非闇（左三）等合影于古物陈列所国画研究室前　　私人提供

1939年张大千在青城山上清宫
罗伦建提供

20 世纪 40 年代张大千在青城山
罗伦建提供

1946 年张大千与成都士绅合影
罗伦建提供

张大千内江故居
罗伦建提供

张善孖（坐者）与张大千（立者）共研画艺，摄于苏州网师园
私人提供

1946年张大千与友人摄于李祖韩、李秋君兄妹处，自右起分别为钱瘦铁、黄大密、拍摄者、顾青瑶、李秋君、张大千、李祖韩（李秋君大哥）、周鍊霞、叶世琴、陈肃亮

张大千与徐悲鸿在漓江下水游泳　台北羲之堂提供

张大千与溥心畬在日本合作绘画

张大千等人举办画展
赈济西郊赤贫留影
私人提供

张大千与徐悲鸿等在黄山
私人提供

1955 年张大千在
日本举办画展留影
罗伦建提供

1955年，在壶中居展览时留影，右起
喜屋夫妇、梅先生、朱省斋、张大千、
山田喜美子、王之一、乐恕人、王时
台北羲之堂提供

大千像

1956年，欧洲画展成功，大千夫妇拜访西方艺坛“教父”毕加索，并于庭园合影

台北羲之堂提供

1956年，张大千欧洲画展成功，张大千拜访西方艺坛“教父”毕加索，合影于庭园

台北羲之堂提供

1959年张大千与己亥自画像留影
四川张大千研究中心提供

1961年张大千在法国画展

1963年张大千与女儿张心庆摄于香港

1964 年张大千摄于台湾横贯公路

1964 年傅申（左）与丁翼（右）在台北拜会张大千
田洪提供

张大千（二排右三）、黄君璧（二排右二）与傅申（前排右二）等合影

1963年，张大千、徐雯波夫妇与黄天才（右）于横滨合影
台北羲之堂提供

1967年，孟小冬在香港为张大千清唱，王瑞芝在旁拉胡琴

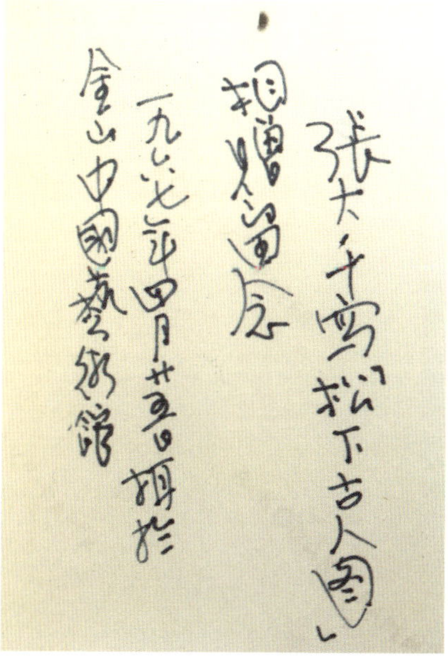

1967年4月25日，张大千在旧金山唐人街林氏中国艺术馆为友人郑月波挥毫作《松下古人图》

舒建华提供

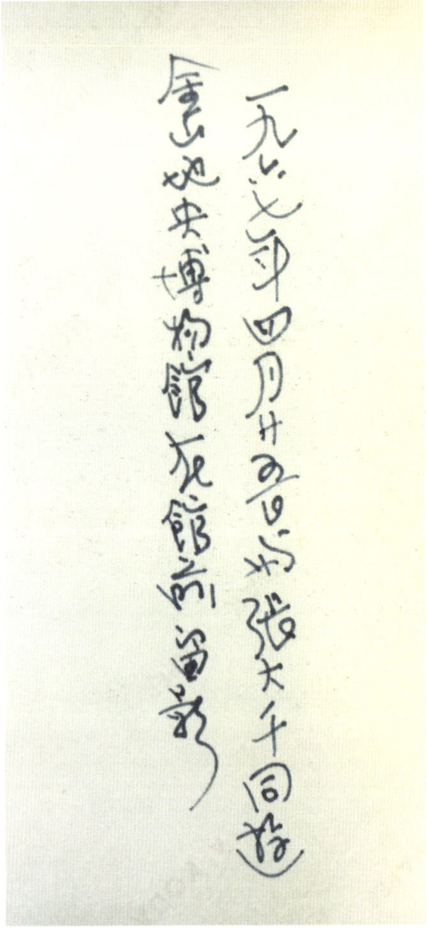

1967年4月25日，张大千与友人郑月波在美国旧金山迪扬博物馆
舒建华提供

张大千与陆蓉之
陆蓉之提供

张大千夫妇与陆蓉之外公（左一）、陆蓉之（右二）及陆蓉之母亲（右一）合影　陆蓉之提供

1967年张大千与苏利文博士畅谈于史丹佛美术馆
台北羲之堂提供

1968年，巴西华人为张大千六旬晋九迎七秩寿庆而举办张大千小型画展
私人提供

1970年，张大千在加州十七英里海岸线家居附近同郎静山、侯北人观松照，照片为侯北人先生所摄，图8持相机者为郎静山　　舒建华提供

大千与四弟子左起孙家勤、张师郑、沈洁、王旦旦合影於八德园
台北羲之堂提供

张大千与郭有守在八德园内参观笔冢石碑（王之一摄影）
台北羲之堂提供

张大千与后代在巴西合影
四川张大千研究中心提供

张大千于巴西八德园
四川张大千研究中心提供

张大千在海外寓所巴西八德园（王之一 摄）

台北摩耶精舍即将落成，大千携子女装运随身的行李，左一为孙云生

张大千在巴西八德园

张大千与家人、学生、雇工等合影于八德园

20 世纪 60 年代，张大千摄于美国加州蒙特利尔

张大千与第十女心瑞（右）、十一女心庆（左）合影

张大千与“笔冢”

张大千、孙云生、张目寒等合影

张大千与溥心畬（右二）、黄君璧（右三）及庄严（左二）在东京聚会时所摄

张大千与梅兰芳
四川张大千研究中心提供

张大千（右六）、黄君璧（右五）、
溥心畬（右四）等合影于日本

张大千与友人聚餐

四川张大千研究中心提供

郎静山为张大千摄影

1977年张大千与台湾著名电视主持人白嘉莉合影
台北羲之堂提供

1978年张大千与台静农（左一）、庄严（左二）赏玩雅石（庄灵 摄）
台北羲之堂提供

1979年，张大千与何浩天（右一）、郎静山（右三）、王之一（左一）于八德园摄影展中留影

台北羲之堂提供

1981年张大千伉俪与知名影星林青霞合影

台北羲之堂提供

张大千与知名影星林青霞合影

台北羲之堂提供

1982 年张大千与夫人徐雯波在张群寓所同赏绿萼梅（胡崇贤 摄）
台北摩耶精舍收藏

1983 年，张大千与夫人徐雯波在台北历史博物馆所展未完成之《庐山图》前

张大千在湖边

1983年1月7日，张大千夫妇与赵无极夫妇于张大千寓所
私人提供

张大千、徐雯波夫妇与孙云生（左三）等友人摄于台北摩耶精舍

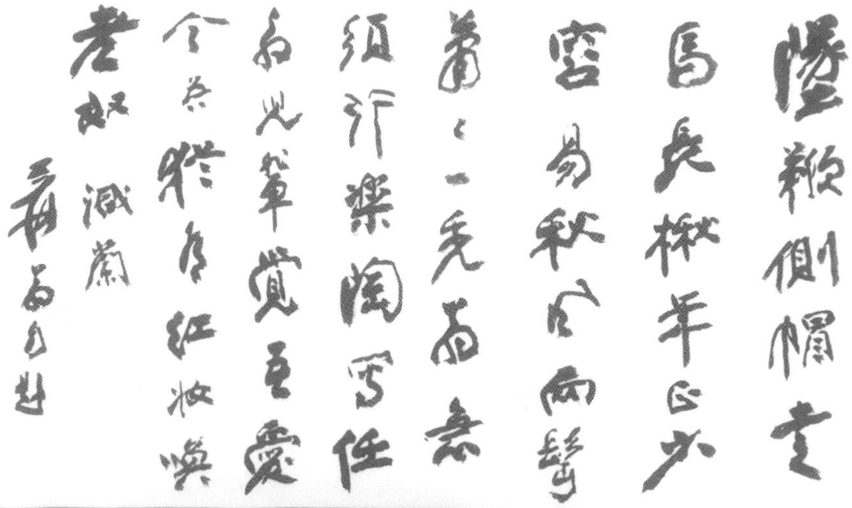

张大千像（郎静山 摄）
四川张大千研究中心提供

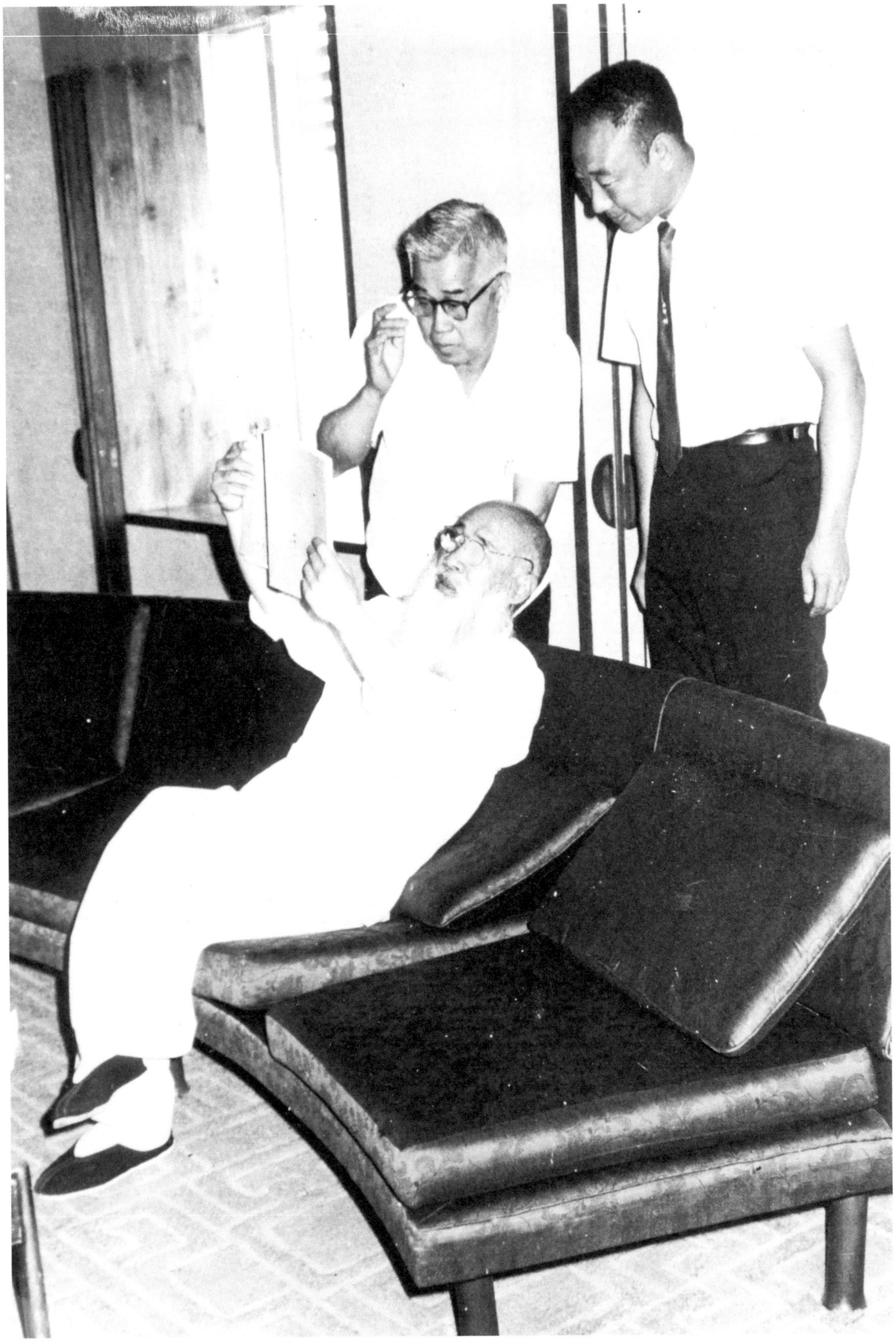

张大千与友人
四川张大千研究中心提供

大千在作画

票友张大千与徐雯波
四川张大千研究中心提供

张大千夫妇与台湾京剧界部分演员合影

晚年张大千

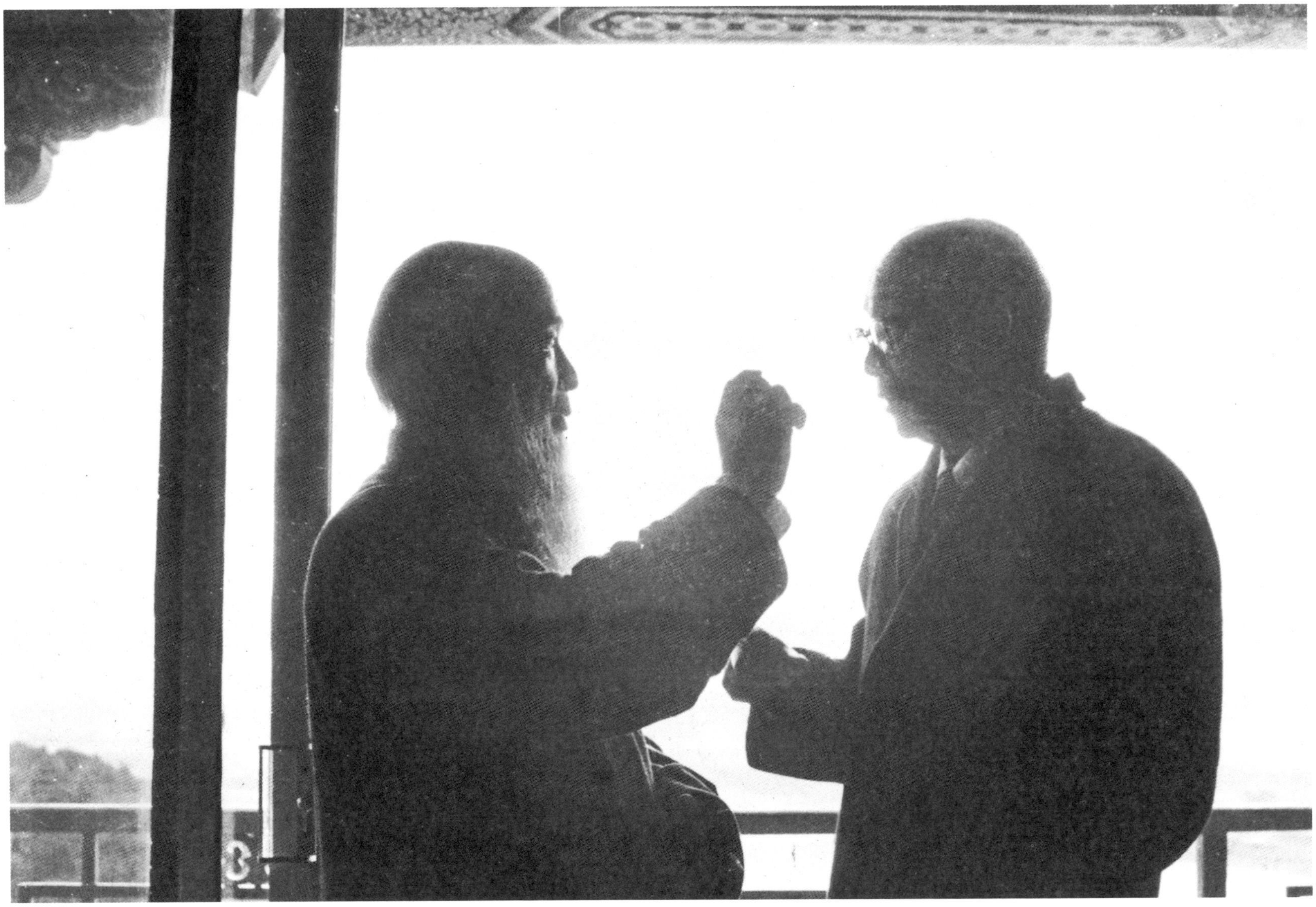

张大千与林语堂
私人藏

张大千与他的小猴儿
私人藏

张大千与张群于摩耶精舍
四川张大千研究中心提供

张大千与友人观赏奇石

张大千亲自设计的盆景

张大千指导徐雯波做麻婆豆腐

张大千在韩国举办画展

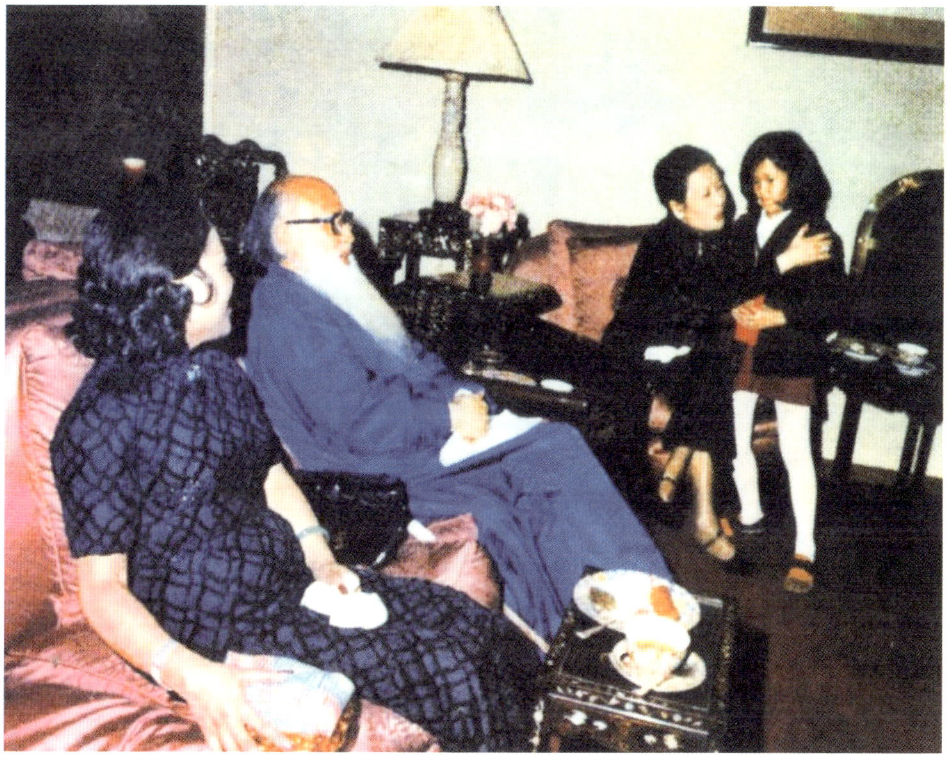

蒋夫人接见张大千夫妇　　台北羲之堂提供

秦孝仪与张大千摄于摩耶精舍
台北羲之堂提供

张大千夫妇、何应钦、郭小庄合影　　台北羲之堂提供

张大千夫妇与著名京剧女老生演员孟小冬　　台北羲之堂提供

张大千与李海天摄于摩耶精舍
台北羲之堂提供

张大千与郝柏村夫妇合影
台北羲之堂提供

张大千与生前知己张群在摩耶精舍庭院赏梅
台北羲之堂提供

张大千与黄天才合影于摩耶精舍庭园
台北羲之堂提供

张大千与秦孝仪合影
台北羲之堂提供

张大千、乐恕人（左）与四川饭店陈建民（右）合影
台北羲之堂提供

张大千夫妇与乐恕人（左一）、卢冠群（左二）、黄天才（左三）、余纪忠夫妇（左四、五）及大千女儿心沛（左六）合影　　台北羲之堂提供

张大千与台静农先生合摄于摩耶精舍一隅
台北羲之堂提供

张大千晚年时作画

台北摩耶精舍庭园
田洪 摄

台北摩耶精舍一楼画室　　田洪　摄

台北摩耶精舍藏张大千存放古画的铁箱　　田洪　摄

台北摩耶精舍一楼会客厅　　田洪　摄

台北摩耶精舍二楼装裱室　　田洪　摄

台北摩耶精舍二楼画室　　田洪 摄

台北摩耶精舍张学良赠与张大千的烤箱　　田洪 摄

台北摩耶精舍张大千生前的坐车　　田洪 摄

张大千纪念馆
田洪 摄

其他文献

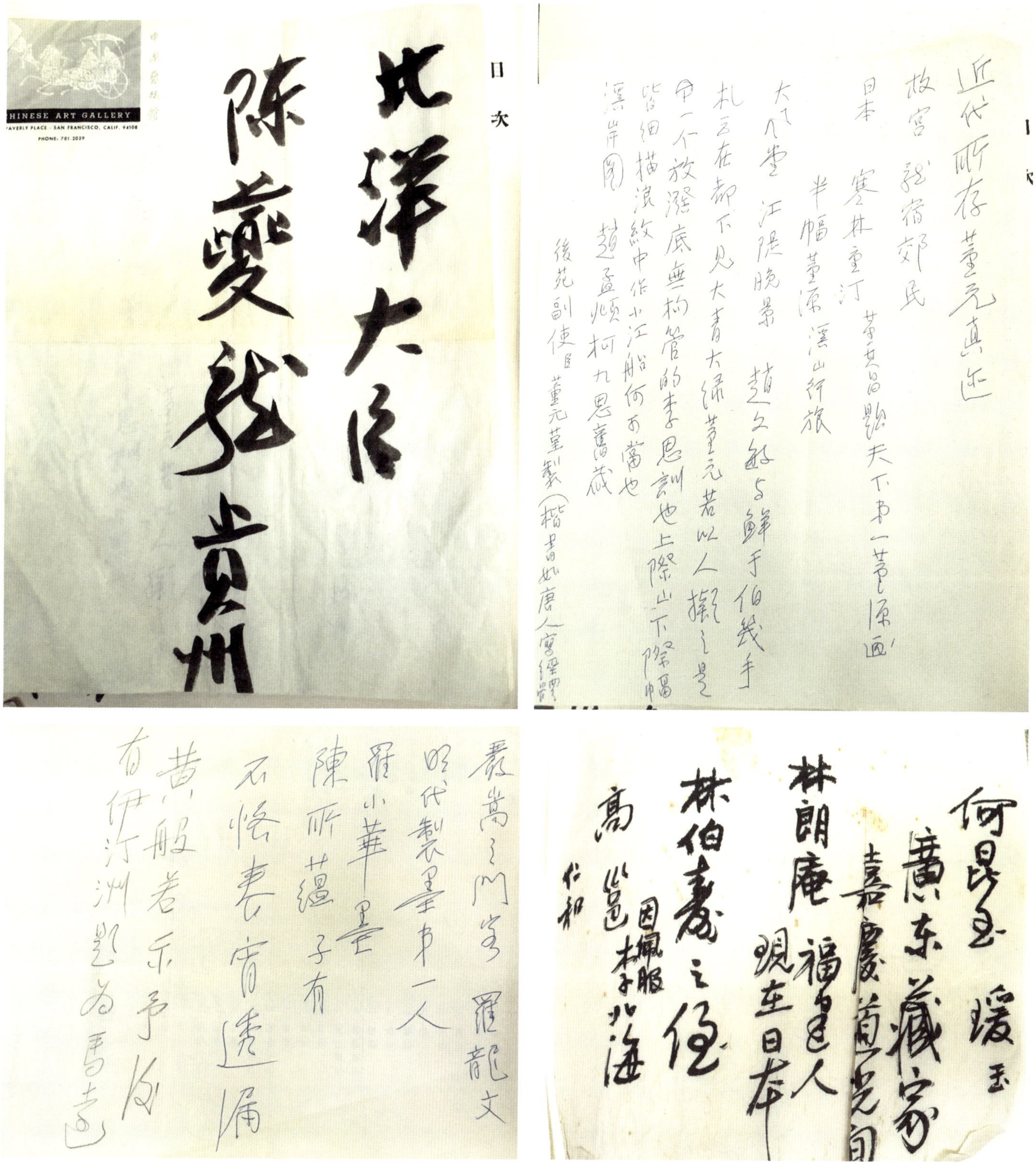

1970年前后张大千在旧金山唐人街林清霓开设之画廊“中国艺术馆”内与友人闲谈收藏时，手书解说稿
舒建华提供

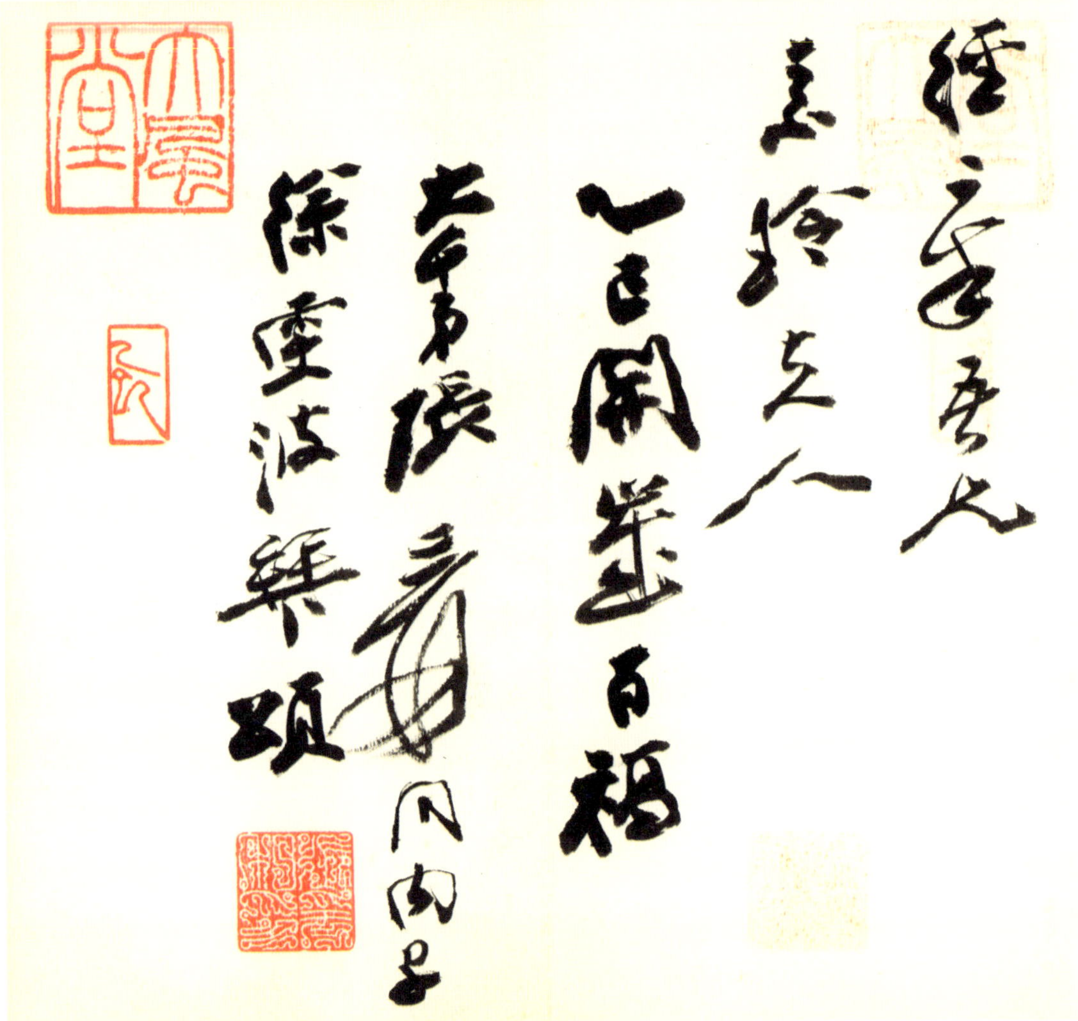

张大千书赠经章、素玲夫妇
成都诗婢家提供

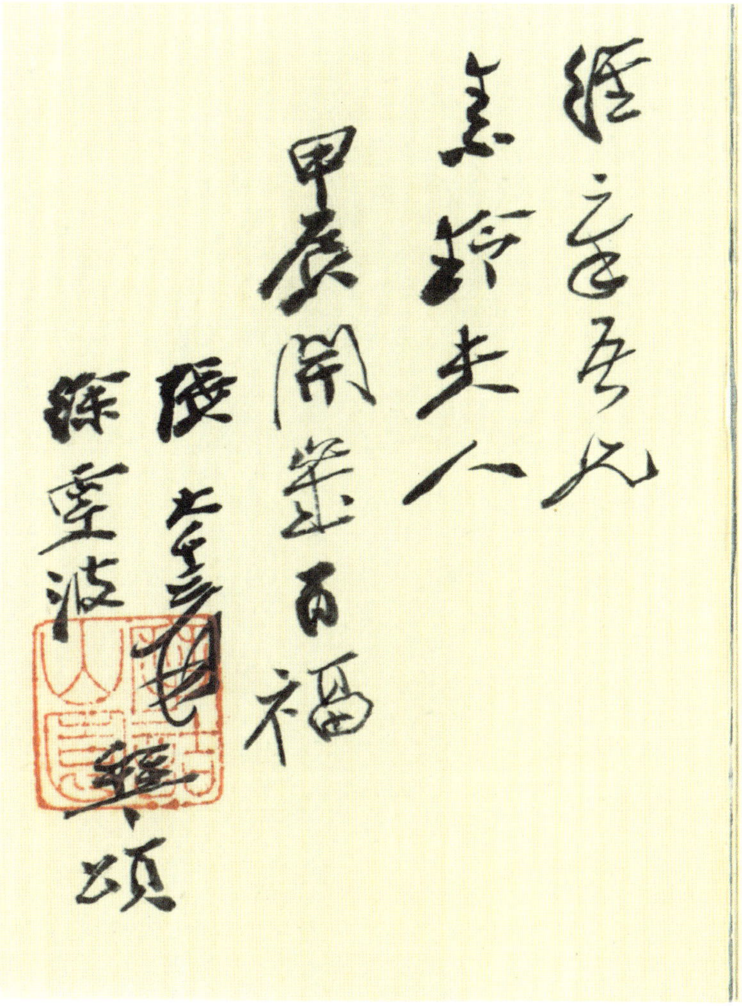

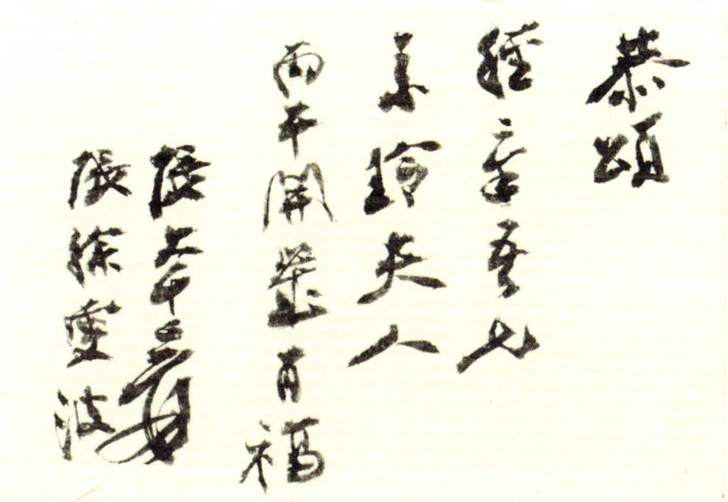

张大千书赠经章、素玲夫妇
成都诗婢家提供

张大千题字石涛册页赠予侯北人
舒建华提供

季蝯書畫例言

戊辰五月重訂

張蝯字季蝯內江人生之夕其母夢黑蝯坐膝下覺而生季因名蝯字曰季蝯季性喜佛故曰大千居士季之仲兄曰善孖畫人物山水尤好畫虎蜀中與京師士大夫多爭取之然與季少時皆受筆於母季昆季十二人每歲學金皆出自母氏筆墨季入學校數歲謂科學少生人之趣不足學遂東渡與日本名宿參論中日畫理又以日人新舊煩雜不足學歸游名山日與僧人言禪學一日執贄就髯席請曰願學書髯曰海上以道人爲三代兩漢六朝書皆各守家法髯好下已意不足學因攜季見道人道人好奇見季年二十餘其長髯且過髯與語更異之繇是季爲髯書復爲道人書人多不能辨近則刻苦求於髯與道人書之外卓然自立矣季初爲畫喜工筆人物及見髯與道人論畫山水則喜方方壺唐子華吳仲圭王叔明大滌子花卉則喜白陽青藤八大及揚州諸老季昆季中多善爲計學近又蜀中富人矣因不汲汲自見然終日爲人奴隸亦何所取因爲之定其書畫例季尙有弱弟曰君綬年未冠書畫皆過其兄前歲入都觀內府所藏以書遺季曰將蹈海然無蹤跡或以爲遁入海外禪林云

甲子春　農髯曾熙

花卉

堂幅	丈二尺六十元　六尺十六元	一丈四十元　五尺十二元	八尺廿四元　四尺十元	七尺二十元　三尺八元
屏幅	丈二尺每幅三十二元　六尺十元	一丈廿四元　五尺八元	八尺十六元　三四尺六元	七尺十二元
橫幅	整幅同堂幅	半幅同屏		
琴條	同屏			
卷子	每尺六元	冊子　每尺四元	摺團扇　每柄四元	

山水人物

堂幅	丈二尺八十元　六尺廿四元	一丈六十元　五尺二十元	八尺四十元　四尺十六元	七尺三十二元　三尺十二元
屏幅	丈二尺六十元　六尺十六元	一丈四十元　五尺十二元	八尺三十二元　四尺十元	七尺廿四元　三尺八元
橫幅	整幅同堂幅	半幅同屏		
琴條	同屏			
卷子	每尺八元	冊子　每尺六元	摺團扇　每柄六元	

書例

堂幅	丈二尺三十元　六尺十元	一丈二十元　五尺八元	八尺十六元　四尺六元	七尺十二元　三尺四元
屏幅	丈二每幅二十元　六尺六元	一丈十六元　五尺五元	八尺十二元　三四尺四元	七尺八元
橫幅	整幅同堂幅	半幅同屏		
楹聯	丈二尺二十元　六尺五元	一丈十六元　五尺四元	八尺十二元　三四尺三元	七尺八元
琴條	同屏			
卷子	每尺四元	冊子　每尺三元	摺團扇　每柄三元	

(一)隸直行草同直篆書加倍來文加倍　(二)畫件點景加倍工細加倍金箋加半劣紙劣絹不應　(三)壽屏每幅廿元　(四)碑誌及名人書畫題跋別議　(五)牓書每尺二元至三尺者每尺三元　(六)名刺每字二元書眉冊首銅牌減半直　(七)刻印石章每字二元餘不刊　(八)磨墨費加十之一

收件處上海派克路益壽里佛記書局及各箋扇店

通信處上海法租界西門路西成里沿馬路一百六十九號張寓

1928 年《季蝯书画例言》

罗伦建提供

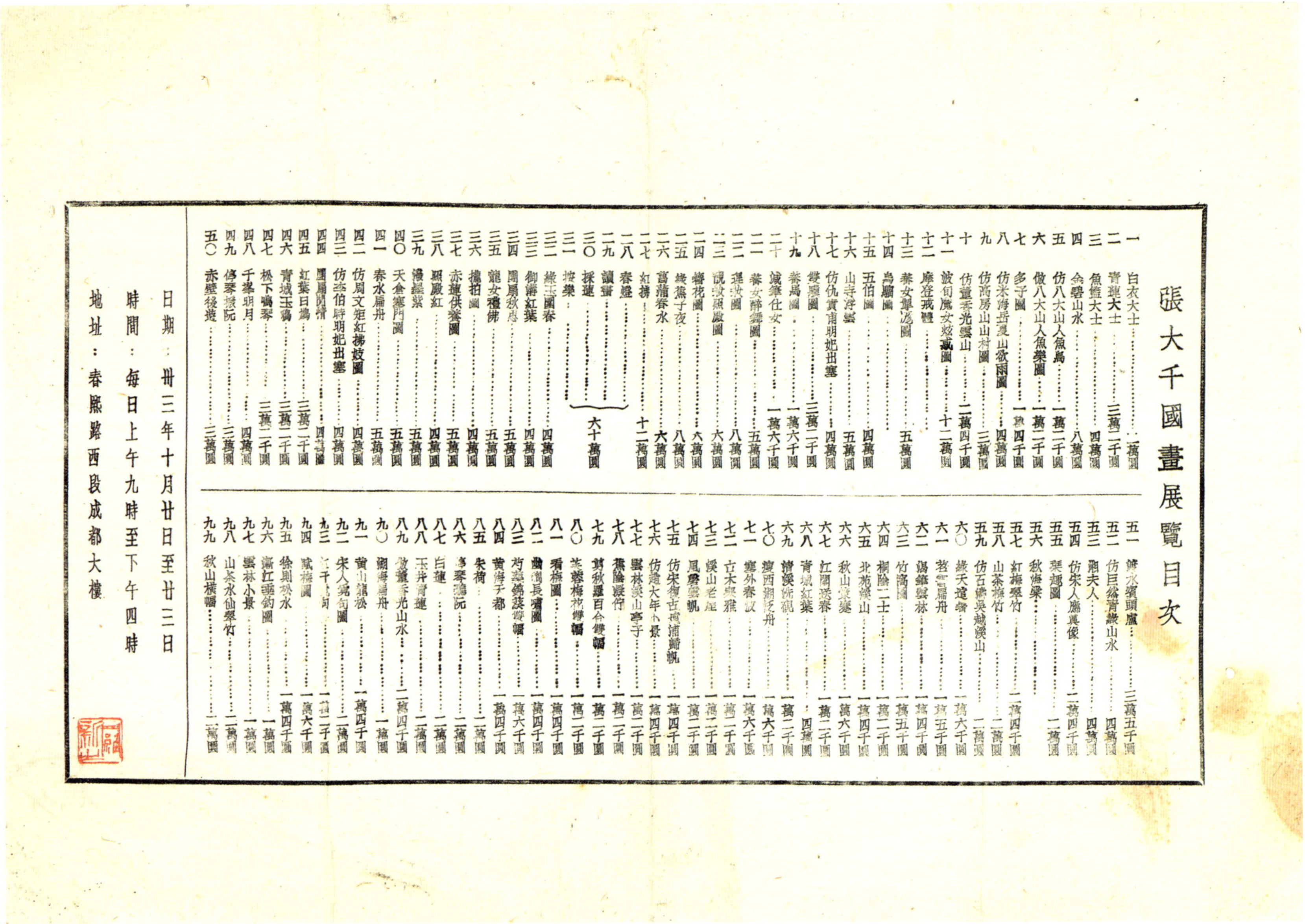

張大千國畫展覽目次

號	畫題	價格
一	白衣大士	一萬圓
二	青蓮大士	三萬二千圓
三	魚籃大士	四萬圓
四	金碧山水	八萬圓
五	仿八大山人魚鳥	一萬二千圓
六	倣八大山人魚樂圖	一萬二千圓
七	多子圖	一萬四千圓
八	仿米海岳夏山欲雨圖	四萬圓
九	仿高房山山村圖	三萬圓
十	仿董香光雲山	二萬四千圓
十一	波旬魔女炫惑圖	十二萬圓
十二	摩登戒體	
十三	蕃女舉湌圖	五萬圓
十四	烏驢圖	
十五	五伯圖	四萬圓
十六	山寺浮嵐	五萬圓
十七	仿仇實甫明妃出塞	四萬圓
十八	雙騾圖	三萬二千圓
十九	蕃馬圖	一萬六千圓
二十	減筆仕女	一萬六千圓
二一	蕃女醉舞圖	五萬圓
二二	理妝圖	八萬圓
二三	靚妝照殿圖	六萬圓
二四	簪花圖	六萬圓
二五	綠蕉子夜	八萬圓
二六	菖蒲春水	六萬圓
二七	紅拂	十二萬圓
二八	春燈	六十萬圓
二九	讀書	
三〇	採蓮	
三一	按樂	
三二	綠玉園春	四萬圓
三三	御溝紅葉	四萬圓
三四	團扇秋思	五萬圓
三五	龍女禮佛	五萬圓
三六	攜柏圖	四萬圓
三七	赤蓮供養圖	五萬圓
三八	照殿紅	四萬圓
三九	潑墨紫	五萬圓
四〇	天倉寨門圖	五萬圓
四一	春水扁舟	五萬圓
四二	仿周文矩紅拂妓圖	四萬圓
四三	仿李伯時明妃出塞	四萬圓
四四	團扇閒情	四萬圓
四五	紅葉白鴿	三萬二千圓
四六	青城玉鴿	三萬二千圓
四七	松下鳴琴	三萬二千圓
四八	千峯明月	四萬圓
四九	停琴撫阮	三萬圓
五〇	赤壁後遊	三萬圓
五一	[illegible]水賓頭廬	三萬五千圓
五二	仿巨然青綠山水	四萬圓
五三	湘夫人	四萬圓
五四	仿宋人應真像	二萬四千圓
五五	樂趣圖	二萬圓
五六	秋海棠	
五七	紅梅翠竹	二萬四千圓
五八	山茶梅竹	二萬圓
五九	仿石濤吳越溪山	二萬圓
六〇	綠天[illegible]	一萬六千圓
六一	[illegible]扁舟	一萬五千圓
六二	[illegible]雲林	一萬四千圓
六三	竹窩圖	一萬五千圓
六四	桐陰二士	一萬二千圓
六五	北苑溪山	一萬四千圓
六六	秋山[illegible]	一萬六千圓
六七	江園送春	一萬二千圓
六八	青城紅葉	四萬圓
六九	清溪洗硯	一萬二千圓
七〇	瘦西湖泛舟	一萬六千圓
七一	塞外春[illegible]	一萬六千圓
七二	古木[illegible]	一萬二千圓
七三	溪山老屋	一萬二千圓
七四	風[illegible]帆	一萬二千圓
七五	仿宋復古[illegible]浦歸帆	一萬四千圓
七六	仿趙大年小景	一萬四千圓
七七	雲林溪山亭子	一萬二千圓
七八	蕉陰凝佇	一萬二千圓
七九	剪秋羅百合雙幅	一萬二千圓
八〇	芙蓉梅花雙幅	一萬二千圓
八一	看梅圖	一萬四千圓
八二	幽谷長嘯圖	一萬四千圓
八三	芍藥錦葵雙幅	一萬六千圓
八四	黃海天都	一萬四千圓
八五	朱荷	二萬圓
八六	停琴聽阮	二萬圓
八七	白蓮	二萬圓
八八	玉井青蓮	二萬圓
八九	倣董香光山水	二萬四千圓
九〇	[illegible]海扁舟	一萬圓
九一	黃山龍松	一萬四千圓
九二	宋人寫句圖	二萬圓
九三	江干[illegible]句	一萬二千圓
九四	賦梅圖	一萬六千圓
九五	徐則松水	一萬四千圓
九六	濠江垂釣圖	一萬圓
九七	雲林小景	一萬圓
九八	山茶水仙翠竹	二萬圓
九九	秋山橫幅	二萬圓

日期：卅三年十月廿日至廿三日

時間：每日上午九時至下午四時

地址：春熙路西段成都大樓

1944 年《张大千国画展览目次》

罗伦建提供

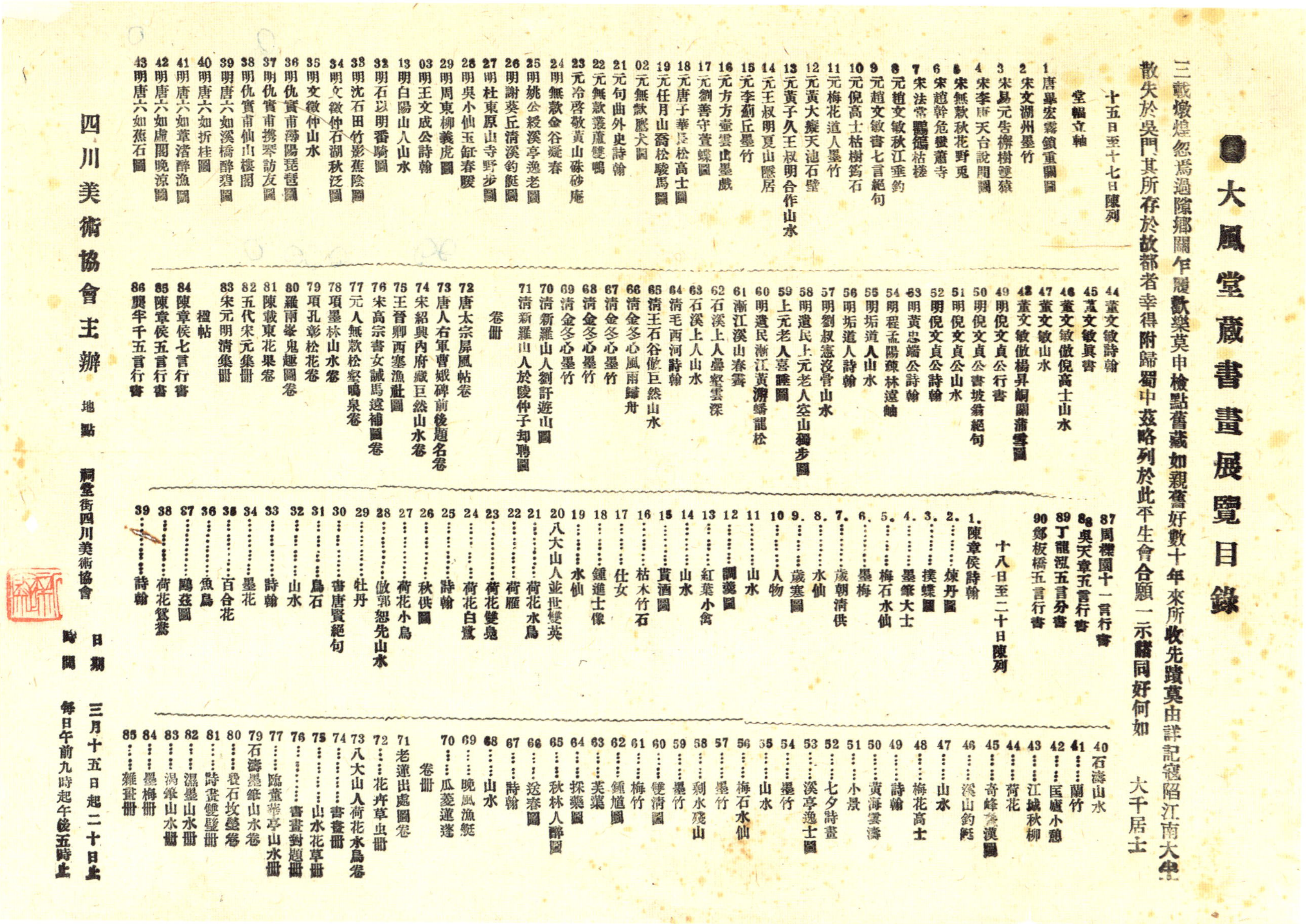

大風堂藏書畫展覽目錄

三載燉煌忽焉過隙鄉關乍履歡樂莫申檢點舊藏如親舊好數十年來所收先蹟莫由詳記寇陷江南大半散失於吳門其所存於故都者幸得附歸蜀中茲略列於此平生會合願一示諸同好何如 大千居士

十五日至十七日陳列

堂幅立軸

1 唐畢宏霧鎖重關圖
2 宋文湖州墨竹
3 宋易元吉擗樹雙猿
4 宋李唐天台說閒圖
5 宋無款秋花野兎
6 宋趙幹危巒蕭寺
7 宋法常鸜鵒枯樁
8 元趙文敏秋江垂釣
9 元趙文敏書七言絕句
10 元倪高士枯樹筠石
11 元梅花道人墨竹
12 元黃大癡天池石壁
13 元黃子久王叔明合作山水
14 元王叔明夏山隱居
15 元李薊丘墨竹
16 元方方壺雲山墨戲
17 元劉善守萱蝶圖
18 元唐子華長松高士圖
19 元任月山喬松駿馬圖
02 元無款鷹犬圖
21 元句曲外史詩翰
22 元無款叢蘆雙鴨
23 元冷啓敬黃山礬砂庵
24 明無款金谷凝春
25 明姚公綬溪亭逸老圖
26 明謝葵丘清溪釣艇圖
27 明杜東原山寺野步圖
28 明吳小仙玉缸春暖
29 明周東邨義虎圖
03 明王文成公詩翰
13 明白陽山人山水
32 明石以明番騎圖
33 明沈石田竹影蕉陰圖
34 明文徵仲石湖秋泛圖
35 明文徵仲山水
36 明仇實甫潯陽琵琶圖
37 明仇實甫攜琴訪友圖
38 明仇實甫仙山樓閣
39 明唐六如溪橋醉碧圖
40 明唐六如折桂圖
41 明唐六如葦渚醉漁圖
42 明唐六如虛閣晚涼圖
43 明唐六如蕉石圖
44 董文敏詩翰
45 董文敏真書
46 董文敏倣倪高士山水
47 董文敏山水
48 董文敏倣楊昇峒關蒲雪圖
49 明倪文貞公行書
50 明倪文貞公書坡翁絕句
51 明倪文貞公山水
52 明倪文貞公詩翰
53 明黃忠端公詩翰
54 明程孟陽疎林遠岫
55 明垢道人山水
56 明垢道人詩翰
57 明劉叔憲沒骨山水
58 明遺民上元老人空山獨步圖
59 上元老人喜睡圖
60 明遺民漸江黃澥蟠龍松
61 漸江溪山春霽
62 石溪上人疊壑雲深
63 石溪上人山水
64 清毛西河詩翰
65 清王石谷倣巨然山水
66 清金冬心風雨歸舟
67 清金冬心墨竹
68 清金冬心墨竹
69 清金冬心墨竹
70 清新羅山人劉許遊山圖
71 清新羅山人於陵仲子却聘圖

卷冊

72 唐太宗屏風帖卷
73 唐人右軍曹娥碑前後題名卷
74 宋紹興內府藏巨然山水卷
75 王晉卿西塞漁社圖
76 宋高宗書女誡馬遠補圖卷
77 元人無款松壑鳴泉卷
78 項墨林山水卷
79 項孔彰松花卷
80 羅兩峯鬼趣圖卷
81 陳載東花果卷
82 五代宋元集冊
83 宋元明清集冊

楹帖

84 陳章侯七言行書
85 陳章侯五言行書
86 龔半千五言行書
87 周櫟園十一言行書
88 吳天章五言行書
89 丁龍泓五言分書
90 鄭板橋五言行書

十八日至二十日陳列

1. 陳章侯詩翰
2. ……煉丹圖
3. ……撲蝶圖
4. ……墨筆大士
5. ……梅石水仙
6. ……墨梅
7. ……歲朝清供
8. ……水仙
9. ……歲寒圖
10 ……人物
11 ……山水
12 ……調鸚圖
13 ……紅葉小禽
14 ……山水
15 ……貰酒圖
16 ……枯木竹石
17 ……仕女
18 ……鍾進士像
19 ……水仙
20 八大山人並世雙英
21 ……荷花水鳥
22 ……荷雁
23 ……荷花雙鳧
24 ……荷花白鷺
25 ……詩翰
26 ……秋供圖
27 ……荷花小鳥
28 ……倣郭恕先山水
29 ……牡丹
30 ……書唐賢絕句
31 ……鳥石
32 ……山水
33 ……詩翰
34 ……墨花
35 ……百合花
36 ……魚鳥
37 ……鷗茲圖
38 ……荷花鷺鷥
39 ……詩翰
40 石濤山水
41 ……蘭竹
42 ……匡廬小憩
43 ……江城秋柳
44 ……荷花
45 ……奇峯參漢圖
46 ……溪山釣艇
47 ……山水
48 ……梅花高士
49 ……詩翰
50 ……黃海雲濤
51 ……小景
52 ……七夕詩畫
53 ……溪亭逸士圖
54 ……墨竹
55 ……山水
56 ……梅石水仙
57 ……墨竹
58 ……剩水殘山
59 ……墨竹
60 ……雙清圖
61 ……梅竹
62 ……鍾馗圖
63 ……芙蕖
64 ……採藥圖
65 ……秋林人醉圖
66 ……送春圖
67 ……詩翰
68 ……山水
69 ……晚風漁艇
70 ……瓜菱蓮蓬

卷冊

71 老蓮出處圖卷
72 ……花卉草虫冊
73 八大山人荷花水鳥卷
74 ……書畫冊
75 ……山水花草冊
76 ……書畫對題冊
77 ……臨董華亭山水冊
79 石濤墨筆山水卷
80 ……疊石坟塋卷
81 ……詩畫雙璧冊
82 ……濕墨山水冊
83 ……渴筆山水冊
84 ……墨梅冊
85 ……雜畫冊

四川美術協會主辦

地點 祠堂街四川美術協會

日期 三月十五日起二十日止

時間 每日午前九時起午後五時止

1944年《大风堂藏书画展览目录》

罗伦建提供

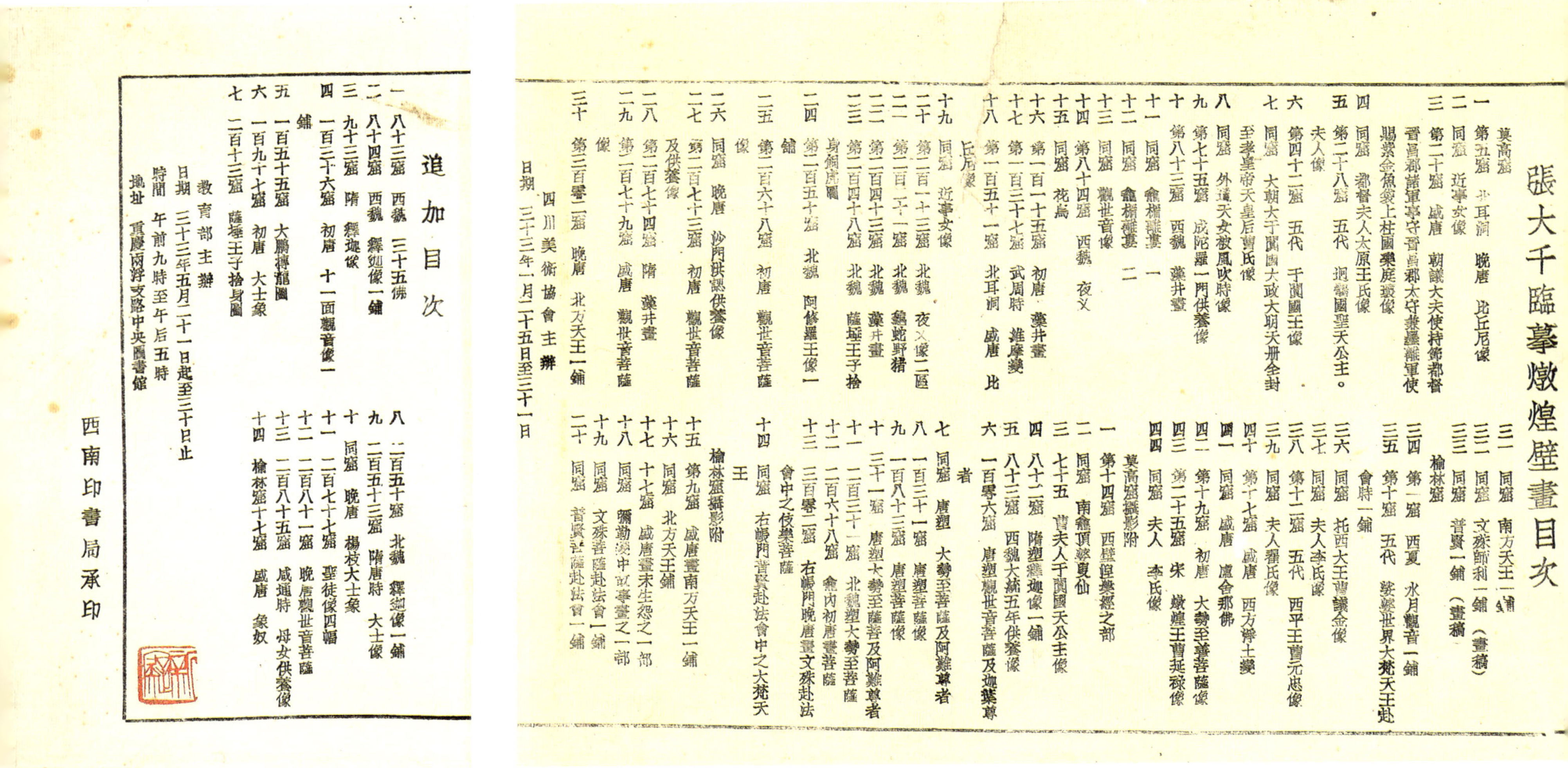

張大千臨摹燉煌壁畫目次

莫高窟

一 第五窟 北耳洞 晚唐 比丘尼像
二 同窟 近事女像
三 第二十窟 盛唐 朝議大夫使持節都督晉昌郡諸軍事守晉昌郡太守兼墨離軍使賜紫金魚袋上柱國樂庭瓌像
四 同窟 都督夫人太原王氏像
五 第二十八窟 五代 迴鶻國聖天公主。夫人像
六 第四十二窟 五代 于闐國王像
七 同窟 大朝大于闐國大政大明天冊全封至孝皇帝天皇后曹氏像
八 同窟 外道天女被風吹時像
九 第七十五窟 成陀羅一門供養像
十 第八十三窟 西魏 藻井畫
十一 同窟 龕楣雜畫 一
十二 同窟 龕楣雜畫 二
十三 同窟 觀世音像
十四 第八十四窟 西魏 夜义
十五 同窟 花鳥
十六 第一百一十五窟 初唐 藻井畫
十七 第一百三十七窟 武周時 維摩變
十八 第一百五十一窟 北耳洞 盛唐 比丘尼像
十九 同窟 近事女像
二十 第二百一十三窟 北魏 夜义像二區
二一 第二百二十一窟 北魏 龜蛇野猪
二二 第二百四十三窟 北魏 藻井畫
二三 第二百四十八窟 北魏 薩埵王子捨身飼虎圖
二四 第二百五十窟 北魏 阿修羅王像一鋪
二五 第二百六十八窟 初唐 觀世音菩薩像
二六 同窟 晚唐 沙門洪認供養像
二七 第二百七十三窟 初唐 觀世音菩薩及供養像
二八 第二百七十四窟 隋 藻井畫
二九 第二百七十九窟 盛唐 觀世音菩薩像
三十 第三百零二窟 晚唐 北方天王一鋪
三一 同窟 南方天王一鋪
三二 同窟 文殊師利一鋪（畫稿）
三三 同窟 普賢一鋪（畫稿）

榆林窟

三四 第一窟 西夏 水月觀音一鋪
三五 第十窟 五代 娑婆世界大梵天王赴會時一鋪
三六 同窟 托西大王曹議金像
三七 同窟 夫人李氏像
三八 第十二窟 五代 西平王曹元忠像
三九 同窟 夫人翟氏像
四十 第十七窟 盛唐 西方淨土變
四一 同窟 盛唐 盧舍那佛
四二 第十九窟 初唐 大勢至菩薩像
四三 第二十五窟 宋 燉煌王曹延祿像
四四 同窟 夫人 李氏像

莫高窟攝影附

一 第十四窟 西壁涅槃經之部
二 同窟 南龕頂婆藪仙
三 七十五 曹夫人于闐國天公主像
四 八十二窟 隋塑釋迦像一鋪
五 八十三窟 西魏大統五年供養像
六 一百零六窟 唐塑觀世音菩薩及迦葉尊者
七 同窟 唐塑 大勢至菩薩及阿難尊者
八 一百三十一窟 唐塑菩薩像
九 一百八十三窟 唐塑菩薩像
十 三十一窟 唐塑大勢至菩薩及阿難尊者
十一 二百三十一窟 北魏塑大勢至菩薩
十二 二百六十八窟 龕內初唐畫菩薩
十三 三百零二窟 右帳門晚唐畫文殊赴法會中之伎樂菩薩
十四 同窟 右帳門普賢赴法會中之大梵天王

榆林窟攝影附

十五 第九窟 盛唐畫南方天王一鋪
十六 同窟 北方天王鋪
十七 十七窟 盛唐畫末生怨之一部
十八 同窟 彌勒變中剃度畫之一部
十九 同窟 文殊菩薩赴法會一鋪
二十 同窟 普賢菩薩赴法會一鋪

四川美術協會主辦

日期 三十三年一月二十五日至三十一日

追加目次

一 八十三窟 西魏 三十五佛
二 八十四窟 西魏 釋迦像一鋪
三 九十三窟 隋 釋迦像
四 一百三十六窟 初唐 十一面觀音像一鋪
五 一百五十五窟 大鵬搏龍圖
六 一百九十七窟 初唐 大士象
七 二百十三窟 薩埵王子捨身圖
八 二百五十窟 北魏 釋迦像一鋪
九 二百五十三窟 隋唐時 大士像
十 同窟 晚唐 楊枝大士象
十一 二百七十七窟 聖徒像四幅
十二 二百八十一窟 晚唐觀世音菩薩
十三 二百八十五窟 咸通時 母女供養像
十四 榆林窟十七窟 盛唐 象奴

教育部主辦

日期 三十三年五月二十一日起至三十日止

時間 午前九時至午后五時

地址 重慶兩浮支路中央圖書館

西南印書局承印

1944 年《张大千临摹敦煌壁画目次》

罗伦建提供

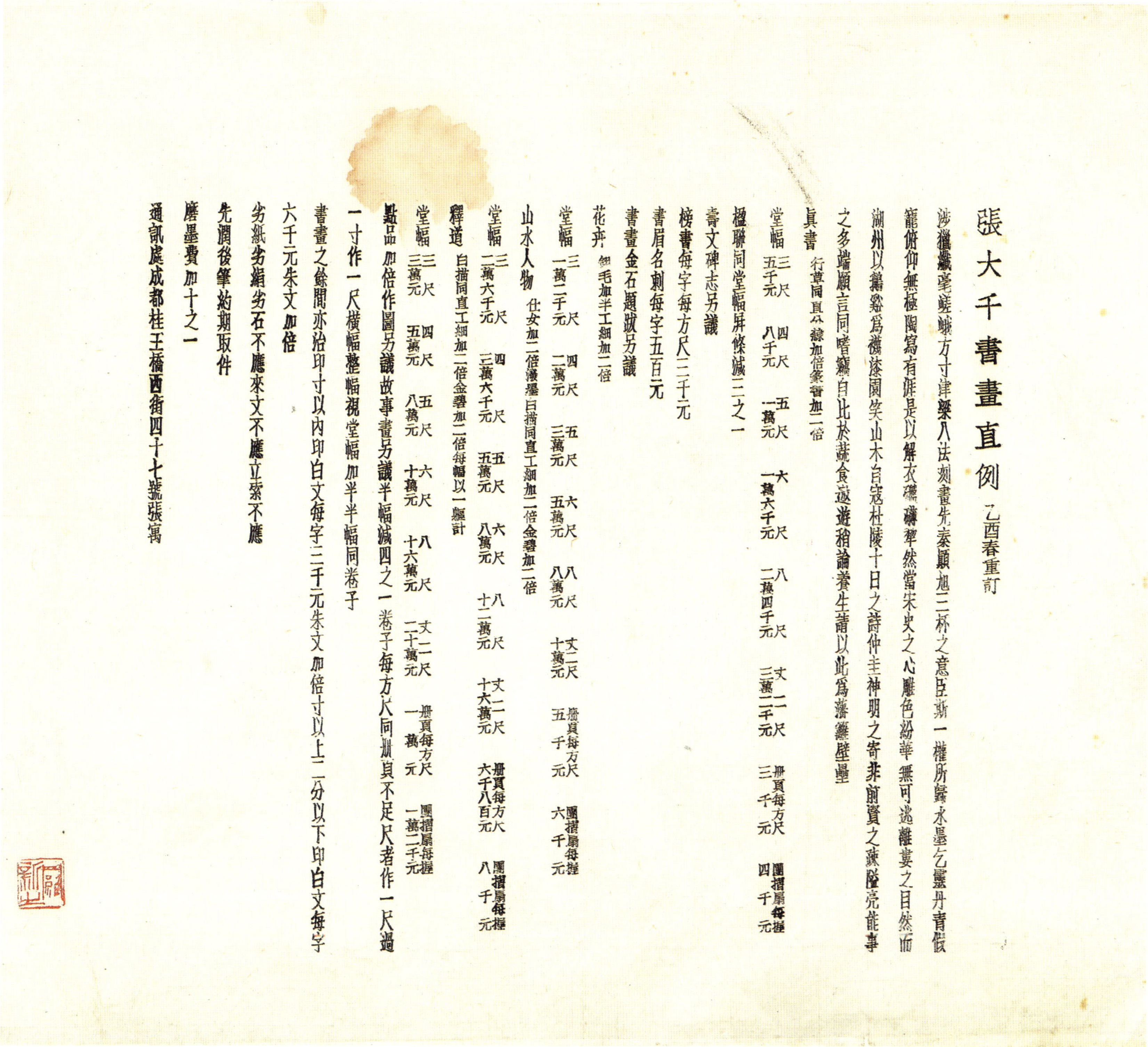

張大千書畫直例　乙酉春重訂

涉獵纖毫蟠螭方寸津梁八法刻畫先秦顛旭三杯之意臣斯一權所歸水墨乞靈丹青假寵俯仰無極陶寫有涯是以解衣盤礴犖然當宋史之心雕色紛華無可逃離婁之目然而湖州以縑素爲襪漆園笑山木自寇杜陵十日之詩仲圭神明之寄非前賢之疏陋亮能事之多端願言同嗜竊自比於蔬食遨遊稍論養生請以此爲蒿藜壁壘

眞書　行草同眞分隸加倍篆書加二倍

堂幅　三尺五千元　四尺八千元　五尺一萬元　六尺一萬六千元　八尺二萬四千元　丈二尺三萬二千元　册頁每方尺三千元　團摺扇每握四千元

楹聯同堂幅屏條減三之一

壽文碑志另議

榜書每字每方尺二千元

書眉名刺每字五百元

書畫金石題跋另議

花卉　翎毛加半工細加二倍

堂幅　三尺一萬二千元　四尺二萬元　五尺三萬元　六尺五萬元　八尺八萬元　丈二尺十萬元　册頁每方尺五千元　團摺扇每握六千元

山水人物　仕女加二倍潑墨白描同直工細加二倍金碧加二倍

堂幅　三尺二萬六千元　四尺三萬六千元　五尺五萬元　六尺八萬元　八尺十二萬元　丈二尺十六萬元　册頁每方尺六千八百元　團摺扇每握八千元

釋道　白描同直工細加二倍金碧加二倍每幅以一軀計

堂幅　三尺三萬元　四尺五萬元　五尺八萬元　六尺十萬元　八尺十六萬元　丈二尺二十萬元　册頁每方尺一萬元　團摺扇每握一萬二千元

點品加倍作圖另議故事畫另議半幅減四之一卷子每方尺同册頁不足尺者作一尺過

一寸作一尺橫幅整幅視堂幅加半半幅同卷子

書畫之餘間亦治印寸以內印白文每字二千元朱文加倍寸以上二分以下印白文每字

六千元朱文加倍

劣紙劣絹劣石不應來文不應立索不應

先潤後筆約期取件

磨墨費加十之一

通訊處成都桂王橋西街四十七號張寓

1945 年《张大千书画直例》

罗伦建提供

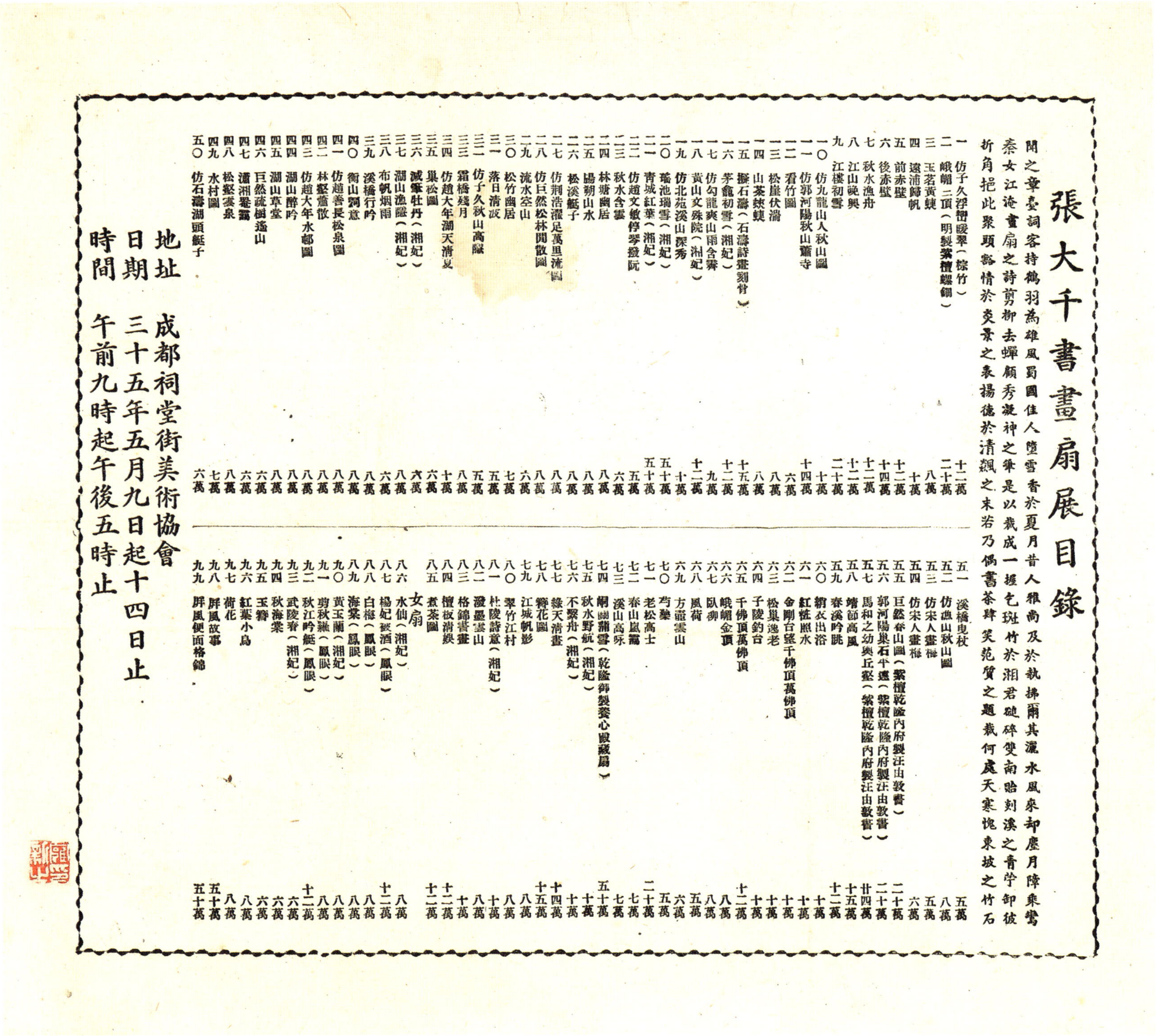

張大千書畫扇展目錄

聞之章臺詞客持鶴羽為雄風蜀國佳人墮雪香於夏月昔人雅尚及於執拂爾其瀧水風來却塵月障乘鸞秦女江淹畫扇之詩剪柳去蟬顧秀凝神之筆是以裁成一握乞斑竹於湘君碾碎雙南貽剡溪之青苧卸彼折角挹此聚頭寄情於炎景之表揚德於清飆之末若乃偶書荼肆笑范質之題裁何處天寒愧東坡之竹石

一	仿子久浮巒暖翠（棕竹）	十二萬
二	峨嵋三頂（明製紫檀螺鈿）	二十萬
三	玉茗黃鸝	八萬
四	遠浦歸帆	十萬
五	前赤壁	十二萬
六	後赤壁	十四萬
七	秋水漁舟	十二萬
八	江山晚興	十二萬
九	江樓初雪	二十萬
一〇	仿九龍山人秋山圖	十萬
一一	仿郭河陽秋山蕭寺	十四萬
一二	看竹圖	六萬
一三	松崖伏湍	八萬
一四	山茶蛺蝶	八萬
一五	擬石濤（石濤詩畫刻骨）	十五萬
一六	茅龕初雪（湘妃）	十二萬
一七	仿勾龍爽山雨含霽	九萬
一八	黃山文殊院（湘妃）	十二萬
一九	仿北苑溪山深秀	十萬
二〇	瑤池瑞雪（湘妃）	五十萬
二一	青城紅葉（湘妃）	五十萬
二二	仿趙文敏停琴撥阮	五萬
二三	秋水含雲	六萬
二四	林塘幽居	八萬
二五	陽朔山水	八萬
二六	松溪艇子	八萬
二七	仿荊浩濯足萬里流圖	八萬
二八	仿巨然松林閒散圖	八萬
二九	流水空山	六萬
三〇	松竹幽居	七萬
三一	落日清波	五萬
三二	仿子久秋山高隱	五萬
三三	霜橋殘月	八萬
三四	仿趙大年湖天清夏	十萬
三五	巢松圖	六萬
三六	減筆牡丹（湘妃）	六萬
三七	湖山漁隱（湘妃）	八萬
三八	布帆烟雨	六萬
三九	溪橋行吟	八萬
四〇	衡山詞意	八萬
四一	仿趙善長松泉圖	八萬
四二	林壑蕭散	八萬
四三	仿趙大年水邨圖	八萬
四四	湖山醉吟	八萬
四五	湖山草堂	八萬
四六	巨然疏樹遙山	六萬
四七	瀟湘疊靄	六萬
四八	松壑雲泉	八萬
四九	水村圖	七萬
五〇	仿石濤湖頭艇子	六萬

五一	溪橋曳杖	五萬
五二	仿漁山秋山圖	八萬
五三	仿宋人畫梅	五萬
五四	仿宋人畫梅	六萬
五五	巨然春山圖（紫檀乾隆內府製汪由敦書）	二十萬
五六	郭河陽窠石平遠（紫檀乾隆內府製汪由敦書）	二十萬
五七	馬和之幼輿丘壑（紫檀乾隆內府製汪由敦書）	廿四萬
五八	靖節高風	十五萬
五九	春溪吟眺	十二萬
六〇	綃衣出浴	十萬
六一	紅粧照水	十萬
六二	金剛台望千佛頂萬佛頂	十萬
六三	松巢逸老	十萬
六四	子陵釣台	十萬
六五	千佛頂萬佛頂	十二萬
六六	峨嵋金頂	八萬
六七	臥御	八萬
六八	風荷	五萬
六九	方壺雲山	六萬
七〇	芍藥	五萬
七一	老松高士	二十萬
七二	春山嵐靄	七萬
七三	溪山高咏	七萬
七四	峒關蒲雪（乾隆御製養心殿藏扇）	五十萬
七五	秋水野航（湘妃）	十萬
七六	不繫舟（湘妃）	十萬
七七	綠天清晝	十四萬
七八	簪花圖	十五萬
七九	江城帆影	八萬
八〇	翠竹江村	八萬
八一	杜陵詩意（湘妃）	十萬
八二	潑墨雲山	八萬
八三	格錦書畫	十萬
八四	檀板清娛	十二萬
八五	煮茶圖	十二萬
	女扇	
八六	水仙（湘妃）	八萬
八七	楊妃被酒（鳳眼）	十二萬
八八	白梅（鳳眼）	八萬
八九	海棠（鳳眼）	八萬
九〇	黃玉蘭（湘妃）	八萬
九一	剪秋羅（鳳眼）	八萬
九二	秋江吟艇（鳳眼）	十二萬
九三	武陵春（湘妃）	六萬
九四	秋海棠	六萬
九五	玉簪	六萬
九六	紅葉小鳥	八萬
九七	荷花	八萬
九八	屏風故事	五十萬
九九	屏風便面格錦	五十萬

地址　成都祠堂街美術協會

日期　三十五年五月九日起十四日止

時間　午前九時起午後五時止

1946 年《张大千书画扇展目录》

罗伦建提供

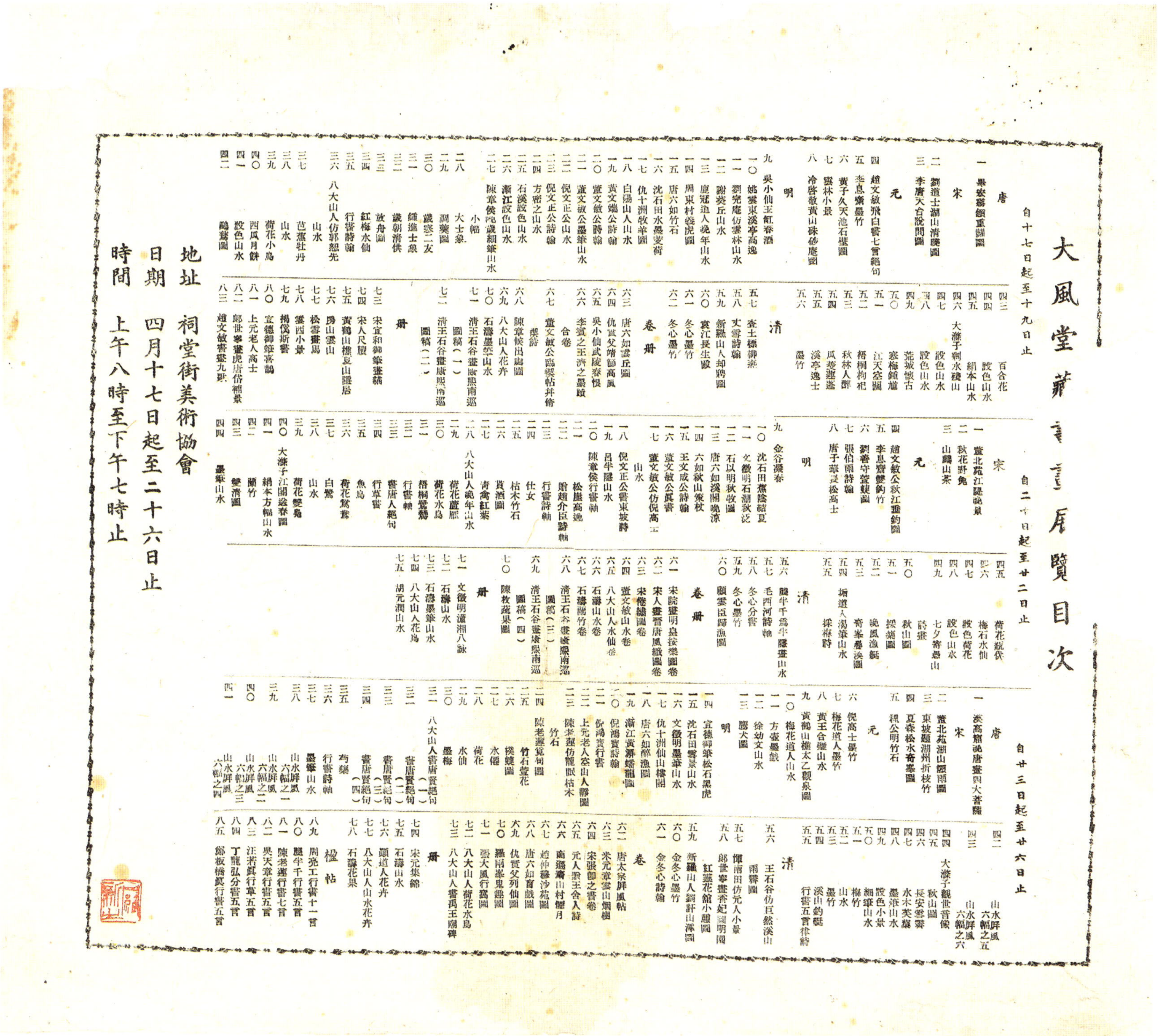

大風堂藏書畫展覽目次

自十七日起至十九日止

唐
一 吳道子鍾馗圖
宋
二 劉道士湖山清曉圖
三 李唐天台說問圖
元
四 趙文敏飛白書七言絕句
五 李息齋墨竹
六 黃子久天池石壁圖
七 雲林小景
八 冷啓敬黃山硃砂庵圖
明
九 吳小仙玉缸春酒
一〇 姚雲東溪亭高逸
一一 劉完庵仿雲林山水
一二 謝葵丘山水
一三 廬冠道人晚年山水
一四 周東村臥虎圖
一五 唐六如竹石
一六 沈石田水墨麥荷
一七 仇十洲牧羊圖
一八 白陽山人山水
一九 黃文端公詩翰
二〇 董文敏公詩翰
二一 董文敏公墨筆山水
二二 倪文正公山水
二三 倪文正公詩翰
二四 方密之山水
二五 石溪設色山水
二六 漸江設色山水
二七 陳章侯晚歲細筆山水小幅
二八 大士象
二九 調嬰圖
三〇 歲寒二友
三一 鍾進士象
三二 歲朝清供
三三 放舟圖
三四 紅梅水仙
三五 行書詩翰
三六 八大山人仿郭恕先山水
三七 芭蕉牡丹
三八 山水
三九 荷花小鳥
四〇 西瓜月餅
四一 設色山水
四二 鵪鶉圖
四三 百合花
四四 設色山水
四五 絹本山水
四六 大滌子剩水殘山
四七 設色山水
四八 設色山水
四九 荒城懷古
五〇 寒梅鍾馗
五一 江天空闊
五二 梧桐枸杞
五三 秋林人醉
五四 瓜菱蓮藕
五五 溪亭逸士
五六 墨竹
清
五七 查士標柳燕
五八 丈雪詩翰
五九 新羅山人卸聘圖
六〇 袁江長生殿
六一 冬心墨竹
六二 冬心墨竹
卷冊
六三 唐六如雲丘圖
六四 仇實父靖節高風
六五 吳小仙武陵春恨
六六 李賓之王濟之墨蹟合卷
六七 董文敏公臨禊帖并偹禊詩
六八 陳章侯出處圖
六九 八大山人花卉
七〇 石濤墨筆山水
七一 清王石谷畫康熙南巡圖稿（一）
七二 清王石谷畫康熙南巡圖稿（二）
冊
七三 宋宣和御筆畫鷂
七四 宋人尺牘
七五 黃鶴山樵夏山隱居
七六 房山雲山
七七 松雪畫馬
七八 雲西小景
七九 揭傒斯書
八〇 宣德御筆喜鵲
八一 上元老人高士
八二 郎世寧畫虎唐岱補景
八三 趙文敏書畫九歌

自二十日起至廿二日止

宋
一 董北苑江隄晚景
二 秋花野兔
三 山鷓山茶
元
四 趙文敏公秋江垂釣圖
五 李息齋雙鈎竹
六 劉善守畫蟬圖
七 張伯雨詩翰
八 唐子華長松高士
明
九 金谷遊春
一〇 沈石田蕉陰結夏
一一 文徵明石湖秋泛
一二 石以明秋牧圖
一三 唐六如溪閣晚涼
一四 六如秋山策杖
一五 王文成公詩翰
一六 董文敏公眞書
一七 董文敏公仿倪高士山水
一八 倪文正公書東坡詩
一九 呂半隱山水
二〇 陳章侯行書軸
二一 松崖高逸
二二 贈趙介臣詩軸
二三 行書詩軸
二四 仕女
二五 枯木竹石
二六 貰酒圖
二七 寒禽紅葉
二八 八大山人晚年山水
二九 荷花蘆雁
三〇 荷花水鳥
三一 梧桐鸜鵒
三二 行書軸
三三 書唐人絕句
三四 行草書
三五 魚鳥
三六 荷花鴛鴦
三七 白鷺
三八 山水
三九 荷花雙鳧
四〇 大滌子江閣送春圖
四一 絹本方幅山水
四二 蘭竹
四三 雙清圖
四四 墨筆山水
四五 荷花瓶供
四六 梅石水仙
四七 設色荷花
四八 設色山水
四九 七夕寄愚山詩箋
五〇 秋山圖
五一 採藥圖
五二 晚風漁艇
五三 奇峯疊嶂圖
五四 垢道人潑筆山水
五五 採梅詩
清
五六 龔半千爲半隱畫山水
五七 毛西河詩軸
五八 冬心分書
五九 冬心墨竹
六〇 顧雲臣歸漁圖
卷冊
六一 宋院畫明皇按樂圖卷
六二 宋人畫晉唐風織圖卷
六三 宋倦繡圖卷
六四 董文敏山水卷
六五 八大山人水仙卷
六六 石濤山水卷
六七 石濤蘭竹卷
六八 清王石谷畫康熙南巡圖稿（三）
六九 清王石谷畫康熙南巡圖稿（四）
七〇 陳枚蔬果圖
冊
七一 文徵明瀟湘八詠
七二 石濤山水
七三 石濤墨筆山水
七四 八大山人花鳥
七五 胡元潤山水

自廿三日起至廿六日止

唐
一 渙高宿晚唐畫四大菩薩
宋
二 董北苑湖山烟雨圖
三 東坡題湖州折枝竹
四 夏森松水奇峯圖
五 禝公明竹石
元
六 倪高士墨竹
七 梅花道人墨竹
八 黃王合璧山水
九 黃鶴山樵太乙觀泉圖
一〇 梅花道人山水
一一 方壺墨戲
一二 徐幼文山水
一三 鷹犬圖
明
一四 宣德御筆松石黑虎
一五 沈石田雪景山水
一六 文徵明墨筆山水
一七 仇十洲仙山樓閣
一八 唐六如醉漁圖
一九 漸江黃澥蟠龍圖
二〇 倪鴻寶詩翰
二一 倪鴻寶行書
二二 上元老人笠山人靜圖
二三 陳老蓮仿龍眠枯木竹石
二四 陳老蓮覓句圖
二五 竹石萱花
二六 樸蝶圖
二七 水僊
二八 荷花
二九 水仙
三〇 墨梅
三一 八大山人書唐賢絕句（一）
三二 書唐賢絕句（二）
三三 書唐賢絕句（三）
三四 書唐賢絕句（四）
三五 芍藥
三六 行書詩軸
三七 墨筆山水
三八 山水屏風六幅之一
三九 山水屏風六幅之二
四〇 山水屏風六幅之三
四一 山水屏風六幅之四
四二 山水屏風六幅之五
四三 山水屏風六幅之六
四四 大滌子觀世音像
四五 秋山圖
四六 長安雪霽
四七 水木芙蓉
四八 墨筆山水
四九 設色小景
五〇 細筆山水
五一 梅竹
五二 山水
五三 墨竹
五四 溪山釣艇
五五 行書五言律詩
清
五六 王石谷仿巨然溪山雨霽圖
五七 惲南田仿元人小景
五八 郎世寧畫香妃圓明園紅藥花館小憩圖
五九 新羅山人鋼計山澤圖
六〇 金冬心墨竹
六一 金冬心詩翰
卷
六二 唐太宗屏風帖
六三 米元章雲山烟樹
六四 宋張即之書卷
六五 元人題王舍人詩
六六 南邁齋山村曉月
六七 趙仲穆沙苑圖
六八 唐六如盲戲圖
六九 仇實父列仙圖
七〇 羅兩峯鬼趣圖
七一 張大風行窩圖
七二 八大山人荷花水鳥
七三 八大山人書禹王廟碑
冊
七四 宋元集錦
七五 石濤山水
七六 顧道人花卉
七七 八大山人山水花卉
七八 石濤花果
楹帖
七九 周亮工行書十一言
八〇 龔半千行書五言
八一 陳老蓮行書七言
八二 吳天章行書五言
八三 汪若嚴行草五言
八四 丁龍泓分書五言
八五 鄭板橋眞行書五言

地址 祠堂街美術協會
日期 四月十七日起至二十六日止
時間 上午八時至下午七時止

1946 年《大风堂藏书画展览目次》
罗伦建提供

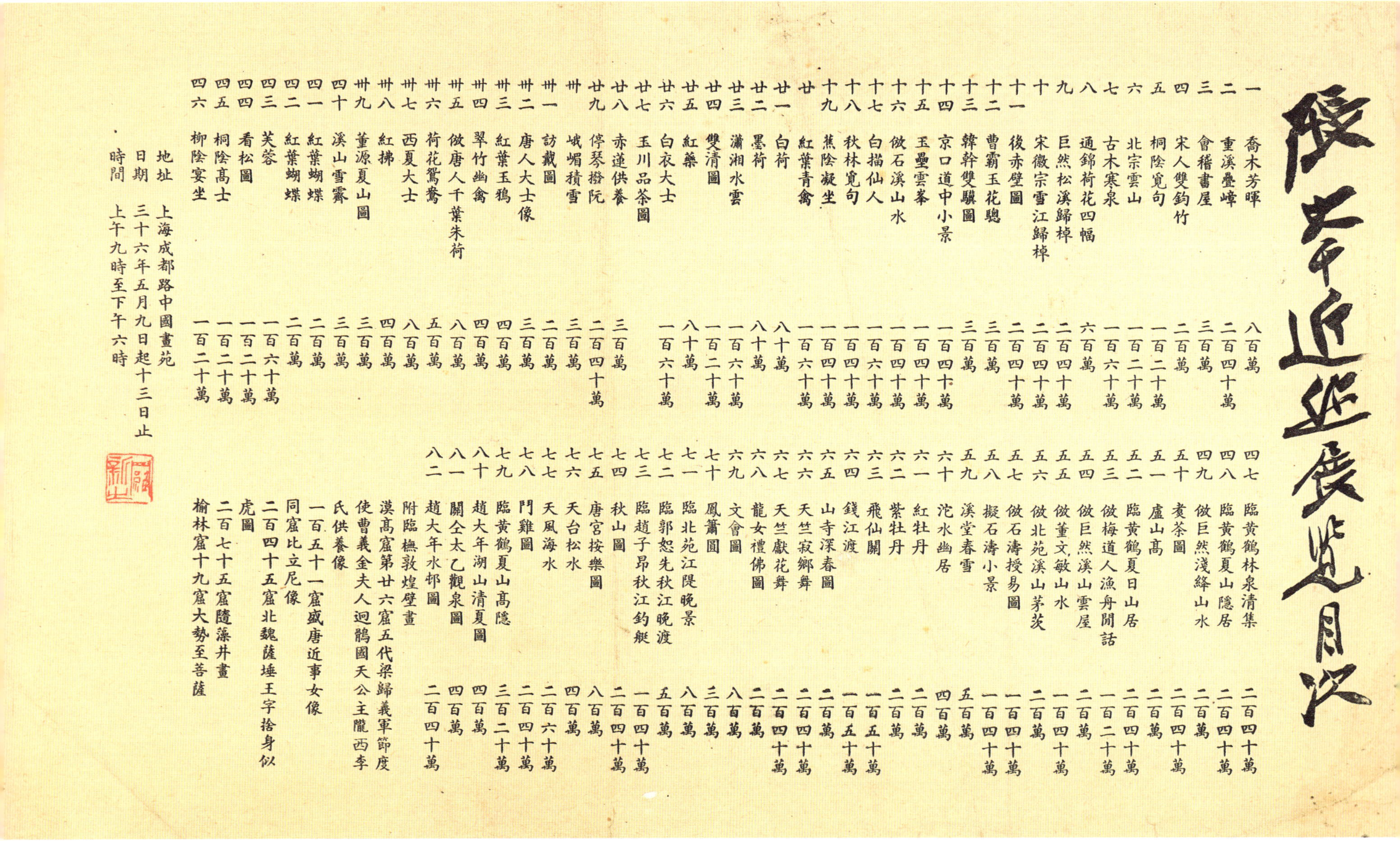

張大千近作展覽目次

一	喬木芳暉	八百萬
二	重溪疊嶂	二百四十萬
三	會稽書屋	三百萬
四	宋人雙鈎竹	二百萬
五	桐陰覓句	一百二十萬
六	北宗雲山	一百二十萬
七	古木寒泉	一百六十萬
八	通錦荷花四幅	六百萬
九	巨然松溪歸棹	二百四十萬
十	宋徽宗雪江歸棹	二百四十萬
十一	後赤壁圖	二百四十萬
十二	曹霸玉花驄	三百萬
十三	韓幹雙驥圖	三百萬
十四	京口道中小景	一百四十萬
十五	玉壘雲峯	一百四十萬
十六	倣石溪山水	一百四十萬
十七	白描仙人	一百六十萬
十八	秋林覓句	一百四十萬
十九	蕉陰凝坐	一百四十萬
廿	紅葉青禽	一百六十萬
廿一	白荷	八十萬
廿二	墨荷	八十萬
廿三	瀟湘水雲	一百六十萬
廿四	雙清圖	一百二十萬
廿五	紅藥	八十萬
廿六	白衣大士	一百六十萬
廿七	玉川品茶圖	
廿八	赤蓮供養	三百萬
廿九	停琴撥阮	二百四十萬
卅	峨嵋積雪	三百萬
卅一	訪戴圖	二百萬
卅二	唐人大士像	三百萬
卅三	紅葉玉鵶	四百萬
卅四	翠竹幽禽	四百萬
卅五	倣唐人千葉朱荷	八百萬
卅六	荷花鴛鴦	五百萬
卅七	西夏大士	八百萬
卅八	紅拂	四百萬
卅九	董源夏山圖	三百萬
四十	溪山雪霽	三百萬
四一	紅葉蝴蝶	二百萬
四二	紅葉蝴蝶	二百萬
四三	芙蓉	一百六十萬
四四	看松圖	一百二十萬
四五	桐陰高士	一百二十萬
四六	柳陰宴坐	一百二十萬
四七	臨黃鶴林泉清集	二百四十萬
四八	臨黃鶴夏山隱居	二百四十萬
四九	倣巨然淺絳山水	二百萬
五十	煮茶圖	二百四十萬
五一	盧山高	二百萬
五二	臨黃鶴夏日山居	二百四十萬
五三	倣梅道人漁舟閒話	一百二十萬
五四	倣巨然溪山雲屋	二百萬
五五	倣董文敏山水	一百四十萬
五六	倣北苑溪山茅茨	二百萬
五七	倣石濤授易圖	一百四十萬
五八	擬石濤小景	一百四十萬
五九	溪堂春雪	五百萬
六十	沱水幽居	四百萬
六一	紅牡丹	二百萬
六二	紫牡丹	二百萬
六三	飛仙關	一百五十萬
六四	錢江渡	一百五十萬
六五	山寺深春圖	二百萬
六六	天竺寂鄉舞	二百四十萬
六七	天竺獻花舞	二百四十萬
六八	龍女禮佛圖	二百萬
六九	文會圖	八百萬
七十	鳳簫圖	三百萬
七一	臨北苑江隄晚景	八百萬
七二	臨郭恕先秋江晚渡	五百萬
七三	臨趙子昂秋江釣艇	一百四十萬
七四	秋山圖	二百四十萬
七五	唐宮按樂圖	八百萬
七六	天台松水	四百萬
七七	天風海水	二百六十萬
七八	門雞圖	二百四十萬
七九	臨黃鶴夏山高隱	三百二十萬
八十	趙大年湖山清夏圖	四百萬
八一	關仝太乙觀泉圖	四百萬
八二	趙大年水邨圖	二百四十萬

附臨撫敦煌壁畫

漢高窟第廿六窟五代梁歸義軍節度使曹義金夫人迴鶻國天公主隴西李氏供養像

一百五十一窟盛唐近事女像

同窟比立尼像

二百四十五窟北魏薩埵王字捨身似虎圖

二百七十五窟隨藻井畫

榆林窟十九窟大勢至菩薩

地址　上海成都路中國畫苑

日期　三十六年五月九日起十三日止

時間　上午九時至下午六時

1947 年《张大千近作展览目次》

罗伦建提供

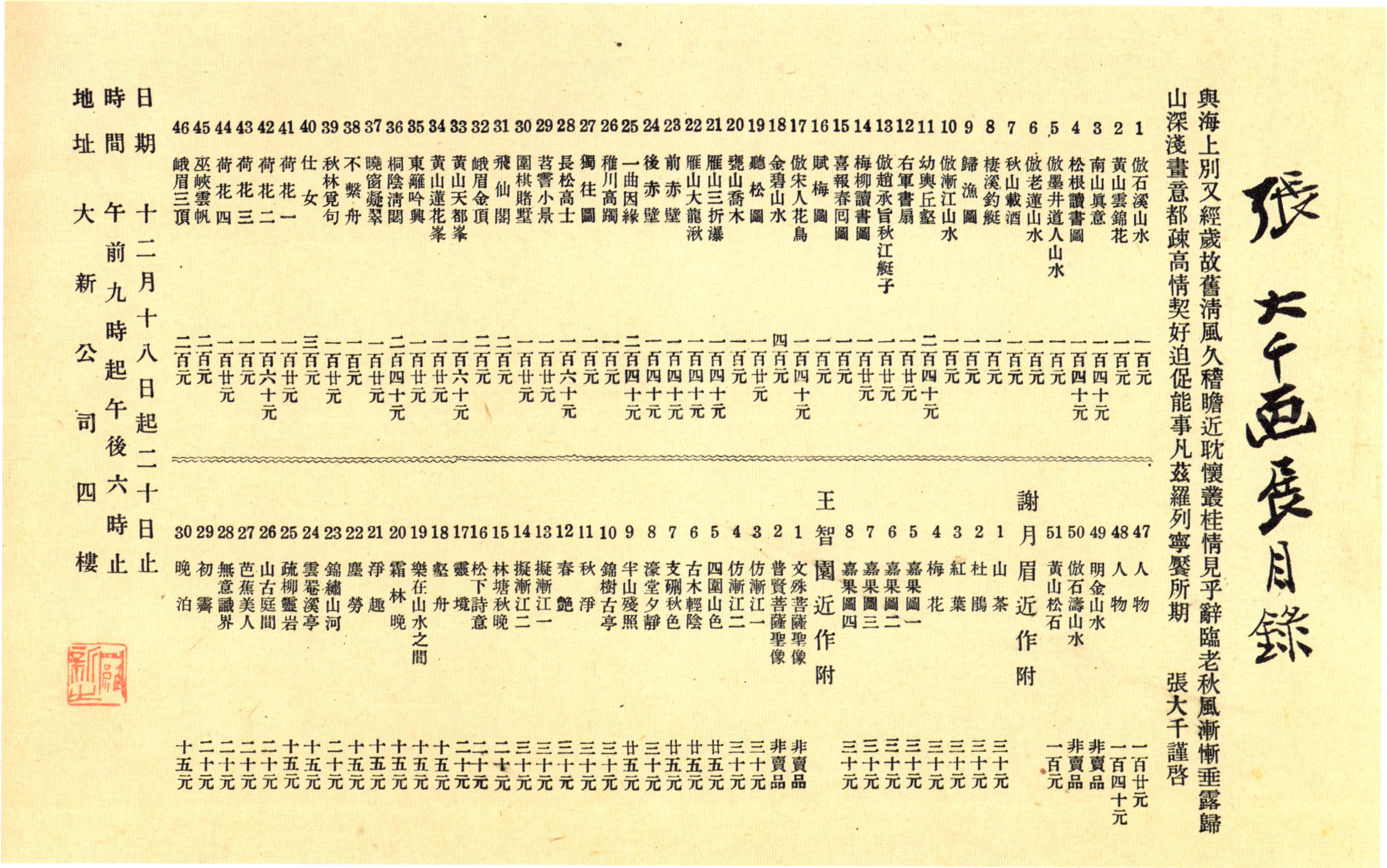

張大千畫展目錄

與海上別又經歲故舊清風久稽瞻近耽懷叢桂情見乎辭臨老秋風漸慚垂露歸山深淺畫意都疏高情契好迫促能事凡茲羅列寧饜所期　張大千謹啓

1	倣石溪山水	一百元
2	黃山雲錦花	一百元
3	南山眞意	一百四十元
4	松根讀書圖	一百四十元
5	倣墨井道人山水	一百元
6	倣老蓮山水	一百元
7	秋山載酒	一百元
8	棲溪釣艇	一百元
9	歸漁圖	一百元
10	倣漸江山水	一百元
11	幼輿丘壑	二百四十元
12	右軍書扇	一百廿元
13	倣趙承旨秋江艇子	一百廿元
14	梅柳讀書圖	一百廿元
15	喜報春回圖	一百元
16	賦梅圖	一百元
17	倣宋人花鳥	一百四十元
18	金碧山水	四百元
19	聽松圖	一百廿元
20	甕山喬木	一百元
21	雁山三折瀑	一百四十元
22	雁山大龍湫	一百四十元
23	前赤壁	一百四十元
24	後赤壁	一百四十元
25	一曲因緣	二百四十元
26	稚川高躅	一百元
27	獨往圖	一百元
28	長松高士	一百六十元
29	苕霅小景	一百廿元
30	圍棋賭墅	一百廿元
31	飛仙閣	二百元
32	峨眉金頂	二百元
33	黃山天都峯	一百六十元
34	黃山蓮花峯	一百廿元
35	東籬吟興	一百廿元
36	桐陰清閟	二百四十元
37	曉窗凝翠	一百廿元
38	不繫舟	一百元
39	秋林覓句	一百廿元
40	仕女	三百元
41	荷花一	一百廿元
42	荷花二	一百六十元
43	荷花三	一百元
44	荷花四	一百廿元
45	巫峽雲帆	二百元
46	峨眉三頂	二百元
47	人物	一百廿元
48	人物	一百四十元
49	明金山水	非賣品
50	倣石濤山水	非賣品
51	黃山松石	一百元

謝月眉近作附

1	山茶	三十元
2	杜鵑	三十元
3	紅葉	三十元
4	梅花	三十元
5	嘉果圖一	三十元
6	嘉果圖二	三十元
7	嘉果圖三	三十元
8	嘉果圖四	三十元

王智園近作附

1	文殊菩薩聖像	非賣品
2	普賢菩薩聖像	非賣品
3	仿漸江一	三十元
4	仿漸江二	三十元
5	四園山色	廿五元
6	古木輕陰	廿五元
7	支硎秋色	廿五元
8	濠堂夕靜	三十元
9	半山殘照	廿五元
10	錦樹古亭	三十元
11	秋淨	三十元
12	春艷	三十元
13	擬漸江一	三十元
14	擬漸江二	三十元
15	林塘秋晚	二十元
16	松下詩意	二十元
17	靈境	二十元
18	壑舟	十五元
19	樂在山水之間	十五元
20	霜林晚	十五元
21	淨趣	十五元
22	塵勞	十五元
23	錦繡山河	二十元
24	雲罨溪亭	十五元
25	疏柳靈岩	十五元
26	山古庭間	二十元
27	芭蕉美人	二十元
28	無意識界	二十元
29	初霽	二十元
30	晚泊	十五元

日期　十二月十八日起二十日止

時間　午前九時起午後六時止

地址　大新公司四樓

《张大千画展目录》

罗伦建提供

張大千畫展

滑城朝雨曾上征衣太華夜碧記登行展回首清遊歲華過羽大千三載而還流連石室止迹陽關鄉關乍履忽焉冬盡嶺雲秦樹實繫所思歸錦城之暇日遂有事於霜毫念長安之遊蹤將寄情於舊客丹青老去疏闊奚如

水珮風裳	六千元
松風琴韻	七千元
書彼罷成墨未濃	六千元
與可織材	六千元
漠高窟青蓮大士	二萬四千元
愛蓮圖	七千元
羅浮黃龍洞	二萬四千元
臨石濤山水	六千元
綠蕚	六千元
徐則松水	六千元
賦梅圖	七千元
蕉陰閒蛑	六千元
松崖吟眺	六千元
松泉蕭寺	六千元
詠柳圖	六千元
溪山艇子	六千元
秋樹讀書	六千元
風荷	一萬元
飛泉清鶴	七千元
達摩	七千元
圍棋賭墅	七千元
東坡行吟	七千元
流水空山	六千元
撥阮圖	六千元
華岳高秋	三萬元
松崖瀑布	六千元
臨漠高唐人窟大士像	二萬四千元
幽禽紅葉	六千元
溪山釣艇	六千元
幽澗長嘯	六千元
蕉陰凝坐	二萬四千元
秋江一葉	六千元
倣元人山水	六千元
江南春碧	八千元
漠高窟如意輪觀音	二萬四千元
白衣大士	二萬元
漠高窟楊枝大士像	二萬四千元
稚川高躅	六千元
山茶	六千元
松涼夏健人	六千元
秋山瀑布	七千元
墨竹	六千元
清波閒棹	六千元
渡水羅漢	七千元
南山拜松	六千元
出處圖雙幅	一萬二千元
團扇仕女	一萬六千元
天風海水	一萬二千元
散花天女	五萬元
紅葉青禽	一萬元

地點：西京招待所禮堂
日期：四月一日至三日
時間：上午九時起下午五時止

《张大千画展目录》
罗伦建提供

張大千畫展目録

開散天成放心冬暇鄉關朝暝山水沉埋劍閣崢嶸峨眉橫絕酌風雲之奇幻翫草木之華英遊罷歸來將乞靈於水墨假寵於丹青以毫毛為逸步起方寸之嵯峨古人有言盼倩生於淑姿水靜明燭鬚眉人物一道飈流所尚實祖風神鉛黛衣冠飾容文楚刻鵠何功固知斯事以山林為奧區而先蹟為神皋九歌開道矩式王孫滄浪清聲願慕子畏倪與黃王元惟四家思翁嘆咏並許躡迹蓋意在撫學又未比螺蠃與螟蛉

大千張爰拜啓

1	張顛醉墨	一六〇
2	左思嬌女	一二〇
3	西園摘阮	一二〇
4	梅花高士	一六〇
5	松間行吟	一二〇
6	江千柳色	一二〇
7	桐陰清閟	一二〇
8	圯上受書	一〇〇
9	黃山二士	一二〇
10	天台高逸	一二〇
11	北苑溪山	一二〇
12	黃鶴雙松	一二〇
13	方壺雨山	一六〇
14	房山巢雲	一二〇
15	洞庭烟月	一六〇
16	暗香疏影	一六〇
17	青城瑞翠	一六〇
18	白雲望坡	一六〇
19	秋林漁隱	一二〇
20	東山訪舊	一二〇
21	龍眠三高	一六〇
22	元亮歸舟	一六〇
23	稚川高躅	一六〇
24	金井詩情	一二〇
25	玉溪寄興	一〇〇
26	大士像一	一六〇
27	大士像二	一六〇
28	陸張袖柳	一六〇
29	澤畔行吟	二〇〇
30	行踏響空林	一〇〇
31	秋溪泛舟	一〇〇
32	春山野屋	一二〇
33	魏國竹巢	一二〇
34	希真詞境	一二〇
35	漸江小景	一二〇
36	老米雲山	一二〇
37	江南小景一	一〇〇
38	江南小景二	一〇〇
39	秋林覓句	一二〇
40	西山曳杖	一二〇
41	船尾秋風	一二〇
42	雲壑仙槎	一二〇
43	江上放舟	一〇〇
44	南山眞意	一二〇
45	元人小景	一〇〇
46	泰山後石塢	一〇〇
47	雨山	八〇
48	山城過雨	六〇
49	黃海雲峰	八〇
50	不繫舟	八〇
51	春水船	六〇
52	山村	六〇
53	江南夢憶	八〇
54	白沙翠竹	六〇
55	越南小景	六〇
56	灣塘瀑布	六〇
57	濯足圖	五〇〇
58	赤壁圖	三〇〇
59	文會圖	六〇〇
60	滄浪高歌	二四〇
61	石溪秋山	非賣品
62	石濤蜀山秦樹	非賣品
63	荷一	一二〇
64	荷二	一二〇
65	臨青藤荷花	一〇〇
66	叔夜清嘯	一〇〇
67	洞庭漁樂	一二〇
68	寒林樓觀	四〇〇
69	溪山行旅	二〇〇
70	秋山蕭寺	二〇〇
71	寒巖積雪	三〇〇
72	華亭墨戲	一六〇
73	雲林春霽圖	三〇〇
74	仲圭竹石	三〇〇
75	子久天池石壁	三〇〇
76	黃鶴夏山隱居	三〇〇
77	黃山松石	三〇〇
78	黃海幽栖	三〇〇
79	白荷	三〇〇
80	風荷	四〇〇
81	石濤松泉圖	三〇〇
82	楊妃戲貓圖	三〇〇
83	白山茶	一二〇
84	青城紅葉一	非賣品
85	青城紅葉二	三〇〇
86	松下問道	四〇〇
87	讀書圖	五〇〇
88	大士像	非賣品
98	劍門	五〇〇
90	金頂	一五〇〇
91	劍州	二四〇
29	白水渡	二四〇
93	飛仙閣	二四〇
94	明月峽一	二四〇
95	明月峽二	二四〇
96	秦關	二四〇
97	峨眉清音閣	二四〇
98	華嚴頂	二四〇
99	洗象池	二四〇
100	九老洞	二四〇
101	接引殿	二四〇
102	千佛頂萬佛頂	二四〇
103	巢湖阻風	二〇〇
104	倣八大山水	二〇〇
105	九歌	非賣品
106	團扇仕女	三〇〇
107	瑣窗裁曲	三〇〇
108	栩樹雙猿	五〇〇

地址 文廟后街省參議會大禮堂

日期 四月廿七日起卅日止

時間 每日午前八時起午后六時止

《张大千画展目录》

罗伦建提供

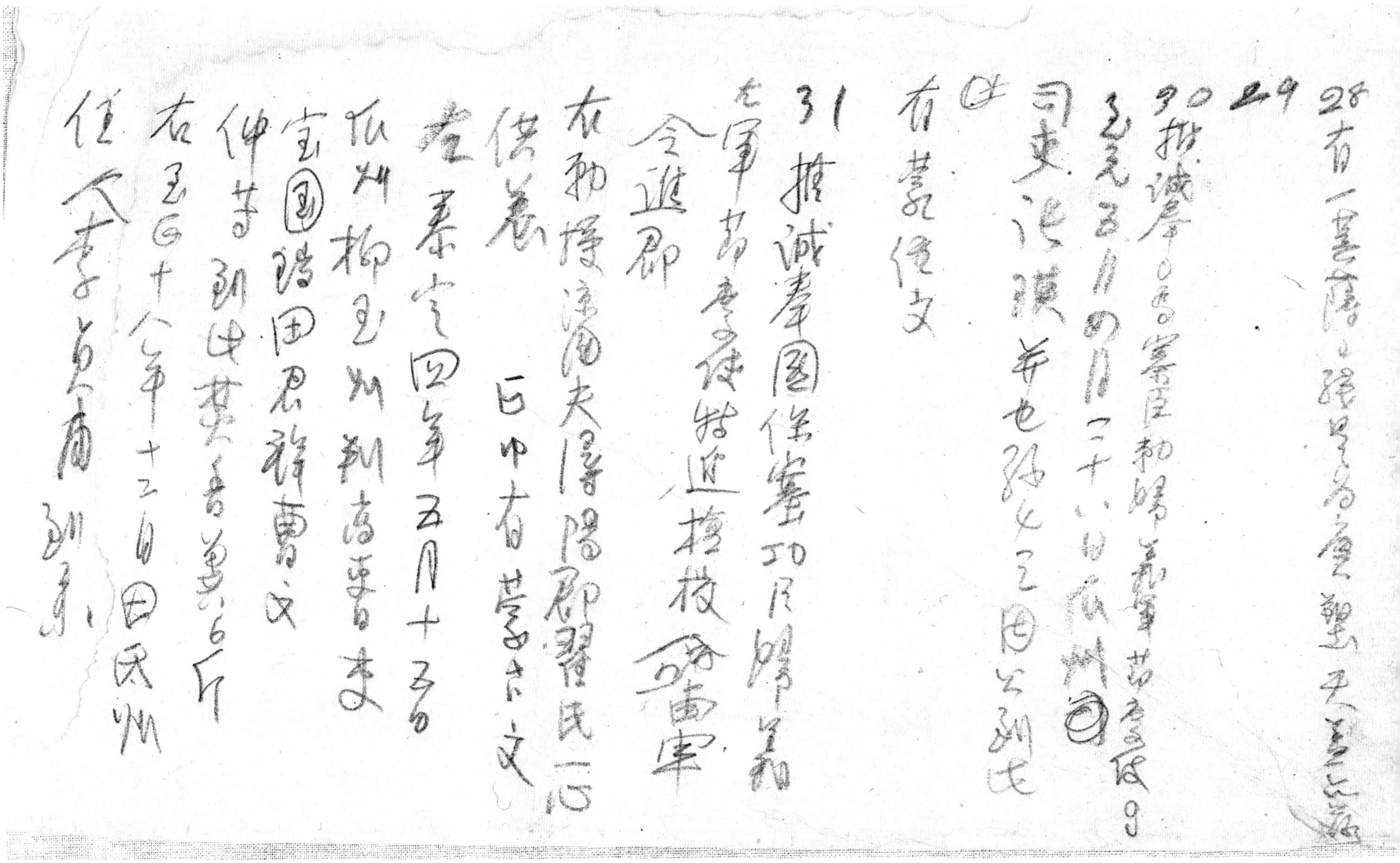

20 世纪 40 年代张大千在伦敦研究壁画的记录

罗伦建提供

张大千书赠新之相片
罗伦建提供

张大千书赠女儿照片

成都诗婢家提供

胡石如赠谢稚柳、陈佩秋夫妇张大千影像

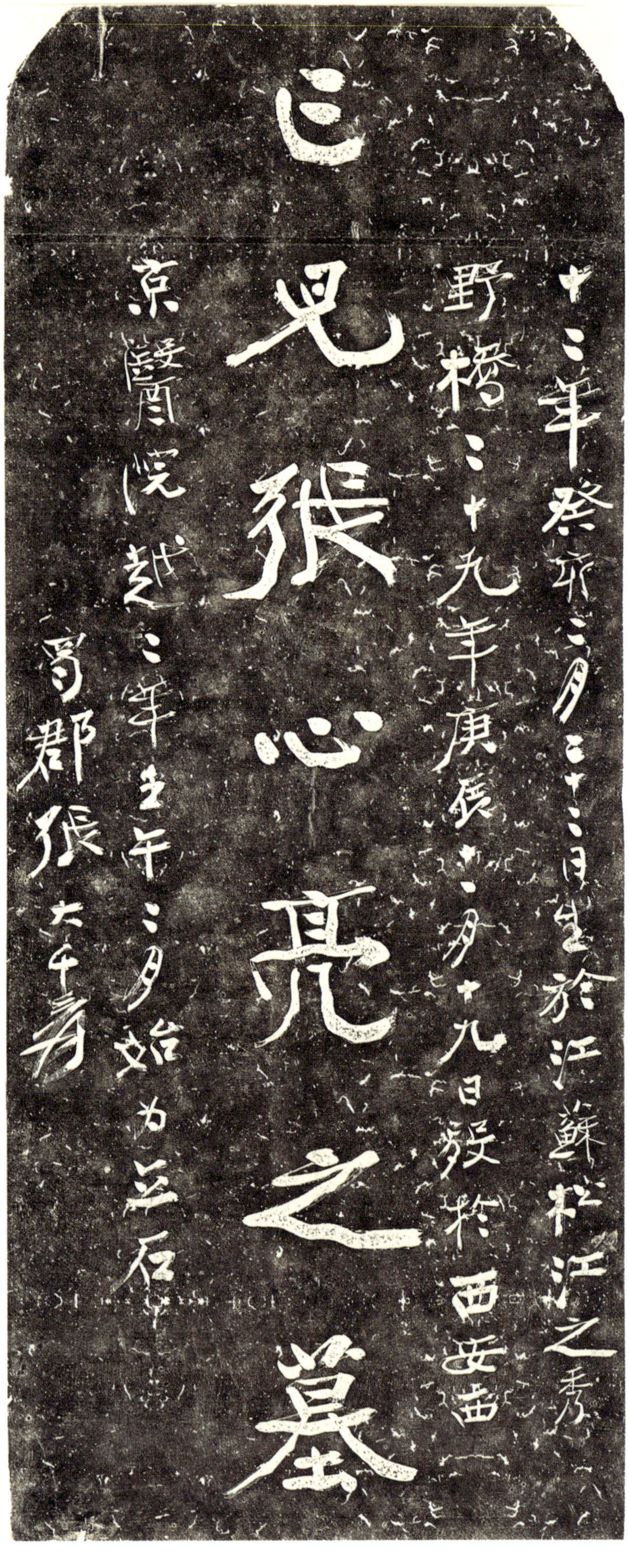

张大千书亡儿张心亮墓碑拓片
罗伦建提供

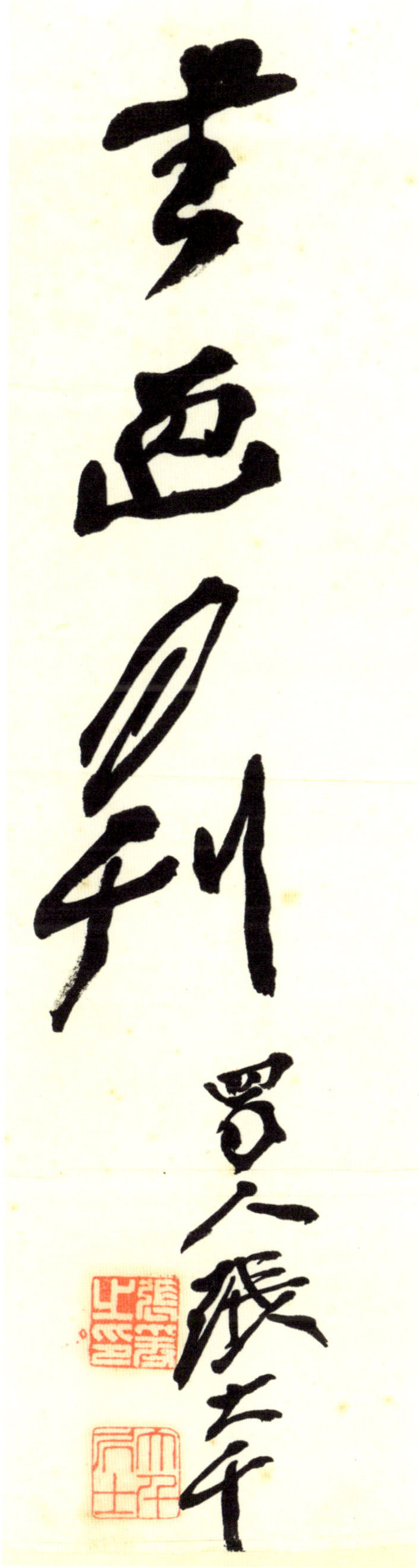

张大千为《书画月刊》题写刊名及手迹原件
成都瀞园提供

The Mei Yun Tang Collection of Paintings by Chang Dai-chien

5月6日［土］午後2時～
「張大千の藝術的生活」
鶴田武良氏（東京国立文化財研究所 資料部長）

【解説】

20世紀、辛亥革命を経て、中国は急激な変革の時を迎え、あらゆる面で近代化に向かって歩み始めました。絵画においても、西洋や日本の影響を受けつつ新しい中国絵画が上海を中心に展開されていきました。明末の董其昌、清初の四王（王時敏・王鑑・王原祁・王翬）に連なる中国絵画の正当的な流れは、古典的絵画の臨摹、研究をとおして独自の画風を樹立することにありました。しかし、清朝一代の間に、臨摹は形式化し、正統派は没個性のものへと転落していったのです。そうした中で、中国の伝統的絵画思想を継承し、優れた天分と董其昌の主張した中国古典絵画のたゆまざる研究を通して、山水、人物、花鳥のそれぞれの分野で、写意、工筆の技法を駆使して、独自の絵画世界を創造し、中国絵画史上に一つの金字塔を打ち立てたのが張大千です。

張大千は諱を爰といい、1899年に四川省内江県に生まれ、幼時より画に優れた母親と姉、そして、虎を画いて著名な二番目の兄善孖（1882～1940）の教えを受けました。1917年善孖と共に日本の京都に赴き染織を学び、1919年に帰国した後は、上海で曾熙（1886～1930）、李瑞清（1867～1920）に入門しました。二人の導きにより、石濤、八大山人などを臨摹することから、本格的に絵画の道を歩み始め、更に遡って、董源、巨然、王蒙などの古典的絵画を研究し早期の清新俊逸と称される画風を樹立し、前清の皇族であった溥儒とともに、伝統絵画の継承者として、「南張北溥」と称されました。

日中戦争が始まると、大千は遠く敦煌に赴き、2年7ヶ月に及ぶ敦煌壁画の臨摹に努めました。これ以後、大千の画風は重厚なものへと変化していき、中期とされます。また、この敦煌壁画の模写展を成都で開いた時に、梅雲堂の創設者である高嶺梅氏夫妻を識り、以後40余年に及ぶ、兄弟同様の交わりが始まりました。

1949年に、中華人民共和国が成立して以降は、アルゼンチン（居を昵燕楼という）、ブラジル（居を八德園という）、カリフォルニア（居を可以居という）に住み、それぞれの地で異鳥珍獣を飼い、庭園を造り、中国の伝統的生活態度を維持しながら、製作につとめ、香港、台湾に往来

会期中、陳列替をいたします。
前期＝4月5日[水]—4月23日[日]
後期＝4月25日[火]—5月21日[日]

開館時間:
午前9時－午後5時(入館は午後4時30分まで)

休館日:
4月9日[日]・10日[月]・17日[月]・24日[月]・5月1日[月]
8日[月]～11日[木]・14日[日]・15日[月]

●本券は一人一回限り有効です。
●館内での写真撮影・模写ならびに万年筆・毛筆などの使用をお断りいたします。
●陳列品・陳列ケースに手を触れないでください。
●動物や危険物を持ち込まないでください。
●他の入館者の迷惑にならぬよう静かに御覧ください。
●駐車場の用意がありませんので車での御来館は御遠慮ください。

[案内図]

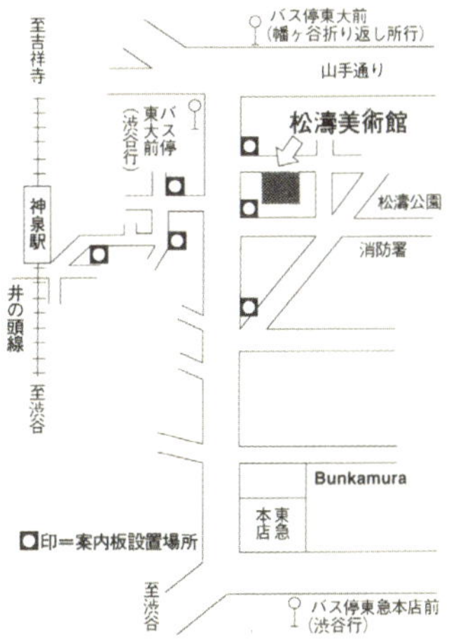

渋谷駅下車徒歩15分/神泉駅徒歩5分

渋谷区立松濤美術館
〒150 東京都渋谷区松濤2-14-14 TEL.03-3465-9421
THE SHOTO MUSEUM OF ART
2-14-14 SHOTO, SHIBUYA-KU, TOKYO　00610

《张大千的绘画・特别展　香港・梅云堂所藏》宣传资料及入场券
好古敏求书屋提供

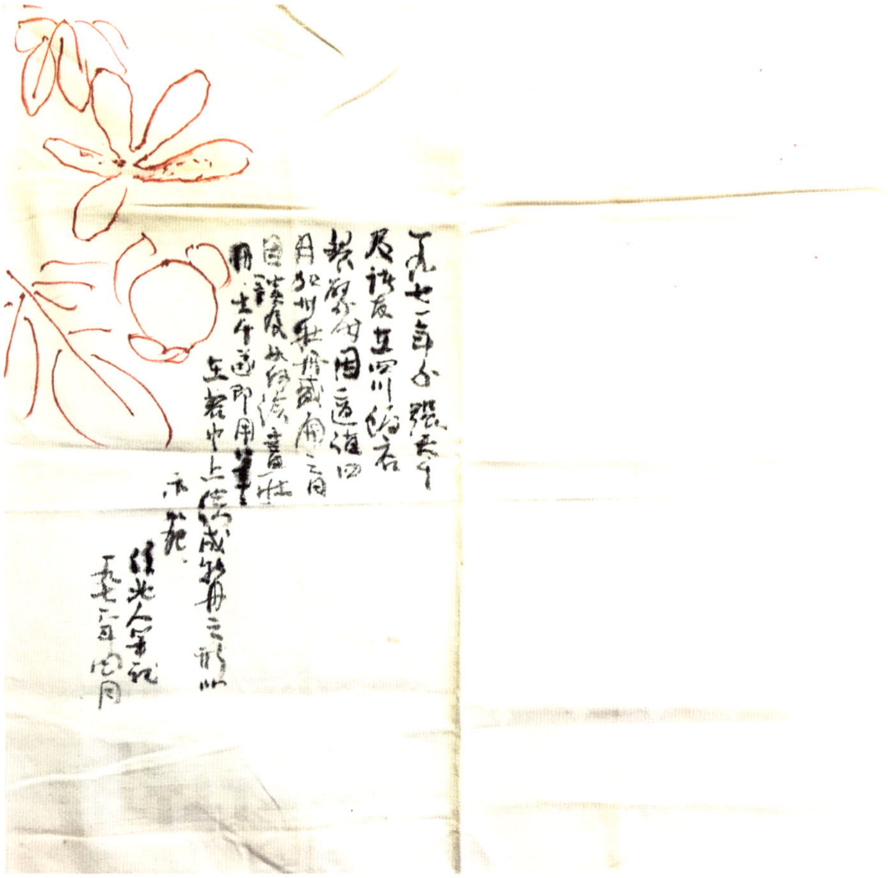

1971年张大千与侯北人等友人在加州桑塔克鲁兹海滨之四川饭店宴叙，席间乘兴用餐布作纸为女眷解说牡丹画法　舒建华提供

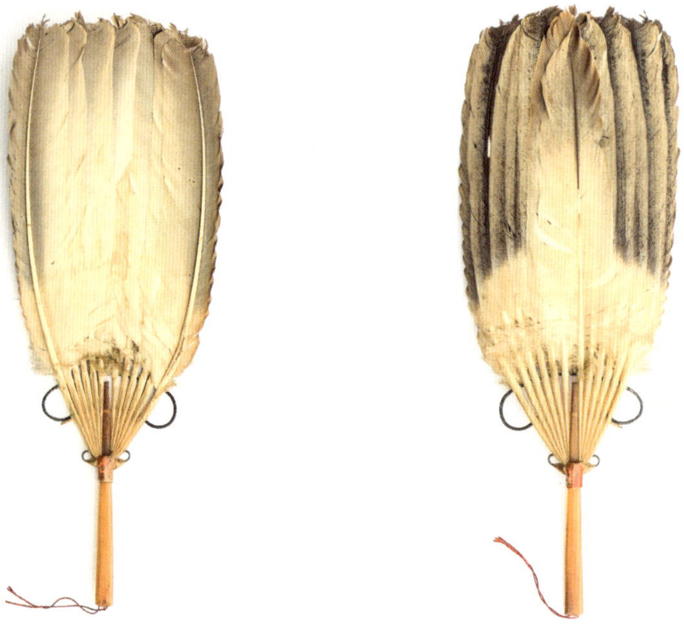

张大千使用过的野鸭羽毛扇
私人藏

张大千的毛笔
私人藏

附：张大千出版文献编年

张大千出版文献编年

田洪

1899年

5月，张大千出生于四川内江。

1928年

成都大风堂印行《大风堂名画集》（第一集）。

《大风堂藏画　大涤子册之一、二、三》，上海烂漫社出版部出版。

张善孖、张大千合绘《十二金钗图》，大东书局出版。

《丁六阳、张善孖、张大千画册》（第一集），大东书局出版。

1929年

佛记书局出版《丁六阳、张善孖、张大千画册》。

《张善孖、张大千、张君绶画册》，大东书局出版。

张大千《己巳自写小像题咏册》在上海刊印。

《蜀中三张画册　张善孖、张大千、张君绶》，大东书局出版。

成都大风堂印行《大风堂所藏书画集》。

1931年

张善孖、张大千摄《黄山画景》，上海坦社出版。

1933年

方去疾编《大千印留》于上海印行。

1933年

《大风堂兄弟画集》出版。

1933 年

《张大千画存》（第一集），北京琉璃厂豹文斋印行。

1935 年

春，北京琉璃厂清秘阁书画社出版《张大千画集》（全四册）。

11 月，北京琉璃厂集粹山房编印出版《蜀中张善孖大千兄弟画册》。

北平怀英照像学校珂罗版印、黄怀英辑《现代名画集》（第一册），此为张大千于中央公园举办展销会之画册。

北京琉璃厂集粹山房出版张大千摄《华山画影》。

1936 年

梁得所编撰《中国当代名家画集——张大千画选》，由大众出版社出版。

《张善孖大千兄弟合作山君真相》（上下二集），美术生活社出版。

中华书局编印出版《张大千画集》。

《艺风社画集·名画缩影　张大千人物山水》，上海形象艺术社出版。

《艺风社画集第三辑·张大千山水集》，上海形象艺术社出版。

《天宝九如　张善孖、张大千合绘》，天津《大公报》印行。

1939 年

郎静山摄影图片集《张大千黄山行迹图》（十二幅），桐云书屋出版。

1943 年

罗新之、刘君礼辑录《张大千临摹敦煌壁画展览目次》，成都大风堂印行。

成都大风堂印行张大千著《大风堂书画录》。

1944 年

1 月，张大千携二百七十余件所临摹敦煌壁画陆续在成都、重庆、西安等地展出。四川美术协会为此编纂《张大千临摹敦煌壁画展览特集》（第一、二集），5 月由成都西南印书局印行出版。

3 月，张大千于四川成都祠堂街美术协会举办“大风堂藏书画展览”，并编印《大风堂藏书画展览目录》。

1945 年

10 月，张大千于四川成都祠堂街美术协会举办“张大千画展”，并编印《张大千画展》（目录）。

1946 年

五月，张大千于四川成都祠堂街美术协会举办“张大千书画扇展”，并编印《张大千书画扇展目次》。

1947 年

五月，张大千于上海成都路中国画苑举办“张大千近作展览”，并编印《张大千近作展览目次》。

春，《张大千临摹敦煌壁画》（第一集）大风堂初版印刷。

六月，张开勋编《大千居士画影集》。

李秋君编印《大千居士近作第一集》。

成都大风堂印行《大风堂同门录》。

成都大风堂印行《大风堂名迹》（第一集）。

张大千在成都举办“康巴西游纪行画展”，并由中华书局（上海）出版《西康游屐》图录。

上海大风堂印行《大风堂藏赵文敏九歌书画册》。

1948 年

五月，张大千于上海成都路中国画苑举办“张大千近作展”，并编印《张大千近作展目录》。

叶浅予绘《游戏神通》（《大千诸相》），北京荣宝斋印行。

何海霞、萧建初编《大风堂同门录》，上海中华书局出版。

1949 年

8 月，商务印书馆（上海）出版《名家画集　张大千》。

1950 年

1 月，应前南京中央大学校长罗家伦之邀，张大千由全印美术会在印度新德里举办个展并出版《大千画展》图录。

《张大千木版水印画集》，北京荣宝斋出版。

1951 年

香港东华三院成立八十周年，因筹措八十万元医院经费，经友人介绍，张大千赴香港举办个展，慷慨捐出三十幅作品义卖，并由香港东华三院印行《张大千先生画集》。

1955 年

12 月，于日本东京壶中居举办个展，并出版《张大千先生画展目录》。

1956 年

4 月，张大千应日本东京朝日新闻社之邀，在日本东京银座松屋举办“临摹敦煌石窟壁画展”，并出版《张大千临摹敦煌石窟壁画展》图录。

6 月，应法国巴黎赛努奇美术馆馆长萨尔之邀，张大千于巴黎赛努奇美术馆举办“张大千临摹敦煌石窟壁画及收藏古画展”，并出版《张大千临摹敦煌石窟壁画及收藏古画展》（《张大千藏百幅国画精品》）图录。

7 月，张大千在法国巴黎现代美术馆举办个展，并由 V.Elisseett 编撰《张大千画展》图录。

张大千《大风堂名迹》第一册、第二册在日本东京便利堂出版。

《张大千笔》，日本京都便利堂印行。

孙云生选辑《张大千画册》，台北中华书局印行。

1957 年

张大千《大风堂名迹》第三册、第四册在日本东京便利堂出版。

蒋珊奎、孙云生编《张大千画册》，台北寰声文化出版社出版。

1958 年

为庆祝张大千六十大寿，在匡仲英于台湾创设之“中华文物馆”举办“祝寿欣赏展”以资祝贺，并由郭昌伟编撰《张大千先生画集》。

《大风堂藏赵文敏〈九歌书画册〉》，日本京都。

1960 年

1 月，张大千于台湾台北南海路美国新闻处大礼堂举办个展，并由张目寒编撰《张大千画展》图录。

台湾“中央研究院”历史语言研究所编印《张大千临摹敦煌历代佛菩萨手印》。

经郭有守策划，张大千于法国巴黎近代美术馆举办近作展，并由周麟编撰《张大千近作集》图录出版。

《张大千画集　藏百幅国画精品》（活页装），法国印制。

1961 年

2 月，高岭梅在香港编印出版《张大千画》图录。

张大千在法国举办所藏八大山人、石涛画展，并出版《张大千收藏展　八大山人、石涛》。

V.Elisseeff 编《张大千巨荷四联屏展》图录，法国巴黎 EUROS 画廊出版。

张大千于法国巴黎赛努奇博物馆举办个展，并出版《张大千画集》。

1962 年

香港大会堂美术博物馆编印《张大千》。

1963 年

4 月，由高岭梅策划，张大千于新加坡维多利亚纪念堂举办个展（开启了亚洲巡展），并编印《张大千画展》图录。

10 月，张大千应美国友人之邀，于美国纽约 Hirschl & Adler 画廊举办个展，并由 James Cahill 编撰《张大千画展》图录。

1964 年

张大千于泰国曼谷介寿堂及京华银行举办个展，并编印《张大千画展》图录。

经郭有守介绍，结识李必喜女士，应李女士之邀，在德国（西德）科隆东方画廊举办个展，并由李必喜编撰《张大千画展》图录。

《张大千画册》，台北文光图书公司出版。

1965 年

8 月，张大千于英国伦敦格罗夫纳画廊举办个展，并由 Grosvenor Gallery 编撰《张大千伦敦画展》图录。

受德国（西德）航空公司之邀，举办个展，并由 Commerzbank 编撰《张大千画展》图录。

台北雷鼓出版社出版《张大千画册》。

1966 年

张大千于香港东方学会举办“张大千近作展”，并由高岭梅编撰《张大千近作》图录。

12 月，张大千于香港大会堂举办近作展，并由香港东方学会编撰《张大千近作展览》图录。

台北中国文化学院摄影研究会印行郎静山摄《八德园摄景》。

1967 年

1 月，高岭梅编著《张大千画集》，香港东方学会出版。

2 月，台北维新书局出版《张大千近作》（第一辑）。

4 月，张大千于美国加州 Laky 画廊举办个展，并由 Basil Gray，MA，CBE 编撰《张大千克密尔画展目录》图录。

9 月，李顺华编撰《大千居士己丑以后所用印》，由台北上海印刷厂印行。

10 月，张大千在台湾历史博物馆举办近作展，并出版《张大千近作展览》图录。

张大千于香港举办个展，并由张炽良编印出版《大千居士近作展览》图录。

1968 年

5 月，台湾历史博物馆举办“张大千长江万里图特展”，并印行张大千《长江万里图》。

张大千于美国纽约开乐画廊及芝加哥、波士顿等地举办近作展，并由 Wen Feng 编撰《张大千近作展览》图录。

张目寒、高岭梅为贺张大千七十寿辰，在香港印行《大千己巳自写小像》。

台北东方画会编印出版《大千先生画萃　甲乙丙丁集》上下集。

台湾历史博物馆出版张大千《长江万里图册》。

谢家孝著《张大千的世界》，由台湾征信新闻报首印出版。

《张大千先生画集》，台湾出版。

1969 年

1 月，张大千于台北故宫博物院举办摹敦煌壁画特展，并出版《张大千先生赠敦煌壁画自摹本特展》图录。

9 月，张大千于美国纽约文化中心举办个展，并由方闻、林语堂编撰《张大千画展》图录。

台湾汉华文化事业股份有限公司依张目寒珍藏张大千《黄山前后澥诗画册》及《黄山前后澥诗画卷》编印出版《张大千黄山诗画册》。

1970 年

5 月，张大千于美国加州恩克伦画廊举办个展，并由 lvon DArgence 编撰《张大千画展》图录。

张大千与王济远在美国华盛顿特区史密斯机构举办两人联展，并出版《现代华笔作品巡回展览　张大千、王济远》。

台湾雅蕴堂印行《张大千画》。

1971 年

张大千于香港大会堂举办个人书画展，并出版《张大千书画展》。

1972 年

11 月，张大千于美国旧金山亚洲艺术中心举办个展，并由日本讲谈社印制《张大千四十年回顾展》图录。

台北出版《大风堂临摹敦煌壁画》（下集）。

1973 年

3 月，张大千于美国加州 Ankrum 画廊举办个展，并由 lvon d'Argence 编撰《张大千画展》图录。

张大千与其子张葆罗于美国加州 Erickson 画廊首次举办父子联展，并由 Basil Gray，MA，CBE 编撰《张大千同十二侄心一画展》图录。

《张大千画集》，台湾历史博物馆出版。

1974 年

1 月，张大千于香港大会堂举办书画个展，并出版《张大千书画展览》图录。

张大千于美国加州旧金山版画制作中心举办石版画个展，并由 W.B.Fountain 编撰《张大千形象　石版画展图录》。

10 月，张大千于美国芝加哥西纳奇画廊举办个展，并出版《张大千画展》图录。

1975 年

5 月，举办“中国当代三杰联展　张大千、丁衍庸、程十发”，赖恬昌编《中国当代三杰联展　张大千、丁衍庸、程十发》，华盛顿大学出版社出版。

6 月，尹德寿、吴友骧编撰《张大千谈画》，由台北中国艺廊出版社出版。

1976 年

1 月，张大千回台北定居，2 月，台湾历史博物馆举办“张大千归国画展”，5 月，姚梦谷编《张大千作品选集》图录，台湾历史博物馆出版。

台湾历史博物馆编印《蜀郡张爰大千父笔》（活页装）图录。

《张大千九歌图卷》，台湾历史博物馆出版。

1977 年

《蜀郡张爰大千父笔》，台湾历史博物馆出版。

1978 年

1 月，张大千编纂、高岭梅策划《清湘老人书画编年》由香港高氏东方艺术公司出版。

11 月，张大千应韩国东亚日报社社长安在准之邀，赴韩国汉城世宗文化会馆展示场举办“张大千画伯特别招待展”，并由许世旭编译《张大千画展》图录，韩国东亚日报社出版。

刘太希书《大风堂诗》，台北学海出版社出版。

台北出版《大千居士所罗门雅歌十二帧》。

台湾历史博物馆编印《张大千作品选集》。

张大千编《大风堂名迹》（全四册），台湾联经出版事业公司出版。

1979 年

林慰君编《环毕庵琐谈》，台北皇冠出版社。

朱传誉编《张大千传记资料》（止 1985 年历六年时间出版）第一至第九辑，台北天一出版社出版。

1980 年

张大千于台湾历史博物馆举办回台北定居首次个展，并由台湾历史博物馆出版《张大千书画集》第一、二集。

《西康游屐》，台湾历史博物馆出版。

台北中国彩色印刷公司印行郎静山摄《张大千先生影展》。

《摩耶精舍梅花摄影函集》（第一辑），台湾历史博物馆出版。

台湾历史博物馆编印《大千居士近作第一集》。

杨莹泽编《张大千画选》（第一辑），四川人民出版社出版。

1981 年

杨莹泽编《张大千画选》（第二辑），四川人民出版社出版。

《张大千画集》（全二辑），四川人民出版社出版。

1982 年

《张大千书画集》（第三集），台湾历史博物馆出版。

郭昌伟编《张大千画（画谱）》，台湾华正书局出版。

《张大千、溥心畬画展》，台湾高雄光明轩古董陈列馆编印。

香港集古斋举办“张大千画展”，并由香港美术家出版社编印《张大千画集》。

吉林省博物馆编印《张大千画展》（目录）。

杨莹泽编《张大千画集》（第三辑），四川人民出版社出版。

1983 年

4 月，张大千逝世。

6 月，中国美术家协会等于中国美术馆举办“张大千画展”，并编印《张大千画展》（目录）。

张大千生前美国友人为纪念张大千，于美国加州亚太艺术博物馆举办张大千纪念展，并由鹤山居士编撰《传统宗师　张大千之艺术》。

台北故宫博物院编印出版《张大千先生遗作敦煌壁画摹本》图录。

《张大千先生事略》，台北故宫博物院出版。

台湾历史博物馆出版《张大千书画集》第四、五、六集。

R.E.Strassberg 编《摩耶精舍影谱》，美国加州亚太艺术博物馆印行。

《张大千先生书画印辑》由香港大业公司出版。

《长江万里图卷》，台北故宫博物院出版。

台湾《中国时报》编印《闲云野鹤任徜徉　张大千先生纪念专辑》。

台北故宫博物院编印出版《张大千先生纪念册》。

冯幼衡著《形象之外　张大千的生活与艺术》，由台湾九歌出版社出版。

章博、映竹编《大千世界　张大千轶事秘闻及彩照书画》，由香港博益出版集团有限公司出版。

张宜健编《张大千画辑》，人民美术出版社出版。

杨莹泽编《张大千画集》（第四辑），四川人民出版社出版。

1984 年

5 月，美国纽约开乐画廊举办并编印《张大千回顾展》图录。

王家诚著《画坛奇才张大千》，台湾九歌出版社出版。

《张大千墨笔花卉卷》，天津人民美术出版社出版。

《张大千作品选》，天津人民美术出版社出版。

乐恕人编纂《张大千诗文集》，台湾黎明文化事业公司出版。

台北艺术家杂志社编《典藏大师系列　张大千》，台北艺术家杂志社出版。

王裕安编《张大千画选》，人民美术出版社出版。

《青城山十景》，四川省灌县青城山文物管理所编印。

杨莹泽编《张大千画集》（第五辑），四川人民出版社出版。

《张大千临摹敦煌壁画》，四川美术出版社出版。

1985 年

4 月，台北故宫博物院编印出版《张大千先生遗著莫高窟记》。

5 月，香港艺术中心与台湾历史博物馆在香港艺术中心包兆龙画廊展出张大千逝世二周年回顾展，并编印《张大千回顾展》图录。

杨莹泽编《张大千遗作选》，四川美术出版社出版。

杨继仁著《张大千传》（上下册），文化艺术出版社出版。

《黄山纪游　张大千黄山写生册页》，安徽美术出版社出版。

杨莹泽编《张大千画集》（第六辑），四川人民出版社出版。

刘治贵、孙彬编《张大千先生恋青城》，四川美术出版社出版。

《张大千花卉画选》，北京荣宝斋出版社出版。

1986 年

戚宜君著《张大千外传》，台北圣文书局出版。

包立民著《张大千的艺术》，生活・读书・新知三联书店出版。

《张大千画说》，上海书画出版社出版。

辛一夫著《张大千》（作家艺术家文学传记丛书），北岳文艺出版社出版。

杨莹泽编《张大千画集》（第七、八辑），四川人民出版社出版。

1987 年

3 月，台北华正书局出版《大千居士临瘗鹤铭》。

高阳著《梅丘生死摩耶梦》，由台湾民生报出版。

杜英穆编《旧王孙诗画家溥儒、享誉国际的大画家张大千》，台北名望出版社出版。

季啸风、李文博编《回忆张大千》（台港及海外中文报刊资料专辑），书目文献出版社出版。

方去疾编《大千印留》，上海书画出版社出版。

《大风堂临摹敦煌壁画》（第一集）（中国传统线描资料），上海书画出版社出版。

李永翘编《张大千年谱》，四川社会科学院出版社出版。

杨莹泽编《张大千画集》（第九、十辑），四川人民出版社出版。

王亚法《张大千演义》，西安未来出版社出版。

《张大千课徒稿》，四川美术出版社出版。

1988 年

为纪念张大千九十冥诞，台北故宫博物院举办张大千作品纪念展，何传馨编撰《张大千先生纪念展图录》，由台北故宫博物院出版。

为纪念张大千九十冥诞，台湾历史博物馆举办张大千书画作品纪念展，并由巴东编撰《张大千九十纪念展书画集》。

《张大千先生手写诗册》，台北故宫博物院出版。

巴东、黄春秀编《张大千纪念文集》，台湾历史博物馆出版。

韩国国立现代美术馆举办“张大千名作展”，并编印《张大千名作展》图录。

庆祝张大千八秩华诞，《张大千诗》由台湾学海出版社出版。

宁夏回族自治区政协编《张大千生平和艺术》，中国文史出版社出版。

罗桂英编《张大千学术论文集　九十纪念学术研讨会》，台湾历史博物馆出版。

李永翘、张蔚起编《张大千诗词选注》，四川美术出版社出版。

黄天才著《五百年来一大千》，台北羲之堂文化出版事业有限公司出版。

四川省内江市文化局编印《戏评现代川剧张大千》。

张心庆、萧建初编《张大千书法》，四川美术出版社出版。

四川省博物馆编印《张大千临摹敦煌壁画　白描稿》（全四辑）。

赵学文著《张大千外传》，陕西人民出版社出版。

1989 年

王成圣、乐恕人编著《张大千传奇》，台湾圣文书局出版。

台湾历史博物馆编印《张大千九十纪念书画展》图录。

杨国钦编著《大千风味菜肴》，四川科学技术出版社出版。

1990 年

巴东编《张大千书画集》（第七集），台湾历史博物馆出版。

林建同编著《大千璀璨录》（大道美术丛书），香港大同印务公司印行。

包立民著《张大千艺术圈》，辽宁美术出版社出版。

曹大铁、包立民编《张大千诗文集编年》，荣宝斋出版社出版。

1991 年

傅申于美国华盛顿佛利尔・沙可乐艺术博物馆策划举办“血战古人：张大千回顾展”并编撰出版《血战古人　张大千回顾展》。

陈启斌、叶启忠编《倦勤斋南张北溥书画开幕特展》，台北倦勤斋出版。

巴东编撰《张大千捐赠书画文物展》，台湾历史博物馆出版。

张蔚起编、李永翘注《张大千诗词选注》，四川美术出版社出版。

良知、金光编《张大千书画集》（上下册），人民美术出版社出版。

1992 年

5 月，台北长流画廊纪念张大千九四诞辰，举办“张大千回顾展”，并由黄承志编《张大千回顾展》图录，台北宝岛文艺出版社出版。

美国纽约文良中国画廊举办“张大千画展”，并由王方宇编撰《张大千画展》图录。

李永翘编《张大千画语录》，海南摄影美术出版社出版。

杨诗云编《张大千法书集》，巴蜀书社出版。

内江市档案馆编印《回忆张大千》（张大千资料丛书）。

陈洙龙编《张大千画语录》，海南美术摄影出版社出版。

1993 年

4 月，为纪念张大千逝世十周年，香港中文大学文物馆举办梅云堂藏张大千作品展，由高美庆编撰《梅云堂藏张大千画》图录，由香港中文大学文物馆出版。

黄永川、严守智编《张大千、溥心畬、黄君璧　渡海三家收藏展》，台湾历史博物馆出版。

王之一著《我的朋友张大千》，台北汉艺色研文化有限公司出版。

许礼平、张彦华编《名家翰墨　张大千山水画特集》，香港翰墨轩出版社出版。

许礼平、张彦华编《名家翰墨　张大千前期山水画特集》，香港翰墨轩出版社出版。

谢家孝著《张大千传》，台北希代书版有限公司出版。

汤皇珍编《云山・泼墨　张大千》，由台北雄狮图书出版有限公司出版。

邢捷编《西园集张大千书画印》，天津古籍出版社出版。

1994 年

4 月，日本东京涉谷区私立松涛美术馆举办“梅云堂藏张大千作品展”，并出版《特别展　香港・梅云堂所藏张大千的绘画》。

高美庆编《张大千的画》（亚洲艺术专刊）。

郭继生编《张大千先生平生精品图册》，台湾台南榴园出版。

刘芳如编《张大千、溥心畬诗书画学术讨论会论文集》，由台北故宫博物院出版。

许礼平、张彦华编《名家翰墨丛书　张大千荷花》，香港翰墨轩出版社出版。

许礼平、张彦华编《名家翰墨　张大千仕女》，香港翰墨轩出版社出版。

许礼平、张彦华编《名家翰墨丛书　张大千高士》，香港翰墨轩出版社出版。

何政广编《张大千》（典藏大师系列），台湾艺术家出版社出版。

邢捷编《张大千书画用印谱》，天津古籍出版社出版。

张建富、林晋编《张大千传奇》，台湾教育厅印行。

高万佳著《张大千》，上海人民美术出版社出版。

1995 年

李永翘著《国画大师张大千》，中国青年出版社出版。

李永翘著《张大千》（大艺术家传丛书），中国青年出版社出版。

谢稚柳编《张大千画集》，上海人民美术出版社出版。

四川省文化厅编《张大千精品集》，四川人民出版社出版。

1996 年

巴东著《张大千研究》，台湾历史博物馆出版。

巴东编《中国 100 位巨匠　张大千》，台北锦绣出版社出版。

袁烈洲编《近现代名家画集　张大千》，台北锦绣出版社出版。

陈瑞林、谭以文编《张大千》（当代名家中国画全集》，古吴轩出版社出版。

《张大千》（中国近现代名家画集），天津人民美术出版社出版。

《张大千画集》（中国历代大师名作丛书），江苏美术出版社出版。

1997 年

曾陆红编《张大千　一代国画大师》，台北麦克图书公司出版。

白巍著《画坛巨匠　张大千》，兰州大学出版社出版。

《中国艺术大展作品全集　张大千》，上海书画出版社出版。

董梦梅《溥张二家题画诗钞》，台北印行。

《张大千画辑》，浙江人民美术出版社出版。

四川省博物馆编《张大千摹敦煌壁画》，四川美术出版社出版。

邓嘉德编《名画经典　张大千工笔山水》，四川美术出版社出版。

邓嘉德编《名画经典　张大千工笔人物》，四川美术出版社出版。

邓嘉德编《名画经典　张大千工笔山水续集》，四川美术出版社出版。

邓嘉德编《名画经典　张大千写意山水》，四川美术出版社出版。

邓嘉德编《名画经典　张大千写意山水续集》，四川美术出版社出版。

邓嘉德编《名画经典　张大千泼墨泼彩》，四川美术出版社出版。

1998 年

台湾历史博物馆在澳洲新南威尔士艺术画廊举办张大千作品展，并印行《张大千画集》图录。

为纪念张大千百岁冥诞，台北故宫博物院举办张大千作品展，并由傅申编著《张大千的世界》，台北羲之堂文化出版事业有限公司出版。

傅申、陆蓉之编《张大千的世界　张大千先生百年纪念展导览手册》，台北时报文化出版企业股份有限公司出版。

《黄山前后澥图》，台北羲之堂文化事业出版有限公司出版。

《张大千、溥心畬合作山水册页》，台湾中国文化大学出版社出版。

陈滞东编著《张大千谈艺录》，河南美术出版社出版。

陈昱泗编《中华百杰图传：画坛奇才张大千》，南方出版社出版。

李永翘著《张大千全传》（上下册），花城出版社出版。

李永翘编《张大千论画精粹》，花城出版社出版。

李永翘著《张大千　人生传奇》，花城出版社出版。

李永翘编《张大千诗词集》（上下册），花城出版社出版。

《张大千、溥心畬合作山水册页》，由台北中国文化大学出版社出版。

《张大千画集》（中国历代大师名作丛书），江西美术出版社出版。

1999 年

5 月，《川康渝美术会荣誉会长大千先生百岁冥诞纪念专辑》，由台北川康渝美术会印行。

9 月，美国旧金山州立大学举办“张大千画展”，并编印《张大千在加州》图录。

《张大千先生影展》，台湾中华彩色印刷公司印行。

廖建钦等编《南张北溥藏珍集萃》，台北羲之堂文化出版事业有限公司出版。

澳门基金会编印《张大千、高剑父、邓芬濠江艺海留痕》。

四川省文物总店编《张大千国画稿集》，四川人民出版社出版。

李永翘著《张大千　画坛皇帝》，花城出版社出版。

陈洙龙编《张大千画语录图释》，由杭州西泠印社出版。

包立民著《张大千艺术圈》（张大千百年诞辰纪念），由中国文联出版社出版。

宁夏回族自治区政协文史资料研究委员会编《天水无垠　张大千生平和艺术》，中国文史出版社出版。

潘颖华编《张大千世界艺术欣赏》，香港集古斋出版。

《张大千名迹》，四川人民出版社出版。

《张大千精品集》，四川人民出版社出版。

四川省博物馆等编《张大千印存》，四川人民出版社出版。

廖建钦等编《南张北溥藏珍集萃》，人民美术出版社出版。

2000 年

台湾历史博物馆于加拿大展出张大千作品，并由巴东编撰《无人无我、无古无今　张大千画作加拿大首展》图录。

曾陆红编《巨匠与中国名画　张大千》，台湾麦克图书有限公司出版。

李永翘著《张大千　飞扬世界》，花城出版社出版。

浙江省博物馆、西湖美术馆编印《世纪经典张大千》（2000 中国美术大师系列作品特展）图录。

欧阳哲生编《张大千画语》，岳麓书社出版。

《文源斋大风堂墨缘》，文源斋自印本。

2001 年

澳门艺术博物馆举办“张大千临摹敦煌壁画及大风堂用印展”，并由澳门特区政府文化局编印《张大千临摹敦煌壁画及大风堂用印》图录。

陈家紫编《奇瑰异采　张大千》（经畲堂藏品），新加坡亚洲艺术博物馆印行。

白巍编《富可敌国贫无立锥的巨匠　张大千》，台北水星文化出版。

《孙云生与张大千的时、空、境》，上海书画出版社出版。

《张大千四十年代精品选》，上海书画出版社出版。

《书画文物艺术馆（香港）藏珍　张大千书画集》，天津人民美术出版社出版。

李永翘编《张大千艺术随笔》，上海文艺出版社出版。

李永翘著《张大千　飞扬世界》，花城出版社出版。

朱凤瀚主编《五百年来一大千　张大千绘画艺术回顾》（全四册），文物出版社出版。

2002 年

3 月，台湾高雄市立美术馆举办张大千早期作品展览，并印行《往来成古今　张大千早期风华与大风堂用印》图录。

王龙著《张大千》（中国现代文化名人小传丛书），湖北人民出版社出版。

张明远著《中国名画家全集　张大千》，湖北教育出版社出版。

彼得·海洋著《世界画坛五百年来第一人　张大千》，香港新华人民出版社出版。

汪毅编著《走近张大千》（摄影集），四川大学出版社出版。

四川省文联编《走近张大千文论集》，中国三峡出版社出版。

《张大千》，四川美术出版社出版。

叶子著《鉴识张大千》，福建美术出版社出版。

2003 年

许启泰编《张大千的八德园世界》，台湾商务印书馆出版。

包立民著《张大千》（艺术大师之路丛书），湖北美术出版社出版。

陈洙龙编著《中国书画名家画语图解　张大千》，中国人民大学出版社出版。

纪念张大千谢世二十周年，李虹霖编《张大千画集》，由文物出版社出版。

《张大千画集》（上下册）由天津人民美术出版社出版。

孙云生口述、朱介英执笔《大风堂一段绝美的生命交集　孙云生与张大千》，北京师范大学出版社出版。

《张大千　世界第一画家》，中国和平出版社出版。

邵洛羊主编《张大千》，上海人民美术出版社出版。

2004 年

杨诗云编《张大千印说》，香港翰墨轩出版。

巴东编《台湾近现代水墨画大系　张大千》，台湾艺术家出版社出版。

巴东著《张大千　谱出绘画的天籁与传奇》，台湾艺术家出版社出版。

天津人民美术出版社编《天津人民美术出版社藏画　张大千、萧谦中》，天津人民美术出版社出版。

《1995-2002 书画拍卖集成　张大千》，湖南美术出版社出版。

2005 年

2 月，巴东编著《泼彩敦煌　张大千的艺术与生活》，台湾典藏家庭股份有限公司出版。

王龙著《张大千图传》（文化名人图传系列》，湖北人民出版社出版。

徐建融著《大风堂中龙门阵》，上海书画出版社出版。

香港青年学艺比赛大会主办“张大千书画展览”，并编印《张大千书画展览》图录。

林彬著《一代画王张大千》，安徽文艺出版社出版。

乔耀海主编《张大千名画选》，四川省内江市张大千纪念馆印行。

吉林博物馆编《张大千画集》，文物出版社出版。

《张大千书画展览》，香港青年学艺比赛大会印行。

2006 年

文欢编《行走的画帝　张大千漂泊的后半生》，花山文艺出版社出版。

高岭梅主编《张大千画》，台湾艺术图书公司出版。

余毅编《张大千先生荷花册》，台北中华书画出版社出版。

邵菁菁、刘静编《张大千画传》，中国广播电视出版社出版。

施万逸编《诗外簃藏张大千书画》，文物出版社出版。

《张大千、傅抱石精品画册合辑》，文物出版社出版。

张春记编《张大千常用印款》（近现代书画名家款识印鉴丛书），西泠印社出版。

王家诚著《画坛奇才张大千》，台湾九歌出版社出版。

2007 年

舒建华编《六十年后看大千　硅谷亚洲艺术中心三周年庆典特别展览》，美国硅谷亚洲艺术中心出版。

王家诚编著《张大千传奇　五百年来一大千》，台湾九歌出版社出版。

河南省博物院编印《三千大千世界　张大千书画艺术》。

2008 年

汪毅编著《张大千的世界》（全三册），四川美术出版社出版。

王家诚著《张大千传》，百花文艺出版社出版。

2009 年

4 月，台湾历史博物馆为纪念张大千 110 周年冥诞，举办张大千书画作品展，并由巴东编撰《张大千 110：书画纪念特展》图录。

台湾历史博物馆在武汉湖北省博物馆举办“南张北溥　历史博物馆藏张大千书画精品展”，并编印出版《南张北溥　历史博物馆藏张大千书画精品》图录。

陈步一主编《张大千致张目寒信札》，江西美术出版社出版。

汪毅编《张大千的世界研究》，四川美术出版社出版。

汪毅编《张善孖、张大千黄山纪游》，黄山书社出版。

包立民编《张大千家书》，山东画报出版社出版。

屠际春编《纪念张大千诞辰 110 周年：大风堂书画集》，文汇出版社出版。

《张大千画集》，福建美术出版社出版。

唐璐著《大千世界　张大千的生活与艺术》，人民美术出版社出版。

叶子著《张大千》，西泠印社出版。

邢捷著《张大千书画鉴定》，天津人民美术出版社出版。

2010 年

9 月，旧香居编《张大千画册暨文献图录》（台北吴文隆藏书），由旧香居出版。

张心庆著《我的父亲张大千》，中华书局出版。

四川省博物馆、成都博物馆编《大千世界 云生胜境　张大千、孙云生作品集》，四川人民出版社出版。

《大千世界　张大千临摹敦煌壁画展》，云南省博物馆印行。

高纪洋编著《中国艺术大师图文馆　张大千》，山西教育出版社出版。

《张大千致张目寒信札赏析》，东方艺都拍卖公司。

2011 年

《张大千绘画世界》，台北艺术家杂志社出版。

汪毅著《寻踪张大千：台湾纪旅》，九州出版社出版。

上海朱屺瞻艺术馆编印《张大千、孙云生画集》。

《张大千画集》（中国名家画集系列），中国美术出版社出版。

程恩嵘主编《张大千精品集》（全二册），人民美术出版社出版。

孙佩珊编著《独自成千古，悠然寄一丘　国画大师张大千》，吉林人民出版社出版。

《在爸爸身边的日子　张心娴藏张大千作品》，香港苏富比拍卖有限公司印行。

李进增、陈永耘主编《海纳百川　张大千书画精品集》，文物出版社出版。

2012 年

10 月，游艺堂与香港苏富比拍卖有限公司在香港会议展览中心举办“游艺堂藏张大千作品展”，并印行《情义之交　游艺堂藏张大千作品展》图录。

罗宗良主编《大千艺苑》（张大千研究论丛第一辑），四川师范大学电子出版社出版。

曹骋编《大千墨韵　张大千精品百珍展录》，江西美术出版社出版。

朱万章编著《张大千人物画稿》，文物出版社出版。

首都博物馆编《大千世界　张大千的艺术人生和艺术魅力》，北京出版社出版。

2013 年

7 月，为纪念张大千逝世三十周年，台湾长流画廊举办张大千作品展，并编印《登峰造极　张大千逝世三十周年纪念精选》图录。

由四川省博物馆、吉林省博物馆、台湾历史博物馆联合在台湾历史博物馆举办“两岸张大千逝世三十周年纪念展”，并由戈思明主编《万里江山频入梦　两岸张大千逝世三十周年纪念展》图录，台湾历史博物馆出版。

张国立著《张学良与张大千的晚宴》，上海人民出版社出版。

《张大千山水画集》，福建人民美术出版社出版。

叶子编《张大千画诀要论》，上海人民美术出版社出版。

曾迎三编《曾熙、李瑞清、张大千瘗鹤铭雅集》，上海辞书出版社出版。

韩刚著《书画同源　张大千》，荣宝斋出版社出版。

徐大纬编著《张大千临摹敦煌壁画最新诠释》，上海文化出版社出版。

《名作诀微　张大千山水》，上海书画出版社出版。

《名作诀微　张大千白描人物》，上海书画出版社出版。

《名作诀微　张大千设色人物》，上海书画出版社出版。

朱万章编《张大千人物画稿选集》，岭南美术出版社出版。

2014 年

李永翘著《张大千传》，中国青年出版社出版。

罗宗良主编《大千艺苑》（张大千研究论丛第二辑），中国文化出版社出版。

大风堂门人编、万君超校注《大风堂书画录》，浙江人民美术出版社出版。

王涛定主编《张大千画集》，安徽美术出版社出版。

《张大千精品画集》，上海人民美术出版社出版。

李巍松著《三千大千　张大千佛释绘画研究》，中州古籍出版社出版。

四川博物院编、魏学峰评点《书画成都　张大千西康纪游册》，四川美术出版社出版。

2015 年

何恭上编《张大千　千山大千》，台湾艺术图书公司出版。

周士心著《我与大千居士》，台北龙视界出版。

杨诗云编《张大千用印详考》，上海书画出版社出版。

常州画院编印《大千世界 云生胜境　张大千、孙云生粉勾本及画作展》图录。

沙叶新著《张大千传》，湖南美术出版社出版。

《荣宝斋藏册页　张大千黄山八景册》，荣宝斋出版社出版。

程恩嵘、王世华主编《张大千精品集》贰（全二册），人民美术出版社出版。

魏学峰编撰《张大千留蜀精品》，中华书局出版。

2016 年

6 月，四川成都博物馆举办孙云生藏张大千作品特展，并编印《倥偬的乡愁　张大千艺术》，四川人民出版社出版。

《与大师面对面——张大千书画集》，台湾历史博物馆、佛光山佛陀纪念馆编印。

汪毅编《张大千、张善孖研究　大风起兮九十年》，广西师范大学出版社出版。

何恭上编《张大千 VS 石涛书画》，台湾艺术图书公司出版。

罗宗良主编《大千艺苑》（张大千研究论丛第三辑），中国文化出版社出版。

范达明编《张大千》（中国历代画家佳作品鉴），浙江摄影出版社出版。

伏文彦编《张大千课徒画稿》，上海人民美术出版社出版。

白巍著《一笔贯东西　张大千》》，陕西人民出版社出版。

2017年

何恭上编《张大千VS四僧书画　看懂石谿》，台湾艺术图书公司出版。

何恭上编《张大千VS四僧书画　看懂八大山人》，台湾艺术图书公司出版。

伏文彦编《张大千画学精义　名家讲稿》，上海人民美术出版社出版。

2018年

1月，由中国国家博物馆、四川省博物院、荣宝斋联合在中国国家博物馆举办“张大千艺术展”，并由王春法主编《张大千艺术》图录，北京时代华文书局出版。

伏文彦编《书画巨匠艺库·山水卷　张大千画学精义》，上海人民美术出版社出版。

编注：本编年参考台北吴文隆先生藏张大千文献资料，特此致谢！

后 记

今年二月初，本人受浙江大学出版社之托，在浙江大学出版社即将成立“艺术与出版研究中心”之际，策划“张大千文献展”（现更名为“五百年来一大千——张大千出版文献展”），并为配合展览编印出版图录。因本人精力有限，邀约曾在去年成功策划“孤帆一片日边来——吴湖帆文献展”的王叔重先生来共同完成这一艰巨任务。

一个世纪以来，关于张大千的研究，从已知的1928年由成都大风堂印行的《大风堂名迹》（第一集）及大东书局出版张善孖、张大千合绘《十二金钗图》到今年元月由中国国家博物馆、四川省博物院、荣宝斋联合在中国国家博物馆举办“张大千艺术展”并由王春法主编《张大千艺术》（北京时代华文书局出版）出版以来，据不完全统计，累计各类出版文献（画册、论著等）至少在五、六百种以上，蔚为可观，张大千研究无疑已成为近现代艺术史研究中的一门显学。

短短百天时间，从策展外借文献到编辑图录，恐是史上策展时间最短的展览个案，更不用说是国内有史以来首次具一定规模的展示相关张大千的著作、个展画册及围绕对其研究的出版文献、信札和照片等的展览。但有赖于海内外多位张大千研究专家的倾力支持，使得本次展览顺利开展。

在本图录即将付梓之际，要特别感谢浙江大学出版社与天津人民美术出版社的领导，浙江大学出版社副社长黄宝忠先生、社长助理陈丽霞女士以及主办单位之一的四川张大千研究中心罗宗良主任、周芳利先生、硅谷亚洲艺术中心舒建华先生、四川省文物局刘振宇先生、台北羲之堂总经理陈筱君女士、许婷婷女士、吴文隆先生（海内外收藏张大千文献第一人）。尤其还要感谢支持张大千文献展及无偿提供文献资料的成都诗婢家董事长栢优先生、罗伦建先生、程恩嵘先生、杨诗云先生、张静涛先生、汪黎特先生，上海徐建融先生、曾迎三先生、徐建华先生、王金声先生、万君超先生、史军萍先生、张赫挺先生，北京刘子琪女士、马静女士等。

本图录因编写时间仓促，错误在所难免，望读者不吝指正！

田洪

记于戊戌三月十八日